강원대학교 출판부 학술총서 3

근세 동아시아와 요동

유재춘 | 남의현 | 한성주 지음

머리말

지금의 만주, 근세 요동지역은 전근대시대 동북아시아 지역에 있어서 항상 변동의 핵이었던 곳이다. 고대에는 우리 민족이 세운 고조선과 고구려가 요동을 중심으로 중국의 국가들과 경쟁하고 대립하면서 동북아시아의 변동을 이끌어왔다. 그 이후에는 거란족이 세운 요나라와 여진족이 세운 금나라가 요동과 중국의 일부를 차지하기도 하였다. 그리고 마침내 근세에는 여진족이 다시 부활하여 청나라를 건국함으로써 동아시아지역 뿐만 아니라 세계사적인 큰 변화를 가져왔다.

이렇듯 전근대 시기 요동지역은 항상 동아시아 역사를 변화시키는 중심지였다. 현재 이곳은 중국과 한국의 변경지역이지만, 역사 속에서 보면 변동의 핵이자 역사의 중심지였던 셈이다. 그렇다면 어떻게 요동지역이 이러한 변동의 핵이 될 수 있었을까?

지금은 이 지역이 통상 '동북삼성'으로 불리며 중국에 속해있지만, 사실 근세의 요동지역은 명과 조선, 여진이 각축을 벌인 지역이었고 청대에는 봉금지대로써 무인지대와 같이 방치되어 있었다. 일종의 변경지대였던 셈이다. 중국과 한국 어느 지역에도 속해 있지 않았던 시대가 장기간 존재하였던 것이다. 현재 중국의 역사학자들은 근세의 요동이 명과 청의 영역에 속해 있었다고 하고 있지만, 이것은 엄연한 사실과 다르며 무수한 논란의 여지가 남아있고, 또 진행중이다.

명대 요동지역은 여진족이 거주하면서 명의 위소를 개설 받은 형태를 가지고 있었는데, 이러한 여진위소 역시 어떤 행정적, 군사적인 기능이 있었던 것은 아니고, 단지 여진인들이 위소관직을 수여 받았을 뿐이다. 조선에서도 요동지역의 여진인들에게 조선의 관직을 수여하였는데, 중국이 위소관직을 수여한 것과 그 방식은 같았다. 따라서 이러한 점만을 가지고 당대에 여진지역이 이미 중국에 속하였다고 하는 것은 그 근거가 부족하다. 명나라에 완전히 속해 있었다면 어떻게 여진인들이 부족민을 통일하고 국가를 세워 명나라를 멸망시킬 수 있었을까? 왜 명나라에서는 그들의 통일을 사전에 막지 못하고, 그들에 의해 멸망될 수밖에 없었을까? 이러한 의문의 해답은 역시 당시 요동지역이 중국이나 한국 어디에도 속해 있지 않았던 여진지역 그리고 방치되어 있던 변경지대가 존재했기 때문에 가능한 것이었다.

필자들은 이러한 문제의식을 가지고 근세라고 할 수 있는 명청시대의 요동지역에 주목하였다. 당시 요동을 중심으로 중국과 한국이 이 지역을 어떻게 바라고 있었는지, 또한 이 지역의 여진인들에 대해 어떠한 정책과 관계를 가지고 있었던가는 서로 공통적인 점과 상이한 점이 있을 수밖에 없다. 따라서 이 책에서도 요동을 중심으로 근세의 역사가 어떻게 전개되었고 어떠한 시각으로 바라보아야 하는지에 가장 중요한 초점을 두었다. 그리고 미시적으로 중국이 요동지역 여진과의 관계를 어떻게 맺어 왔는지, 조선의 요동지역에 대한 정책 및 인식은 어떠했는지 등 중국과 한국이 바라본 요동과 여진관계에 주목해 보고자 하였다.

이처럼 나름대로의 연구목적을 두고 접근했지만 본 연구는 개개인의 연구성과를 묶었다는 측면에서 모든 주제를 통시적이고 종합적으로 다룰 수는 없었다. 그간 필자들 개개인이 요동지역과 관련하여 중국사와 한국사의 관점에서 논문들을 발표하였고, 이를 다시 공통된 주제로 정리했다는 것에 만족하고자 한다. 또한 문제의식과 주제는 큰 반면 필자들의 역량이 모자란 탓에 처음 계획과는 달라진 부분도 많았다. 부끄러운 마음이 앞서지만 많은 분들의 이해와 너그러움을 바랄뿐이다.

책을 내는 과정에서, 바쁜 중에도 원고를 교정해 주고 조언을 해준 사학과의 김대기, 김용태, 홍종규, 이원희, 정지연, 황은영 선생님과 정병진, 김윤순 등 많은 대학원생에게도 감사한 마음을 전한다. 그리고 출판되기까지 많은 행정적 지원을 아끼지 않은 강원대출판부 최일규 선생님에게도 감사의 말씀을 드린다.

저자를 대표하여 유 재 춘 씀

차 례

제1장 왜 요동인가

1. 서언

2. 중국은 근세 요동을 어떻게 보고 있는가

3. 명대 요동을 보는 중요한 쟁점들

4. 『明代東北疆域研究』를 통해 본 중국 강역사

1. 서언

중국은 최근 영토와 변경에 관련된 책들을 다수 출판하고 있다. 이것은 21세기 중국이 가지고 있는 영토와 국경, 그리고 민족을 둘러싸고 발생하고 있는 문제를 종합적으로 해결, 정리하겠다는 의지의 표출이라고 할 수 있다. 중국이 중국변강사지연구센터를 통해 변경과 관련된 역사와 쟁점을 분석한 것은 오래되었다. 중국의 변경사 연구 중에는 근세의 遼東 즉 滿洲가 중요한 위치를 점유하고 있다. 근세 중국의 강역과 변경사와 관련된 연구성과를 분석하는 것은 21세기 중국이 어떻게 국경과 영토를 인식하고 있는가를 파악하는데 매우 중요하다. 현재 중국의 관점이 과거에 투영되고 있기 때문이다.

중국은 多民族統一國家의 관점에서 변경문제를 언급하고 있는데, 20세기 이전의 변강역사 역시 이러한 현재의 관점을 통해 이해하고 있다. 중국은 유구한 세월 동안 다양한 민족들이 통일되는 과정 속에 있었으며 그것이 오늘날 거대한 중화인민공화국을 탄생시켰다는 이야기이다. 이것은 현재의 중화민족 개념, 한족과 55개 소수민족을 중화민족으로 이해하고 이러한 중화의 개념을 전통시대 역사에 소급시켜 고대의 북방사가 모두 중화민족사라는 관점을 정립하고 강조한다. 이것은 지금까지 한국 내지 구미학계가 중국의 역사와 민족을 보는 관점과는 다른 것이다. 중국의 입장은 현대 중화인민공화국의 영토, 엄밀히 말하면 청대의 최대 판도를 중국강역의 범주로 파악하고 티베트, 신강, 몽고, 만주 등의 역사, 민족, 국경 등의 문제를 중국적 시각으로 재해석하고 다시 재편하겠다는 의미이다. 이것은 자칫 자민족 중심주의나 패권주의로 치우쳐 주변 국가들과 역사전쟁 내지 영토분쟁을 발생시켜 갈등과 충돌을 야기할 가능성이 있다.

현재 한국과 중국은 만주를 둘러싸고 선사시대, 고조선, 부여, 고구려, 발해, 근세의 명·청, 근현대 등 역사 전시기에 걸쳐 다른 역사관으로 첨예하게 대립하고 있다. 이러한 양국의 상이한 관점을 좁히기 위해서는 학술적이고 전문적으로 근세 만주의 역사를 복원하는 것이 최우선이 되어야 할 것이다. 이것은 세계사적인 폭넓은 식견을 가지고 전통시대의 만주(요동)에 대한 인식을 정확하게 해야한다는 것을 의미하며 그것이 결국 중국 중심의 잘못된 요동사를 바로잡고 나아가 21세기 한국이 추구하는 한국사와 북방사를 연결하는 지름길이 될 것이다. 한중간의 역사 논쟁은 궁극적으로 대립으로 발전해서는 안 된다. 그러나 어느 한쪽이 역사를 심각하게 왜곡하거나 침탈하려는 패권의 역사를 서술하기 시작한다면 동아시아의 평화담론은 깨어질 것이다.

이러한 시각에 기초하여 본 연구는 다음과 같은 관점에서 요동사를 서술하고자 한다. 첫째, 거시적으로 14~17세기 학술적 시각에서 요동사를 서술하여 동아시아 북방사를 다시 조명할 수 있는 연구관점을 제시하려고 한다. 기존의 중국(한족)중심적인 시각이 아닌 객관적 시각에서 조선과 명, 여진의 관계를 살펴봄으로써 북방민족과 동아시아 국제관계를 다시 고민해 보고자 하였다.

둘째, 14세기 후반 원·명 교체기를 중심으로 북방민족의 변화와 성장을 살펴보는 한편 명조와 조선을 중심으로 한 당시 국제질서의 내적구조를 밝혀서 명과 조선의 조공책봉관계의 접근방법을 새롭게 모색해 보고자 하였다.

셋째, 조선 중기에 왜란과 호란을 겪으면서 명-조선의 평화체제가 붕괴되는 과정을 조명할 것이다. 특히 만주족이 명-조선의 평화체제를 붕괴시키는 과정에서 나타난 만주족의 조선 침공을 간략히 고찰할 것이다. 한편 명·청교체 시기에 요동지역은 동아시아 국제질서의 재편 과정에서 그 핵이 되었던 지역이었다. 명말의 요동 정세는 조선과 명조 사이의 전통적인 양국관계에 큰 변화를 초래하였다. 따라서 이 당시의 역동적인 국제관계를 살펴볼 것이다.

넷째, 17세기 후반 청나라가 명나라를 멸망시키고 결국 북방민족이었던 만주족이 중심이 되어 새로운 동아시아와 북아시아 국제질서를 형성하는 과정을 밝혀보고자 하였다.

이러한 연구는 다음과 같은 목적에 좀더 접근할 수 있을 것이다.

우선 漢族 중심의 중국사, 중국 중심의 동아시아사 서술의 한계에서 탈피할 수 있을 것이다. 해방 이래 오늘에 이르기까지 우리 학계의 동양사 연구는 한중관계사에서 출발하여 중국사의 내재적 발전을 탐구하는 단계를 거쳐, 최근에 이르러서야 비로소 동양사의 중요한 일부를 구성하는 일본사에 관심을 기울이는 단계에 도달하였다. 그 밖의 동남아시아와 중앙아시아 등의 지역을 연구하는 연구자도 배출되기는 하였지만 여전히 극소수에 불과한 실정이며, 상호 유기적인 관련성을 염두에 둔 관계사 연구는 부족한 형편이다.

뿐만 아니라 중국사의 내재적 발전을 구명하는 연구에서도 대부분 漢族王朝의 역사만을 대상으로 연구를 진행해 왔다. 이러한 학문적 경향은 우리 스스로가 은연중에 동양사 = 중국사 = 한족의 역사라는 등식에 무비판적으로 동의한 결과가 아닌가 싶다. 북방민족 특히 요동사(만주사) 연구는 오늘날 중국의 영역 내에 포괄되어 있는 다양한 非한족 문화권에 대한 하나의 출발점이 될 것이고, 아울러 한족 중심의 중국사를 탈피하여 동양사 연구의 지평을 확대하는 중요한 전기가 될 것이다.

둘째, 동양사 연구의 새로운 지평으로 북방민족사 연구에 대한 관심을 제시할 것이다. 앞서 수차례 강조해 온 바와 같이, 북방민족은 중국사를 이해하는 중요한 변수였다. 이는 기본적으로 한국사의 전개 과정에서도 반드시 이해해야 할 부분이었다. 중국의 역사 사이클 속에서 북방민족과 한족왕조의 수많은 교체가 있었고 나아가 만주지역이 북방민족의 수중에 수없이 점거되었기 때문에 한국사와 북방사의 연결점 역시 단절된 적이 없다고 해도 과언이 아니다.

북방민족과 漢族 그리고 韓民族과의 복잡한 역학관계는 동아시아 국제관계사에서 가장 중요하게 고려되어야 할 요소임에도 불구하고, 그 동안의 연구는 요동을 배제한 한중관계사에 치중한 나머지 동아시아 국제관계의 본질을 간과한 측면이 있었다. 즉 고려와 遼·金·元의 관계, 조선과 명·청의 관계를 중국과 한국이라는 일국가 대 일국가의 관계라는 측면에서만 바라봄으로써, 요동의 중요성과 북방민족의 실체를 왜곡하거나 과소평가한 경향이 있었다. 이는 요·금과 고려 그리고 송의 관계, 원과 명 그리고 고려·조선의 관계, 명과 만주(청) 그리고 조선 관계가 내포하고 있는 복잡한 양상과 의미를 입체적으로 파악하는데 소홀히 하여 역사를 근시안적으로 해석했다는 것을 의미한다.

이제 요동사 연구는 지금까지 변경지대에 놓여있던 여러 민족을 연구대상으로 추가한다는 단순한 의미를 넘어서, 동아시아 국제관계를 바라보는 새로운 시각을 제공한다는 점에서 동양사 연구의 지평을 확대한다는 독창적인 의미가 새로 부여되어야 할 것이다.

셋째, 근세 요동사 연구는 한국사의 전개에 조응하는 동아시아 역사상의 재구성과 함께 한국의 독자적 시각 구현에 도움을 줄 수 있을 것이다. 한국이 동아시아 문화권을 구성하는 중요한 하나임을 부정하는 사람은 없을 것이다. 그리고 우리의 인식 속에서는 선진적인 중국문화, 중국문화의 수입자이자 전달자로서의 조선문화, 조선을 통해 중국의 선진문화를 수입한 일본문화라는 틀이 고정관념처럼 각인되어 있다. 그렇다면 동아시아사에서 우리의 위상은 단순히 선진문화를 일본에 전해준 문화전달자로서의 역할에 한정된 것일까? 수천 년에 걸친 동아시아 국제관계의 역학관계와 국제질서의 양상은 끊임없이 변화해 왔고, 그러한 변화에는 일정한 패턴이 존재한다. 한국의 역사는 이러한 동아시아 국제관계와 국제질서의 변화 속에서 어떠한 역할을 담당하였으며 어떠한 위상을 점하고 있는 것인가? 21세기는 이러한 답변에 대한 답이 필요하다.

오늘날도 크게 다르지는 않지만, 전근대 동아시아 국제질서의 중심에는 중국의 한족왕조가 있었다. 따라서 전통적인 華夷觀에 입각한 중화주의가 현대 중국인에게도 동아시아 국제관계사를 바라보는 중요한 준거가 되고 있는 것이 사실이다. 일본의 경우, 섬나라라는 지리적 특성에 기인한 역사상의 해상활동을 근거로, 16세기 전후 동아시아 해역에서의 주도적인 역할과 그 위상을 강조하는 동아시아사 인식의 틀을 제시하고 있다. 그러나 동아시아의 중요한 구성원인 한국이 동아시아 역사 전개에서 차지하고 있는 응분의 역할과 위상을 제시하는 이론적 틀이 아직까지 학계의 주된 연구 대상이 되지 못하고 있다는 사실은 납득하기 어려운 점이다. 따라서 요동사 연구는 한국사의 전개와 동아시아사 전개의 유기적인 관련에 주목하며 동시에 한국의 독자적 시각을 반영하는 동아시아 역사상을 구축하고자 하는 시도라는 점에서 독창적인 의의가 있다고 할 수 있다.

넷째, 한국 사료를 활용한 요동사 연구가 매우 필요함을 주장할 것이다. 어느 민족이나 국가의 역사를 연구한다고 할 때, 그 민족이나 국가가 역사적으로 남겨놓은 자료를 활용하는 것은 당연하다. 그러나 북방민족의 경우, 10세기 이후에 문자 활동이 비로소 출현하고 있을 뿐 아니라, 그나마 지속적으로 이루어지지 못한 측면도 있기 때문에 북방민족 스스로가 남긴 역사 기록의 양은 결코 많지 않다. 반면 북방민족의 역사는 선진문화를 형성하며 동아시아 문명의 발전에 절대적 영향을 미친 중국의 한족왕조와 끊임없는 대항관계를 형성하였기 때문에, 대결의 상대였던 漢族에 의해 기록된 漢文자료는 상대적으로 풍부하게 남아있다. 따라서 지금까지의 요동사 연구는 역사적인 강자의 입장에 있었던 한족의 시각에서 남겨진 역사일 수밖에 없었다. 우리가 북방민족의 명칭을 匈奴·鮮卑·肅愼·靺鞨·女眞 등 한자어로 표기하고 발음할 수밖에 없었던 이유도 여기에 있다. 적어도 중국[한족]의 관점이 아닌 제3자의 관점에서 기록된 자료가 존재한다면 요동을 비롯한 북방민족에 대한 역사상을 복원하는데 크게 기여할 수 있을 것이다.

우리 민족은 중국의 한족과 마찬가지로 일찍이 북방민족과 지속적이고 밀접한 관계를 맺어왔다. 따라서 한국이 역사적으로 생산해 낸 자료 속에는 한족에 의한 북방민족 역사상을 교정하기에 충분한 양의 사료가 포함되어 있다. 이 연구는 지금까지 주목받지 못하였던 한국 자료에 담겨있는 북방민족 사료를 적극 활용하여 그 가치를 재발견한다는 면에서도 의미를 가진다고 하겠다. 1970

년대 이래 우리나라의 중국사 연구는 중국사의 내재적 발전을 구명한다는 문제의식 하에서 사회경제사에 대한 연구에 주력해 왔고, 높은 수준의 연구 성과를 축적하였다. 그러나 그만큼 다른 분야의 연구, 특히 요동을 둘러싸고 발생한 국제관계사 분야의 연구는 상대적으로 소홀히 다루어진 측면이 있었다.

사회경제사에 대한 연구성과가 중국사회의 내재적 발전을 구명하는데 머물고 만다면, 한국인으로서 외국의 역사를 접근하는 데에는 기본적으로 한계가 있을 수밖에 없다. 왜냐하면 한국인이 바라보는 중국사 이해는 우리와의 관계를 떠나버리는 순간, 그 연구의 의의가 반감될 수밖에 없기 때문이다. 더구나 현재 치열하게 전개되고 있는 동아시아 지역내 국가 간의 '역사전쟁'의 상황을 고려할 때, 동양사 연구자들의 국제관계사에 대한 관심이 절실히 필요하다.

따라서 이제 중국사의 사회경제적 성과를 바탕으로 정치사·제도사·사상사적 연구 성과를 아우르고, 또한 일본사 등 그 밖의 지역에 대한 연구를 종합하는 동아시아사에 대한 이해를 지향해야 할 시점에 도달하였다. 그리고 이러한 종합적인 동아시아사 이해는 역사전쟁의 와중에서 역사의 시야를 요동과 북방으로 돌리고 역사의 지평을 넓혔을때 가능할 것이다.

2. 중국은 근세 요동을 어떻게 보고 있는가

들어가며

明나라는 주원장을 중심으로 江南의 부호들과 농민반란 세력들이 몽골 세력을 초원으로 축출하면서 세워진 왕조이다. 그들은 南京과 元의 수도였던 大都 곧 북경을 점령한 후 힘을 다하여 대외적으로 팽창을 시도하고자 하였다. 당시 요동은 여전히 몽골세력들이 차지하고 있었으므로 그들에 대한 방치는 山海關을 넘어 중원을 공격할 수 있는 기회를 주는 것이었다. 이 때문에 명나라의 입장에서는 요동지역을 장악하는 것이 명초의 중요한 목표였다. 명나라는 이러한 목적 하에 명초부터 山東을 출발하여 海路를 타고 요동으로 대군을 파견하는 전략을 취하였다. 그리고 이러한 요동 진출은 곧 遼東都司의 설치로 1단계가 완료되었다. 한족의 왕조로 이례적으로 요동의 일부를 차지하고 이를 기반으로 대외팽창을 시도하려는 첫 단계는 성공적이었다. 요동도사는 명나라가 요동을 기반으로 대외팽창을 시도하는 동시에 요서지역의 산해관을 방어하는 최고의 군사기구로 출범하였던 것이다.

요동도사는 만주의 중심도시 요양(遼陽, 오늘날의 요령성 요양시)에 설치되어 소속 25衛 체제를 구축한 후 명 후기까지 존속하였다. 1衛의 군사편제는 원칙상 5,600명으로 구성하는 것이 일반적이었으나 요동은 인구가 희소하고 지역적으로 인구 편차가 심하여 원칙과는 다른 위소체제를 구성하고 있었다.

명대 대외정책에 주력한 영락제(성조)

요동도사는 요양에 설치된 이래 몽골세력 축출과 흡수, 여진정벌과 회유, 조선과의 외교적 접촉 등 외교적, 군사적 활동을 통해 국제교류의 중개자 역할을 하였다. 동시에 요동을 관할하며 팽창을 시도하고자 하는 기본적 전진기지였다.

요동도사는 명나라의 대외팽창 시도시기인 永樂年間(1403~1424) 여진지역에 女眞衛所를 설치하는 등 여진지역을 분열시켜 여진부족의 통일을 막는 동시에 명나라의 관할지역으로 삼으려고 시도하였다. 그러나 명초에 설치된 요동도사는 영락연간에도 여진과 몽골지역으로 팽창하기에는 역부족이었다.

더구나 영락연간 이후 점차 몽골과 여진 지역으로의 팽창은 더 이상 진행될 수 없었고 명나라는 오히려 국가 역량이 감소하기 시작하였다. 반면 여진족과 몽골족은 점차 성장하여 명나라를 위협하였고 이로써 명나라의 대외정책은 점차 수세적인 방어책으로 전환되기 시작하였다. 이러한 수세적인 변경정책으로 전환한 명나라는 만리장성의 축성과 증축이라는 방법을 사용하였다. 오늘날 우리가 보고 있는 벽돌로 연결된 만리장성은 명나라가 수세적 국면으로 접어들면서 수축한 것으로 명나라 변경정책의 성격을 잘 보여주는 대표적인 것이라 할 수 있다.

요약하면 명나라는 요동도사의 건립을 통해 요동으로 진출하고 대외팽창을 도모했지만 요동도사의 울타리를 넘어 그 이상의 적극적인 대외진출과 팽창을 성취할 수가 없었던 것이다.

역사적 상황이 이러함에도 중국의 연구성과들은 공세에서 수세로 전환되는 명의 변경정책, 초기에서 후기로 갈수록 나타나는 요동도사의 약화 등을 드러내지 않고 오히려 요동도사를 확대 해석하여 요동도사가 전 요동지역을 명대의 강역으로 흡수한 안정된 군사기구로 평가하고 있다. 제3국의 연구성과와는 정반대로 중국적 입장을 주장하고 있는 셈이다. 요동도사를 운영하는 과정에서 발생한 다양한 정책들의 실패, 군사들의 도망, 몽골과의 외교단절, 둔전과 전쟁에 필요한 馬政경영의 좌절, 여진의 위협 등 명나라의 변경정책의 실패가 명왕조 멸망에 끼친 부정적 영향 등에 대해서는 지면을 할애하고 있지 않다.

영락연간부터 명나라는 요동도사의 군대를 징발하여 10여 차례 흑룡강 유역으로 진출한 적이 있는데, 명나라의 기록에는 이들을 통해 이곳에 奴兒干都司라는 군사기구를 세워 운영한 것으로 되어 있다. 중국은 이 노아간도사의 설치를 근거로 흑룡강 유역까지 명의 영토가 된 것으로 주장하고 있다. 앞서 언급한 요동도사와 노아간도사 이 두 기구가 요동을 명나라의 강역으로 만드는 중요한 핵심기구이자 역사적 근거가 되는 셈이다. 두 기구를 중심으로 강역 이론을 전개하는 이러한 관점이 21세기 명대 만주를 중국의 강역으로 보는 기본축이 되고 있다. 과연 명나라는 중국의 연구성과처럼 건국되는 14세기부터 멸망하는 17세기 중기까지 전 요동지역을 석권했는가? 중국의 주장은 설득력이 있는 것인가? 본 연구에서는 이러한 문제의식을 가지고 중국의 주장을 검토해 보고자 하였다.

만주족의 모습

우선 명대에 대한 중국연구성과들의 문제점을 지적해 보자. 첫째, 明代 요동진출의 중심이 된 遼東都司에 대한 성립과정 이외에 요동도사의 국제적 역할과 성격, 지배력 등에 대한 분석이 부족하다. 요동도사를 정확히 파악하기 위해서는 명초의 상황들과 요동정세에 주목할 필요가 있다. 둘째, 明代 遼東[1]의 山東에 대한 依存的 關係,[2] 女眞 지역으로의 진출시도와 좌절, 노아간도사의 성격, 遼東邊墻을 통한 소극적 방어, 압록강에서 요양 사이 역참이 설치된 遼東八站 지역의 성격을 우선 탐구해 볼

---

1) 명대 '遼東'은 '遼河의 동쪽', 遼東都司가 있는 '遼陽城', '遼東都司 관할지역', 내몽골 일부를 포함하는 '만주지역' 등의 의미로 사용되고 있다. 明代에 편찬된 『遼東志』 「疆域」에서는 "東至鴨綠江五百三十里, 西至山海關一千五十里, 至北京一千七百里, 南至旅順海口七百三十里, 渡海至南京三千四十里"로 기록하고 있으며, 『籌遼碩畵』 역시 비슷한 범위를 遼東으로 설정하고 있다. 곧 明代에는 遼東의 범위를 遼東都司가 형식적으로 관할했던 지역 곧 25衛 지역을 많이 지칭하고 있음을 알 수 있다.

2) 明代 요동은 지리적으로 朝鮮, 女眞, 몽골 등으로 진출할 수 있는 四通八達의 중요한 지역이기도 하지만, 중원과의 관계가 유지되지 않으면 쉽게 고립될 수 있는 지역적 특징을 가지고 있다. 이러한 지역적 특징으로 인하여 遼東은 海路를 통해 山東과의 지속적인 교류를 진행하였고 대부분의 군사력과 군수품을 공급받음으로써 遼東進出을 지속적으로 시도할 수 있었다. 중요한 것은 遼東의 山東에 대한 의존적 관계가 明初에 한정된 것이 아니라 明 後期까지 지속되었고, 장기간 지속된 海禁과 衛所의 폐단, 인구의 유출 등 내부적인 모순이 발생하여 遼東의 山東에 대한 의존적 관계를 심화시켰다. 이러한 의존적 관계는 결국 明代 遼東都司가 대외팽창을 시도하는데 한계를 보여주는 구조적인 문제점이 되었다.

필요가 있다.

셋째, 명나라가 여진 지역에 설치한 女眞衛所의 성격 역시 명나라가 대외팽창을 지속시킬 수 없었던 문제점을 지적하는데 중요하다. 중국의 연구성과들은 여진지역 위소들이 명에 의해 설치되었고 明과 朝貢關係를 유지하고 있다는 것을 근거로 명과 여진을 종속적 관계로 파악하여 明代 女眞衛所 및 그 地域이 明의 版圖 내에 있었던 것처럼 서술하고 있다.

그러나 기록을 살펴보면 洪武年間부터 鴨綠江, 豆滿江, 松花江, 黑龍江 지역으로 관할범위를 확대하여 나가고자 하였던 明의 전략은 三萬衛, 鐵嶺衛, 奴兒干都司 설치에서 알 수 있듯이 모두 한계에 직면하였음을 알 수 있다. 철령위와 삼만위는 압록강과 두만강 유역을 견제하려고 설치를 시도한 것이었지만 몽골족을 방어하기 위해 결국 요동북부의 철령(현재 遼寧省 鐵嶺市)과 그 북부지역으로 이동시켜 설치할 수밖에 없었다. 노아간도사 역시 비문의 기록 등을 보면 흑룡강 유역에 설치한 상설기구가 아니었다.

대외확장의 전성기인 永樂年間에 설치된 많은 여진위소들 역시 대부분 여진의 부족제 내지 촌락에 기초하여 형식적으로 이름만 명명된 것이기 때문에 성격상 內地의 衛所와는 달랐으며 명나라에 종속될 수 없었다. 오히려 요동도사 부근에 위치하던 建州女眞의 예에서 알 수 있듯이 초기에는 명에 조공하며 衛印을 받는 등 명나라에 종속된 듯 하였으나 시간이 흐를수록 군사력을 키우고 성장하여 遼東을 위협하는 상황으로 변하였다. 이외에도 상당수의 여진은 明代 후기로 갈수록 명을 위협하는 주요한 세력으로 성장하며 세력을 통합하였다. 이것은 명대 여진지역이 명의 영향력 밖에 있었음을 말해주는 것이다.

넷째, 위에서 언급한 바와 같이 奴兒干都司는 현재 중국이 吉林, 黑龍江, 鴨綠江, 豆滿江 지역을 明代의 강역으로 해석하고 漢族의 요동진출을 강조하는 근거가 된다. 그러나 奴兒干都司는 임시군사 기구로, 宣德年間에는 이미 그 기능을 상실하여 黑龍江 유역으로 진출하려던 明의 시도에 한계가 있음을 분명히 보여주고 있다.

다섯째, 遼東邊墻을 들 수 있다. 요동변장은 명나라가 요동도사 지역을 지키기 위해 자연적인 험새를 이용해 수축한 일종의 변장 곧 성벽이라고 할 수 있다. 그러나 연결된 벽돌로 이루어진 성벽이 아니라 일종의 자연적인 지형을 이용한 방어선이었다. 더구나 요동 변장은 요서와 요동을 연결하며 과도할 정도로 긴 방어선을 형성하였다. 나아가 과중한 부역 등으로 衛所兵의 도망과 인구 유출, 그리고 둔전 생산량의 감소 등으로 후기로 갈수록 효율적으로 방어하기에는 많은 문제점을 가지고 있었다. 더구나 遼東邊墻 방어선의 주 대상은 몽골과 여진으로 요동변장은 內地와 外地를 구분하는 국경선이었음에도 국경사의 시각에서 연구가 이루어지고 있지 않다.3)

만주지역 지도

3) 明代는 요동도사를 중심으로 대외확장을 도모하였으나 요동진출-여진과 몽골지역으로

여섯째, 遼東八站 지역(압록강~요양 사이)에 대한 평가이다. 이 지역은 조선과 명 사이의 使行路로써 원대 8개의 참이 설치되어 요동팔참이라고 불렀다. 이 지역은 명과 조선의 국경중립지대로 압록강이 조선과 명의 국경선이 될 수 없으며 지역의 개념으로 국경지대가 설정되어 있음을 증명하는 중요한 주제가 될 수 있다. 곧 ① 明과 朝鮮의 국경지대 설정 문제 ② 국경중립지대로서의 성격 ③ 柵門의 위치를 통해 본 압록강 국경설의 극복이라는 의미에서 매우 중요한 의미를 지니고 있다.[4)]

위에서 언급한 요동도사, 노아간도사와 여진, 요동변장, 요동팔참의 문제는 명대사와 관련된 역사왜곡 내지 침탈의 논리를 밝히는 중요한 주제이자 청대 요동을 이해하는 중요한 연결고리가 될 수 있다.

다음으로 위의 각 주제와 관련된 중국의 연구성과를 살펴보면서 중국의 주장에 대해 논리적 대응을 모색해 보고자 한다. 우선 간단하게 각 주제와 관련된 연구사를 정리해 보자. 요동도사에 대한 연구성과로는 楊暘의 『明代遼東都司』(中州古籍出版社, 1988)와 徐桂榮의 「明代遼東都司諸衛轄所考」(遼寧大學學報, 1992)[5)] 등이 있

의 진출 시도-진출시도의 좌절-요동변장의 수축과 붕괴라는 과정을 거침으로써 明初 전략적 목표로 두었던 대외 팽창의 한계를 보여주었다. 明代 대외팽창이 좌절될 수밖에 없었던 원인은 산동에의 의존성, 몽골 親征으로 인한 경제적 손실, 過重한 負役, 衛所兵 등 인구의 逃亡과 감소, 관리들의 토지 겸병, 遼民과 軍丁의 반란, 宦官의 폐해, 戰馬의 부족 등 대내적 문제점 및 여진과 몽골의 침입과 성장 등 대외적인 문제들이 원인이 되었다.

4) 요동팔참 지역에 대해 ① 朝鮮은 朝鮮·明간의 군사적 완충지대로 인식하고 있었고 ② 朝鮮의 義州와 접해있는 鴨綠江과 주변의 三島를 비롯한 섬들에 대해서도 실질적인 관할이나 경작은 朝鮮이 주도하고 있었으며, ③ 鴨綠江에 대해서도 朝鮮의 所有라는 역사인식을 가지고 있었다. ④ 더불어 문화적으로도 계통상 高句麗의 후손이라는 강한 자부심이 있었다.

5) 이외에도 董萬崙, 「明代三萬衛初設地研究」(北方文物, 1994年, 第3期, 總第39期); 李三

다. 중국에서 발표된 요동도사 연구의 문제점들은 遼東都司와 衛所의 設立過程 등을 다루고 있지만 永樂年間 이후 遼東都司가 점차 내부적인 문제점을 야기하며 영향력을 상실하여 都司로서의 기능을 상실하고, 설치-확대-정비-쇠퇴의 과정을 거쳤음에도 이러한 遼東都司의 변화과정, 遼東都司가 영향력을 잃게 되는 원인 분석을 소홀히 하였다. 곧 명대 요동을 요동도사가 확고히 지배한 것처럼 주장하는데 큰 문제점이 있다.

奴兒干都司를 연구한 성과물로는 楊暘 外, 『明代奴兒干都司及其衛所研究』(中州書畵社, 1982)와 叢佩遠의 『中國東北史』 第3卷(吉林文史出版社, 1998), 河內良弘의 『明代女眞史の硏究』(東朋舍, 1992), 江嶋壽雄의 『明代淸初の女眞史硏究』(中國書店, 1999) 등을 들 수 있다.[6] 단행본으로는 1982년에 출판된 楊暘 등의 『明代奴兒干都司及其衛所研究』가 유일한데, 이 성과물은 多民族統一國家論의 논리를 가장 잘 대변하고 있는 자료로 '征服王朝論'을 부정하고 遼, 金, 元의 영토를 모두 중국의 영토로 인식하고 있다. 따라서 明이 元의 정통성을 계승한 정통왕조라는 시각에서 奴兒干都司는 元의 영토를 관할하기 위한 정당한 진출이었으며, 奴兒干都司와 吉林 黑龍江 지역의 女眞衛所는 크게 보면 明의 영토이며 작게는 奴兒干都

謀, 「明代遼東都司衛所的農耕活動」(中國邊疆史地研究, 1996年 第 1期); 朱誠如, 「明遼東都司二十五衛建置考辨」(管窺集, 紫禁城出版社, 2001); 張士尊,「明代遼東都司軍政管理體制及其變遷」(東北師大學報, 哲學社會科學版, 2002年 第5期) 등이 있다.

6) 논문으로는 鍾民岩, 「歷史見證-明代奴兒干永寧寺碑文考釋」 (『歷史研究』, 1974년 제1기); 江嶋壽雄, 「亦失哈の奴兒干招撫について」, 『西日本史學』 13호; 王綿厚 外, 「明代管理奴兒干的歷史新證」, 『文物』, 1978; 王鍾翰, 「明代女眞人的分布」, 『淸史新考』(遼寧大學出版社,1997); 蔣秀松·王兆蘭, 「從永寧寺碑看明代東北各族的關系」, 『歷史教學』, 1982; 蔣秀松, 「關于奴兒干都司的問題」, 『民族研究』 1990; 鳥居龍藏, 「奴兒干都司考」, 『燕京學報』 第33期; 內藤虎次郎, 「奴兒干永寧寺記補考」, 『內藤湖南全集』, 1970; 楊暘, 「明代奴兒干永寧寺碑研究的諸問題論辨」, 『東北史地』, 2005; 楊暘, 「永寧寺碑文銘刻的奴兒干都司與黑龍江下流, 庫頁島的先居民族關系」, 『東北史地』, 2006 등이 있다.

司의 관할이었다고 주장하고 있다. 그러나 노아간도사는 宣德年間 이미 그 기능을 상실하고 요동도사에 흡수됨으로써 여진지역은 명의 직접적인 지배를 받을 수가 없었다.

建州女眞을 연구한 최근의 논문으로는 刁書仁의 「論明前期斡朶里女眞與明·朝鮮之關係」(『中國邊疆史地研究』 2002年 3月 第12卷 第1期) 등이 있다.[7] 명은 15세기 여진지역에 대한 적극적인 진출을 시도하였지만 결국 중후기로 갈수록 소극적인 방어로의 전략적 전환을 시도하였다. 명나라가 吉林은 물론 黑龍江 유역을 비롯한 여진지역에 상당한 영향력을 행사한 것처럼 서술하고 있으나 실상 奴兒干都司의 예에서도 나타나듯이 여진지역으로 진출하려던 明의 시도에 명초부터 한계가 있었음을 분명히 인식할 필요가 있다. 특히 建州女眞은 明의 衛所體制에 편입되어 建州 3衛가 되기도 하지만 결국 생존에 적절한 지역을 찾아 이동을 거듭하며 마침내 군사력을 키워 요동을 위협하는 상황에 이르게 되는데, 이러한 建州衛의 모습 역시 永樂年間 明의 女眞地域으로의 진출과 영향력에 한계와 문제점이 있었음을 파악할 수 있는 좋은 예라고 할 수 있다.

요동변장을 연구한 성과로는 董耀會의 『瓦合集-長城硏究文論-』, 科學出版社, 2004 등이 있다.[8] 이들 연구물들은 遼東邊墻을 단순한

7) 이외에도 李婷, 「明前期朝鮮族移居遼東的原因, 途徑及開發貢獻」(『鄂州大學學報』 第9卷 第3期, 2002.7); 王臻, 「朝鮮太宗與明朝爭奪建州女眞所有權述論」(『延邊大學學報』(社會科學版) 2003年 9月); 于曉光, 「明朝與朝鮮圍繞女眞問題交涉論析」(『歷史硏究』, 2003年 第1期 第19卷); 劉秉虎, 「建州女眞與朝鮮交涉之硏究」(『大連大學學報』, 2003年 6月, 第24卷 第3期) 등이 있다.

8) 이외에도 孟森, 『明代邊防』, 學生書局, 1968; 肖立軍, 『明代中後期九邊兵制硏究』 吉林人民出版社, 2001; 劉謙, 『明遼東鎭長城及防禦考』, 文物出版社, 1989 등을 들 수 있다. 논문으로는 武家昌, 王德柱, 「試探明代萬里長城東部起點」, 『北方文物』, 1990年 第1期; 薛景平, 「明遼東鎭長城東西兩端的實地考察」, 『北方文物』, 1996年 第3期; 刁書仁, 「明朝前中期東段邊界的變化」, 『史學集刊』, 2000年 第2期; 叢佩遠, 「明代遼東邊墻」, 『東北

방어선으로 서술함으로써 邊墻과 遼東都司 지배력과의 관련성, 국경선으로서의 가능성 등을 전혀 언급하지 않았기 때문에 변장 바깥 지역을 명나라의 판도내 지역으로 인식하고 있다. 이러한 遼東邊墻에 대한 단선적인 해석은 결과적으로 明代 遼東都司와 奴兒干都司 등을 확대해석하는 결과를 초래하여 吉林과 黑龍江 지역의 女眞세력은 모두 明의 羈縻衛所로서 명나라에 편입된 것으로, 明 시기 내내 黑龍江 유역까지 明의 영향력이 지속되었던 것처럼 해석하고 있다.

요동변장 외곽 지역 중 조선과의 중간지대인 요동팔참은 조선과 매우 밀접한 관계를 가지고 있는 지역이다. 중국학계에서 遼東八站을 다룬 논문은 보이고 있지 않으며, 使行路와 관련된 孫衛國의 「朝鮮入明貢道考」(『韓國學論文集』 2輯, 北京大學 韓國學研究中心 編, 1993)과 叢佩遠의 『中國東北史』 第3卷(吉林文史出版社, 1998)이 대표적인 것이라고 할 수 있다. 이들은 遼東八站의 간단한 지리적 위치와 명의 점거 과정만을 언급하고 있을 뿐 朝鮮과의 관련성 속에서 사신의 출입로인 책문의 성격, 국경지대로써의 성격 등을 언급하지 않고 있다.

중국은 90년대에 들어서 邊界와 관련한 연구가 많이 나왔는데, 논문으로 楊昭全의 「中朝界務史略」(中國邊疆史地研究報告 第3,4輯 連載, 1988, 1989), 저서로 楊昭全·孫玉梅의 『中朝邊界史』(吉林文史出版社, 1993)와 『中朝邊界沿革及界務交涉史料彙編』, 楊昭全·韓俊光의 『中朝關系簡史』(遼寧民族出版社, 1992), 林榮貴 主編의 『中國古代疆域史』(4권) 등이 있다. 明代와 관련하여 이들 저작들은 明代 前·中期 鴨綠江과 豆滿江이 明과 朝鮮의 '界河' 곧 국경선으로 자리를 잡았으며 이것이 淸代로 계승되고 있다고 주장하고 있는데

地方史研究』, 遼寧省社會科學院 歷史研究所, 1985年 第1期 등이 있다,

이러한 견해는 앞서 언급한 요동도사, 노아간도사, 요동변장, 요동팔참 지역 등에 대한 다각적인 연구가 이루어지지 않았기 때문에 나온 잘못된 주장이다. 이러한 중국의 주장은 많은 오류를 가지고 있기 때문에 수정되어야만 한다.

근세 요동사를 보는 중국의 입장

위의 내용에서 살펴보았듯이 중국의 입장은 명대 요동 전체가 중국의 강역이라는 주장이다. 그러나 그들의 연구성과들 특히 遼東都司에 관련된 성과물은 遼東都司와 衛所의 設立過程 등을 다루고 있지만 明代 遼東都司의 歷史的 性格과 變化過程, 그리고 국제적 역할, 다양한 정책들의 실패, 明의 멸망에 끼친 영향 등 遼東都司의 歷史的이고 綜合的인 평가에 대해서 다루고 있는 성과물이 없으며, 이러한 원인으로 요동도사의 기능을 확대해석하여 그 영향력이 만주 전 지역에 미친 것으로 이해하고 있는 것으로 분석되었다.

노아간도사에 대한 연구 역시 명대 전기에 이미 기능을 상실하여 요동도사에 흡수되었음에도 그 건립에서 쇠퇴과정에 대한 언급 그리고 이후의 상황을 분석하지 못함으로써 노아간도사가 명 후기까지 노아간 및 여진지역에 영향력을 행사한 것으로 보고 있다. 그 논리적 근거는 노아간 등 여진 지역이 전통적으로 소수민족 지역이므로 명에 당연히 종속해야하는 지역으로 인식하고 있다는 것이다.[9] 노아간지역은 명 태조시기부터 개척되기 시작하였으며, 영

9) 중국은 명 시기 奴兒干지역의 吉列迷, 女眞, 苦夷 등 민족은 중국 주변지구의 소수민족이며, 그들을 초무 또는 회유하는 것은 역대왕조의 통치방식을 계승한 것으로 당연하다고 인식하고 있다. 따라서 변강무주권론, 이민족통치론, 남북대치론 등의 주장은 모두 오류라고 주장하고 있다.

락시기 적극적으로 진출함으로써 노아간도사가 설치되었고 해서·건주·야인 등의 추장들이 많이 귀부하여 명에 종속되었다고 본다. 이를 바탕으로 중국학계에서는 명대 북방의 장성이 國界라는 것은 황당한 주장이라는 것, 노아간도사는 명대 변강과 중원을 대통일의 세계로 만들려는 적극적인 표현이었고 동북강역의 형성-변화-안정에 큰 기여를 하였으며 흑룡강지역은 독특하고 독자성을 가지고 있었다는 것, 내관 亦失哈이 황제의 명으로 7차례 奴兒干都司에 도착한 것은 명 조정이 국가주권을 행사한 것으로 보아야 한다는 것, 노아간지역의 각 부족들의 朝貢은 일종의 특수한 '賦稅'로 보아야 한다는 것, 명과의 교역을 통해 노아간의 교통의 발전과 왕래를 가져왔으며, 결과적으로 동북 각 민족 간의 경제교류와 발전을 촉진시켰다는 것 등을 주장하고 있다.

여진에 대한 중국의 주장은 1) 조선은 명초의 불안정한 틈과 여진을 돌아볼 여유가 없던 기회를 이용하여 여진지역으로 영토를 확장해 들어와 해당지역의 여진인을 조선에 귀속시켰다는 것, 2) 조선 태종시기 영역이 개척되면서 조선과 명이 비로소 두만강을 경계로 하였으며 명과 긴장관계를 유발하였다는 것, 3) 명 성조(永樂帝, 1403~1424)가 재위에 오른 후 여진 수령에 대해 초무와 안치를 시도하여 명왕조가 여진지역에 대해 새로운 통치 질서를 시도하였으며 조선과 여진지역의 귀속문제를 둘러싸고 조선과 명은 서로 충돌할 수밖에 없었다는 것, 4) 1409년 4월 명조는 여진에 대한 통치를 강화화기 위해 흑룡강, 송화강 등의 유역에 모두 130개의 위소를 세우고 여진인 두목들을 지휘사, 천호, 진무 등으로 임명하고 흑룡강 하류에 노아간도사를 설치하여 건주위 등 수많은 위소를 관할하였으며 이로써 명조와 여진은 번속관계를 유지하였다는 것, 5) 조선 동북부의 함경도 지방은 이 이전에 元朝의 관할이었고, 여진족이 생활하던 지역이며, 明이 元을 계승하였으니 이치상 해당 지역의 주권은 명이 가져야 하며, 따라서 이 지역은 자고이래 조선의 조상들이 살던 지역이라는 관점은 이치에 맞지 않는다는 것, 6) 실제로 명 태조-성조시기 조선에 鐵嶺과 10처 여진을 조선에 넘겨준 것은 강역상 조선에 대한 중대한 양보였으며, 7) 조선 태종은 이러한 10처 여진의 관할을 확보한 이후 두만강을 명과 조선의 계하로 삼고 두만강 이남을 조선국왕의 영토로 삼았다는 것 등이다. 또한 8) 조선이 여진인에게 관직을 수여한 것은 조선이 여진영토에 대해 소유권을 가졌다는 것을 의미하지는 않으며, 오히려 조선과 여진 양자의 관계는 형식적, 비정식적 의존관계였을 뿐이라는 것, 9) 요동도사 부근의 여진은 지리적으로 명의 요동도사와 접근해 있었기 때문에 이러한 상황은 여진에 대한 조선의 통제력이 약화될 수밖에 없었음을 보여주며 명이 여진에 대해 더 많은 영향력을 발휘하기 쉬운 조건을 마련했다 것, 10) 조선반도의 동북부는 원래 중국의 행정구역이었는데 고려를 이은 조선이 영토확장의 필요에 의해 다양한 이유를 대며 원말명초의 혼란한 틈을 이용하여 무력으로 이 지역을 점령하였다는 것, 11) 여진족은 조선과 동류이거나 동일민족이 아니며, 중국의 변강민족에 불과하다는 것, 12) 영토상으로 말하면 여진인들의 거주지가 조선에 위치하기도 하지만 그들은 오히려 명의 관할을 받고 있었다는 것, 13) 조선이 두만강 유역의 여진인에 대한 관할권을 차지하려는 이유는 영토와 주권문제에서 주도권을 차지하기 위한 것이며, 또한 북진정책도 영토 확장을 하기 위한 의도였다는 것 등으로 정리할 수 있다.

3. 명대 요동을 보는 중요한 쟁점들

山東, 遼東이 생존하기 위한 물자와 교류의 중심지

明初 遼東은 상당부분 北元 곧 몽골세력이 점령하고 있었다. 원대 요동에는 만주경영의 핵심이던 遼陽行省이 설치되어 있었기 때문에 명초에도 많은 몽골족이 거주하고 있었다. 명초 명군의 목적은 나하추를 중심으로 하는 요동의 몽골세력을 축출하고 이 지역을 명의 점령지역으로 만드는 것이었다.

요동에서 몽골세력을 축출하기 이전 山海關과 遼河 동쪽 遼東을 연결하는 遼西地域은 대부분 몽골에 의해 차단되었고 빈번한 戰禍로 인하여 황폐화되어 역참이 없었다. 이 때문에 초기 명군은 육로를 이용해 중원에서 遼東으로 진입할 수 없었다. 명나라의 입장에서 보자면 육로 이외의 다른 길을 찾아야 했다. 그것은 해로를 이용하는 것이었으며 산동에서 배를 타고 요동반도에 상륙하는 것이었다.

山東의 登州와 遼東의 旅順을 연결하는 海路가 명초 遼東으로 통하는 가장 빠르고 확실한 통로였던 것이다. 이 때문에 명나라는 등주와 여순을 연결하는 海運을 통해 遼東에 상륙한 다음 명군이 필요로 하는 각종 지원물자를 산동으로부터 공급받아야만 했다.[10)]

때문에 명초 요동은 군수물자 등 전쟁에 필요한 물품을 공급받기

10) 『明史』 卷86, 「河渠志」 四.

위해서 산동과 지속적으로 왕래해야하는 어려움 속에 놓여 있었다. 遼東에서 필요로 하던 모든 군수품들은 山東의 登州港을 출발하여 요동의 旅順으로 공급되고 있었다.[11] 명대 요동만(발해만)은 산동과 요동 두 지역을 연결시켜주며 명군을 지원하는 천연적인 교량 역할을 하였다. 불편한 육로에 비해 旅順은 山東과 연결되는 遼東 최대의 門戶였다.[12]

발해만에 접한 노룡두(老龍頭) 해안과 각산(角山)을 연결하면서 시작되는 곳이 산해관이다. 사진은 노룡두의 모습.

이처럼 遼東을 山東에 의존하게 만든 것으로 편리한 지리적 조건 이외에 당시 遼東 情勢의 위급함에 따른 山東과의 관계를 언급할 수 있다. 우선 인력이 부족했던 遼東에 군사적 지원을 하기 위하여 洪武 4年(1371)부터 明軍은 山東의 登州를 출발하여 渤海를 건

11) 『明史』 卷79, 「食貨志」三.

12) 『全遼志』 卷5, 「海運議」.

너 遼東에 상륙하였다.13) 이후 군수물자, 식량, 군사 등을 수송하여 역시 元末·明初 빈번한 전쟁으로 이미 황폐화된 요동을 선점하는데 총력을 기울였다.14) 일반적으로 洪武年間 山東을 통해 遼東으로 수송해 오던 군량은 평균 60여 만 석 정도로 기록되고 있다. 이처럼 많은 식량을 해로를 통해 수송한 이유는 명초 遼東은 몽골의 점령지였고 산지가 많고 둔전개발이 안되어 자급자족적 식량조달능력이 없었기 때문이다.15)

이러한 상황을 종합해 보면 明初 遼東은 遼東都指揮使司가 설치된 이후 25위 체제를 구축하며 軍政合一의 기구로 변화되었으나 山東에 대한 의존성이 매우 강하였음을 알 수 있다. 山東과 遼東과의 관계 특히 遼東의 山東에 대한 의존적 관계는 遼東都司를 중심으로 전개된 이후의 明代 遼東을 이해하는 중요하고도 기본적인 요소로 평가될 수 있다. 요하 남쪽 곧 遼南지역에 해당하는 金州, 復州, 海州, 盖州 등 4衛의 해안 도시는 이러한 山東과의 경제 교류 속에서 발전하는 계기가 마련되었다.16)

명초의 요동정세는 고려(조선)와 명의 관계에도 많은 영향을 주었다. 당시 몽골이 요동의 상당부분을 차지하고 있었고 몽골은 고려와의 지속적인 외교를 통해 군사적 연합을 시도하며 요동에서 명의 군대를 축출하고자 하였다. 이러한 상황을 알고 있던 명나라

13) 楊暘, 『明代遼東都司』, 中州古籍出版社, 1988, 4쪽. 洪武 9년(1376) 山東으로부터 순풍을 이용해 식량 5만 석이 遼東으로 수송되었다.

14) 『明太祖實錄』 洪武 9年 正月 癸未; 洪武 29年 3月 庚申; 永樂 3年 6月 丙戌.

15) 『明太祖實錄』 洪武 15年 12月 乙亥. 한 예로 洪武年間 면포와 면화 역시 遼東으로 옮겨오고 있는데 일반적으로 면포 30~40만 필, 면화는 10~20만 근 정도가, 納哈出과의 전투를 준비하기 전 遼東 諸衛의 군사 11만 2천여 명에게 면포 43만 4백여 필을, 면화 106만 9천여 근을 제공하였다는 기록이 있다. 이러한 기록들 속에서 明初 대다수의 식량과 군수품이 山東으로부터 지원되고 있었다는 사실을 알 수 있다.

16) 『全遼志』 卷5, 龔用卿, 使朝鮮回奏.

는 고려를 견제할 수밖에 없었고 3년에 1회 해로를 이용하여 산동을 경유하는 조공을 요구하였다. 명초 요동은 고려의 사신이 경유할 수 없는 지역이었고 오히려 해로를 통해 도착하는 산동이 고려의 사절단과 상인이 수없이 왕래하는 지역이 될 수밖에 없었다. 물론 육로인 요동을 경유하지 못하고 해로를 통해 명과 교류하는 것에는 많은 문제점이 있었다. 우선 파도를 만나 배가 전복될 위험이 있었다. 또한 요동을 경유하지 못함으로써 명초 긴박하게 돌아가고 있던 요동정보를 파악할 수 없는 문제점도 있었다.

이러한 위험성에도 명나라는 우선 몽골과 고려의 관계를 단절시키는 것이 시급했으므로 육로를 통제하여 요동의 접근을 엄금하는 것과 해로를 통해 고려와 긴밀한 교류를 해야한다는 입장을 고수하였다. 홍무연간 명나라는 요동의 몽골세력을 축출해야 했기 때문에 수많은 물자가 필요하였다. 그중 부족한 전마의 경우 고려와 조선으로부터 절실한 지원이 필요한 실정이었다. 실제로 홍무 17년부터 나하추와의 전투가 종결되는 홍무 28년 사이에 3만여 필 이상의 전마가 고려와 조선에서 명으로 흘러갔는데, 육로의 접근이 불가능할 경우 해로를 통해서 수송되는 상황이 반복되었다. 즉 초기에는 해로를 통해 북방으로 고려와 조선의 전마가 수송되었던 것이다. 그러나 이러한 해로를 통한 전마의 수송은 실제 사고로 이어졌다. 홍무 6년 주영찬 등이 해로를 통해 전마를 수송하다가 바다에서 폭풍을 만나 수백 필의 말과 38명이 익사하는 사고가 발생하였던 것이다. 이러한 사고 이후 고려는 대규모 전마 소송의 어려움을 명에 통보하였고 명 역시 요동을 통해 전마를 사들이는 것으로 입장을 바꾸었다.

홍무 후기 요동의 나하추가 평정되고 다시 영락제가 북경 천도를 단행하는 시기가 되어서야 조선은 요동을 경유하는 육로를 이용하여 사행과 교역을 진행할 수 있었다. 이처럼 명대의 산동은 요동의 후방기지로서, 그리고 고려·조선과의 교류를 통해 요동을 지원하는 중요한 역할을 하고 있었다.

이러한 중요성을 制度史的 側面에서 본다면 山東과 遼東의 의존적 관계로 정의할 수 있다. 명대 산동과 요동의 관계는 명 후기까지 지속되었다. 이것은 요동의 산동에 대한 의존관계 속에서 보자면 요동도사의 변화와 발전은 산동의 지원이 전제되었을때 가능한 것이었으며, 산동이 없다면 요동도사가 그 힘을 발휘하는데 한계를 보일 수밖에 없다는 것을 의미하기도 한다.

요동은 9邊(만리장성)의 極東에 위치하여 明初부터 軍務가 무겁고 負役이 과중하였다. 이러한 군사적 요충지의 성격은 遼東에 州縣과 같은 민정제도의 실시를 불필요하게 만들었다. 遼東都司는 결국 遼東에 軍政 중심의 임무를 수행하는 기구가 되었고 군정 이외의 많은 행정적인 부분은 山東에 의존해야했다.

제도적인 측면에서 사법을 담당하는 山東按察司 설치를 살펴보면 洪武 29년(1396) 전국에 41개의 道按察分司를 설치하면서 山東을 3道로 나누었는데 그 중 遼海東寧道는 東寧, 瀋陽中, 遼陽, 鐵嶺, 三萬, 金州, 復州, 盖州, 海州, 義州의 10衛 및 廣寧中護衛, 廣寧, 左, 前, 後의 4屯衛를, 定遼左, 右, 中, 前, 後의 五衛 등 遼東의 업무에 관여한 것으로 나타나고 있다.[17]

17) 『明太祖實錄』 洪武 29年 10月 甲寅. 山東布政使司 역시 正統 3년(1438) 遼東에 分守遼海東寧道를 설치하였는데, 山東布政使司로부터 參議 또는 參政 1인을 지원받아 遼西地方의 廣寧에 상주하도록 하였다. 成化 13년(1477)에도 遼東屯田과 군량 창고의 폐단이 많아짐에 따라 廣寧에 戶部分司를 설치하고, 分守道와 공동으로 관련된 둔전과 양식창고(粮儲)의 사무를 관리하도록 하였다. 다시 成化 21년(1485)에는 分守道를 遼陽으로 이전하였다. 弘治年間 이후 비록 戶部郎中이 遼東屯田과 軍糧蓄積의 일을 총괄하도록 하였으나, 여전히 山東布政使司에서 山東濟南府 帶銜管粮通判 2명을 파견

이것은 곧 遼東이 업무의 일정 부분을 山東에 의존하고 있었으며, 山東布政使司와 按察司 등으로부터 행정적 지원을 받고 있음을 알 수 있다. 당시 요동에는 행정을 전담하는 포정사가 설치되지 않았기 때문에 군사중심의 편제, 곧 요동도사와 25위로 구성된 요동은 민정 업무의 상당부분을 산동과 공조 하에 해결해 나갔던 것이다. 이는 遼東都司가 軍政合一의 기관으로 출발하였지만 변경에 위치하여 군사적 성격이 강하였기 때문에 한편으로는 독립성이 강하기도 하였지만 다른 한편으로는 여러 가지 여건상 가장 가까운 山東에 행정적인 많은 부분을 의존할 수밖에 없었던 한계성이 있었음을 말해주는 것이다. 이러한 山東에 대한 정치적, 군사적, 경제적 依存 관계는 결과적으로 遼東都司가 몽골 및 여진지역으로 진출하는데 한계로 작용할 수밖에 없었다.

요동 둔전 경영의 어려움과 인구의 감소

遼東은 결국 宣德·正統 이후 식량문제의 곤란에 직면하였다. 永樂 시기에 생산되던 최대 70여 만 석의 둔전 생산량은 明 中期가 되면서 약 36만 석으로 감소하게 되었으며, 이러한 상황은 자급자족적 둔전경제를 통해 遼東을 방어해야 하는 明朝의 政策에 심각한 부담을 주었다. 이미 宣德 4년(1429)에는 屯田制度가 舊例에 의거하여 운영되지 않고 屯田에 종사하는 인구수, 세액 그리고 둔군에 대한 녹봉 등이 지켜지지 않아 기강이 문란해지고 군량이 부족해지는 등의 문제가 야기되고 있었다.[18]

하여 일을 처리하였다.

18) 『明宣宗實錄』 宣德 4年 2月 乙未.

명초 요동도사가 정비되면서 요동인구는 대략 40~50여 만 명을 유지한 것으로 보이나 이 후 서서히 감소되는 추세를 보였다. 인구감소의 1차적 원인은 衛所제도의 점진적 붕괴로 인한 衛所兵의 도망이었다. 弘治 元年(1488) 兵部尙書 余子俊은 변방의 사정을 올렸는데, 그 올린 글의 주요 내용은 도망병이 속출하고 있으므로 새롭게 군사를 모아 변방의 내실을 기해야 한다는 것이었다. 이는 이미 弘治年間(1488~1505)에 요동의 도망병이 인구감소의 중요한 원인의 하나가 되고 있음을 말해주고 있는 것이다.[19] 弘治 16년(1503) 吏科給事中 鄒文盛도 그의 상주문에서 '明初 遼東이 전략적으로 중요하였기 때문에 19만의 군사를 보유하였으나 지금은 상당수가 도망하여 7만의 군사만이 戶籍에 기록되어 있다'고 하고 있는데, 이러한 것을 보면 요동의 인구관리에 상당한 허점이 있으며, 明代 遼東防禦를 위한 人口確保에 어려움이 있었음을 알 수 있다.[20]

衛所兵의 도망 외에도 인구감소의 중요한 원인 중의 하나가 '隱占'이라고 할 수 있다. 隱占은 관리들이 함부로 군사를 사역시켜 자기의 私人처럼 만들고 屯田을 사유화하여 토지를 점유하는 것이다.[21] 또 다른 인구감소의 원인으로 遼東의 요역을 피해 山東이나 도서지방, 산간 지역으로 도망하여 이주하는 경우가 있다.[22] 明 後期가 되면서 40~50만에 이르던 明 中期의 인구는 더 이상 증가할 수 없었다. 군사의 도망과 屯田의 황폐, 관원들의 草地 침탈, 빈번한 전쟁 등이 더해지면서 요동인구는 증가할 수 없었던 것이다.

요동은 둔전지대였기 때문에 토지를 사유한 자영농이 부족하였

19) 『明孝宗實錄』 弘治 元年 12月 丁巳.
20) 『明孝宗實錄』 弘治 16年 正月 甲午.
21) 『明孝宗實錄』 弘治 16年 12月 辛酉.
22) 『明孝宗實錄』 弘治 12年 3月 乙卯; 『明世宗實錄』 嘉靖 2年 12月 辛丑.

다. 자영농의 토지 사유가 부족하다는 것은 그 만큼 국가의 부역 노동량이 과중하다는 의미이다. 이것은 농민의 감소와 도망을 야기하였고 이것은 군역을 도와줄 인구가 감소한 것을 의미하므로 결과적으로 위소군의 부역이 과중되는 고질적인 변방의 문제가 되었던 것이다.

이러한 요동의 열악한 상황은 요동의 인구가 생활조건이 좋은 산동으로 유출되는 것을 가속화시켰다. 반면에 요동의 조건이 좋지 않았기 때문에 산동의 인구를 요동으로 유입시키는 효과는 거의 기대할 수 없었다. 더구나 명나라는 이러한 요동의 인구가 감소되는 상황에 대해 요동 인구를 증가시킬 조치를 취하지 않았다. 명나라는 죄인 등을 요동으로 보내 인구를 보충하는 것 이외에 중원의 인구를 요동으로 보내 인구를 유지하는 법적인 제도를 준비하지 못했다.

만리장성이 시작되는 동쪽의 첫관문 산해관과 성문 누각의 모습.

그러나 상반되게 오히려 산동에서는 산동의 인구가 다른 곳으로 유출되지 않게 하기위해 여러 가지 제한조치를 취해 오히려 요동을 고립시키는 결과가 되면서 요동의 인구는 증가할 수 없었다. 이것은 해금정책 등과 병행되면서 요동의 경제를 더욱 어렵게 만들었다. 해금정책의 이면에는 요동의 인구 유출을 감소시킨다는 목적도 있었으나 인구를 유지하는 기본적인 정책은 될 수 없었다. 오히려 자연재해 등으로 요동이 곤경에 처했을 경우 요동의 교류를 방해하여 경제적으로 더욱 요동 사람들을 어렵게 만드는 결과를 초래하였다. 명 후기 이러한 상황은 인구의 다수가 後金에게 투항하거나 入關하는 사태로 연결되었다.

天啓年間(1621~1627) 遼東의 혼란과 遼東 防禦線의 위기로 山海關으로 들어간 인구가 적게는 10여 만에서 많게는 수십만까지 기록되고 있는데, 이것으로 보아 최소한 10여 만 명이 전쟁을 피해 入關하였음을 쉽게 알 수 있다.[23]

이상의 분석을 통해 明 後期 遼東都司 관할지역 인구는 최대 약 40만 정도로 추측되지만 明과 女眞의 전쟁이 시작되면서 入關한 사람이 15만 명, 山東으로 이주한 사람이 약 4만 명, 朝鮮으로 간 사람이 10만 명, 瀋陽·遼陽 등 後金의 점령지에 남아있던 사람이 10~15만 명 정도 그리고 전란 중의 사상자가 약 3~5만으로 급속히 인구가 감소됨으로서 요동도사는 그 기능을 상실해 가고 있음을 알 수 있다.

이외에도 遼東馬政의 쇠퇴 곧 군마수급의 부족을 들 수 있다. 正統年間(1436~1449)부터 遼東 정세가 악화되고[24] 成化年間(1465~

---

23) 『明熹宗實錄』 天啓 元年 5月 癸丑. 『明熹宗實錄』 天啓 2年 1月 乙丑; 2月 戊辰; 山東으로 피난한 사람도 매우 많았다. 山東登州海防按察使 陶郎先에 의해 관원 594명, 군사 3천 8백여 명, 일반백성 34,200명 등 모두 38,794명이 山東에 도착한 것으로 파악되고 있다. 朝鮮으로 도망한 사람도 상당수 있었는데, 毛文龍이 朝鮮으로 넘어올 때 군사 2만 6천여 명과 난민 9~10만에 가까운 인구를 인솔하고 朝鮮으로 넘어왔다. 이 숫자만 합쳐도 山海關·山東·朝鮮 등으로 도망해 온 군사가 최소 25만 이상이며, 25만이 遼東을 빠져 나왔다면 당시 遼東都司 지역 내의 인구밀도가 얼마나 낮았을지는 대강 짐작할 수 있다.

24) 『明孝宗實錄』 弘治 2年 8月 辛卯.

1487) 전마의 규모가 明初의 6분의 1로 축소되었고 嘉靖年間(1522~1566)에 이르면 규모가 明 初期의 12분의 1로 다시 감소하였다. 이러한 상황은 明 後期에 이르면 더 이상 遼東의 馬政이 효율적으로 운영되지 않고 있음을 보여주는 것이라 할 수 있다. 萬曆시기 遼東은 말 수급 능력을 상실하고 養馬 지역에서 말이 없는 지역이 되어버렸고, 이는 군사력을 약화시키는 결정적인 원인이 되었다.

명나라의 女眞衛所 設置와 여진족 견제

중국의 연구성과들은 遼東都司 중심의 25衛 중심의 소속 위소들과 女眞衛所의 차이점을 인정하면서도 여진지역의 衛所들이 明에 의해 설치되었고 明과 朝貢關係를 유지한 것 등을 근거로 삼아 여진지역을 明의 관할 범위나 판도 내의 지역인 것처럼 서술하고 있다. 이러한 연구성과들의 문제점을 지적하고 遼東都司의 대외적 팽창의 한계를 밝히기 위해서는 위소의 구조, 여진위소의 설치 배경과 성격 등의 문제를 우선적으로 언급할 필요가 있다.

明은 洪武年間 遼東으로 진출하면서 요동지역에 대해 신속하게 군사적으로 정비하고 다스려야 한다는 전략적 목표와 함께 衛所制度의 시행을 가장 적절한 것으로 판단하였다.[25] 이로써 여진지역도 明의 위소체제에 포함시켜야 한다는 목표가 설정되었다.[26]

遼東都司의 동부 여진지역은 몽골진출의 배후로서 그리고 遼東都司를 보호하는 울타리로서 매우 중요한 위치를 차지하고 있었기 때문이다. 전략적으로 두만강과 압록강 이외에도 松花江과 黑龍江 지

25) 『遼東志』 卷5, 官師.

26) 『明太宗實錄』 卷62, 永樂 7年 閏4月 己酉.

역 역시 쉽게 몽골과 연결될 수 있는 위치였기 때문에 이 지역의 방치는 몽골과 여진의 성장이라는 새로운 위기를 가져올 수 있었다.

당시 豆滿江과 鴨綠江 유역의 女眞은 상당수가 朝鮮의 부역에 종사하거나 호적에 편입되어 있어서 ① 朝鮮 견제와 진출 저지 ② 朝鮮과 女眞의 분리, ③ 여진세력의 확보라는 시각에서 明은 여진 지역으로의 진출을 준비하고 있었다.

여진족이 모여살던 요동 혼강(파저강)의 모습

따라서 明은 이미 洪武年間부터 이 지역으로 진을 시도하고 있었던 것이다. 그러나 女眞과 朝鮮에 인접한 지역에 설치하려 했던 鐵嶺衛,[27] 三萬衛[28] 등은 遼東都司의 힘이 미치지 못하였고 또한

27) 박원호, 「鐵嶺衛의 位置에 대한 再考」, 『東北亞歷史論叢』 13호, 2006.

28) 三萬衛의 문제 역시 鐵嶺衛와 마찬가지로 明 初期 遼東을 이해하는데 매우 중요하다. 우선 三萬衛의 초설지를 둘러싸고 크게 松花江과 豆滿江설로 나누어지는데, 그 위치가 어디인가에 따라 14세기 明의 요동전략을 이해하는데 차이가 생길 수 있다. 최근 박원호는 「鐵嶺衛의 位置에 대한 再考」(『東北亞歷史論叢』 13호, 2006. 11)에서

거리상 식량 보급이 어려워 결국 洪武 21년(1388)에 모두 遼東都司의 내지로 이전 설치함으로써 洪武年間 여진지역으로의 진출시도는 좌절되었다.[29] 東寧衛[30] 역시 洪武 13년(1380) 東寧·南京·海洋·草河·女眞 등 5개의 千戶所로서 여진지역에 설립되었으나[31] 洪武 19년(1386) 遼東都司 지역으로 옮겨 東寧을 衛로 승격시키고 5개 所를 설치함으로써[32] 南京·海洋·草河·女眞 등의 여진지역은 遼東都司의 판도외지역이 되어 점차 女眞의 거주지가 되었다.[33] 그리고 洪武 23년(1390)에는 遼南의 遼海衛를 開原 북쪽으로 옮기고 인구를 이주시킴으로써 遼東北部의 몽골에 대한 방어선을 강화하였다.[34]

영락연간 명의 집요한 뇌물공세와 외교적 접촉의 결과 猛哥帖木兒 등 여진의 일부가 明의 衛所에 편입되었지만 여진은 내지의 위소와 같이 정치적, 군사적으로 종속된 것은 아니었다. 오히려 正統 元年(1436) 建州衛 都指揮 李滿住는 渾江(婆猪江) 유역에서 다시 遼東都司에 근접한 草河 부근으로 옮겨오며 명의 방어선을 위협하는 상황을 만들어갔다.[35]

鐵嶺衛와 三萬衛의 설치가 明이 遼東政策을 추진하는 과정에서 긴밀히 연관되어 있음에 주목하고 초설치의 위치를 豆滿江 유역의 女眞 斡朶里部로 추정하였다.

29) 三萬衛가 설치된 開原에는 南關(廣順關)·北關(鎭北關)·西關(淸河關) 등의 三關三市를 설치하여 海西·建州·毛憐 등의 女眞部와 몽골을 대상으로 互市를 열었는데, 이곳은 교류의 중심지이자 遼東의 북부 관문에 해당하는 중요한 軍事와 經濟의 중심이었다. 永樂 7년(1409)에는 衛所政策에 따라 開原 성내에 安樂州·自在州(自在州는 正統 8년에 遼陽으로 옮김)를 설치하여 몽골과 女眞 등의 귀부자들을 적극적으로 이주시키기도 하였다.

30) 東寧衛는 외교사절과 통사의 배출, 사신의 수행, 朝鮮사행의 연회, 女眞과의 관계 등에 중요한 역할을 수행하였다.

31) 『遼東志』 卷1, 地理.

32) 『遼東志』 卷2, 建置.

33) 『明實錄』 洪武 19年 7月 戊午.

34) 『明實錄』 洪武 21年 3月 辛丑.

35) 成化 元年(1465)에 稱波右가 전한 기록과 申叔舟가 수집한 기록을 종합해 보면 建州

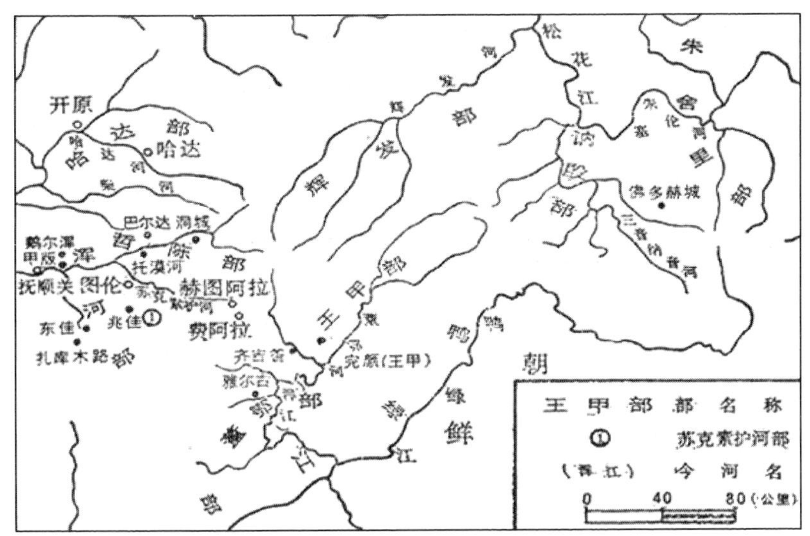

16세기 말~17세기 초 건주여진 분포도

여진위소는 內地의 衛所와는 근본적으로 다른 구조와 성격을 가지고 있었다. 女眞衛所는 내지의 衛所와는 달리 女眞의 독자적인 촌락에 기초하였기 때문에 형식적인 衛所의 이름을 가지고 있었을 뿐 그 構造는 전통적인 여진의 촌락 조직과 동일하였다. 즉 여진 지역의 衛所는 明이 적극적으로 개입하거나 내지의 위소와 같은 형태로 군사적 재편을 통해 설치한 것이 아니며, 내지와 같이 1衛 5,600명으로 구성된 것도 아니었다.

여진의 입장에서는 형식적으로 明의 위소체제에 들어가 衛印을 지급받고 상업적 교류를 통해 필요한 생활필수품을 획득하는 동시에 경제적 특권을 차지할 수 있다는 실리가 우선적 관심의 대상이

女眞은 초기와는 달리 점진적으로 이동을 통해 성장을 하고 있었으며, 遼東都司와 朝鮮에서 가까운 婆猪江 유역을 중심으로 전체 建州 3衛가 대략 33,000여 명의 인구를 형성하고 있었다고 추정되기도 한다. 이 중 대략 인구구성상 13,000여 명이 군역에 종사할 정도로 군사적 역량을 강화시켜 나가고 있었다고 볼 수 있다.

었다. 따라서 여진지역에 형식적인 여진위소가 설치될 수 있었던 것은 明의 정치적 입장과 여진의 경제적 입장이 상호간에 만들어 낸 것으로 수직적 종속관계로만 이해할 수 없는 것이다.

이상의 내용에서 알 수 있듯이 明朝는 遼東과 여진지역에 衛所制度를 시행하였으며, 이는 요동의 특수한 상황과 군사적 목적에 기인한 것이었다. 그러나 당시 여진지역에 대한 明의 세력 확대는 이루어질 수 없었기 때문에 여진지역은 형식적인 衛所의 이름만을 가지고 있었을 뿐 내지의 衛所처럼 明에 종속된 것이 아니었다. 女眞衛所는 ① 성격과 구조에서 明代의 정규적인 위소체제에서 벗어난 것이었고 ② 女眞族의 부락조직에 기초한 여진인의 조직으로 ③ 1衛 5,600명을 구성하는 내지의 衛와는 전혀 다르며, ④ 따라서 내지의 위소와 다른 성격을 가진다. ⑤ 오히려 점차적으로 遼東都司를 위협하는 세력으로 성장하였다는 측면에서 明에 종속되거나 그 영향력 하에 있었다고 볼 수 없다. 이러한 상황들로 보아 여진지역이 明의 관할 범위 내에 있었다고 볼 수는 없는 것이며 오히려 遼東都司의 대외적 팽창을 방해하는 중요한 역할을 하였다고 볼 수 있다.

노아간도사(奴兒干都司), 흑룡강과 길림지역의 여진을 통제했는가

奴兒干都司는 명의 흑룡강 하류에 설치한 일종의 군사기구이다. 이에 대한 그 기능과 성격을 파악하기 위해 살펴보아야할 중요한 자료 두 가지는 『敕修奴兒干永寧寺碑記』와 『重建永寧寺碑記』이다. 비문의 내용을 통해서 보면 奴兒干都司의 군사활동은 모두 9~10차례에 이르는데 모두 공통적인 특성을 가지고 있다. 즉 奴兒干都司에 군대가 상주해 있으면서 진행된 것이 아니며, 필요할 때마다 遼東都司를 출발하면서 시작되었다. 그리고 미리 송화강 유역에서 건조된 巨船을 타고 강을 이용해 노아간에 도착한 후 일정기간 머물면서 소기의 임무를 처리하였다. 亦失哈 등이 인솔하고 간 군대는 임무가 완료되면 황제의 명에 의해 모두 출발지인 遼東都司로 귀환하였으며, 최소한의 병력만이 奴兒干에 상주하였다. 구조를 상세히 살펴보면 奴兒干都司는 내지의 도사와 같은 권력기구가 될 수 없으며 단순한 임시 초무기구의 성격만을 가지고 있음을 알 수 있다.

奴兒干都司의 구조를 알 수 있는 두 碑記를 간략히 정리해 보면 나타나고 있는 관직이 ① 欽差, ② 奴兒干指揮同知, ③ 都指揮僉事, ④ 指揮, ⑤ 千戶, ⑥ 百戶, ⑦ 經歷, ⑧ 吏 등으로 매우 소략하며[36] 이 중에 군사업무를 담당하는 무관직을 빼면 經歷과 吏만이 남게 된다. 곧 經歷과 吏와 같은 하급관료는 간단한 문서의 작성이나 이첩 정도는 할 수 있지만 행정권과 사법권을 행사할 수는 없었다.[37] 『敕修奴兒干永寧寺碑記』와 『重建永寧寺碑記』 등을 분석해 보면 奴兒干都司 지역의 지리적인 조건이 매우 열악함을 한눈에 알 수 있는데, 그 지역을 지배할만한 제도적 장치를 갖추지 않은 奴兒干都司가 그 지역의 많은 女眞衛所를 관할하며 종속적 관계를 가지고 있다고 주장하는 중국 연구성과들은 매우 설득력이 없다고 할 수 있다. 女眞衛所의 종속성 여부를 판단하기 위해서는 女眞衛所와 明朝 사이에 행해졌던 朝貢과 교역 등의 성격을 규명

36) 「敕修奴兒干永寧寺碑記」, 「重建永寧寺碑記」.

37) 『明實錄』 永樂 7年 閏4月 己酉.

하는 것이 훨씬 논리적이고 합리적일 수 있다.

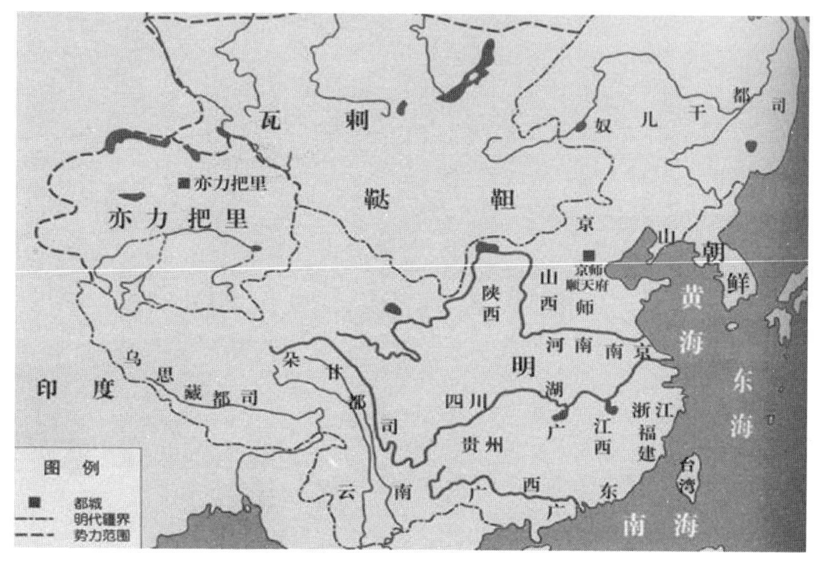

중국이 주장하는 명대강역도

明代 각 여진 羈縻衛所와 明朝와의 정치 경제적 관계는 주로 朝貢과 馬市를 중심으로 진행되었다. 女眞 각부의 貢道는 주로 遼東都司 북부에 해당하는 開原을 통해 들어와 필요할 경우 山海關을 지나 入京하였으며 黑龍江 下流에 위치한 奴兒干都司를 경유하지 않았다.38)

이로써 본다면 奴兒干都司와 각 女眞衛所는 서로 예속관계가 아니었으며, 奴兒干都司와 女眞衛所는 병렬관계도 아니었음을 알 수 있다. 따라서 奴兒干都司 건립 이전에 설치된 몽골의 兀良哈 3衛는 奴兒干都司보다도 22년이나 빠르게 설치되었으며, 奴兒干都司와 접촉한

38) 『明實錄』 永樂 元年 11月 辛丑.

사실도 종속된 적도 없다. 그럼에도 이를 奴兒干都司 屬下의 衛로 설명하는 중국학자들의 주장은 논리적으로 앞뒤가 맞지 않는다.[39)]

奴兒干都司가 여진위소들에 대해 관할권과 영향력이 없었다는 것을 밝힐 수 있는 또 다른 중요한 부분은 遼東都司와 奴兒干都司와의 관계이다. 奴兒干都司의 주요관리들, 군량과 기타 생활필수품 등은 遼東都司로부터 파견되고 지급되었다.[40)] 奴兒干都司는 遼東都司의 관리와 지배를 받았다고 볼 수 있으며, 奴兒干都司는 일종의 遼東都司의 파견기구에 불과하였다는 결론에 이르게 된다.

그리고 宣德 4년(1429) 12월, 明은 선박건조의 어려움, 소비의 과다, 실익의 부족 등 여러 가지 이유를 들어 亦失哈 등 奴兒干都司에 파견 나가있던 군사를 요동으로 불러들이고,[41)] 松花江 유역의 선박제조창을 폐쇄하기로 결정하였다.[42)] 宣德年間에는 松花江 유역에서 초무를 위해 진행되던 巨船 제작작업 및 黑龍江 유역으로의 초무 활동이 공식적으로 종결되고 그 관리들도 모두 遼東都司의 구성원으로 전환되어 奴兒干都司의 기능은 완전히 정지하였다.

---

39) 奴兒干都司와 羈縻衛所와의 관계에 대한 연구는 대략 4가지로 구분할 수 있다. 첫째 奴兒干都司와 여진의 羈縻衛所를 종속관계로 보는 입장이다. 예를 들면, 楊道賓은 「海建二酋逾期違貢疏」에서 奴兒干都司를 설치하여 衛所 204개를 통할하였는데, 地面 城站이 58곳이었다고 하였다. 또 姚希孟은 「建夷授官始末」에서 건주 등 184衛를 세우고 奴兒干都司가 이를 통할하였다고 하였다. 둘째, 奴兒干都司와 羈縻衛所를 비종속관계로 보는 입장이다. 예를 들면 姚嚴叢의 『殊域周咨錄』에 '衛 184곳, 所 20, 站과 地面 각각 7곳이며 그 추장을 뽑아 族目으로 삼고 指揮, 千百戶, 鎭撫 등의 관직을 내렸다. 다시 흑룡강 지역에 奴兒干都司를 세워 都督, 都指揮 등의 관직을 두었는데, 각 衛所와는 서로 통할하거나 예속되는 관계는 아니었다'고 하였다. 셋째, 奴兒干都司와 羈縻衛所를 병렬관계로 보는 견해로, 종속관계를 불명확하게 말하는 경우이다.

40) 『明實錄』 宣德 2年 9月 丁亥.

41) 『明實錄』 宣德 4年 12月 壬辰.

42) 『明實錄』 宣德 10年 正月 甲戌.

압록강과 두만강은 조선과 명나라의 국경선이 아니었다

중국의 주장에 따르면 압록강과 두만강은 근세 조선과 명나라의 국경선이다. 그러나 앞서 언급한 바와 같이 압록강 유역은 요동팔참의 문제와 여진의 문제를 연결하여 살펴본다면 압록강은 조선과 명의 국경선이 될 수 없다. 遼東八站이라는 국경지대가 양국 사이에 자리하고 있었기 때문이다.

동북지방의 강역사를 개설적으로 서술한 저서 『중국동북강역연구』.

국경사를 연구한 『중국동북변강연구』. 철저하게 중국의 입장을 대변하고 있다.

遼東八站 국경중립지대의 문제와 관련하여 중국의 연구성과들은 앞에서 언급했듯이 遼東八站(鴨綠江~遼陽[요동도사]에 이르는 지역)의 간단한 지리적 위치와 점거 상황만을 언급하고 있을 뿐 전체적인 시각에서 그 성격을 밝혀내지 못하고 있다.

중국의 연구성과들이 요동팔참 지역을 명의 관할 지역으로 보고 있는 것은 우선 명이 요동정세가 악화되면서 요동팔참 지역에 성보를 수축해 내려오고 있는 것에 기초하고 있다.[43] 이러한 성보 수축으로 1480년대 이전 명나라로 들어가는 국경 柵門이 連山關에 있었으나, 이후 명나라의 진출로 鳳凰城으로 옮겨졌는데 국경 邊門으로써의 성격을 가진 이러한 책문의 성격에 대한 중국의 연구성과는 없다.

당시 朝鮮은 책문을 기준으로 遼東八站 지역에 대해 매우 분명한 인식을 가지고 있었다. 즉 弘治 15년(1502) 領議政 韓致亨 등은 遼東은 원래 '高句麗의 땅'이며 鴨綠江과 遼河 지역은 문화적으로 朝鮮과 밀접한 관계에 있고, 거주하는 사람의 상당수가 '우리나라 사람들'로써, 朝鮮은 高句麗를 계승하고 있다고 설명하였다. 그리고 明의 遼東八站 占據와 관련하여 중요한 목적은 遼東八站을 內地로 만들고 토지를 개척하기 위한 계책임을 지적하였다.[44]

1480년대 이전에는 책문이 설치된 連山關이 朝鮮으로 향하는 前進基地였다. 朝鮮의 使臣이 압록강을 건너 連山關의 柵門을 통과해야 明의 군대가 이들을 遼陽까지 호송하였다. 遼陽城에 도착하면 우선 遼陽城의 남문에 해당하는 安定門 근처에 설치된 朝鮮館

---

43) 곧 成化 17년(1481) 明은 마침내 사신 鄭同을 통해 明 조정이 새 鎭을 開州의 鳳凰山에 세우기로 의논을 마치고 이미 明朝에서 鳳凰山에 城을 쌓고 있으며, 군인들과 그 가속들이 그 지역에 같이 거주할 것임을 전하여 왔다. 그리고 明은 成化 17년(1481) 鳳凰山을 중심으로 본격적으로 城堡를 수축할 계획을 완비하였다. 遼東都司에서 약 3백여 리의 거리인 鳳凰山과 그 동북 靉陽堡 사이에 13座의 墩臺를, 通遠堡로부터 沿江사이에 22좌의 墩臺를 설치하고자 하였다. 그리고 鳳凰山의 서북 15리 지점에 1堡를 쌓아 鳳凰城屯이라하고 군사 1천을 주둔시켰으며, 鳳凰城 서쪽 60리 지점인 斜烈站에 1堡를 쌓아 鎭寧堡로 이름하였다. 다시 斜烈站의 서북 60리 지점을 新通院堡라 칭하고 그 남쪽에 1堡를 쌓아 寧夷堡라 하며, 이 2堡에 각각 軍馬 5백필을 주둔시키고자 하였다. 이로써 遼陽에서 朝鮮에 이르는 지역을 봉수와 척후로써 연락하고 遼東八站을 포함하는 遼東都司의 동남 지역을 방어한다는 전략을 최종적으로 결정하였다. 이러한 내용과 함께 여진의 성장으로 명이 압록강 유역에 간헐적으로 진출한 사례를 들어 압록강 경계설을 주장하고 있다.

44) 『조선왕조실록』 연산 8년 4월 신미.

요양성 고려문의 모습

에서 여정을 풀었다.

또한 遼東八站 지역에 대한 朝鮮의 국경의식 역시 초기부터 매우 분명하였다고 할 수 있다. 곧 遼東의 동쪽 1백 80리는 連山關을 경계로 하여 중국과 경계를 이루고 있으며, 鴨綠江부터 連山關까지 넓은 지역을 점령하지 않고 비워놓은 것은 유사시 明과의 충돌을 막기 위한 朝鮮·明간의 완충지대로 두기 위한 것이었다고 분명히 인식하고 있었다.[45] 특히 압록강은 朝鮮의 義州 바로 앞에 위치했으며 明의 실질적인 영토가 시작되는 連山關, 또는 鳳凰城과는 상당한 거리에 있었으므로 압록강은 '朝鮮의 所有'라는 기록이 『朝鮮王朝實錄』에 보이기도 한다. 즉 弘治元年(1488) 武靈君 柳子光이 平安道는 明과 경계를 접하였는데, 지금은 '우리의 소유(今爲我有)'가 되면서 요해처가 되었으므로 반드시 이 지역의 관방시설을 엄히 정비할 것을 주장하였다. 또한 鴨綠江 하류의 三島(蘭子島·黔同島·招募島)에 농사를 지어 鴨綠江을 요해처로서 적극적으로 경영할 것을 주장하였다.[46] 그러나 중국의 연구성과들은 『조선왕조실록』의 이러한 기록들을 하나도 인용하지

45) 『조선왕조실록』 성종 12년 10월 무오.
46) 『조선왕조실록』 성종 19년 6월 병신.

않고 있다.

일반적으로 1480년대 이전 朝鮮의 사신들이 임무를 마치고 朝鮮으로 돌아올 때에도 明의 군사는 遼陽에서 連山關까지만 호위하였으며, 朝鮮의 호위병이 시기적절하게 連山關에 미리 가서 대기하다가 사신을 호위하여 鴨綠江으로 돌아왔다. 朝鮮의 사행들은 간혹 女眞의 위협과 침략이 심각하다는 정보를 입수해서 明에게 鳳凰城까지 사신의 호위를 요구하기도 하였으나 明은 군사가 부족하다는 이유로 거절하면서 連山關까지만 호위하였다.47) 이로써 보면 1480년대 이전의 連山關 이동 지역, 1480년대 이후의 봉황성~압록강 지역은 明의 영향력 밖에 있었던 국경지대에 해당되는 것임을 알 수 있다.

명대 책문이 설치되었던 봉황성 부근에서는 지금도 변문진이라는 지명이 쓰이고 있다.

이러한 遼東八站의 성격은 明 後期까지도 큰 변화가 없었다. 나아가 淸朝가 건립된 후 1860년대까지 鴨綠江 하류 곧 鳳凰城 이동 지역은 큰 변화가 없었다. 청나라는 건국 후 명대 요동변장선을 기초로 柳條邊이라는 나무울타리를 세우고 그 출입을 통제하였다. 이전의 여진지역을 봉금지대로 설정하고 한족과 몽골족의 출입을 통제하였던 것이다. 그러나 柳條邊의 東4門 지역이 봉금지대에 해당하였지만 여전히 淸의 영향력 밖에 있었다는 사실이다. 이러한 사실을 뒷받침해 주는 사

47) 『조선왕조실록』 세종 20년 1월 무술.

료는 바로 『盛京典制備考』의 「東邊外開墾升科設官事宜」이다.[48] 그 내용을 분석해 보면, ① 鳳凰, 靉陽, 堿廠, 旺淸, 四邊門 바깥은 淸 後期까지 방치된 땅이며, ② 同治 六年(1867)에 이르러서 민간인 何名慶 等이 처음으로 升科를 제안했으며, ③ 原任將軍 都興阿가 관리를 파견하여 邊外各地를 처음으로 실측·조사하였다. 이러한 사안들이 光緖 3년 즉 1877년부터 시행되었으므로 이때에 와서야 淸의 영향력이 미치기 시작했음을 알 수 있다. 淸 後期까지도 淸朝의 영향력이 미치지 않는 힘의 공백지대로 남아 있었던 것이다. 또한 『盛京典制備考』 「疆域」에서도 "東至朝鮮國靉陽江界一千三百餘里"로[49] 기록함으로써 靉陽江을 '朝鮮의 靉陽江'으로 표시하고 있는 것도 당시 압록강으로 흘러드는 지류인 靉陽江을 비롯한 그 주변 지역이 明의 영향력 밖에 있음을 말해주는 것이라 할 수 있다.

요동변장(遼東邊墻)은 국경선인가, 단순한 방어벽인가

요동변장은 명나라가 영락연간 이후 수세적 방어로 전환하면서 몽골과 여진을 방어하기 위해 설치한 일종의 방어용 성벽이다. 당시 요동은 극동의 오지였고 과중한 부역으로 견고한 군사체제를 운영하기 어려웠다. 따라서 요동변장은 산해관에서 서쪽으로 연결되는 성벽같이 견고하지 못하였고 오히려 자연의 험준함, 강과 산을 따라 목책 등을 허술하게 연결시키는 구조를 하고 있었다.

이러한 遼東邊墻의 문제에 대한 중국 측의 입장을 요약 정리하면 명대 요동변장은 동북지역의 계급모순과 민족모순의 산물이며,

48) 『盛京典制備考』「東邊外開墾升科設官事宜」.

49) 『盛京典制備考』 卷1, 「疆域」.

수많은 인력과 물력을 동원하여 변장을 수축하였다. 그리고 이 변장선을 중심으로 도시가 형성되었고 군사 취락이 형성됨으로써 오늘날 만주의 도시가 형성되는데 기여하였다고 보고 있다. 또한 1442년부터 논의되기 시작하여 지속적으로 요동, 요서, 요하투 일대에 변장이 축조되었으며 그 길이는 880km라고 고증하고 있다.

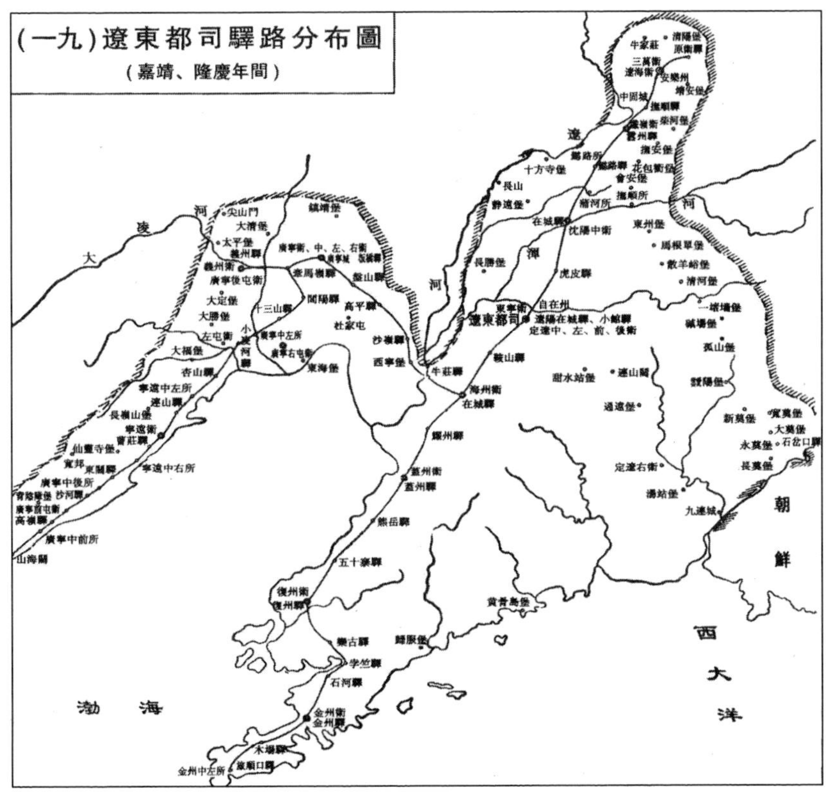

명대 요동변장선과 그 내부의 역참들

이러한 요동변장은 요동도사의 방어력을 강화시키고 군사적 취락을 형성하였으며 요동경제를 개발하였다. 요동변장은 1468년 이후 180여 년 동안 지속적으로 수축되었으며 이 시기 동안 많은 인구가 이동하여 취락의 형성과 경제발전의 기초가 되었다고 하였다. 그리고 명과 청이 교체되면서 요동변장은 더 이상 군사적 기능을 수행할 수 없었으며, 군사취락도 일반적 취락으로 변화 형성되었다. 청대 후기 요동변장 내주 지역의 취락들은 매우 발전하였으며 오늘날 도시발전의 기원이 되었다고 주장하고 있다.

이러한 중국 측 요동변장에 대한 기술에서는 국경사적 시각에서 요동변장의 문제를 전혀 다루고 있지 않다는 것을 알 수 있다. 앞서 살펴 본 바와 같이 明은 초기부터 遼東都司와 25衛를 중심으로 몽골과 女眞地域으로의 진출시도를 통해 관할범위를 확대해 나가고자 하였다. 이러한 노력의 일환으로 몽골 정벌, 奴兒干都司를 통한 黑龍江 지역으로의 진출 시도, 建州衛 설치 등이 시도되었다. 그러나 明의 노력과 시도들은 지속될 수 없었으며, 遼東都司는 새로운 방어체제로 전환할 수밖에 없었다. 결국 明은 山海關-開原-鴨綠江 방향을 M자형으로 연결하여 遼東都司를 방어하는 遼東邊墻의 築造라는 마지막 대안을 내어놓을 수밖에 없었다.[50)]

이러한 배경 하에 요동방어의 마지막 대안이 된 遼東邊墻은[51)] 萬里長城처럼 벽돌을 이용하여 지속적으로 성벽을 연결한 견고한 축조물은 아니었으나 국경선으로써의 성격을 가지고 있었던 것이다.[52)]

---

50) 楊艷秋, 「論明代洪熙宣德年間的蒙古政策」, 『中州學刊』, 1997年 第2期.

51) 張德玉, 『滿族發源地歷史研究』, 遼寧民族出版社, 2001. 33쪽.

52) 明代 萬里長城은 九邊鎭이라고도 하였다. 明代 嘉靖年間(1522~1566) 魏煥이 지은 『皇明九邊考』에는 중요거점인 九邊鎭으로 동쪽부터 遼東鎭, 薊鎭, 宣府鎭, 大同鎭, 山西鎭, 延綏鎭, 寧夏鎭, 固原鎭, 甘肅鎭을 설정하고 있는데, 이들 진들의 관할 구역, 관원, 군마의 배치와 재정 등 관련 사항들과 시행해야할 조치를 상세한 지도와 함께 정리 소개함으로써 명대 북변을 이해하는 기초적인 자료의 역할을 하고 있다.

邊墻은 대체로 3지역(西段邊墻,[53] 遼河套邊墻,[54] 東段邊墻[55]))으로 구분할 수 있다.

요동변장은 구조에서 보자면 변장 방어선의 길이가 너무 길어 효율적인 방어선이 될 수 없었다. 변장이 길어진 경우 그 만큼 많은 군사와 보급품이 필요하였는데, 明 중·후기 둔전생산량이 감소하고 위소제의 폐단으로 위소군사가 도망하는 상황이 심각해지고 있었기 때문에 이미 긴 요동방어선을 효율적으로 방어하는데 한계를 보일 수밖에 없었다. 긴 방어선을 축소시키자는 견해가 여러 차례 제기되기도 하였으나 실현될 수 없었다.

명대 遼東邊墻은 또한 국경선으로서의 성격을 가지고 있었다. 조선에서 가까운 鳳凰城堡, 新安堡, 靉陽堡, 鹻場堡 등 遼東邊墻의

53) 李治亭 主編, 『東北通史』, 中州古籍出版社, 2003, 388~389쪽. 西段邊墻은 遼西邊墻이라고도 하는데, 邊墻을 따라 형성된 관할 堡는 鐵場堡(관할 墩臺 8좌, 이하 숫자만 표기)-永安堡(9)-背陰章堡(8)-新興營堡(11)-三山營堡(15)-平山營堡(12)-瑞昌堡(12)-高臺堡(8)-三道溝堡(9)-新興營堡(11)-錦川營堡(13)-黑庄窩堡(13)-仙靈寺堡(12)-小團山堡(16)-興水縣堡(20)-白塔峪堡(19)-寨兒山堡(13)-灰山堡(9)-松山寺堡(14)-長嶺山堡(10)-沙河兒堡(11)-椴木冲堡(18)-大興堡(19)-大福堡(18)-大鎮堡(18)-大勝堡(22)-大茂堡(17)-大定堡(17)-大康堡(22)-大平堡(18)-大寧堡(11)-大安堡(6)-大靖堡(13)-大清堡(13)-鎮夷堡(13)-鎮邊堡(14)-鎮靖堡(17)-鎮安堡(13) 등이다.

54) 遼河套邊墻은 黑山에서 開原까지 34城堡와 414개의 墩臺로 구성되어 있으며 邊墻의 중간부분에 해당하며 遼河를 따라 형성되었다. 축조시기도 가장 빠른데 그 이유는 험산이 없으며 대부분의 하천 역시 수심이 낮고 겨울에는 기온이 낮아 쉽게 동결되는 단점이 있었기 때문이다. 遼河套邊墻의 주요 연결 堡는 鎮遠堡(관할 墩臺 10좌, 이하 숫자만 표기함)-鎮寧堡(13)-西興堡(16)-鎮武堡(15)-西平堡(13)-西寧堡(9)-東昌堡(12)-東勝堡(19)-長靜堡(9)-長寧堡(13)-長定堡(12)-長安堡(15)-長勝堡(13)-長營堡(16)-長勇堡(13)-武靜營堡(0)-奉集堡(0)-靖遠堡(14)-平虜堡(5)-上榆林堡(12)-十方寺堡(14)-丁字泊堡(13)-宋家泊堡(13)-曾遲堡(7)-鎮西堡(11)-定遠堡(12)-殷家窩堡(12)-慶雲堡(10)-古城堡(7)-永寧堡(4)-鎮夷堡(12)-清陽堡(13)-鎮北堡(18)-威遠堡(20) 등이다.

55) 東段邊墻을 구성하고 있는 城堡의 구성과 돈대 수는 다음과 같다. 靖安堡(관할 墩臺 21좌, 이하 숫자만 표기))-松山堡(10)-柴河堡(17)-撫安堡(10)-花抱冲堡(분명치 않음)-三岔兒堡(10)-會安堡(10)-撫順所城堡(12)-東州堡(17)-馬根單堡(7)-散羊峪堡(4)-清河堡(16)-堵墻堡(5)-鹹場堡(10)-孤山堡(7)-酒馬吉堡(9)-靉陽堡(14)-險山堡(17)-大甸子堡(불명확함)-新安堡(17)-寧東堡(불명확함)-江沿臺堡(12) 등이다.

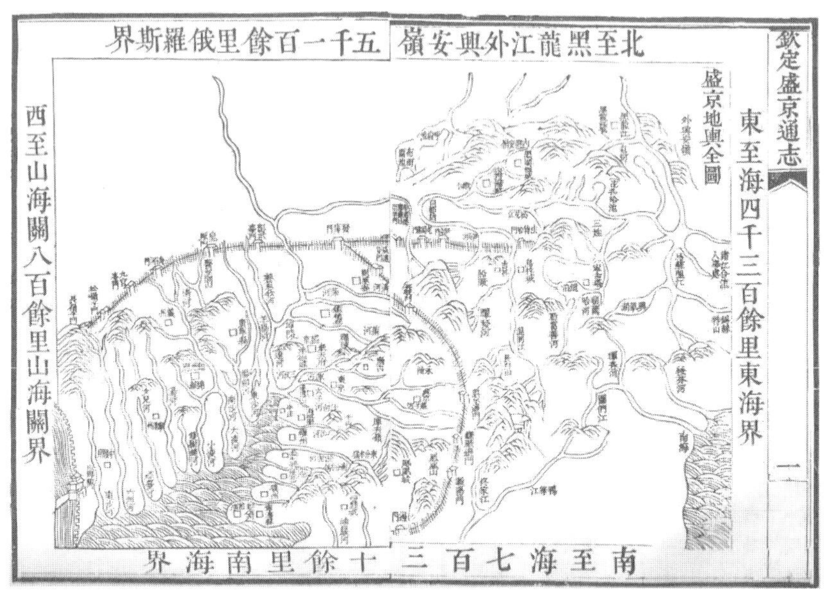

명대 요동변장은 청대 유조변으로 전환되어 몽골인과 한인의 출입을 금지하는 경계선이 되었다. 사진은 유조변의 모습.

邊門들은 모두 '臨境'에 위치한다고 기록되고 있으며, 몽골과 여진의 경계에 있던 성보들 역시 동일한 기록을 가지고 있다. 변장 밖의 여진과 몽골에 대해서도 '外夷'로 기록하여 명에 종속된 세력으로 기록하고 있지 않다. 명 중·후기로 갈수록 遼東都司는 방어선 바깥 지역에 대해 영향력이 매우 약했다. 이러한 과정 속에서 형성된 遼東邊墻은 明의 國境線이 되었으며, 그 바깥에 위치한 女眞은 명에 종속될 수가 없었다.

朝鮮과의 관련 속에서 본다면 변장 바깥 지역에 해당하는 鴨綠江~鳳凰城의 요동팔참 지역 역시 명과 조선 양국의 국경 완충지대가 될 수밖에 없었다. 그리고 이러한 명대 변장선은 청대 유조변이 형성되는데 영향을 미쳤다. 이로써 청대의 사료들은 柳條邊의

內地에 해당하는 明代 요동변장의 내지를 '入版圖' 지역으로, 柳條邊 바깥지역을 '無版圖' 지역으로 기록하고 있다. 이러한 사실을 종합해 볼 때 明·淸시기 遼東都司의 지배력은 鳳凰城 以東 지역에는 미치고 있지 않았으며, 명대 요동변장은 국경선이었으며, 요동변장은 청대 柳條邊이 형성되는데 중요한 영향을 끼치고 있음을 알 수 있다. 유조변이 설치된 이후 요동팔참지역은 여전히 남아있었고, 봉황성에 책문이 설치되어 있었다. 따라서 朝鮮과의 관계 속에서 鴨綠江과 豆滿江은 明, 淸과의 실제 국경선이 아니었으며 그 對岸地域은 '國境地帶' 내지 '邊境地帶', '청의 판도가 미치지 않는 지역'으로 남아있었음을 알 수 있다.

4. 『明代東北疆域研究』를 통해 본 중국 강역사

『明代東北疆域研究』의 구성과 서술

중국은 최근 강역과 관련된 많은 책들을 출판하고 있다. 이러한 경향은 21세기 중국이 변경 문제의 중요성을 인식하고 그에 대한 대책을 본격적으로 만들어 가고 있다는 의미이기도 하다. 특히 동북공정을 시작한 이래 상당수의 과제가 강역사와 관련되어 있기 때문에 만주와 관련된 강역 관련 책들도 많이 출판되었다. 그 중 근세시기 특히 명대 만주와 관련된 강역사 관련 책이 바로 『明代東北疆域研究』이다.

『明代東北疆域研究』는 楊暘이 主編하고 吉林人民出版社에서 2008년 9월에 출판하였다. 제목에서 알 수 있듯이 근세시기에 해당하는 명대 강역을 연구한 전문적인 서적이다. 일반적인 동북강역 중국의 저서들이 역대 왕조들의 동북 강역진출을 개설적으로 소개했다면 이번 성과물은 전문적으로 명대 강역에 초점을 둔 첫 번째 저서이며 동북공정이 끝난 이후에 출간되었다는 의미에서 기존의 명대 강역 연구성과들을 종합 요약한 것으로, 명대 동북강역에 대한 중국의 공식적인 입장이 담겨있는 저서라는 것에 큰 의미를 부여할 수 있겠다.

이 책을 主編한 楊暘은 이전에 『明代遼東都司』(중주고적출판사, 1988), 『明代東北史綱』(학생서국, 1993) 등의 개인 저술을 발표한

적이 있고, 공저인 『明代奴兒干都司及其衛所硏究』(중주서화사, 1982) 등과 「明代永寧寺碑記再考釋」(사회과학전선, 1983) 등 동북지방사와 관련하여 많은 연구 성과를 가지고 있다. 楊暘은 1937년 생으로 만주의 遼寧省 태생이며 1962년 동북사범대학 역사계를 졸업하고 길림성 사회과학원 소속의 연구원으로 있으면서 다년간 동북사에 종사하였는데 보수적이고 정치적 성향을 가진 그가 이 책의 주편을 담당했다는 것은 이 책이 동북공정의 성과물임을 한 눈에 알 수 있게 해준다.

『明代東北疆域硏究』는 모두 12장으로 구성되어있다. 그것을 정리해보면 다음과 같다.

제1장 導論
제2장 明代東北疆域 管轄體制 속의 遼東都司
제3장 明代東北疆域 管轄體制 속의 大寧都司와 北平行都司
제4장 明代東北疆域 管轄體制 속의 奴兒干都司
제5장 明代東北疆域의 黑龍江 상류지역 衛所設置
제6장 明代東北疆域의 黑龍江 중류지역 衛所設置
제7장 明代東北疆域의 黑龍江 하류지역 衛所設置
제8장 明代東北疆域의 烏蘇里江과 圖們江 유역지구 등의 위소설치
제9장 明代東北疆域 관할기능이 명대 국가권력의 행사를 실현함
제10장 明代 衛所制度와 噶珊制度
제11장 明代 東北疆域과 中原文化
제12장 曹廷杰과 明代 東北疆域
附錄, 參考圖書, 輿圖目錄, 後記

우선 저자는 서론부분에 해당하는 '導論'에서 본 저서의 편집의도, 방향, 목적 등에 초점을 맞추어 많은 지면을 할애하고 있다. 그 중 가장 중요한 개념은 역시 명대의 '疆域'이다. 이부분을 요약하면 명

노아간도사가 흑룡강 유역까지 팽창하여 명나라가 여진지역을 통치했다고 주장하는 『명대동북강역연구』 저서의 표지.

나라 시기 전 만주지역이 분명한 명나라의 강역이었다는 이야기이다. 이후에 전개되는 본론 부분은 서론에서 이야기한 부분 즉 명나라 시기 만주지역에 대한 명의 강역이론을 설명하고 그 논리를 이론적으로 정당화시키기 위해 강역 이론, 명대동북강역과 관할체제의 중요성, 명대 강역 내에 설치된 위소와 그 연혁을 통한 고증, 奴兒干都司와 永寧寺碑 등의 해석, 요동에 전파된 중원문화와 그 영향 등 중국 중심적 입장을 이론적으로 전개해 나가는 방식을 취했다.

따라서 이 성과물은 서론에서 이미 명대 만주지역이 자국의 강역이라는 것을 명확히 정의하고 서술하고 있기 때문에 이에 대치되는 사료 등 기타의 이론은 본론에서 언급되지 않고 '妄說' 등 가치가 없는 것으로 단정해 버린다. 중국 이외의 국가에서 연구된 성과 중에서 중국의 입장과 반대되는 연구성과들 즉 명대 강역을 대략 요령성 일대로 분석한 논문은 비판의 대상이 되거나 아예 참고문헌에 언급조차 되지 않고 있다. 예를 들면 1957년 대만학자 蔡運辰이 발표한 「明代東北疆域建置考」는 명대 요동 강역을 현재의 遼寧省 정도보다도 작은 지역 곧 명대 설치된 遼東都司 소속 25衛 지역으로 한정하는 선진적인 논문을 발표하였다. 본 연구서에는 이 책의 서론 부분에서는 蔡運辰의 주장을 한마디로 '妄說'로 규정함으로써 이 책의 집필의도가 무엇인지를 잘 보여 주고 있다. 이외에도 만주지역에 대한 '문화독립론(문화주권론)', '정복왕조론', '중국변강 무주권론', '남북대치론', '만주몽고 비중국영토론', '이민족 통치론', '여진족 독립론' 등 명나라의 강역이론에 도전하는 어떠한 이론도 모두 잘못된 것으로 평가해 버리고 있다.

遼東都司와 관련된 서술내용과 문제점

본론의 첫 부분에 해당하는 제2장에서는 요동진출의 핵심인 遼東都司를 다루고 있다. 명초에 전개된 요동진출을 '요동의 통일'로 정의하고 요동도사의 설치, 요동도사 소속 25衛와 2州, 요동도사의 북부경략, 요동도사가 동북강역에 미친 특징 등을 주로 서술의 대상으로 삼고 있다. 특히 요동도사가 군정합일기관으로 山東에 예속되어 山東按察使司, 山東布政使司와 긴밀한 관계를 유지하며 행정과 사법 관리에 힘쓴 결과 동북 강역이 확장되고 발전하는데 매우 중요한 역할을 하였음을 강조하였다. 즉, 산동과의 관련성을 긍정적인 시각에서 검토하여 요동의 고립성이나 문화적 독립성 등을 인정하지 않으려는 의도가 있는 것으로 판단된다.

이 책의 주장처럼 실제로 명대 요동은 요동도사가 이 지역의 주현을 없애고 위소중심의 군정중심체제로 전환하였기 때문에 요동도사가 군정과 민정을 겸하고 있었다고 볼 수 있다. 물론 행정적으로 요동도사에서 처리할 수 없는 중요한 사항은 산동포정사를 통해 민정 문제를 처리하였다. 즉, 요동의 중요한 사항은 명시기 동안 山東에 의존하지 않을 수 없었던 역사적 배경이 있다. 변경의 정치적 군사적 발전은 경제력이 기초가 되어야하기 때문에 명대 요동은 지리적으로 인접하고 번영하던 산동과의 교류가 반드시 선행되어야 하는 위치에 있었던 것이다. 명대 요동경제는 산동과의 해상 교류를 통해서 많은 부분을 충족할 수 있었다. 이러한 산동과의 정치적, 경제적 관계는 요동의 산동에 대한 의존성으로 표현할 수 있는데, 이 책은 요동과 산동과의 적극적 관계가 요동이 발전할 수 있었던 요인으로 파악하였다.

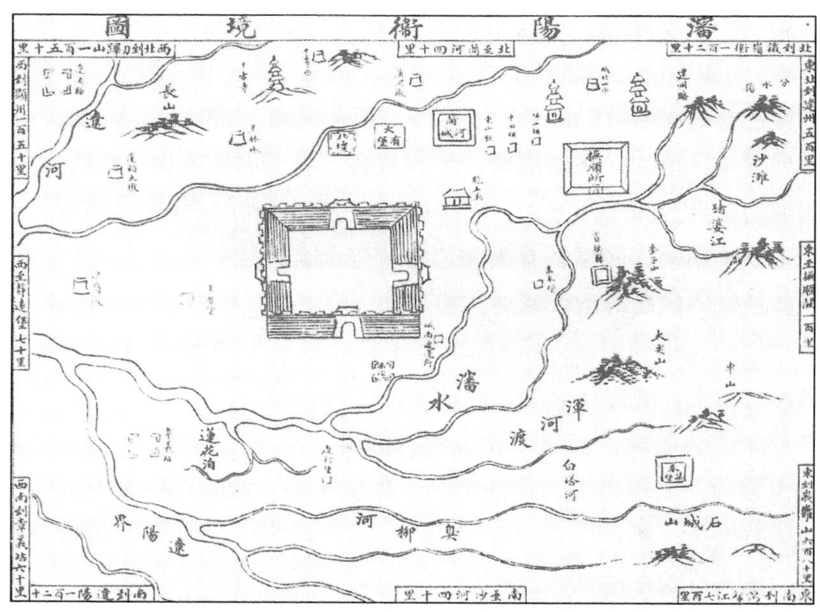

명후기 여진족에게 점령되어 3년간 임시수도가 되었던 심양위

그러나 본 저서는 긍정성을 강조한 결과 부정적인 면을 서술하지 못하였다. 요동의 산동에 대한 의존성은 다른 각도에서 보자면 요동의 능동적 발전이 한계에 있었음을 설명해 주기도 하는데 이에 대한 언급은 찾아 볼 수 없다. 이것은 요동도사가 산동에 의존하면 안 될 정도로 고립되어 있었고 이것이 대외적으로 팽창할 수 없었

던 결점으로 작용하였음을 간과해서는 안 될 것이다. 나아가 요동의 생활조건이 열악하여 산동의 인구가 요동으로 유입될 수 없었고 오히려 요동의 인구가 과중한 부역과 전쟁, 자연재해를 피해 산동으로 도망함으로써 인구가 감소하는 등 요동발전이 저해되는 요인으로 작용할 수 있었다는 것도 지적할 필요가 있을 것이다. 한마디로 말하면 요동 경영의 중심이었던 요동도사가 그 출발부터 많은 한계를 가지고 출발해서 그것이 명 후기까지 지속되었다는 것을 늘 염두에 두어야 요동도사의 본질을 파악할 수 있다는 의미이다.

그런 시각에서 보자면 이 책은 요동도사에 대한 평가에서 많은 문제점을 가지고 있다. 여러 성과들을 종합해 보면 명초 요동도사가 설치된 이후 그 역량은 주로 북부의 몽골 방어에 집중되었으며 요양~압록강에 이르는 遼東八站 지역이나 여진 지역에 큰 영향력을 미칠 수 없었다. 따라서 요동도사의 관할지역은 명 후기까지 명초에 형성된 25衛 지역을 넘어 더 이상 팽창하지 못하였으며 遼東邊墻의 수축이라는 최후의 방어선을 설정하는 것으로 수세적 전략으로 선회할 수밖에 없었다.

그리고 명 후기 이러한 변장 방어선도 결국은 그 기능을 다하지 못하고 내부의 모순이 극대화되면서 명대 요동 방어선은 몽골과 후금의 연합군에게 붕괴되며 後金에게 요동의 중심 도시였던 무순, 심양, 요양 등이 점령되기에 이르렀다. 영락연간 이후부터 나타나기 시작한 요동 衛所兵의 이탈, 요동 屯田의 폐해, 둔전생산량이 감소, 변장 방어선의 강화와 과중한 부역, 軍戶들의 반란, 民變, 요동관리들의 토지 점유, 인구의 감소, 전마의 부족 등이 후기로 갈수록 심각해지는 상황은 명 전기와 후기의 요동도사를 동일한 기준으로 평가할 수 없음을 잘 말해주고 있다. 그러나 본 연구서

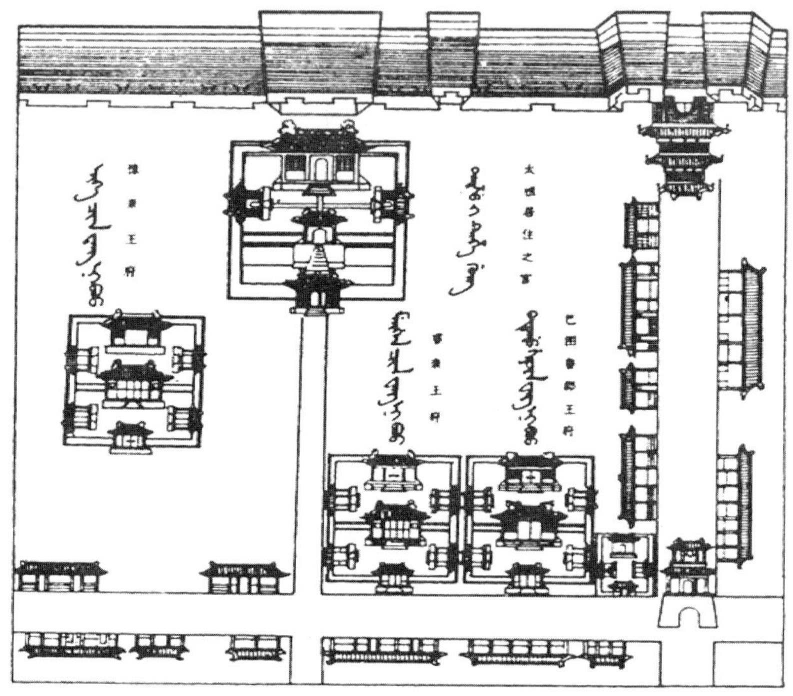

청대에 제작된 성경 궁궐도

는 초기와 후기의 요동도사를 구분하고 있지도 않으며 강역의 확장이라는 긍정적인 면에서만 요동도사를 평가함으로써 객관적인 평가를 결여하고 있다.

이 책은 명초기에 진행된 '요동도사의 북부경략'에 대해 초점을 두고 있다. 그리고 다시 흑룡강 하류에 설치한 노아간도사 설치에 초점을 두고 노아간도사가 흑룡강 유역 등 여진 지역을 관할하는 데 많은 지면을 소비하고 있다. 이 책의 전체적인 구성은 요동도사와 25위 체제, 그리고 노아간도사의 역할 등에 대부분의 지면을 할애하고 있다. 요동도사의 '노아간도사 순시와 지원', '노아간도사 관리 충원', 노아간도사 관리들에 대한 '물질적 지원', 노아간도사와 여진지역 사람과의 '민족융합 촉진' 등 요동도사가 노아간도사를 지원하며 쌍벽을 이루면서 흑룡강 유역을 포함하는 만주 지배에 안정적인 환경을 만들었다는 것에 서술의 중심을 두고 있다.

요동도사를 서술한 이후 영락연간 설치된 노아간도사 설치 부분으로 주제가 넘어간다. 여진 지역에 수백 개의 여진위소가 설치되고 노아간도사가 이들을 모두 예속시켜 관할하였으며 이로써 마침내 명초 '요동의 통일'이라는 대역사를 완성한 것으로 주장한다. 이 부분에 대한 비판은 뒤에서 언급하기로 한다.

요동도사의 설치와 성격 등을 서술하는 과정에서 주목해야할 부분은 鐵嶺衛 설치에 관한 서술이다. 철령위는 홍무연간 명의 변경정책과 명초 판도의 범위와 강역을 이해하는데 매우 중요하다. 이 때문에 지금까지도 중국의 강역사에서 중요한 부분을 차지하고 있다. 중국은 洪武年間 압록강 유역을 선점하기 위해 철령위 설치를 시도하였다. 당시 조선에서는 요동공벌론이 제기되고 몽골 세력이 연합을 도모하는 등의 상황이 전개되고 있었기 때문에 명의 입장에서 압록강을 통제하는 것은 요동을 안정시키는 중요한 전략 중의 하나였다. 그러나 철령위의 문제는 동일한 지명이 여러 곳에 나오고 있어 그 초기의 위치를 놓고 여러 가지 견해가 있었다. 우선 강원도 북부와 함경도

철령위 지휘사사경력사의 인장. 철령위는 현재 요동북부 철령시에 위치하고 있었다.

이남에 위치한 고개 철령위를 명초 처음 설치하려한 철령위의 위치로 추정하는 연구들이 있다. 이것은 주로 중국학자들이 주장하는 견해이다. 한반도 북부는 원나라 시기 쌍성총관부와 동녕부의 설치지역이고 원을 명나라가 계승하였기 때문에 당연히 원의 강역은 명의 강역이 되어야 하며 주원장이 설치하려한 철령위는 강원도 북부의 철령이 될 수밖에 없다는 것이다. 즉 명나라가 처음 설치하려한 철령위의 위치를 강원도 북부와 함경도 남부에 위치한 철령으로 판단해 버림으로써 강원도 북부가 모두 원을 계승한 명의 강역이라는 주장을 만들어가고 있다. 물론 논리적으로 말이 안되지만 중국의 입장은 이 주장을 고수하고 있다.

그 초기의 위치 문제를 떠나 홍무연간 처음 건립하려 한 철령위는 설치하자마자 심양 동남쪽 봉집보로 이동하고 다시 개원북부 철령(지금의 철령시)으로 이동하여 몽골 방어의 전진기지로 삼았다. 이러한 철령위의 위치이동은 명초 명나라가 압록강 유역에 영향력을 미칠 여력이 없었으며 요동 북부의 몽골의 위협이 매우 심각하였음을 잘 알 수 있는 것이다. 명대사 전공자 朴元熇 교수는 그간의 철령위와 관련된 논쟁과 연구성과를 치밀하게 분석하고 종합하여 논문 「鐵嶺衛의 位置에 대한 再考」(『동북아역사논총』13호, 2006, 동북아역사재단)를 발표하였다. 이 논문에 따르면 명나라가 홍무연간 처음 설치하려한 철령위는 여러 기록과 위소제도, 지리적 특성 등을 종합해 볼 때 강원도 북부가 될 수 없으며 압록강 대안의 輯安(黃城)이 가장 유력하다고 하였다. 그러나 중국의 저서는 이러한 최근의 연구 성과를 언급조차 하지 않고 있다. 오직 강원도 북부에 위치한 철령만을 일관되게 주장하며, '그 이북의 모든 지역을 요동의 관할로 한다'는 기록만을 인용하여 명초 함경도와

집안의 국내성 모습. 집안은 명나라가 초기 철령위를 설치하려 했다가 좌절된 곳으로 연구되고 있다.

강원도 북부사이의 철령부터 요동에 이르는 지역을 명이 강역으로 삼으려 하였다고 주장하고 있다. 이처럼 이 책은 기존의 연구 성과에 대한 분석도 없이 함경도 남쪽과 강원도 북부의 철령에만 초점을 둠으로써 이 책의 집필 의도를 분명히 보여주었다. 이는 곧 명대 강역의 문제를 한반도까지 한층 확장하여 압록강과 두만강 경계설을 기정사실화 하려는 정치적 의도가 저변에 깔려 있다고 볼 수밖에 없다.

결국 객관적으로 홍무연간 집안에 설치하려한 철령위가 초설지일 가능성이 가장 높으며, 집안에 설치하려한 철령위는 교통, 군량 공급, 몽골로 인한 북변의 위기, 군사 주둔 등 복잡한 문제로 철령위 설치에 실패하고 瀋陽 북쪽의 鐵嶺(현재의 鐵嶺市)으로 최종 이전되어 몽골을 방어하는 중요한 기능을 하였다는 것으로 정리할 수 있다. 양양의 본 저술에서는 초기 철령위 설치 실패 원인을 고려의 방해와 작은 영토에 욕심을 내지 않은 대국 황제의 관념으로 철령위 설치 실패 이유를 설명하고 있으나 이것은 당시 몽골의 위협이 심각하여 압록강 유역에 군사력을 주둔할 수 없었던 역사적 상황을 고려하지 않았기 때문이다. 압록강 유역으로 명의 군사력이 미칠 여유가 없었던 것이다.

명나라는 이와 더불어 두만강 유역으로의 진출도 좌절된다. 명초 永樂帝는 여진을 통제하고자 두만강 유역 10處 여진을 확보하고자 하였다. 결국 명나라는 두망강 유역에 힘을 미치고 있던 조선에 10처 여진을 요구하였으나 교통, 식량, 군사력 등 당시 명의 역량 부족으로 朝鮮에 빼앗겼다. 이들 10처 여진의 지리적인 위치는 공험진과 더불어 아직 치밀하게 연구해야하는 과제에 해당하며 두만강 유역을 중심으로 한반도에 한정되지 않고 두만강 대안 지역에 넓게 분포할 가능성도 있다.

영락제의 10처 여진인 요구의 좌절로 명초 명의 군사력이 두만강 유역에 미칠 수 없음을 알 수 있는 중요한 문제이다. 그러나 이 책은 명나라가 10처 여진의 확보에 실패한 것에 대해 그 원인을 조선의 요청과 대국인 명의 황제가 너그럽게 양보한 것으로 서술하고 있다. 실은 당시 여진의 저항과 반대가 있었고 명나라 군대가 여진 지역을 통제할 능력이 없었던 것, 몽골의 위협 등이 주요한 10처 여진 확보실패의 중요한 원인이 될 수 있다. 더구나 조선 역시 초기부터 적극적인 여진초무 정책에 의해 두만강 유역의 여진인은 조선의 호적에 편입되거나 조선인과 혼인하여 조선의 영향을 받고 있었던 상황도 명이 10처 여진을 확보할 수 없었던 중요한 요인이 될 수 있다.

이 책은 영락제가 10처 여진 확보에는 실패하였지만 이후에도 부단히 여진과 몽골지역으로 강역을 개척해 나가 결과적으로 다수의 여진 위소 설치에 성공함으로써 여진 지역이 명의 확실한 강역이 된 것으로 서술하고 있다. 10처 여진 확보에는 실패하였지만 지속적인 여진정책의 시도로 흑룡강 하류에 노아간도사가 성공적으로 설치되었고 노아간도사를 통해 여진 지역의 위소를 관할함으로써 명나라의 강역으로 만들어 내고 민족 융합과 통일을 성취하였다고 보았다.

요약하면 이 책은 요동도사 설치로 명의 북부 경략이 가능하였고 나아가 동북의 안정된 생활환경을 조성하였으며 노안간도사 설치로 여진 지역을 명의 강역으로 만들었다. 그리고 민족융합의 분위기를 만들어 여진지역을 명의 강역으로 만들었으며 변강 민족과의 모순을 줄였다는 것에 그 중요한 의의를 부여하고 있다.

3장은 '명대 동북강역 관할체제 속의 大寧都司와 北平行都司'에 관한 내용을 서술하고 있다. 대녕도사는 홍무 20년(1387) 大寧衛指揮使司, 동년 9월에 大寧都指揮使司, 다음 해인 1388년 北平行都司가 되었다. 대녕도사는 홍무연간 몽골 세력을 초원으로 축출하면서 내몽골 지역의 몽골 兀良哈 3衛(泰寧衛, 朶顏衛, 福餘衛) 등을 통제할 목적으로 건립되었으나, 保定으로 내천한 후 대녕도사를 통해 내몽고 지방을 통제하려는 전략은 상실되었다.

그러나 이 책은 대녕지역에 거주하던 몽골 兀良哈 3衛는 대녕도사가 방어선을 남쪽으로 축소시키면서 그 통제에서는 벗어났지만 여진 세력과 더불어 다시 노아간도사에 예속되었다고 보고 있다. 올량합 3위는 요동 북부에 광범위하게 분포하면서 일반적으로 몽골 유목민으로 구성되어 축목과 이동생활을 주 생활방식으로 하고 있었다.

원제국은 중원을 버리고 초원으로 패주한 후 서쪽의 서몽골(오

영락제는 명나라 황제중 가장 강력한 대외정책을 추진하며 북경을 수도로 만들고 가장 화려한 자금성을 축조하였다.

이라트), 동몽골(타타르), 요동북부의 올량합 3위로 분열되었던 것이다. 대녕도사의 설치를 통해 몽골 지역으로 나아가는 교통로를 확보하고 이 지역을 내지로 편입하는 것이 목적이었으나 몽골의 저항과 방어선 구축의 좌절로 몽고 통제에 실패하였다. 올량합 3위와 명나라와의 관계는 명나라가 그들의 통제에 실패함으로써 오히려 몽골 초원의 동·서몽골 정세에 따라 몽골과 안정적인 관계가 유지되기도 하고 충돌을 일으키기도 하였다. 당시 몽고초원에는 동서몽골 곧 타타르와 오이라트가 각각 자기의 목적을 위해 명나라와의 관계를 유지해나갔기 때문에 그 관계가 안정적이지 못했다.

이들 동·서의 몽골세력이 올량합에 대해 명나라 보다 강한 영향력을 행사하고 있어서 그들이 요동을 침입할 때 올량합은 동몽골, 때로는 서몽골과 연합군을 형성하여 명나라 요동방어선을 공격하였던 것이다. 즉 올량합 3위에 대한 명나라의 회유는 올량합을 일시적으로 통제할 수 있을 뿐 명에 종속시킬 수 없었다.

이로써 요동도사를 중심으로 대외적으로 팽창하려던 홍무연간의 전략, 몽골세력통제, 철령위와 두만강 유역의 삼만위 설치를 통한 압록강과 두만강 유역 통제 등은 모두 실패하고 요동도사 내지로 옮길 수 밖에 없었다.

대녕도사는 燕王이 일으킨 '靖難의 變' 시기 내전의 승리를 위해 대녕의 군대를 모두 남쪽으로 이동시켰기 때문에 전쟁이 끝난 이후 다시 군대를 대녕에 파견하여 점거할 수 없었다. 이로써 大寧, 開平, 東勝 등 몽골과 연결되는 북부의 중진은 명나라로부터 이탈하였다. 이제 홍무시기 군사적 역량을 총 동원하여 차지하려 했던 지역은 정난의 변 이후 그대로 방치되어 몽골세력이 차지하는 결과를 낳았고 올량합 3위는 그 지역에서 새로운 세력으로 성장하며 명의 변경을 위협하는 세력으로 변했던 것이다.

그러나 이 책은 노아간도사의 건립으로 올량합 3위가 노아간도사에 예속되었다는 왜곡된 이론을 만들어 냄으로써 대녕도사의 기능이 그대로 노아간도사로 옮겨졌고 명대 내몽골 지역의 올량합 3위도 명의 관할 하에 놓였다고 주장한다.

그렇다면 우선 올량합 3위와 노아간도사의 관계를 분석해 볼 필요가 있다. 올량합 3위는 홍무 22년(1389)에 처음 설치가 된 것으로 기록에 나타난다. 그리고 올량합 3위가 설치되면서 阿札失里를 泰寧衛의 指揮使로, 海撒男答奚를 福餘衛의 指揮同知로, 脫魯忽札兒를 朶顏衛의 指揮同知로 임명하였다. 명나라의 입장에서 보면 올량합 3위는 지리적인 위치상 동서몽골로부터 요동도사 북부를 방어하는 울타리가 될 수 있었기 때문에 확실한 통제와 적절한 대우가 필요하였다. 또한 올량합 3위를 통해 몽골 지역의 정보를 파악하고 부족한 戰馬 등을 교역할 수 있는 이점이 있었다. 이러한 이유로 명나라는 몽골 올량합의 수령들을 특별히 높은 격의 '왕'으로 임명하였고, 이들을 위해 廣寧, 開原 등 변경 도시에 馬市를 개설하여 경제적인 요구를 만족시켜주는 한편 관직 수여, 賞賜, 그리고 조공상의 특혜를 많이 제공해 주어 정치적으로 통제하고자 하였다.

그리고 노아간도사는 1411년에 가서야 건립된다. 노아간도사에 비해 20년 앞서 설치되고 요동도사의 통제에서 벗어난 올량합 3위가 20년 뒤에 생긴 임시군사기구에 불과한 노아간도사에 예속되었다는 것은 논리적으로 설득력이 없다. 대녕도사의 이전으로 요동도사와 올량합 3위의 공식적인 역로가 초기에 이미 단절되었다. 대녕도사 방치 이후 요서지방의 廣寧에서 大寧으로 향하는 역로는 명나라의 방어선 밖에 위치하여 관할 밖이 되었고 명의 군사가 접근할 수 없었다. 선덕 3년(1428) 2월 요동총병관 도독첨사 武凱의 상주문을 보면, '지난날 요서지방의 義州衛에서 대녕으로 향하는 역로를 관할하고 牛心山에 馬驛을 설치하였으나 지금 大寧路가 통할 수 없으므로, 마역 등을 盤山驛으로 옮겼다'는 기록을 통해 영락 시기 요동에서 대녕으로 연결되는 역로가 방치되었음을 알 수 있다. 역로가 방치되어 요동도사와 대녕 지역은 이미 별개의 지역이었기 때문에 종속관계로 파악할 수 없다.

이외에도 올량합 3위가 노아간도사에 종속되지 않았다는 증거는 많이 있다. 예를 들면 당시 몽골 초원에는 동서몽골이 패권을 놓고 각축을 벌이며 요동을 포함한 장성 지대를 위협하고 있었는데, 이들이 남하하여 올량합 3위에 대해 많은 정치적 간섭과 약탈을 하였다. 그 과정에서 그들은 올량합 3위가 교역을 위해 명으로부터 받은 衛印을 빼앗아 갔다. 衛印爭奪 사건의 과정을 보면 올량합 3위 중

福餘衛는 洪熙 원년(1425)에, 朶顔衛는 선덕 7년(1432)에 각각 本雅失里에게 印信을 빼앗겼으며, 후에 泰寧衛의 脫火赤 역시 衛印을 빼앗겼다. 당시 衛印과 印信은 교역을 위해 명나라로부터 받은 신임증과 같은 것으로 명나라와 자유롭게 교역할 수 있는 권리 증명서와 같은 것이었다. 올량합 3위로부터 위인을 빼앗아 옴으로써 本雅失里는 올량합 3위를 대신하여 명과의 조공무역을 독점하여 경제적 이익을 차지하고자 한 것이다. 이러한 상황에 대해 요동도사는 물론 노아간도사가 예속관계에서 취할 수 있는 어떠한 행동도 취하지 않았으며, 올량합 3위도 노아간도사에 어떠한 보고나 접촉도 하지 않았다. 이것은 대녕도사의 철수 이후 명이 올량합 3위 등 몽골세력에 대해 적절히 통제하거나 정치적으로 개입할 수 없음을 보여주는 것이며, 올량합이 노아간도사와 예속관계가 아님을 설명해 주고 있다.

올량합 3위의 이동상황을 통해서도 그들이 노아간도사에 예속되지 않았고 명의 영향력 밖에 있었음을 알 수 있다. 즉 명나라는 경태연간(1450~1456) 陳懋 등의 건의를 받아들여 변경으로 밀려들어온 올량합을 요동 북쪽 방어선 200리 밖에서 거주하도록 하면서 요동도사 변경지역으로 근접해 오는 것을 엄히 통제하도록 하였다. 또한 이후에 吏科給事中 鄒文盛의 상주문을 분석해 보면 당시 올량합 3위는 遼河套 지역 북변 1백여 리 밖 虹螺山(興城 부근), 老虎林(鐵嶺 부근), 車輪坡(刀背山 부근) 등 요동변장 가까운 곳으로 이동해 와서 명의 변경을 불안하게 하고 있었음을 알 수 있다. 명 중기에 편찬된 『遼東志』 역시 올량합 3위의 거주 지역을 간략히 기록하면서 그 위치를 적고 있는데 그 내용을 보면 錦州·義州·廣寧으로부터 遼河에 이르는 지역을 泰寧으로, 黃泥洼로부터 開原·鐵嶺에 이르는 지역을 福餘로 기록하고 있다. 정덕 4년(1509) 5월에는 올량합

3위와 여진의 都指揮僉事 滿蠻이 2만여 무리를 거느리고 遼東邊墻으로 접근하여 내려왔는데 명나라는 2만 이상의 인구를 변장 안으로 끌어들이는 것은 무리가 있다고 판단하였으며 변경 밖에 흙담[土圈]을 임시로 축조하고 정세가 안정되면 다시 그들을 본거지로 보내 다시 생업에 종사하도록 한다는 최종 결정을 내리고 있다.

이 책의 위소 서술에 따르면 소위 여진이나 올량합 3위와 같은 羈縻衛所들은 이동시 중국에 보고를 할 의무가 있다고 하였다고 하는데, 이들의 이동이 명에 보고하고 허가를 받은 이후에 이루어진 적이 없다. 지속적인 올량합의 이동과 남하는 嘉靖年間에 이르자 더욱 많이 발생하여 오히려 명나라가 처리해야할 변경의 골치아픈 문제가 되었다. 가정 30년(1551)에는 태녕과 복여의 2衛가 몽골세력을 피해 요동변장으로 도망오자 명은 해결책을 강구하는데 고심하였다. 이러한 올량합의 이동은 몽골정세에 따라 전개된 상황으로, 올량합 3위가 노아간도사에 종속되었다면 노아간도사에 그 이동상황을 보고했어야 했을 것이다. 그러나 앞에 언급했듯이 노아간도사는 이미 명 전기에 그 실체가 사라져 그 기능을 수행할 수 없었고 요동도사 역시 올량합에 대한 영향력이 없었기 때문에 올량합 3위가 명에 종속되었다는 이론은 재고되어야 한다. 올량합 3위는 요동북부를 위협하는 중요한 세력으로 남아 있다가 결국 몽골의 科爾沁(코르친) 부에 통합되기에 이른다.

奴兒干都司와 女眞衛所의 서술과 문제점

이 책의 주목할 만한 초점은 4장~8장에 있다 하겠다. 4장~8장은 구조상 연결되어 있다. 모두 노아간도사를 다루고 있기 때문이다.

즉 4장에서는 노아간도사의 설치, 노아간도사의 관아와 관직, 노아간도사 설치의 생생한 기록인 永寧寺 설치 비문에 해당하는『永寧寺記』와『重建永寧寺記』해석과 고증, 고증과 해석을 통한 노아간도사의 역사적 공헌 등을 다루고 있다. 그리고 5장~8장은『明實錄』등 관련 사료에 나타나는 모든 여진위소들이 대한 노아간도사에 예속되었다는 전제 아래 하나하나 여진위소들에 고증과 설명을 가하며 서술해 나가고 있다. 결국 4~8장은 노아간도사와 이에 예속된 모든 여진위소를 다루며 명대 여진지역이 명대 강역임을 강조하는데 초점을 두고 있는 셈이다.

4장의 내용을 요약하면 노아간도사의 설치로 흑룡강, 우수리강, 두만강 전 지역에 대해 명의 관할지배권이 강화되었으며 이 때문에 명대 동북강역 연구에 노아간도사의 설립은 매우 중요한 위치를 차지하고 있다는 것에 초점이 있다.

이 책은 노아간도사에 대해 명대 장기간 동안 흑룡강 하류 노아간 지역에 상설되어 여진위소를 관할한 정식 기구로 파악하고 있다. 그리고 노아간도사가 설치된 이후 노아간도사 지역으로 임시 파견되었던 관리들이 현지와의 교역을 통해 확보한 그 지역의 특산물 또는 여진 부족이 가져온 조공물·토산물은 모두 헌납한 '來朝貢馬' 등으로 판단하고 있다. 즉 이러한 조공관계 속의 토산물 등을 '貢賦' 즉 일종의 지방이 중앙에 바치는 세금납부 정도로 이해함으로써 여진 지역이 정치적으로 명에 종속된 지역이었음을 강조하고 있다. 노아간도사를 통해 지속적인 관계가 이루어진 결과 중원과 여진민족 간의 왕래가 지역을 통합시키는 역할을 하였고 결국 강역이 하나가 되었으며 자연스럽게 국가의 통일이 촉진되었다고 보았다.

4장 2절에서는 앞의 내용을 재확인하기 위해 노아간도사의 설립과 영향력의 근거가 되고 있는 『永寧寺記』와 『重建永寧寺記』에 대한 해석에 많은 지면을 할애하고 있다. 비문과 관련하여 기존의 어느 해석서보다 자세히 주를 첨가하였고 누락되었던 글자를 다시 복원 증보하는 등 고고학적으로 노력한 흔적을 엿볼 수 있다. 이러한 비문의 해석을 통해 명이 노아간 지역으로 진출하였고 영락연간 이후 많은 여진위소를 설치하여 이 지역을 예속시켰으며 이로써 명조가 노아간 지역에 주권을 행사하였다고 서술하였다.

비문의 판독 결과 당시 노아간으로 파견된 군대의 대표인 내관 亦失哈이 군사 2천, 거선 50여 척으로 노아간에 여러 차례 파견되었고 그때마다 내지의 다양한 문화와 기술이 노아간 지역에 전파되었다고 보았다. 그리고 그 과정에서 명왕조가 그 지역을 직접 경영하는 강역이 되었으며 나아가 평화적인 문화교류와 문화융합의 새로운 장을 여는데 그 중심에 亦失哈이 중요한 공헌자였음을 서술하였다.

그러나 위와 같은 서술 내용과 관련하여 몇몇 문제점을 지적해 볼 필요가 있다. 먼저 노아간도사가 언제까지 존재하면서 그 기능을 수행하였느냐 하는 문제이다. 노아간도사의 기원은 1404년에 설치된 奴兒干衛이며 이후 1409년에 노아간도사로 바뀌었다. 이후 『明實錄』의 기록을 보면 宣德 5년(1430) 11월에 '罷松花江造船之役'을 명하고 있다. 당시 요동도사에서 노아간도사로 가기 위해서는 송화강에서 미리 여러 척의 큰 배를 만들었으며, 이 배를 이용하여 강을 따라 거슬러 흑룡강 하류에 위치한 노아간에 도착하였다. 그런데 선덕 5년 노아간으로 군사를 파견하기 위해 대규모로 준비하던 송화강 유역의 선박 건조사업을 중지시키라는 황제의 명이 있었던 것이다. 그리고 선덕 10년(1435) 당시 遼東總兵官都督僉事 武凱에게 명하여 노아간에 있는 모든 물자와 파견된 군사를 요동도사로 흡수시키라는 명령을 내리고 있다. 이러한 『明實錄』의 기록으로 판단해 보면 노아간도사가 기능을 상실하고 그 군사와 물자를 요동도사로 흡수한 것은 1435년이 되며, 이 시기를 전후하여 노아간도사는 서서히 역사 속으로 사라지기 시작한 것으로 보아야 한다. 따라서 이 이후 『明實錄』에 나오는 '노아간' '노아간도사'라는 용어는 그 지리적인 지역명, 또는 실체가 해체된 노아간도사의 개념으로 이해해야 하는 것이다. 즉 노아간도사가 실제로 존재하여 지속적인 군사 활동을 한 것을 가리키는 용어로 볼 수 없다. 왜냐하면 더 이상 군사가 파견된 적이 없으며, 그 지역에 파견된 노아간도사의 군사도 모두 요동도사로 흡수되었기 때문이다. 이러한 이유 때문에 노아간도사 쇠퇴 이후 노아간지역에 파견되었다가 요동도사에 흡수된 관리들에 관련된 기록을 찾아보면, 내관 亦失哈은 요동도사에 근무하는 '鎭守遼東太監'이 되었고, 康福은 '鐵嶺衛守備' 등으로 나타난다. 모두 이전 노아간도사 시절의 직함이 사라지고 요동도사의 직함만을 가진 것으로 나타난다. 이 책은 이러한 사실을 누락시킴으로써 명 후기까지 노아간도사의 실체가 있었던 것으로 파악하는 오류를 범하고 있다.

두 번째는 노아간도사가 실제 내지의 '都司'와 같은 등급의 군정기구인가하는 문제를 지적할 필요가 있다. 이것은 영녕사와 관련된 두 비기의 해석을 통해 그 성격을 규명할 수 있다. 저자가 밝히고 있듯이 두 비문을 정리하여 파견된 관리를 정리해 보면 다음과 같다.

《칙수 노아간 영녕사 비기》

欽差內官: 亦失哈, 張童兒, 張定安

鎭國將軍都指揮同知: 張旺

撫總正千戶:王迷失帖, 王木哈里
○○衛 指揮:失禿魯苦弟禿花哈妻叭嘛
指揮: 哈徹里… 王謹
弗提衛 指揮僉事: 禿稱哈…
弗提衛 千戶: 納蘭…
百戶: 高中…
所鎭撫: 賽因塔…
經歷: 劉興… (이하 생략)

《중건 영녕사 비기》
欽差都知太監: 亦失哈
御馬監左少監: 白金
內官: 範桂, 潘昂, 阮落, 阮藍, 阮通.
給事中: ○昂
遼東都司都指揮: 康政
指揮: 高勗…
太醫院醫士:呂○… (이하 생략)

이 두 비기에서 알 수 있듯이 노아간도사에 파견된 사람들의 관직이 ① 欽差, ② 奴兒干指揮同知, ③ 都指揮僉事 ④ 指揮, ⑤ 千戶, ⑥ 百戶, ⑦ 經歷, ⑧ 吏, ⑨ 醫士 등으로 구성이 매우 소략함을 알 수 있다. 이 중에 군사업무를 담당하는 무관직을 빼면 '經歷'과 '吏'만이 남게 된다. 곧 '경력', '리'와 같은 하급관료는 간단한 문서의 작성이나 이첩 정도는 할 수 있지만 행정권과 사법권을 행사할 수는 없는 하급관료이다. 곧 노아간도사는 요동도사와 같이 斷事司, 司獄司 등을 설치하지 않음으로써 구조상 행정과 사법권한을 행사할만한 권력기구가 아니라 임시파견기구였던 것이다.

반면 정식 '都司'로 출범한 요동도사는 그 아래에 經歷司, 斷事司, 司獄司 등과 각각 掌印, 僉書, 經歷, 都事 등의 관리를 두고 입법, 사법, 행정 등을 시행함으로써 권력기구의 구조를 갖추고 있다. 이외에도 按察分司를 설치하고 山東按察使司를 통해 중요 안건을 처리하였다. 산동안찰사사로부터 僉事 또는 副使 1명을 임명하여 요동도사의 사법사무를 관리하였던 것이다. 그리고 요동에 察院을 설치하고 매년 監察御史 1명에게 특명을 내려 그 지역을 감찰하도록 하는 등 農桑, 學校, 邊方의 기구, 소송 등 일체의 사무를 모두 처리·감시하는 체제도 갖추고 있었다. 이와 비교하면 노아간도사는 이름만 '都司'였지 그 구조는 권력을 행사할 수 없었던 임시초무기구였던 것이다. '임시'라는 것은 상설된 것이 아니라는 것이다. 이것은 필요한 시기에만 군사를 조직하여 정기적으로 노아간에 파견근무를 보냈다는 이야기이다.

이 책이 설명하고 있듯이 황제의 명이 있을 때만 요동도사의 관리와 군사들로 편성하여 노아간도사에 여러 차례 파견되는 형식을 반복하고 있었던 것이다. 노아간도사는 군대가 상주했던 것이 아니라 필요할 때마다 요동도사의 군사를 조직하여 미리 송화강 유역에서 건조된 거선을 타고 강을 이용해 노아간에 도착하였으며, 일정기간 머물면서 소기의 임무를 완수하는 방식을 취하였던 것이다.

이 책의 5, 6, 7장은 여진위소들이 노아간도사에 예속되었다는 전제하에 위소 하나하나를 상세하게 다루면서 흑룡강 등 모든 지역이 명의 판도 내에 있는 관할 지역이었음을 강조하고 있다. 그러나 앞에서도 언급했듯이 宣德年間 이후 노아간도사는 이미 그 기능이 정지되었으므로 수백 개의 여진위소가 노아간도사에 종속되었다는 기본 전제는 전면 재검토될 필요가 있다.

이 책은 우선 흑룡강 상류에 설치된 衛所와 관련하여 상류로 흘러드는 지류를 중심으로 그 부근에 설치된 衛所들을 하나하나 고증하여 분석을 하였다. 그 결과 斡難河 유역, 훌룬보이르, 바이칼호 등의 지역에 이르기까지 9개의 衛所를, 嫩江 유역에 14개 衛所를 설립하였다고 주장하고 있다. 이 중 명대 요동북부를 위협한 兀良哈 3衛도 노아간도사 관할로 포함되어 있는데, 앞에서 언급한 것처럼 이들은 초기 대녕도사에 소속되어 있다가 영락연간 방어선 축소와 함께 방치되면서 노아간도사에 종속된 것으로 보고 있다. 마지막으로 莫河에서 精奇里 강(지금의 結雅河) 유역에는 모두 10개의 衛가 설치된 것으로 파악하여 흑룡강 상류에는 모두 33개(29개의 衛와 4개 千戶所)의 衛所가 있는 것으로 파악하고 있다. 이들 중 대부분이 명 전기에 설치된 것으로 파악하며 이로써 흑룡강 상류가 이미 이른 시기에 명의 판도에 들어간 것으로 서술하였다.

흑룡강 중류는 弗河에서 畢瞻河 이르는 지역을 중심으로 모두 9개의 衛所(7개의 衛, 2개 所)가 설치된 것으로 파악하였으며, 6개는 영락연간에, 3개는 정통연간에 설치된 것으로 파악하였다. 송화강과 흑룡강이 만나는 유역과 우수리강과 흑룡강이 만나는 곳에는 7개의 衛 등 흑룡강 중류에는 모두 84개의 衛가 설치되었다고 보았는데, 그 중 영락연간 65개 衛와 4개 所, 정통연간 10개 衛, 가정연간 1개 衛, 나머지 3개 衛와 1개 所는 그 설치연대가 불분명한 것으로 기술하였다. 이러한 위소 설치를 근거로 흑룡강 중류의 넓은 지역 역시 영락연간에 명의 판도 안에 들어온 것으로 파악하였다. 흑룡강 하류 伯力에서 흑룡강구 부근에 이르는 지역에는 모두 38개의 衛所(35개의 衛와 3개의 所)가 설치되었으며 대부분 영락연간 설치된 것으로 서술하였다.

庫頁島지역에 설치된 위소는 3개로 영락·정통연간에 설치된 것으로 서술하였다. 종합해 보면 庫頁島를 포함하여 흑룡강 하류지역에 설치된 위소는 모두 41개 衛所(38衛, 3개千戶所)로 파악하였다. 영락연간 36개 衛所, 정통연간 3개 衛, 가정연간 2개 衛가 설치된 것으로 서술하였다. 흑룡강 하류의 衛所는 영락연간에 상당수가 설치됨으로써 영락연간 이미 흑룡강 하류도 명의 판도에 들어온 것으로 파악하였다.

우수리강과 두만강 유역 역시 자고이래로 명의 강역이라는 분명한 입장에서 접근하고 있다. 특히 두만강과 관련하여 장백산에 長白山寺를 건립한 것을 근거로 이미 종교적 힘을 통해 이 지역에 명의 통치력이 미치고 있었다고 주장하고 있다. 이 책은 이 지역에 33개의 衛所가 설치된 것으로 파악하고 있다. 우수리강과 斡蘭河 유역에 24개 衛所(23개 衛와 1개千戶所)로 그 중 18개가 영락연간 건립된 것으로 파악하고 있다. 두만강 유역에도 명나라가 여러 衛所를 설치한 것으로 파악하며 역시 노아간도사에 예속된 것으로 파악한다. 이런 논리에 기초해서 조선은 두만강 대안 지역과 아무런 관련이 없으며 이 지역의 여진 역시 명에 종속된 것으로 단정한다. 두만강 유역과 관련하여 초기에 설치된 가장 대표적인 衛가 建州衛로 이후 추가로 설치된 建州左衛, 建州右衛라고 할 수 있을 것이다. 그 중 건주위는 노아간도사에 예속된 衛로, 가장 설치가 빠른 것으로 파악하고 있는데 그 건립연대는 1403년까지 거슬러 올라간다.

그러나 건주위가 명에 예속되었다는 이 책의 주장과 관련하여 재고해보야야 할 부분이 있다. 그것은 여진의 성장을 살펴보면 알 수 있을 것이다. 景泰年間(1450~1456) 여진은 이미 상당히 강한

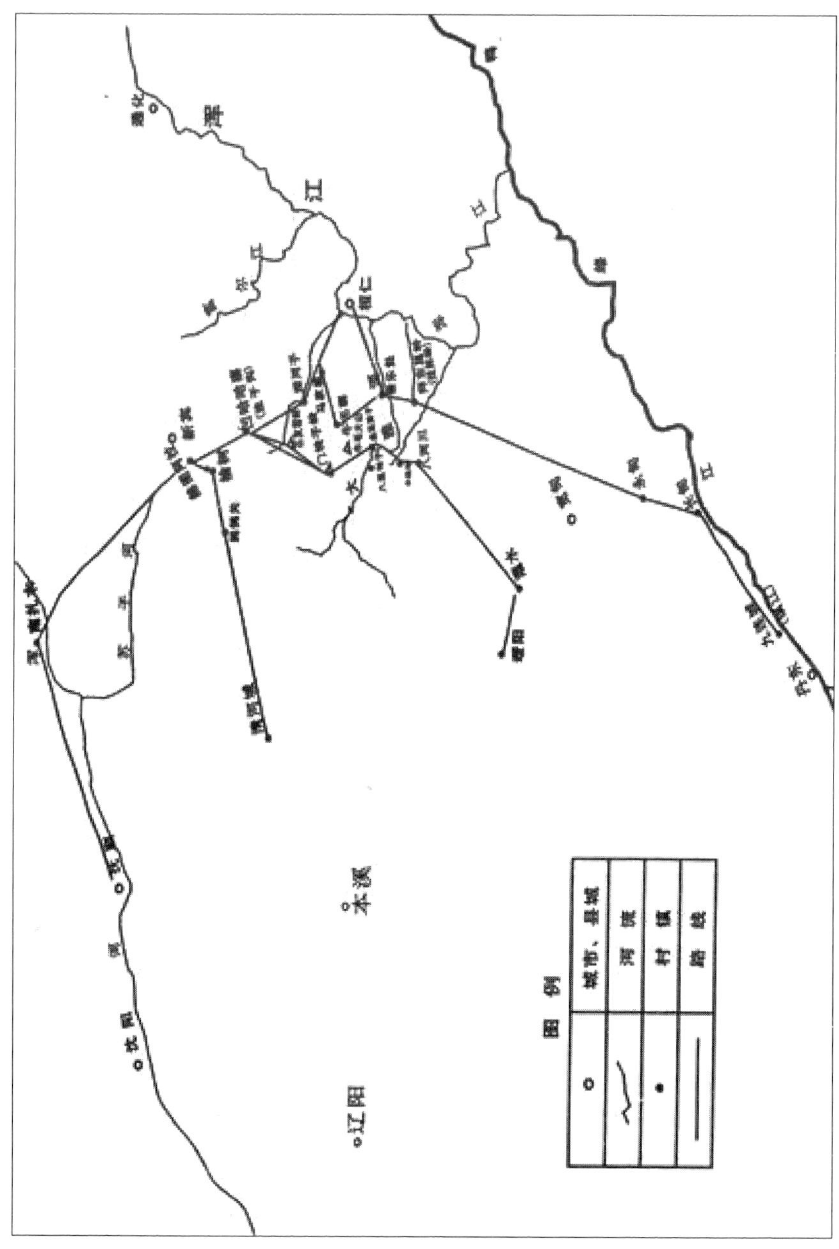

건주여진에서 명의 요동도사로 통하는 길

세력으로 성장하고 있었다. 당시 건주위에만 약 1천 7백여 戶, 건주좌·우위에 6백여 戶, 기타 건주위에 혼재되어 있는 해서여진은 1천여 명 등 기본적으로 2만~3만여 명에 이르는 세력을 형성하고 있었다. 명나라와 조선은 그들의 성장을 억제하기 위해 여러 차례 토벌전을 벌여 수천 명의 사상자와 재산의 손실, 그리고 1천여 명을 포로로 잡고 무엇보다도 그들을 이끌던 李滿住, 童倉, 古納哈 등의 지도자를 제거함으로써 여진사회를 약화시키고자 하였다. 여진 지도자들의 죽음은 지도자의 부재라는 일시적인 현상을 낳기도 하였지만 명과 조선은 그들 지역을 자국의 강역으로 만들 수 없었으며 그들의 성장과 위협을 억제할 수 없었다. 따라서 명과 여진의 관계를 단순하게 명에 예속된 '羈縻關係'로, 또한 여진위소들을 '羈縻衛所'로 판단할 수는 없다. '羈縻'라는 말은 완전히 통제되었다는 의미를 포함하고 있는데 오히려 역사적 흐름은 여진이 명의 요동도사를 위협하는 쪽으로 발전하였기 때문이다.

9장에서는 명대 동북강역에 대해 명나라가 국가의 권력을 실현했다는 것에 초점을 두고 내용을 서술하고 있다. 정리해 보면 ① 여진위소들은 명의 법률을 집행했으며, ② 이들 위소 관원의 임명, 승진, 승습은 명에 의해 결정되었다. 그리고 ③ 위소들은 반드시 명 정권을 통해 변강을 방어하는 역할을 수행해야 하였다. ④ 위소의 이동, 각 위소의 관할범위, 혼거 역시 명의 비준을 받아야 했다는 것으로 요약할 수 있다. ⑤ 위소는 반드시 명 정부에 세금의 성격을 가진 '貢賦'를 납부하였다. 이러한 공부는 의무이며, 일정한 납기일이 있었고 반드시 기일을 지켜야 한다는 규정이 있었다. 이러한 내용들이 명과 여진위소 사이에 적용되었기 때문에 명이 국가 권력을 여진 지역에 행사한 것이고 명과 조선의 조공 역시 명과 조선 사이의 '조공무역'과는 성격이 다른 것이며, 명에게 부세를 바치는 '조공' 곧 '貢賦'의 개념으로 이해해야 한다는 이론을 전개하고 있다. 즉 '國內朝貢型'의 시각에서 보아야 한다는 것이다. 조선의 경우에는 정기적으로 조공을 해야 하지만 '國外朝貢型'으로 이해해야한다고 서술하고 있다. 이처럼 조공의 개념을 조선과 여진에 다르게 적용함으로써 여진지역을 '國內'로 파악하여 명대 국가권력이 완벽하게 행사된 지역으로 파악하고 있음을 알 수 있다.

10장에서는 명대 위소제도와 청대 만주족 부락인 '噶珊'과의 관계에 대해 논하고 있다. 噶珊은 일종의 여진 부락인데, 청대 여진 부락의 형성이 명대 이 지역에 설치된 여진위소에서 많은 영향을 받았다고 해석함으로써 명과 청의 역사적 계승성을 강조하고 여진위소가 청대의 噶珊 형성에 중요한 요인이 되었다는 이야기이다. 즉 명대 위소제도가 청대 噶珊제도로 전환되었다는 것을 의미한다. 명대 여진위소와 청대의 噶珊은 지리적으로 공통되는 위치에 있고, 관직이 세습되어 '父死子代'의 전통이 있으며, 위소와 噶珊은 각각 명과 청의 법률 적용을 받았다고 보고 있다.

그리고 衛所와 噶珊의 차이점도 서술하고 있는데, 위소는 군정합일의 권력기구로, 噶珊은 지방 행정권력기구로 보았다. 그리고 噶珊은 청대 지방행정기구의 기층조직이 되었으며, 이러한 제도는 부단히 변화하여 동북 소수민족의 특징적인 행정체제가 되었다고 보았다. 역시 강조하고 있는 부분은 噶珊이 명대의 위소제도에서 많은 영향을 받았다는 것으로, 현재 발굴되고 있는 噶珊의 흔적들은 명대 위소지역과 일치하므로 명대 위소제도와 끊을 수 없는 계승성이 있음을 강조하고 있다.

11장은 명대 동북강역과 중원문화와의 관계에 대해 서술하고 있다. 이 장에서는 동북강역의 문화는 중원문화의 영향과 더불어 상호 교류 속에서 진행되었으며, 流人, 宗教, 衛所, 비단 등 물질적·정신적으로 중원의 문화가 전파되어 명대 동북문화를 풍요롭고도 특색있게 만들었다는 것에 초점을 두고 있다. 특히 노아간지역에 영녕사가 설치된 것은 불교전파상 중요한 의미가 있으며 노아간에 장기간 종교문화를 존속하게 하는 중요한 역할을 하였다고 역설한다. 위소문화 부분에서는 위소제도가 실시됨으로써 '衛儒學'이 개설되었고 내지로부터 흘러들어온 流人 등을 통해 유학이 성행하였으며, 이로써 衛所가 문화적으로 수준이 높아졌다고 서술하였다. 요약하면 중원의 전통문화는 유인문화, 종교문화, 위소문화, 복식문화 등 다양한 형태로 동북에 전파되었고 문화적 효용성의 작용으로 중국 내지의 전통문화는 명대 동북강역이 형성되고 발전하는데 다양한 영향력을 미쳤다는 이야기다. 나아가 이러한 우수한 중원의 전통문화가 동북문화와 결합함으로써 민족의 응집력을 강화시키고 외세의 침략에 불굴의 결집력을 보여주었다고 서술하고 있다.

나오며

이상에서 우리는 동북공정의 결과물로 출판된 『明代東北疆域研究』를 몇 개의 범주로 나누어 살펴보았다. 遼東都司 부분에서는 요동도사의 활동에 해당하는 '經略'에 초점이 맞추어져 있었다. 이로써 도사의 설치-정비 그리고 쇠퇴과정이라는 연결고리 속에서 명 후기로 갈수록 그 역할이 약화되는 요동도사의 문제점과 체제의 위기와 관련된 내용들도 전혀 언급이 없다.

이 책은 요동도사의 흐름을 파악하기보다 명초 요동도사의 설치와 노아간도사와의 관계를 '경략'이라는 틀로 바라봄으로써 '강역' 이외의 문제에 대해서는 소홀히 하고 있다. 즉 요동도사와 25위, 명초 요동도사의 진출이라는 문제에만 초점을 둠으로써 요동도사가 가지고 있던 근본적인 문제들 곧 산동에 의존함으로 인해 생긴 요동도사의 고립성, 둔전과 위소정책의 폐해, 인구의 감소, 마정 운영의 실패 등 대내적 원인과 몽골과 여진 방어를 위해 선택했던 수세적 방어로의 전환, 遼東邊墻 국경선 수축, 그리고 遼東八站 국경지대의 형성 등을 전혀 다루지 않았다.

영락연간 이후 점차 심각해지는 변경의 위기 상황 속에서 장성지대와 마찬가지로 요동도사는 새로운 방어체제로 전환하여 山海關-開原-鳳凰城을 M자 형태로 연결하는 邊墻(성벽)을 축조하여 요동도사를 방어하는 마지막 보루로 선택한다. 따라서 명대 강역을 논하면서 요동변장의 성격을 이 책이 다루지 않은 것은 명대 강역 해석에서 매우 중요한 부분을 언급하지 않은 것이라고 볼 수 있다. 이것은 곧 명대 요동강역의 문제를 자국의 시각으로만 바라봄으로써 오히려 이 책과 연구의 문제점을 드러내는 결과를 낳았다. 요동변장은 내지와 외지를 구분하는 분명한 국경선이었기 때문이다. 이는 노아간도사가 여진지역을 종속시키고, 여진위소가 명에 종속된 기미위소였다는 문제를 선명히 하기 위해 반드시 성격을 규정해야 하며, 이를 통해 이 책의 주장과는 달리 명대 여진과 노아간도사의 관련성 문제를 새롭게 보아야 하는 중요한 근거가 되기 때문이다.

요동변장이 명의 국경선이라는 시각에서 보면 봉황성~압록강에 해당하는 요동팔참 지역은 조선과 명의 국경지대가 될 수밖에 없다. 이는 곧 명과 조선의 경계가 압록강이라는 중국의 주장이 근본적으로 수정되어야 함을 의미한다. 그러나 역시 이 책은 요동팔참에 관하여 언급을 피함으로써 '압록강 국경설'을 기정사실화하였다. 요동변장 밖 요동팔참 지역이 국경중립지대이기 때문에 명대의 사료들은 조선과의 경계를 표시할 때 압록강과 봉황성 사이에 위치한 애양보, 봉황성보, 요동변장의 책문으로 기록한 경우가 많다. 이외에도 요동변장을 구성하는 책문 위치를 '臨境', '通賊道路', '邊界', '邊門' 곧 국경과 접한 지역에 위치하는 것으로 기록하고 있는데, 이 역시 여진과 몽골 등을 적대적인 '賊'으로 적대시하며 변장을 구성하고 있는 수십 개의 변문을 국경출입문으로 규정하고 있는 명확한 증거라고 할 수 있다. 따라서 이 책이 조선과 명의 경계선으로 주장하는 압록강은 결코 명과 조선의 국경선이 될 수 없다.

이 책의 주장과는 달리 노아간도사 그리고 그와 관련된 여진위소를 살펴본 결과 영락연간 흑룡강 하류에 설치한 노아간도사는 '도사'의 구조를 갖추고 있지 않은 상설되지 않은 임시군사기구였으며 요동도사와 같이 1衛 5600명 규모의 위소들을 갖추고 있지 않았음을 알 수 있었다. 노아간도사는 사법권과 행정권을 발휘할 수 없는 임시군사기구에 불과했다. 그리고 존속기간동안 요동도사로부터 많은 인력과 물력을 지원받아야 하는 요동도사의 종속된 위치에 있었다. 노아간도사를 연구하는데 중요한 두 자료인 「敕修奴兒干永寧寺碑」와 「重建永寧寺碑」의 비문을 분석해 본 결과 이 책은 중요한 사실을 언급하지 않았다. 즉 비문에 기록되어 있는 파견된 관리들을 분석해 본 결과 노아간도사는 문관으로 1官 1吏가 파견되었고 여진 초무 이외에 토산물 조달, 문서의 전달과 관리, 사신의 호송 등 단순한 임무를 수행하였다. 그리고 결국 노아간도사는 선덕연간 그 기능을 완전히 상실하면서 요동도사로 흡수되었다는 사실이다. 따라서 이 책의 주장과는 달리 명 후기 『명실록』 기록에 나타나는 '노아간'과 관련된 기록들은 이 책이 주장하는 바와 같이 노아간도사가 활동한 실체가 아니라 노아간도사의 '虛名'이나 그 흔적에 불과한 것으로 서술 내용이 수정되어야 할 것이다.

노아간도사의 쇠퇴는 곧 노아간도사와 여진위소의 단절을 의미하며 결코 명대 여진위소들이 노아간도사에 종속되어있지 않았음을 의미한다. 따라서 저자가 몽골 올량합 3위를 비롯한 수백 개의 여진위소를 노아간도사에 예속된 것으로 파악한 각 장의 기본적인 시각은 근본적으로 왜곡된 것으로 역시 수정되어야 할 것이다. 명나라가 영락연간 집중적으로 설치한 다수의 여진위소는 군사적인 정벌을 통해 형성된 것이 아니며 대부분 여진의 촌락에 명이 자의대로 위소의 이름을 붙인 것에 불과하다. 즉 명이 내지에 설치한 군사적인 위소와 같이 1衛 5,600인의 구조로 편성된 것이 아니다. 민족, 인구수 등 모든 면에서 명나라 내지의 위소와는 전혀 다른 전통적 여진부락에 불과하였다. 단지 명나라는 요동을 보호하는 울타리로서 분열된 여진의 통합을 막기 위해서 여진을 하나의 단위로 고립시키며 통제할 필요가 있었고, 여진의 입장에서는 형식적으로 명나라의 위소체제에 들어감으로써 衛印을 지급받고 상업적 교류를 통해 필요한 생활필수품을 획득하는 경제적 특권

명대 심양중위중좌천호소 백호인. 명대 심양은 요양을 방어하는 북부의 중요한 천호소였다.

이 필요하였다. 즉 여진 위소는 명나라의 정치적 입장과 여진의 경제적 입장이 만들어 낸 형식적인 것에 불과하였다. 따라서 청 강희 연간에 만들어진 『滿洲原流考』는 이러한 명대의 상황을 잘 요약해서 기록하고 있다.

> 명나라 초기의 강역은 동쪽으로 開原, 鐵嶺, 遼陽, 瀋陽, 海州, 開州에서 끝이 난다. 그 동북(여진)지역은 모두 여진 왕조 및 건국 초기의 烏拉, 哈達, 葉赫, 輝發 등 여러 나라에 속해 있었고 長白山의 納殷, 東海窩集 등의 부와 함께 명나라 사람들이 그 경내에 발을 들여 본 적이 없다. 永樂 2년에 당나라의 羈縻州제도를 모방하여 奴兒干衛를 설치하였고, 永樂 7년에 奴兒干都司로 고쳐 불렀다. 그 뒤에 계속 '虛名'으로 衛所를 설치하였으나 그 강역의 원근에 대해서는 알 수 없고 山川, 城站의 지명과 진위도 애매모호한 것이 많았다. … 黑龍江 지역의 屯河, 呼爾哈河 같은 경우도 명의 변경과 멀리 떨어져 있었지만 역시 衛所가운데 열거하였다. 여진은 대개 여러 部를 따라 교역을 위해 명과 왕래한 것인데 바로 그들이 사는 곳을 명이 억지로 衛로 만들고 실록에 기록할 때 벼슬을 주었다고 하였다. 그러나 실상은 어떤 부의 우두머리가 스스로 왔거나 단지 부의 사람들이 거래를 하였을 뿐이다. … 衛所·城站 地面은 … 중복된 곳이 4분의 2를 차지하고 고증이 불가능 한 곳이 5분의 1이나 된다. 대체로 영락연간에 설치한 지역은 상고할 수 있으나 正統年間 이후에 기록된 것들은 말이 더욱 그릇되고 복잡하다.(『滿洲原流考』 卷13 부록 「明衛所城站考」)

이러한 내용은 명대 여진의 기록과 일치한다. 여진에 대한 명대의 기록은 그들을 관할 밖의 '外夷'로, 그들 지역을 표시한 지도는

'女眞' 지역 곧 '外地'로 기록하여 '內地'와 구분하고 있다. 명나라가 여진지역에 설치한 위소를 내지의 위소와 분리시켜 기록하고 있는 것은 여진지역은 명나라에 종속된 지역이 아니며 여진지역이 명나라의 관할범위 밖에 위치하고 있다는 것을 보여주는 것으로 이해할 수 있다. 따라서 이 책의 주장과는 달리 여진지역은 명나라에 종속될 수 없는 '版圖外'의 지역으로 서술되어야 한다.

결론적으로 명대 요동강역 속에 여진과 몽골지역을 포함시킬 수 없다. 요동도사 관할 25위 지역만이 명의 '版圖內' 지역이었으며 그 이외의 지역은 모두 '版圖外' 지역이었다. 일찍이 대만 학자 蔡運辰도 1950년대에 이미 그의 논문 「明代東北疆域建置考」를 통해 '명대 동북강역은 요동도사 25위 지역에 불과하며 현재의 遼寧省보다도 작다'고 주장한바 있다. 이러한 그의 주장은 중국학자의 주장처럼 '妄說'이 아니라 이른 시기에 연구된 가장 진보적인 연구성과로 평가받아야 할 것이다. 실제 영락연간에 노아간도사의 설치, 여진위소의 건립, 몽골친정 등 대외팽창이 시도된 것은 명대사에서 주목할 만한 부분이나 이러한 명의 팽창 노력은 일시적이었고 이후 더 이상 시도될 수 없었다.

마지막으로 이 책의 서술상 문제점을 지적하면서 설명을 마치고자 한다. 이 책의 가장 큰 문제점은 기존의 연구성과를 폭 넓게 인용하지 않음으로써 균형을 상실하고 있다. 대만과 한국 등 제3국에서 연구된 최근 성과들이 거의 언급되고 있지 않으며 사료 인용 역시 본 저서의 시각과 반대되는 부분은 전혀 언급이 되고 있지 않다. 이후에 다양한 연구성과와 사료를 섭렵한 객관적인 학술서가 나오기를 기대해 본다.

제2장 14세기 동아시아 정세와 요동

1. 14세기 명의 요동진출과 조선 그리고 몽고

2. 명나라의 동북강역 범위와 만리장성

3. 명과 조선의 사행로 변경논쟁과 여진

4. 조선·여진관계와 羈縻政策의 특징

1. 14세기 명의 요동진출과 조선 그리고 몽고

들어가며 : 명나라, 요동을 향해 나아가다

명 건국 후에도 北元 세력은 여러 지역을 차지하고 있었음에도 불구하고 실제 북원 세력은 전국적으로 통일된 연합군을 유지하지 못하고 여러 지역에 분산되어 명나라에 저항하였다 이 때문에 결국 山西와 陝西 등 여러 지역에서 北元軍이 있었으나 병력을 요동으로 집중할 수 없었고, 명군은 이러한 틈을 타 해로를 이용해 요동으로 명군을 상륙시키고 있었다.

당시 요동을 점령하고 있던 북원 세력을 살펴보면, 復州의 得利嬴城에는 劉益이, 遼陽의 老鴉山[1]에는 高家奴가, 瀋陽의 古城에는 哈剌張이, 開原에는 也先不花(也速)가[2], 그리고 金山에는 훗날 명과의 대결전을 벌이는 納哈出 곧 나하추 등의 장수들이 진을 치고

---

1) 『遼東志』에 근거해서 그 방위와 거리를 산출해 보면 지금의 鳳凰山(遼陽 동남 330리) 이북의 雅鶻關(遼陽 동쪽 300리)일대인 것으로 추측된다. 高家奴에 대해 알 수 있는 것은 그가 원말 遼陽行省의 평장으로 洪武 5년(1372) 明朝에 투항하였으며 이후 洪武 19년(1386) 일찍이 徐質과 高麗에 사신으로 가서 紅巾軍이 高麗와 遼東을 점령하던 시기 瀋陽 등 路의 인구들을 刷還해 왔다는 것 정도이다. 『遼東志』 卷1 「地理」, 357쪽.

2) 『遼東志』 권5, 「官師」, 462쪽. 여러 가지 사료를 종합해 보면 也速은 몽골인으로 성격이 호방하였으며 中書平章政事에 임명되었다. 紅巾賊이 遼西의 大寧 지역을 약탈했을 때 也速이 다시 되찾았으며 紅巾軍에게 심각한 타격을 입혔다. 이 공으로 元朝에서 그에게 金紫光祿大夫, 知樞密院事의 자리를 내리고 최고회의에도 참여하도록 하였다. 그리고 그는 紅巾軍이 점령한 永平을 탈환하는데 공을 세웠으며 紅巾軍을 추격하여 紅巾軍이 遼西를 장악하려는 계획을 포기하도록 하고 金州와 復州일대로 퇴각시키는 공을 세웠다.

요동도사의 치소인 요양성 북문의 적루(敵樓)

있었다.[3)]

당시 몽골세력들은 중원을 상실하여 중앙으로부터 전해오는 첩보의 한계에 직면하고 있었다. 이로 인해 북원은 명나라의 군사적인 움직임을 정확히 알지 못하였다. 더구나 南京에서 요동의 중심인 요양까지는 거리가 멀었기 때문에 정확한 정보가 요양까지 도착한다는 것은 어려웠다.

몽골은 1368년 정월 요양행성 平章 洪保保, 합랄불화(哈剌不花) 등이 복연첩목아(卜燕帖木兒) 등을 고려에 파견해 군사적 도움을 요청하였으나 이 역시 고려의 반원적 분위기로 모두 실패로 돌아갔다.[4)] 이러한 상황 때문에 북원은 점차 고립되어갔다.

홍무 4년(1371) 2월 원나라의 요양행성 평장이던 유익이 右丞 동준(董遵)을 파견해 遼東州郡의 지도와 관련 서적을 가지고 명조의 경사에 이르러 투항을 표시하였다. 유익의 투항은 명군에게 遼南지역을 넘겨주는 중대한 역할을 함으로써 명나라의 요동점거를 한층 도와주는 역할을 하였다.[5)] 당시 명나라는 건국 직후였기 때

3) 『明太祖實錄』 洪武 3年 9月 乙卯; 洪武 4年 6月 壬寅.
4) 『고려사』 공민왕 17년 정월.
5) 張士尊, 「高麗與北元關系對明與高麗關系的影響」, 『綏化師專學報』, 1997年 第1期, 49쪽.

문에 요동을 점거하는데 매우 곤란한 지경에 처해 있었다. 당시 요양은 북원이 장악하고 있어서 명군은 요남 지역에서 요동점거의 교두보를 만들어 나가고 있었다. 이런 와중에 요양을 점거하고 있던 평장 유익이 투항하였으므로 명나라는 요동 진출에 유리한 위치를 차지할 수 있는 계기가 되었던 것이다.

명나라는 유익의 귀부를 전환점으로 마침내 요양에 定遼都衛를 설치하고 유익을 指揮同知로 임명함으로써 요동점거의 중요한 거점을 만드는데 1차적으로 성공하였다.[6)]

곧 홍무 원년(1368)~홍무 4년(1371)의 요동정세의 특징을 몇 가지로 정리하면 ① 명나라가 요동으로 세력을 확장시키기 위해 사신을 고려에 지속적으로 파견하여 고려와 우호적인 관계를 유지하고 이를 통해 북원과의 관계를 단절시키려 하였으며 ② 북원의 나하추 역시 끊임없이 고려에 사신을 파견해 군사적 요청을 하였으나 실패하였다. 그리고 ③ 순제와 확곽첩목아(擴廓帖木兒)의 군사가 명군에 쫓겨 초원지역으로 들어감으로써 몽골 세력이 약화되었으며, ④ 요동에서는 유익이 명군에 투항하여 요남지역이 명나라의 수중에 들어옴으로써 명나라가 요동에 영향력이 확대되는 것을 도와주는 결과가 되었다.

명나라에 투항한 유익의 독단적인 행동은 집단 내부의 반감을 사게 되었으며 평장 홍보보는 八丹과 연합하여 마침내 유익을 살해하였다. 그들의 반란은 우승인 張良佐, 房嵩 등에 의해 신속히 평정되었고 이들은 모두 遼東衛指揮僉使에 임명된 후 遼東衛에 소속되었다.

---

6) 『明太祖實錄』 洪武 4年 2月 壬午.

명나라의 요동군사기지 설치

홍무 8년(1375) 11월 명나라는 전국적으로 각 처에 설치한 都衛를 都指揮使司 체제로 변경하면서 요동의 정료도위 역시 遼東都指揮使司('요동도사'로 약칭함)가 되었다. 명나라는 중앙에 前·後·左·右·中의 五軍都督府를 설치하였는데 遼東都司는 左軍都督府에 속하였다. 요동도사 관할지역(대략 오늘날의 동북 3성 중 요령성 지역에 해당함)은 기존의 주현제도를 모두 폐지하면서 설치되었기 때문에 실제로 요동도사가 요동 최고의 軍政合一 기관이 되었다. 명나라는 홍무 20년(1387)을 전후하여 요동도사는 주현을 대신하여 다수의 위소를 설립하기 시작하였다.

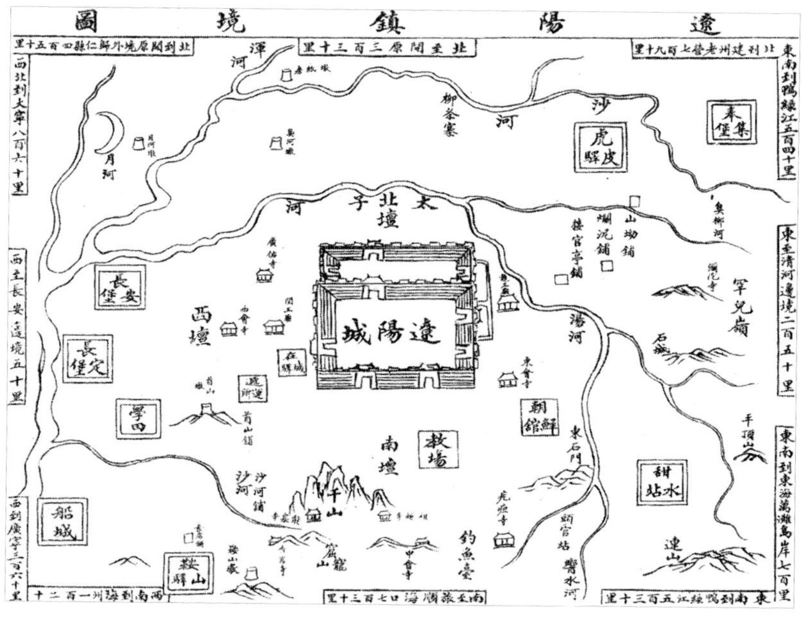

명대 요동도사가 설치된 遼陽城과 인접 지역.
북쪽은 2중의 성벽으로 되어 있으며, 동남쪽에 조선관이 위치하고 있다.

홍무 20년(1387) 명나라가 나하추를 제압하기 전 요동도사는 금주위(金州衛, 大連 金州), 복주위(復州衛, 瓦房店 復州鎭), 개주위(盖州衛, 盖州), 해주위(海州衛, 海城), 요해위(遼海衛, 海城 牛庄鎭), 그리고 정료좌위(定遼左衛), 정료우위(定遼右衛), 정료전위(定遼前衛), 정료후위(定遼後衛), 동녕위(東寧衛)[7](이상의 5개 衛는

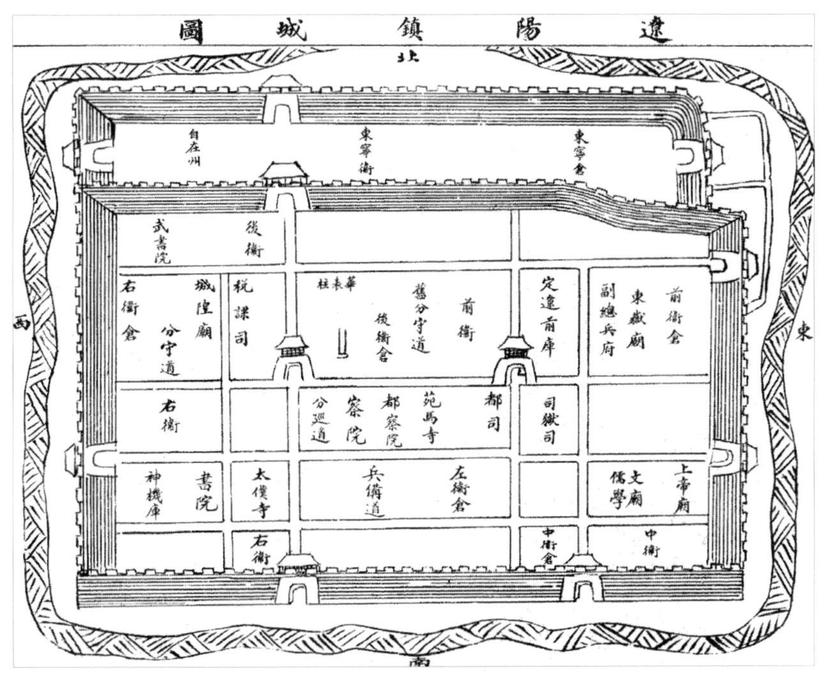

명대 요동진출의 중심 요동도사내부 관서 배치도(요양성)

---

7) 明 건국 직후 遼瀋地域은 明과 北元, 高麗 사이의 공백지대였다. 高麗는 요동지역을 수복하기위해 恭愍王 시기 3차례의 征伐을 시도하였다. 이를 통해 高麗는 遼瀋지역으로 흘러 들어간 인구와 영토를 회복하려고 하였다. 그러나 이 지역은 瀋王 세력이 일정한 영향력을 행사하고 있었으며, 진출의 걸림돌이 되었다. 元은 이전부터 高麗王族을 瀋王으로 책봉함으로써 遼東地方에 대한 정치적 지배력을 강화하고 이를 이용하여 高麗를 견제하고자 하였던 것이다. 곧 明初의 遼瀋지역은 明과 高麗 이외에 瀋王勢力, 納哈出 등 강력한 세력들이 遼東을 점거함으로써 明의 요동진출을 어렵게 하고 있었다.

모두 요양에 치소가 있음), 심양중위(瀋陽中衛), 심양좌위(瀋陽左衛)(이 2衛는 심양에 치소가 있음) 등 12개의 衛를 설치하였는데, 이 12衛의 설치 방향은 遼南지역에서 遼北으로 향하였으며 요동지역에 다양하게 분포되어 있는 구릉과 평원을 전략적으로 이용하면서 형성하였다.

요양성 북문 밖

이들 衛의 설치시기는 대체로 3시기로 나눌 수 있다. 제1시기는 홍무 4년(1371)~홍무 8년(1375)으로, 개주위(盖州衛, 홍무 4), 정료우위(定遼右衛, 홍무 6), 정료좌위(定遼左衛, 홍무 7), 정료전위(定遼前衛, 홍무 8), 정료후위(定遼後衛, 홍무 8), 금주위(金州衛, 홍무 8) 등의 6개 衛가 설치되었다. 이 시기는 요동도사의 방어체계가 한창 정비되는 시기이며 방어시설이 요남에서 요북지역으로 향하면서 金州·盖州·遼陽 3개의 중진을 중심으로 거점이 형성되는 특징을 보이고 있다. 이 시기는 고려와 명나라가 우호적인 관계를 맺어나가는 시점이기도 하였으나, 북원의 사신 波都帖木兒, 于山不花 그리고 나하추의 아들 文哈喇不花 등이 수시로 고려에 왕래하며 연합을 도모하였고 명나라의 요동점거를 방해하며 재기를 꿈꾸는 시기이기도 하였다. 더구나 홍무 5년(1372) 나하추가 요동의 牛家庄을 공격하여 십만여 석의 군량을 불태우고 명군 5천여 명에게 타격을 가함으로써 명나라는 요동을 경유하는 고려의 조공로를 폐쇄하는 단호한 조치를 취하기도 하였다. 그리고 이러한 貢路閉鎖는 고려의 恭愍王 시해사건과 禑王의 즉위를 계기로 더욱 강화되었다.

제2시기는 홍무 8년(1375)~홍무 14년(1381)의 시기이다. 홍무 8년(1375) 나하추가 금주를 공격한 이후 요동도사를 강화하기 위해 해주위(海州衛, 홍무 9), 요해위(遼海衛, 홍무 11), 복주위(復州衛, 홍무 14)를 건립하였다. 이 시기 6개의 지점에 방어거점이 설치되었는데 金州·復州·盖州·海州·牛庄·遼陽 등이다.

제3시기는 홍무 14년(1381)~홍무 20년(1387)으로 나하추와의 金山전투 이전시기로, 이 시기에 설치된 衛는 주로 동녕위(홍무 19), 심양중위, 심양좌위(홍무 19)이다. 거점이 요양 북쪽으로 확장되면서 심양이 새로운 방어체계의 중요지점으로 형성되는 특징을 보여주었다.

홍무 20년(1387) 명나라는 군사적 거점을 확보한 이후 나하추와의 전쟁을 승리로 이끌고, 몽골의 捕魚海에서 북원의 주력군을 섬멸함으로써 요동의 북원군을 약화시켰다. 이로써 명나라는 요서지역으로 진출할 수 있는 거점을 만드는 동시에 고려와 북원의 연합을 차단시킴으로써 요동도사를 중심으로 방어선 정비를 신속하게 진행할 수 있었다.[8)]

그러나 압록강과 요양 사이의 요동팔참 지역에 대해서는 역참과 위소를 정비할 틈이 없었다. 이 지역은 원나라 시기 8개의 역참이 설치되어 있어서 일반적으로 요동팔참이라 불렀다. 이러한 요동팔참 지역은 인구가 적고 산과 구릉지대가 많은 험준한 지형지세를 이루고 있었기 때문에 連山關, 刺榆關, 片嶺關[9)] 등의 關口를 설치

8) 張士尊, 위의 논문, 50쪽.

하고 출입을 감시하는 정도였다. 이 중 요양에서 가까운 연산관에 고려의 사신을 맞이하는 책문이 설치되었으며 연산관 이동 지역은 명나라의 행정구역에 편입되지 않았다. 명초 연산관에서 압록강에 이르는 수 백리의 요동팔참 지역은 요동도사의 실질적인 영향력이 미칠 수 없었기 때문에 요동팔참 지역은 명나라와 고려의 국경중립지대였다.

요양성 동문인 수원문(綏遠門)

또한 고려와 군사적 충돌을 예방할 수 있는 완충지대이자 변경지대였다. 홍무 20년(1387) 최영과 이성계 등이 압록강을 건너 요동을 공격하였지만, 이러한 중요한 사건에 대해 『명실록』에서는 특별한 언급을 하고 있지 않는데, 이것 역시 당시 이 지역은 명

9) 連山關·刺榆關·片嶺關 등은 축조시기가 기록되어 있지 않아서 그 정확한 설치시기를 알 수 없다.

나라의 행정 관할지역이 아니었기 때문에 영향력을 미칠 수 없었으며, 이 때문에 상황과 정보파악을 제대로 할 수 없었던 것이 중요한 원인으로 생각된다. 홍무 20년(1387) 이전 요서지역은 원말명초의 전쟁으로 황폐화된 이후 인구가 이탈하면서 無人地帶와 같은 상황에 놓여 있었다. 나하추가 명나라에 항복하기 이전 요동도사의 실제 통치 지역은 요양을 중심으로 요남지역에 집중되어 있었다.

나하추가 항복하자 명나라는 요남 점거를 시작으로 평원을 끼고 있는 瀋陽, 북방의 開原, 그리고 大寧 등의 몽골지역으로 확대해 나가고자 하였다. 요서를 안정시키기 위해서는 우선 몽골진출의 목표와 더불어 내몽골 방면의 대령지방으로의 진출이 전략적으로 중요하였다. 대령으로의 진출을 위해 명나라는 대령지구(내몽골 자치구 寧城[영성] 경내)로 군사력을 확대하여, 대령(大寧)·관하(寬河)·회주(會州)·부욕(富峪) 등 4성을 구축하고 군대를 주둔시켰다. 그리고 홍무 20년(1387)을 전후하여 대령 前衛·後衛·左衛·右衛·中衛 5개의 衛를 설치하여 大寧都指揮使司, 약칭 대령도사의 관할로 삼았다.

대령도사의 건립은 거시적으로 보면 명초에 진행된 북부 장성지대의 방어 전략과 일치한다고 할 수 있다. 명나라는 몽골을 방어하기 위해 서쪽에서 동쪽으로 甘肅·寧夏·東勝·宣府·大寧 등에 중진을 설치하였는데, 대령도사의 설치는 요동과 몽골을 직접 연결할 수 있는 지리적 이점을 이용하여 넓은 지역을 내지로 만들고자 한 명나라의 전략이었다. 나하추의 항복 이후 요서지역에 위소를 설치한 것 역시 곧 대령과 전략적으로 연결시켜 전체적인 방어를 하려는 구상과도 일치하는 것이었다.

대녕도사의 설치 이후 요서 지역에 10개의 위가 설치되었다. 홍무 후기에 설치된 이들 衛는 의주위(義州衛, 遼寧省 의현[義縣])·광녕좌둔위(廣寧左屯衛)·광녕중둔위(廣寧中屯衛, 금주[錦州])·광녕우둔위(廣寧右屯衛, 능해우둔위[凌海右屯鎭])·광녕전둔위(廣寧前屯衛, 유중전위진[綏中前衛鎭])·광녕후둔위(廣寧後屯衛, 의현[義縣])와 광녕에 위치한 광녕위(廣寧衛)·광녕중위(廣寧中衛)·광녕좌위(廣寧左衛)·광녕우위(廣寧右衛) 등이다. 이 중 의주위는 요동도사가 요서지역에 설치한 첫 번째 衛에 해당된다.

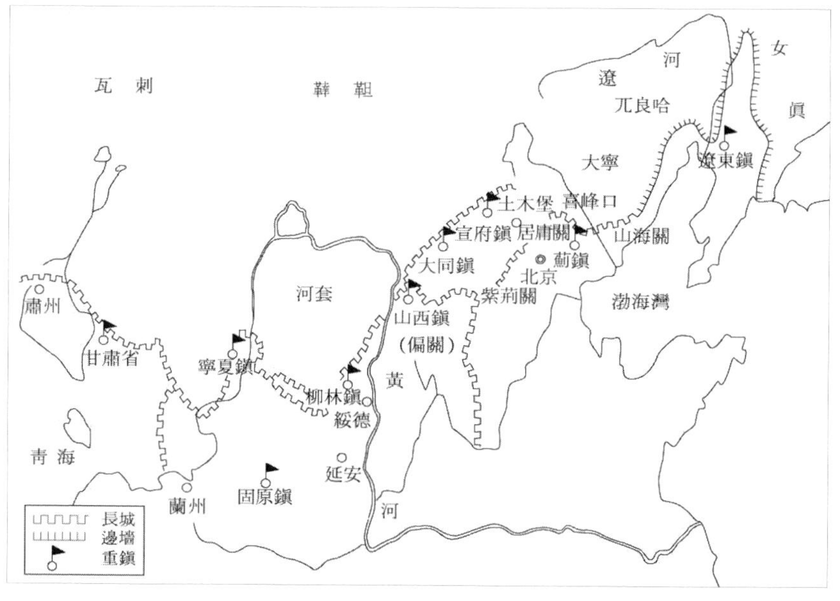

명대의 九邊(만리장성)과 요동

이 5개 지점이 확보되면서 요동도사는 요양을 중심으로 개원 등의 요동북부 지역과 요하 서쪽의 대녕 등을 연결하는 하나의 방어체계를 만들면서 요동진을 형성해 나갔다. 개원은 영락연간 이후 대녕도사의 內遷으로 북부 방어선이 수축되는 과정에서 요동을 방어하는 최북단에 위치한 중진이 되었으며, 또한 몽골 兀良哈과 동쪽의 여진을 접하는 중요한 지역이었다. 또한 일찍부터 여진과 몽골을 상대로 馬市를 개설하여 북변의 정보를 입수하고 戰馬를 수입하는 주요한 교역의 통로 역할을 하기도 하였다.10)

이러한 명초 衛所의 설치 상황을 통해서 보면 요동 방어선은 북쪽 昌圖 老城(遼海衛[요해위]의 치소)에서 출발하여 의주(懿州, 광녕후둔위의 치소)-대녕(大寧, 대녕도사)-개평(開平, 개평위의 치소)-동승(東勝, 동승위의 치소)을 연결시키면서 요동(遼東)-북평(北平)-대동(大同)-유림(楡林)-영하(寧夏)-감숙(甘肅) 등의 만리장성 지역과 하나의 방어선을 형성하고 있음을 알 수 있다.

앞에서 언급한 것처럼 이러한 전략은 1387년 金山전투에서 명나라가 승리한 이후 신속히 전개되었는데 요동도사의 방어선 형성은 동·서·북쪽으로 전개되어 실제 원나라 시기 遼陽行省 지역을 회복하고자 하는 의도가 있었다. 그 방향은 요하 유역을 중심으로 요동의 요양과 요서의 광녕을 그 중심에 두고 동으로 고려를 견제하며 북으로 黑龍江 지역을, 서쪽으로 대녕 북쪽을 방어하고자 하였다. 기본적으로 내몽골지역까지 통제하려는 전략으로 이해할 수 있으며, 장성지역과 요동을 견고하게 연결시키려는 것이었다. 이것은 요동도사를 중심으로 기본적인 25衛 방어체계가 형성되는 것을 의미하기도 한다.

나하추와 金山전투가 끝난 이후 요동도사의 영향력은 松花江 유역으로도 확대·정비를 실시하고자 하였다. 송화강과 흑룡강 지역은 원나라 시기 開元路·合蘭府·水達達路, 그리고 5개의 萬戶府

10) 奇文瑛, 「論明代開原的地位和作用」, 『滿族研究』 2002年 第3期, 27쪽.

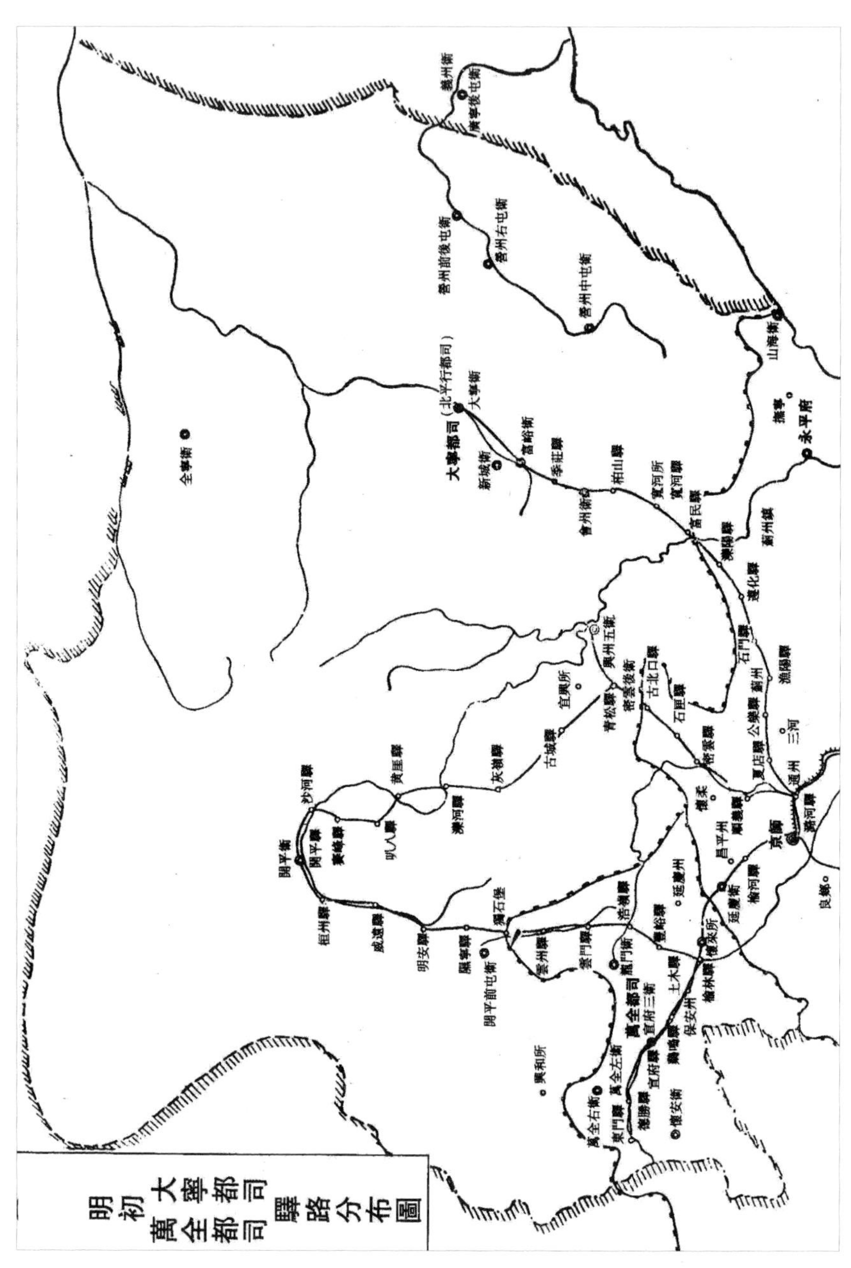

명조 大寧都司와 萬全都司의 역참 분포도(양정태찬, 「명대역참고」 참조)

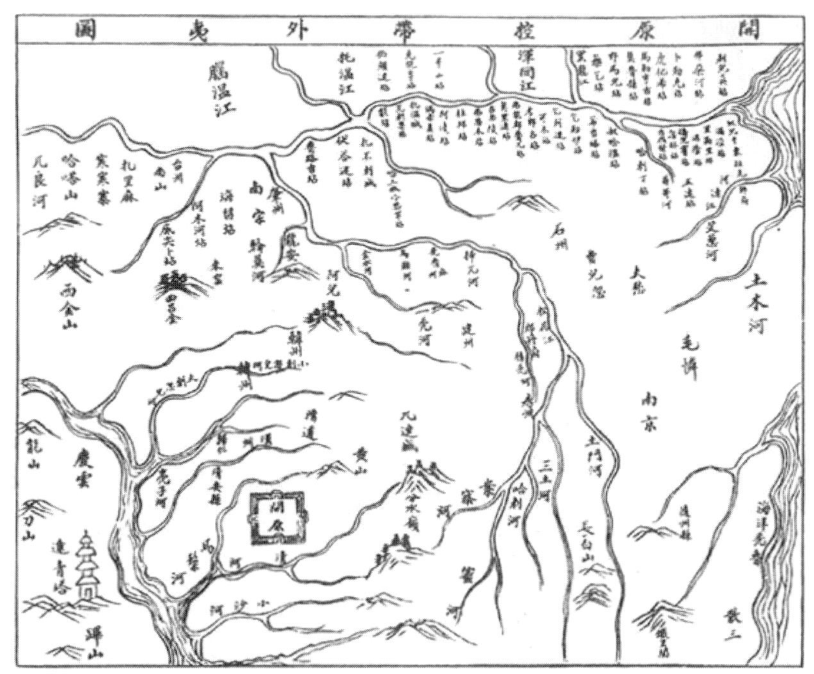

명대 요동북부의 여진과 몽골을 방어하던 군사중진 개원(開原).

를 설치하였는데, 홍무 20년(1387) 흑룡강 중하류 유역에 올자(兀者)·걸열미(乞列迷)·야인(野人) 등의 三萬衛를 설치하고, 千戶侯史家奴를 指揮僉事로 임명하여 원나라 시대와 같은 방식으로 관할하고자 시도하였다. 그러나 요동도사로부터 거리가 멀고 식량 보급이 어려워 홍무 21년(1388) 삼만위는 현재 요령성 개원으로 이전되었다. 그리고 홍무 23년(1390) 요남 지역의 海州 서쪽 牛庄에 설치되었던 遼海衛 역시 開原 북쪽으로 이치 되어 요동의 북부 방어선을 강화하는 거점이 되었다.

홍무 28년(1395)에 요동도사 소속 25위 체제가 기본적으로 완성되었으며 마침내 25위 지역 내 기존의 府·州·縣을 폐지하였으며 요동도사와 위소는 관할지역의 군사·행정·감찰·경제·법률·징세 등의 모든 권한을 담당하면서 군정합일의 성격을 갖는 기구로 변모하였다.11)

요동도사의 운영 중심은 소속 위소에 있었다. 요동도사에 소속된 관할 위소의 특징을 살펴보면 다음과 같다.

① 삼만위는 훈춘강(訓春江, 또는 琿春江이라고도 함) 유역의 알타리(斡朵里) 유역에 처음 설치하였으나,12) 곧 식량부족 등의 문제

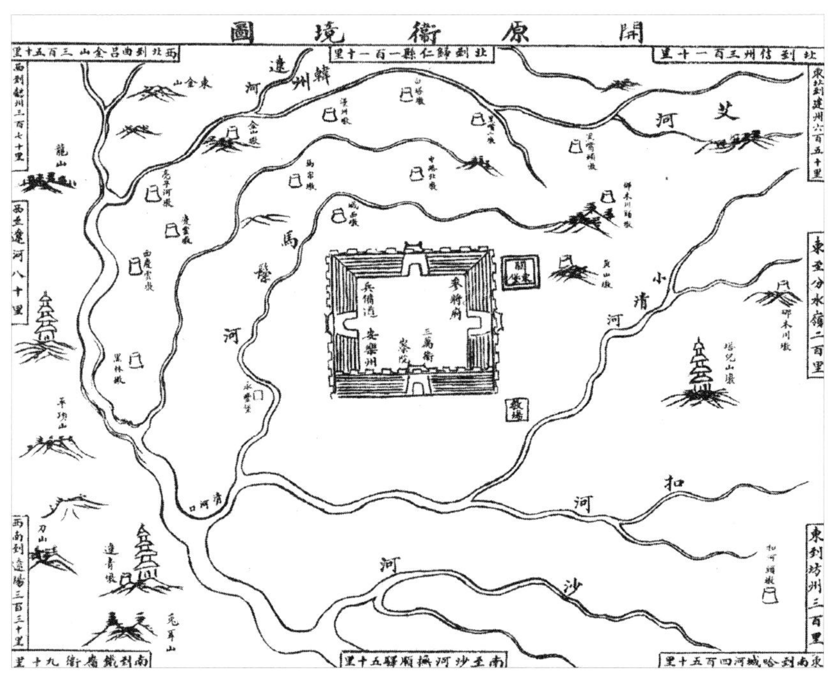

요동도사 북부 군사거점 개원성(開原城)
개원성은 몽골을 방어하는 북부의 최고군사거점이다.

---

11) 張士尊, 「明代遼東都司軍政管理體制及其變遷」, 『東北師大學報』(哲學社會科學版), 2002年 第5期, 70쪽.

12) 『明太祖實錄』 洪武 21年 3月 辛丑.

에 직면해 요동도사 북부 개원으로 옮겨졌다. 개원은 지금의 개원 老城鎭으로, 遼나라 시대의 咸州, 金·元시대의 咸平府에 해당한다.

홍무 21년(1388) 開元을 開原으로 고치고, 동쪽으로는 여진 각부를, 서북쪽으로는 몽골 兀良哈을 통제하는 요동도사 重鎭이 되었다. 그리고 홍무 25년(1392) 5월 주원장은 朱松을 韓王으로 삼아 開元城을 지키도록 하고 삼만위와 요해위 그리고 이후 自在州와 安樂州 등의 치소를 개원성에 둠으로써 여진과 몽골인을 위소체제에 편입시켜 북변을 방어하고자 하였다. 개원은 몽골과 여진세력을 직접적으로 접하고 있기도 하지만 遼河를 끼고 있는 중진이기도 하다. 요하는 군수물자를 공급하기도 하고 교역을 발전시키는 등 요동에서 가장 수량이 풍부하고 중요한 강이다.

또한 개원은 요하를 통해 옮겨 온 군수저장소와 야철지도 갖추어져 있어서 식량과 농기구 등을 필요로 하는 요동의 각 민족이 조공과 교역을 진행하는 집결장소였다. 그리고 여진과 몽골족이 명나라의 수도로 들어가기 위해 반드시 통과해야 하는 북쪽의 변경도시이기도 하다. 영락 3년(1405) 개원에 馬市가 개설되면서 교역의 중심지가 되었고, 그 역할이 더욱 확대되었다. 개원에는 각각 남관(南關, 廣順關)·북관(北關, 鎭北關)·서관(西關, 淸河關) 등의 三關三市가 열려 海西·建州·毛憐 등의 여진부와 몽골을 대상으로 互市무역을 진행하였다. 영락 7년(1409)에는 위소정책에 따라 개원 성내에 安樂州·自在州, 자재주는 정통 8년에 요양으로 옮김)를 설치하여 몽골과 여진 등의 귀부자들을 적극적으로 안치하였다.

② 철령위(鐵嶺衛)는 홍무 21년(1388) 봉집보(奉集堡, 지금의 심양 동남쪽의 봉집보)에 설치되어 여진인·몽골인·고려인·한인(漢人) 등을 관할하였는데, 홍무 26년 봉집보에 설치하였던 철령위를

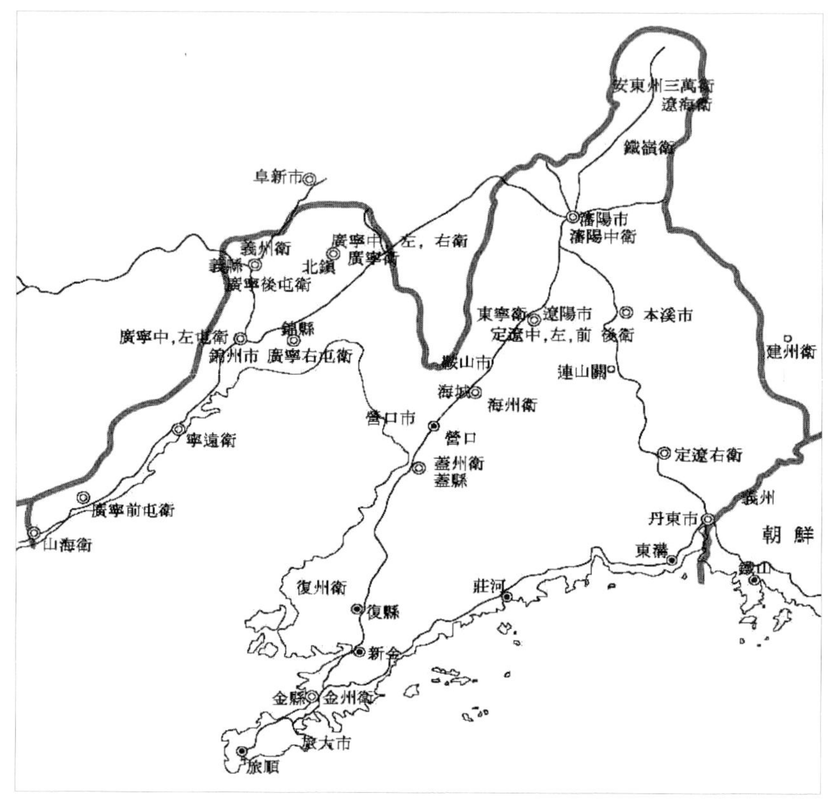

명대 요동도사 방어선과 25衛 (『中國歷史地圖集』 第7冊 참조)

심양과 개원의 경계인 옛 은주(嚚州, 지금의 鐵嶺市)땅으로 이전하여 시급한 북방의 방어력을 강화하였다.[13)]

③ 瀋陽中衛는 홍무 20년(1387) 瀋陽城(지금의 요령성 심양시로 요양에서 120리의 거리)에 설치되었으며, 그 아래 5개의 千戶所를 두었다. 후에 撫順(심양성 동북쪽 80리)·浦河(심양성 북쪽 40리) 등의 천호소를 증설하였는데[14)] 撫順千戶所는 영락 7년(1409) 瀋陽

---

13) 『明太祖實錄』 洪武 21年 3月; 洪武 26年 4月 壬午.

衛名(建衛年代)	民 戶	民戶人口	軍 戶	軍戶人口
定遼中衛 (洪武17)	44	253	2,500	8,936
定遼左衛	280	560	2,590	8,115
定遼右衛	18	180	2,130	6,715
定遼前衛 (洪武4)	53	312	2,405	6,052
定遼後衛 (洪武10)	80	441	2,401	8113
東寧衛 (洪武13)	57	315	3,494	19,352
海州衛 (洪武9)	120	513	3,373	15,828
盖州衛 (洪武9)	130	1301	4,126	35,340
復州衛 (洪武4)	152	482	1,772	12,472
金州衛 (洪武4)	110	496	5,152	32,115
廣寧衛 (洪武23)	22	122	3,096	5,096
廣寧中衛	25	270	3,892	11,800
廣寧左衛	129	340	9,720	41,051
廣寧右衛 (洪武27)	41	202	1,015	3,933
義州衛 (洪武22)	210	747	6,039	7,230
廣寧後屯衛 (永樂8)	59	285	3,040	4,520
廣寧中屯衛 (洪武24)	231	580	4,206	14,602
廣寧左屯衛 (永樂元年)	270	490	2,870	7,412
廣寧右屯衛 (洪武26)	11	37	3,000	8,126
廣寧前屯衛 (洪武25)	93	275	352	2,967
寧遠衛 (宣德3)	95	288	1,520	2,757
瀋陽中衛 (洪武20)	23	209	1,713	4,964
鐵嶺衛 (洪武21)	45	79	2,335	7,304
三萬衛 (洪武22)	42	120	650	7,487
遼海衛 (洪武11)	45	91	458	8,155
安樂州 (永樂17)	31	73	261	550
自在州 (永樂7)	178	267	303	1,303
都司經歷司	161	702		
永寧監			460	9,920
合 計	2,760	9,981	75,173	304,515

요동도사 소속 25衛의 民戶와 軍戶數(『遼東志』 卷3 「兵食」 참조)

中衛에 병합되었다.[15] 撫順城은 홍무 17년(1384)에 渾河를 끼고 축조하기 시작하였으며, 혼하가 성을 보호하는 城河의 역할을 하면

14) 『明英宗實錄』 正統 2年 8月 壬申.

15) 『明太宗實錄』 永樂 7年 9月 甲午.

삼만위 전천호소백호인. 삼만위는 초기 두만강 유역에 설치하려고 시도했다가 좌절되고, 현재 요동북부 개원으로 이전되었다.

서 규모는 작지만 이후 건주여진 李滿住의 공격을 막아내는 견고한 요새 역할을 하기도 하였다. 무순의 동쪽에는 건주여진이 자리하고 있는 혁도아랍(赫圖阿拉, 허투아라)이 위치하고 있다. 훗날 건주여진은 이 지역에서 혼하의 지류인 蘇子河를 끼고 그 세력을 키우면서 서쪽의 기름진 遼河平原을 공격할 준비를 하고 있었다. 무순은 심양과 혁도아랍의 중간지점으로, 혼하의 협곡을 끼고 요심평원으로 통하는 길목에 있었으므로 요동도사에서 보면 여진방어를 위해 중요한 거점 중의 하나였다. 이 때문에 무순천호소가 있는 무순성 동쪽에 撫順關을 설치하고 회원보(會元堡, 또는 會安堡, 渾元堡라고도 함), 동주보(東州堡), 마군단보(馬郡鄲堡, 馬根丹堡 또는 馬哈丹堡라고도 함), 산양욕보(散羊峪堡)의 4개의 보를 축조하여 여진을 막을 수 있는 군사적인 기능을 강화하는 동시에 무순마시를 개설하여 교역중심지로서의 역할도 하였다.[16)]

④ 廣寧衛(요서지역에 위치하며 지금의 요령성 북진현[北鎭縣])는 洪武 23년(1390)에 설치되었으며 遼王이 파견되었다. 광녕위는 명초 마시가 설치된 지역으로 山東布政司가 면포·비단 등을 보관

16) 趙廣慶, 曹德全, 『撫順通史』, 遼寧民族出版社, 1995, 145~149쪽. 撫順은 15세기 중엽부터 女眞의 공격을 받기 시작하였으며, 만력 46(1618년)에 女眞族 누르하치의 대대적인 공격으로 점령되면서 완전히 폐허가 되었다.

하던 군수보급창고가 있었다.[17] 이외에 홍무 26년(1393) 광녕성 내에 廣寧中衛·廣寧左衛·廣寧右衛 등의 3衛와 廣寧前衛·廣寧後衛 등의 衛를 설치하였다. 광녕중위는 左·右·中·前의 4개 千戶所를, 광녕우위는 중·전·후의 3개 천호소를 통해 요서지역을 방어하였다.

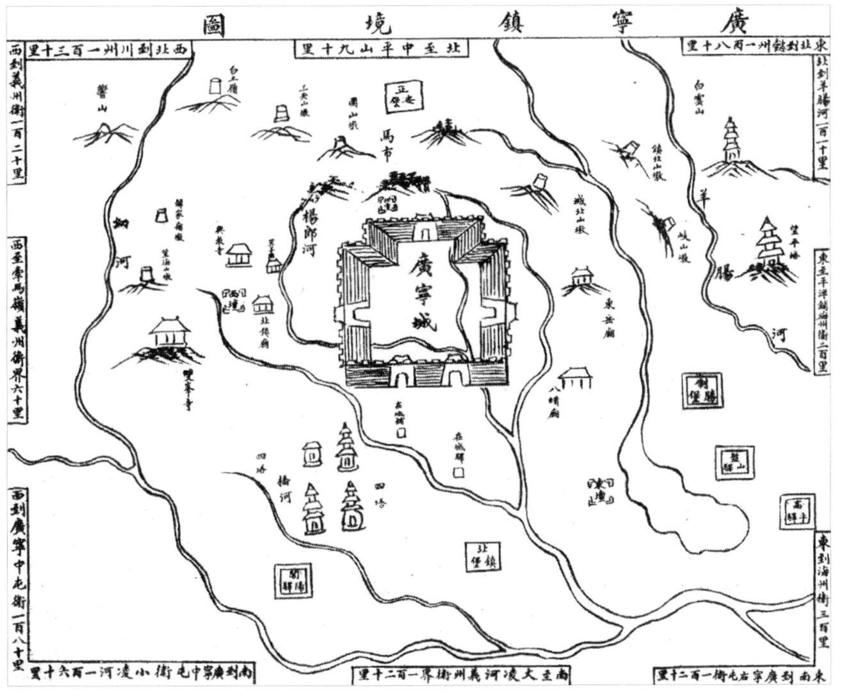

요서지역의 중진 廣寧城(『全遼志』 참조)

⑤ 義州衛는 명초 義州城 내에 설치되었으며, 영락 8년(1410) 廣寧後屯衛를 의주위로 편입하여 역량을 강화하였다.

---

17) 『明英宗實錄』 正統 10年 4月 庚戌.

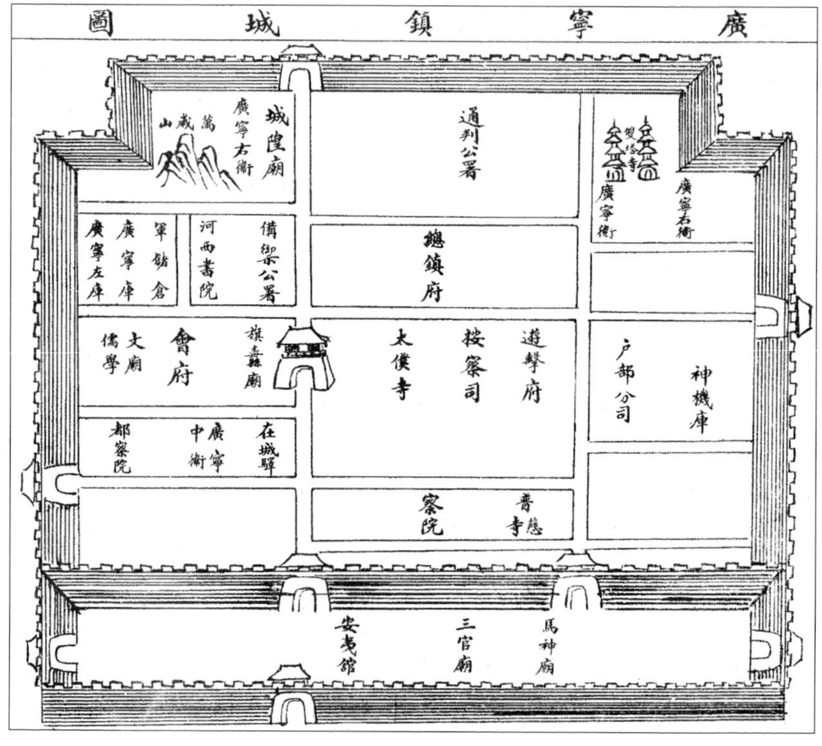

광녕성의 구조도

⑥ 寧遠衛(요령성 흥성현[興城縣])는 선덕 3년(1428) 정월에 廣寧前衛와 廣寧中屯衛를 영원위에 병합시켜 방어력을 강화하였다.[18] 이 지역은 남쪽으로는 장성과 접해 있고 동쪽으로는 발해를 굽어보며 요서 지역의 錦州城과 접해 있으면서 冶鐵地를 갖추고 있는 衛이다. 명나라는 영원위를 설치하는 동시에 성을 수축하고, 후에 내성과 외성을 갖추는 견고한 요새를 구축하였다. 영원위는 1년에 20만 9천근의 海鹽을 세금으로 바칠 정도로 해염이 풍부한 생산지

18) 『寧遠州志』 卷1.

이기도 하다.[19] 명 후기 누르하치가 대패한 곳이기도 하다.

⑦ 定遼左衛와 定遼右衛는 홍무 6년(1373)에 요양성 내에 설치되었다.[20] 정료우위는 1480년대에 명나라가 요동팔참 지역을 점거하면서 鳳凰城을 관할하였다. 봉황성은 지금의 요령성 鳳城市에 해당하는 지역으로 압록강에서 요동도사 방향으로 60km 지점에 해당한다. 정료좌위는 홍무 16년(1383) 요양성 내에 설치되어 요동도사의 서남쪽을 관할하였다.

⑧ 定遼後衛는 요양성 내에 설치되어 요동도사의 서쪽을 관할하고 定遼前衛는 요동도사의 동북쪽을 관할하였다. 定遼中衛는 홍무 17년(1384)에 요양성(지금의 요령성 요양시 노성[老城])에 설치되어 요동도사의 동남쪽을 방어하였다.

⑨ 東寧衛는[21] 홍무 13년(1380) 東寧·南京·海洋·草河·女眞 등 5개 千戶所로 설립되었으나[22] 홍무 19년(1386) 그 전략적 중요성이 인정되어 동녕을 衛로 승격시키고 그 주위에 좌·우·중·전·후의 5개 所를 설치하였다.[23] 동녕위는 요양성 북쪽으로 이전된 후 요양성을 방어하였으며 상당수 조선인들로 구성되어 있었다. 동녕은 원나라 시기 여러 차례의 이전을 거쳐 두만강 상류에 설치되었

19) 『寧遠州志』 卷2.

20) 『明史』 卷41, 「地理志」.

21) 기존의 연구로는 河內良弘, 「明代遼陽の東寧衛について」(『東洋史研究』 44-4, 1986)를 들 수 있으는데, 그는 東寧衛의 문제가 明代 遼東都司를 둘러싼 朝鮮과 女眞문제를 연구하는데 중요한 연구주제가 될 수 있음을 강조하였다. 또한 최근의 연구 성과로는 徐仁範, 「明代의 遼東都司와 東寧衛」(『明淸史硏究』 第23輯, 2005, 4)를 들 수 있는데, 그는 논문에서 東寧衛가 遼東都司와 朝鮮사이에서 외교사절과 통사의 배출, 사신의 수행, 조선사행의 연회 등을 주관했음을 밝힘으로써 明과 朝鮮사이에서 다양한 역할을 하였음을 밝히고자 하였다.

22) 『遼東志』 卷1 地理.

23) 『遼東志』 卷2 建置.

던 東寧府에 해당하는 지역으로, 원대 역시 당시 두만강 유역의 고려인들로 구성되었다. 南京은 지금의 길림성 延吉일대로 開原路를 중심으로 散居하던 여진인을 중심으로 구성되었다. 海洋은 함경북도 吉州로, 고려와 여진인들로 구성되어 있었다.

이러한 초기의 5개 천호소 중 東寧은 東寧衛로 승격되었으며 요동도사가 위치한 요양의 북쪽에 치소를 두었다. 그리고 다시 동녕위 아래에 좌·우·중·전·후의 5개 천호소를 두었으며, 중천호소(中千戶所)는 漢軍으로 관할토록 하고 나머지 4개의 천호소는 조선인과 여진인으로 구성하여 운영하였다.[24] 동녕위의 전체 호수는 『遼東志』를 근거로 살펴보면 15,634戶口이다. 조선의 世宗實錄은 조선인 3만여 명, 滿散軍人 4만여 명 등 대략 7만여 명으로 추산하고 있는데 이것으로 보면 동녕위 이외에도 상당히 많은 조선인이 살고 있었음을 알 수 있다. 이러한 수치는 명대 요동도사의 인구가 50여만 명 전후임을 고려해 볼 때 동녕위와 그 주변에 살던 조선 사람들이 상당히 큰 비율을 차지하고 있음을 알 수 있으며, 인구 분포상 자연스럽게 요동도사 지역 내에서 조선인과 여진인이 요동도사의 운영에도 영향력을 미치고 있었다고 볼 수 있다.

특히 동녕위가 요양 북쪽에 위치하기는 하였지만 그들 대부분은 원말·명초 고려와 조선에서 월경한 사람들이 대부분이었으며, 靖難의 變과 같은 혼란기에는 동녕위에 거주하던 상당수의 조선인들이 압록강을 넘어 조선으로 유입되기도 하였다.[25]

---

24) 『明太祖實錄』 洪武 19年 7月 戊午.

25) 동녕위를 비롯한 상당수의 요동사람들은 正統年間 이후 몽골 등의 요동 침입으로 인해 조선으로 넘어왔으며 그 과정에서 명나라의 영향력이 미치지 않던 요동팔참 지역에도 상당히 많은 동녕위의 사람들이 숨어들어 살게 되었다. 당시 遼東八站은 遼東都司로 들어가기 위해 거쳐가야 하는 使行의 要路로, 사행들은 遼陽에 이르기까지 5

동녕위는 많은 조선인으로 구성되어 있었기 때문에 요동도사는 동녕위의 조선인들을 이용해 대조선 외교정책의 통로로 이용하기도 하였다. 즉 동녕위의 조선인을 백호(百戶)·천호(千戶) 등으로 임명하여 명나라의 사절단과 동행하도록 하여 통사의 역할을 담당하게 함으로써 양국 간의 외교적 현안을 푸는 중요한 역할을 하였다.[26)]

곧 명나라의 입장에서 보면 명대의 동녕위는 명과 조선, 명과 여진의 문제를 풀기 위해 반드시 유지해야만 하는 요동도사의 중요한 구성요소였다. 위에서 언급한 바와 같이 동녕위의 조선인구 역시 요양을 중심으로 상당수가 살고 있었기 때문에 이들은 자연스럽게 요동도사 내에서도 독자적인 고려·조선의 문화를 유지하였다. 대부분의 조선인들은 관혼상제, 언어, 음식 등에서 그 독자성을 가지고 있었다.

⑩ 盖州衛(요령성 개주시[盖州市])는 바다에서 10리 정도 떨어진 盖州城에 설치하여 바다와 근처의 왜구와 같은 海盜를 방어하였다. 요동도사와는 북쪽으로 240리 거리이며 해산물의 주요산지로 중앙에 매년 '魚課稅'를 교납하였다.[27)]

⑪ 海州衛(요령성 해성시[海城市])는 홍무 9년(1376) 해양방어를 위해 설치되었으며 해운의 인후 지역을 담당하였다.

⑫ 復州衛(요령성 와방점시[瓦房店市])는 홍무 14년(1381)에, 금주위(金州衛)는 홍무 8년(1375)에 금주성(金州城)에 설치되었는데, 금주위는 요동도사 25위 중에서 인구가 상당히 많은 위이며, 바다를 방어하기 위해 설치한 요충지이다.

~6일의 노정이 소요되는데 대부분 조선인의 민가에서 숙박하거나 도움을 받고 있는 것을 보면 당시 遼東八站 역시 많은 조선인들이 거주하고 있었음을 알 수 있다.

26) 『遼東志』 卷6 「人物志」.

27) 『遼東志』 卷2, 「建置」.

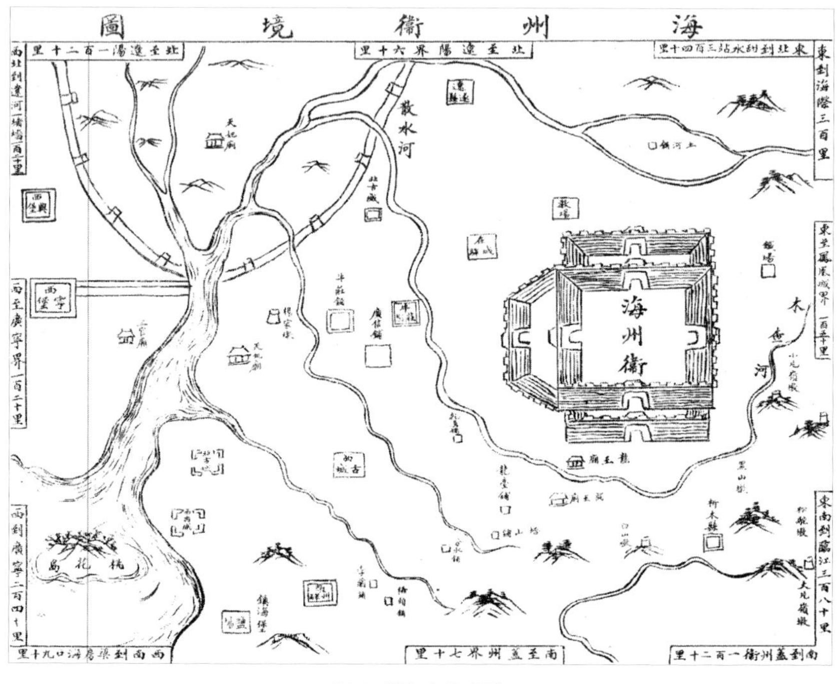

요남지역의 海州衛

위소의 설치과정으로 볼 때 홍무연간 명나라의 요동정책은 나하추를 성공적으로 제압한 후 요동도사와 25위 중심의 위소체제를 1단계 마무리하는 과정으로 볼 수 있다. 곧 요동도사를 중심으로 동으로 連山關, 북으로 개원과 昌圖, 서쪽으로 廣寧을 연결하는 방어선을 견고히 연결해 나가던 시기이다.

명나라는 건국 후 새로운 군사제도를 시행하였는데, 홍무 초기 중앙에는 전국 최고의 군사대표기구인 大都督府를 두고 전국의 都指揮使司('都司[도사]'로 약칭함)를 관할하였다. 홍무 13년(1380) 대도독부는 다시 중·좌·우·전·후 등의 五軍都督府로 분리되었고 각 省은 都司 아래에 衛所를 두어 관할하였다. 도사는 각 성에 설립된 최고군사기구의 성격을 가지며, 도사 이외에도 민사를 관리하는 布政司, 형사를 관리하는 按察使司가 있는데 이들을 '三司'라고 칭하였다. 명나라는 大都督府·都司·衛·所체제를 중심으로 원나라시대 사용하던 樞密·平章·元帥·總管·萬戶 등 군직계통의 관호를 혁파해 나갔다. 衛와 所는 도사에 예속된 하급의 지방군사기구이다.

도사에는 都指揮使(正2品) 1명, 都指揮同知(從2品) 2명, 都指揮僉事(正3品) 2명 등의 관직을 설치하고 위소관리, 군사훈련, 둔전 경영 등의 역할을 분담하였다.[28] 영락연간에는 도지휘사·도지휘동지·도지휘첨사가 요동도사의 행정체계에서 분리되어 각각 군사지역 성보의 수축과 방어 등의 군사·행정업무를 집중적으로 담당하였다.[29] 도사 아래에는 衛指揮使司(간칭하여 '위사[衛司]'라고도 함)와 천호소·백호소를 두었으며 위사에는 指揮使(正3品) 1명, 指揮同知(從2品) 2명, 指揮僉事(正4品) 4명 등을 두고 업무를 분담하였다. 일반적으로 1衛는 5,600명으로 구성하였고 指揮使 등이 관할하였다. 각 衛는 5개의 천호소로 구성되었으며 1천호소는 1,120명으로 구성하고 각각 千戶를 임명하였다. 각 천호소는 10개의 百戶所로 구성되었는데, 1개 백호소는 112명으로 구성되었다. 또한 각 백호소는 2개의 總旗로 구성하고 總旗직을 두었으며, 각 총기는 5개의 小旗로 구성하였다.

---

28) 都指揮 역시 각각 직능에 따라 備御都指揮·差操都指揮·屯田都指揮·掌印都指揮 등의 칭호가 보이고 있다. 『明仁宗實錄』 洪熙 元年 3月 辛卯 2月 壬寅; 『明宣宗實錄』 宣德 元年 2月 戊子; 宣德 5年 12月 壬子; 宣德 6年 10月 己丑.

29) 1402년~1424년 동안 遼東都司의 都指揮使, 指揮同知, 指揮僉事 등은 54명에 이르는데 이들의 주요 임무는 행정적인 문제 해결이 아니라 城堡와 관련된 군사업무에 집중되고 있으며, 이러한 군사업무와 관련하여 遼東都司가 아닌 鎭守總兵의 명을 받고 있다. 이는 곧 행정관리계통과 군사지휘계통이 분리되지 않은 洪武時期에 비하면 영락연간은 이미 전문적인 군사업무의 분담이 이루어지고 있는 것으로 이해할 수 있다.

천호소에는 正千戶(正5品), 副千戶(從5品), 鎭撫(從6品) 등을 두고 업무를 분담하였다. 이 중 진무는 주로 군법과 형옥에 관련된 일을 하였으며 백호를 대신하여 일을 처리하기도 하였다. 그리고 백호 아래에 총기와 소기가 위치하였다.[30] 또한 도사 아래 經歷司를 설치하여 經歷으로 하여금 문서관련 업무를 처리하도록 하였다. 기타 斷事司를 설치하여 斷事와 副斷事를 두고 사법처리를 담당하였다. 都事司에는 都事를 두고 일반 행정업무를 처리하였으며 그리고 都司儒學에는 教授와 訓導를 두고 학교와 교육을 담당하도록 하였다.

명대 衛所軍은 주로 징발된 자, 귀부한 자, 충군(充軍, 適發) 등으로 구성되었다. 징발된 자는 농민기의군이나 反元의 입장을 가지고 있던 군사 등이, 歸附軍에는 주로 투항한 元軍이, 그리고 충군은 죄인이 주요한 구성원이었다. 그리고 垜集軍이 있었는데, 이는 전국 각지에서 평민을 징발하여 군인으로 삼는 제도로 세습적으로 군적에 편입되었다. 명대는 民籍과 軍籍이 구분되었으며 군적은 軍戶라고도 하였다.

전국의 군호는 지방행정장관의 제약을 받지 않고 오군도독부의 관할을 받았으며 기본적으로 세습되었다. 그리고 군대의 파견이나 군관의 임명은 병부의 소관이었으며 국가가 전쟁의 상황에 돌입했을 때 병부로부터 황제의 칙서를 받고, 해당 도독부가 관리를 임명·파견하거나 總兵官을 임명하였다. 조정은 그들에게 印信과 軍士를 지급하였으며 전쟁이 종결되면 원래의 상태로 복귀시키고 군사들도 원래의 衛所로 돌아갔다. 이처럼 명나라는 軍權이 분산된 제도를 시행함으로써 군권의 집중과 남용 그리고 중앙을 위협하는

30) 『明史』 卷76 「職官志」 5.

폐단을 미연에 방지하고자 하였다.

그들의 중요한 업무를 정리해 보면 군사방어·군법의 집행·인물의 추천·요동마시의 관리·역참의 운영과 관리·둔전의 경영·도망한 둔군과 둔민의 처리·변방민족문제 해결·군대의 재조정·사신호송 그리고 환관의 사법처리 등이라고 할 수 있다. 이와 같이 요동총병의 권한이 도지휘사와 비슷한 위치를 차지하는 것은 당시 점차 위급해지는 요동정세 속에서 황제가 부여한 군사임무를 직접 신속하게 수행하면서 도지휘사의 권력을 적절히 통제하려는 중앙의 의도가 반영된 것이라 할 수 있다.[31)]

중앙에서 파견된 총병관은 전시 때만 동원되는 비상설 관직이었으나 명초부터 전쟁이 끊이지 않음으로써 군무를 총괄하는 고정된 관직으로 변화되어 갔으며 '鎭守'라고도 칭하였다. 총병관은 영락시기 지방과 변방을 방어하는 임무가 강조되면서 무신이 총병관으로 파견되어 지방과 변방을 방어하는 중책을 담당하였다. 진수 이하 一路를 지키는 자를 '分守', 一城 혹은 一堡를 獨守하는 것을 '守備', 主將과 같이 城을 방어하는 사람을 '協守(副總兵)'라고 하였다.

총병관(진수)은 처음에는 도지휘사사의 지방관과 그 위치가 비슷하였으나 점차 그 지위와 권력이 확대되면서 도지휘사가 총병관에게 예속되어갔다. 총병관이 그 지방을 지키는 최고의 장관이 되면서 전쟁 시에 조정에서 또 다른 관리를 파견하였는데, 그가 곧 巡撫였다. 순무는 일종의 감찰업무를 전문적으로 담당하는 역할을 하였다. 그러나 순무 또한 요동의 위기가 심화됨에 따라 점차 고정된 관직으로 변하였으며 장기간 지방에 체류하면서 지방의 상황을 파악하여 중앙에 상주하는 역할을 하였다. 순무는 대부분 都御

31) 『明宣宗實錄』 洪熙 元年 閏7月 壬戌; 『明宣宗實錄』 宣德 10年 8月 己酉.

史나 副僉都御史로 충임되었기 때문에 그들 역시 군무를 담당하거나 군사를 감독하는 등의 업무를 기본적으로 처리했다. 이 때문에 都指揮使司·布政使司·按察使司 등도 그들의 통제를 받았으며 총병관까지 그들의 지휘를 받는 경우도 있었다.

적의 동태를 살피기 위해 설치된 만리장성의 적대. 명나라는 후기로 갈수록 높은 벽돌식 장성을 수축하였다.

이처럼 監察制度 역시 요동도사 지휘체계를 구성하는 중요한 한 부분이었다. 정통·경태연간은 遼東巡撫制度가 형성되는 시기인데, 요동의 군사지휘권은 홍무시기에는 都指揮使가, 영락연간에는 總兵이, 그리고 선덕 10年(1435)에는 巡撫·提督·御使 등이 그 역할을 분담하면서 행정·군사·감찰의 세부분으로 분리되었는데, 중·후기로 갈수록 總兵을 견제하는 감찰권의 힘이 더욱 강해졌다.[32] 이러한 상황은 요동도사가 기본적으로 요동도사를 중심으로 하는 행정관리체계와 총병을[33] 중심으로 하는 군사지휘체계, 그리고 순무·제독·어사 등을 중심으로 하는 감찰체계로 구성되어 있음을 말해준다 하겠다.

명나라 시기 요동의 위소군은 대부분 屯田에 종사하였으므로 '屯軍'이라고도 칭하였다. 변경에 설치된 도사와 위소는 군량을 자체적으로 확보하는 문제가 매우 시급하고도 중요한 일이었으므로, 그들 대부분은 둔전에 종사할 수밖에 없었다. 명초에는 둔전제도가 시행되지 않았기 때문에 내지로부터 상당수의 군량을 변방으로 수송해 왔으며 이로 인해 내지의 부담은 가중될 수밖에 없었다. 또한 수송거리도 멀고 해로를 이용하였으므로 그 과정도 매우 위험하였다. 이러한 문제를 해결하기 위해 홍무 26년 '軍士屯田則例'를 만들어 외지의 둔군은 '三分守城 七分屯開耕種'을, 내지의 둔군은 '二分守城, 八分屯開耕種'의 원칙을 세우면서 둔전을 본격적으로 시행함으로써 군량수급 문제를 자체적으로 해결해 나가고자 하였다.

둔전정책의 시행에도 불구하고 정통연간 이후 둔전과 위소제도는 많은 문제를 낳기 시작했다. 요동에 부임한 관리들이 지역의 토지를 몰래 점유하고 위소의 군사를 私役시키면서 많은 군사들이 도망하거나 둔민들이 개인의 佃戶로 전락하는 상황이 발생하였던 것이다. 군사들의 근무 조건 역시 열악하여 병고에 시달려도 약이 없었으며 죽더라도 사용할만한 관이 없을 정도였다. 이러한 열악한 변경의 상황은 도망하는 위소의 군사를 증가시켰다. 변경의 屯軍 감소 현상은 명 후기 嘉靖年間 이후가 되면 居庸關지역은 위소군의 3분의 1이 도망할 정도였으며 이는 이미 변방을 방어할만한 군사력에 치명적인 결함이 발생했다는 것으로 평가할 수 있다. 정

32) 『明英宗實錄』 正統 7年 11月 乙丑; 『明史』 卷177 「王翶傳」.

33) 이 중 총병체제의 구조를 보면 總兵 아래 副總兵·左參將·右參將·備御都指揮·守備都指揮·守備把總 등이 있고 이후에 遊擊 등의 직위가 새로 생기기도 하였다.

도의 차이는 있지만 요동을 포함하여 9변의 전체적인 상황이 이와 같았으며 이는 전투력의 약화 나아가 변방 군사제도가 붕괴라는 치명적인 결과로 연결되었다.

정통연간 위소의 전투력이 나날이 약해지자 명나라는 募兵制를 시작하였다. 모병제는 일반 백성 중에 군사를 모집하는 것으로, 모병된 자들은 위소군과는 달리 軍籍이 아니라 民籍에 편입하였다. 이들에게 필요한 군량과 군수품은 전액 국가에서 지급하였으며 조정은 필요한 물자를 확보하기 위해 그 세금을 백성에게 전가하였다. 군사력을 확보한다는 취지는 좋았지만 모병이 증가할수록 농민의 경제적 부담은 배로 늘어났기 때문에 모순은 더욱 첨예화되었으며, 결국 명말 농민반란을 야기하여 명나라가 멸망하는 중요한 원인이 되기도 하였다.

나오며

요동도사는 지휘계통을 이용하여 우선 그 지역에 거주하거나 南遷한 몽골족과 여진족 그리고 기타 流移民들에 대해 초무·회유·우대·상사 그리고 위소로의 편입 등의 정책을 실시하였다. 명나라는 이들 정책을 지속적으로 수행하기 위해 끊임없이 자국의 사신을 해당지역에 파견하거나 그 지역의 토착인을 이용하였다.[34] 명나라는 그들에게 생활필수품의 지급, 위소에 해당하는 관직의 세습과 봉록의 지급을 통한 안정화 정책과 인구확보를 도모하였다. 주로 비단·면포·은·식량·소·양 등 생활필수품을 지급하여 기본생활을 유지하도록 하였으며,[35] 그들 지배층을 위소의 관원으로 임명하거나 회유

---

34) 『明太祖實錄』 洪武 15年 2月 壬戌; 洪武 18年 9月 甲申.

하였다. 정통·경태연간의 기록을 보면 그들에게 봉록으로 1개월에 쌀 2석을 지급하였다.[36] 그리고 京師에 조공할 수 있는 권한을 제공하여 많은 경제상의 이익을 얻게 함으로써 변경의 안정을 도모하였다.[37] 경제적 교역은 정통 6년(1441)의 기록에서 나타나는 바와 같이 이민족의 빈번한 조공으로 조공의 횟수를 줄일 것을 중앙에 보고할 정도였다.[38] 또한 명나라는 이들을 회유하기 위해 많은 위소를 설치하였다. 명초 漢族 이외의 이민족을 관리하기 위해 요동도사 관할 지역 내에 안락주와 자재주를 설치하였는데, 이 두 개의 州는 위소와는 다른 州의 이름을 가지고 있기 때문에 민정 행정단위처럼 보이지만 실제 요동의 기타 군정의 성격을 가진 위소와 같은 성격을 갖고 있다. 위소의 구성인들은 대부분 몽골인이나 여진인이라는 점에서는 다른 위소와 차별성을 가지고 있다.

이외에도 이 지역에 거주하거나 이주해 온 조선인 등 비한족을 관할하기 위해 다양한 위소를 건립하였는데, 요양의 동녕위, 개원의 삼만위 그리고 해주위가 대표적인 것들이다. 이처럼 명초 비한족으로 구성된 위소들이 요동도사 관할지역 내에 생기게 된 원인은 다양하게 분석될 수 있지만 크게 보면, 첫째 전쟁과 변경의 위기로 인해 식량의 부족에 직면한 사람들의 유입, 둘째 명나라의 인구확보 정책과 사민정책, 셋째 몽골족 등 인구의 남하와 이민족 위소의 설치, 넷째 원대부터 살아오던 토착민과 나하추 투항 당시 흡수된 사람들 등을 언급할 수 있다.

35) 『明太祖實錄』 洪武 11年 6月 辛酉; 洪武 14年 7月 乙丑; 洪武 17年 6月 辛酉.
36) 『明英宗實錄』 正統 13年 2月 癸酉; 景泰 3年 8月 戊辰; 景泰 3年 8月 癸未; 景泰 4年 2月 壬寅.
37) 『明宣宗實錄』 宣德 元年 3月 癸丑; 『明英宗實錄』 正統 12年 正月 甲申.
38) 『明英宗實錄』 正統 6年 2月 戊寅.

2. 명나라의 동북강역 범위와 만리장성

들어가며

중국의 연구성과들은 80년대 이후 중국의 역사적 강역에 대해 각 시기별 연구를 통해 전 만주지역이 명의 강역이라는 이론을 체계화시켜 나가고 있다. 그 중 쟁점이 되고 있는 것이 만리장성의 동쪽 시작점이 동쪽 압록강에서 시작된다는 만리장성 동단기점설이다.

여기에서는 강역사 연구의 중요 쟁점이었고 본 연구의 분석대상이 되었던 만리장성의 개념을 통해 압록강 유역 虎山山城이 그 기점이 될 수 없음과 그들이 주장하는 내용을 검토해 보고자 하였다.

중국이 만리장성의 동단기점이라고 주장하고 있는 곳은 압록강변의 虎山山城이다. 호산산성은 명나라 중기 여진족을 방어하기 위해 조그만 전초기지가 설치된 곳이다. 당시 이름은 江沿臺堡였다. 江沿臺堡는 만리장성과 같이 벽돌장성이 수축된 적이 없으며 하나의 조그만 전초기지에 불과하였다.

이 지역은 명초부터 명의 행정력이 미치던 지역이 아니라 요동팔참이라 불리던 명과 조선의 국경중립지대였다. 이후 여진이 점진적으로 성장하자 명나라가 요동도사를 방어하기 위해 후기에 압록강변에 조그만 전초기지를 설치하였으며 이것이 곧 강연대보였다. 이 강연대보의 설치자리가 지금의 호산산성인 것이다. 즉 강연대보는

압록강변 호산의 모습. 중국은 90년대 이후 호산의 산등성이를 따라 벽돌식 만리장성을 축조하고 이 곳이 장성의 시작점이라고 주장하고 있다.

명 중기 국경중립지대에 설치된 전초기지였으며 압록강 변에 출몰하는 여진족을 감시하고 소규모의 여진족을 방어하는 기능을 할 뿐 만리장성과 같은 선으로 연결된 성벽 축조물이 아니었다.

중국이 명대 강연대보를 만리장성의 동단기점으로 보는 근거는 이것이 명대 설치한 요동변장의 끝자락이라는데 의미를 부여한 것이다. 곧 명대 요동변장이 만리장성이고 그 끝 자락이 압록강변의 호산산성 곧 당시의 강연대보였기 때문에 압록강변이 만리장성의 시작점이라고 주장하는 것이다. 실제로 명나라는 요동변장을 축조하였다고 기록하고 있다. 그러나 요동변장은 구조적으로 벽돌로 축조된 것이 아니고 주로 자연 형세를 이용한 일종의 방어선일 뿐이었다. 장성지대와 같이 견고한 벽돌로 연결된 일선의 성벽이 아니었다. 따라서 요동변장은 장성지대와 같이 구조적으로 견고한 장성으로 인식할 수 없다.

둘째로 명대 두만강과 백두산이 명나라의 강역이라는 중국의 논리를 재고찰하여 문제점을 지적해 보았다. 그 결과 두만강과 백두산 지역에 명나라가 설치했다고 하는 여진위소들은 여진족의 부락에 위소의 이름을 형식적으로 붙인 것에 불과하였다. 명나라가 영락연간 집중적으로 여진지역에 설치한 다수의 여진위소는 군사적인 정벌을 통해 형성된 것이 아니며 대부분 여진의 촌락에 명나라가 자의대로 위소의 이름을 붙인 것에 불과하다는 것을 확인할 수 있었다. 또한 여진위소는 민족, 인구수 등 모든 면에서 명나라 내지의 위소와는 전혀 다른 전통적 여진부락에 불과하다는 사실도 지적하였다.

호산산성 입구. 산해관과 같은 관문을 설치하여 명대 만리장성이라고 주장하고 있다.

이러한 분석을 뒷받침해주는 자료가 『滿洲源流考』인데, 『滿洲源流考』와 같은 청대 사료는 명나라가 지배한 요동의 강역을 동쪽으로 開原, 鐵嶺, 遼陽, 瀋陽, 海州, 開州 등에서 끝난 것으로 파악하며 그 동북의 여진지역은 중 후기로 갈수록 烏拉, 哈達, 葉赫, 輝發 등 여러 해서여진의 세력권에 속해 있는 것으로 파악한다. 따라서 백두산과 두만강 유역에는 명나라 행정력이 미치거나 군사의 실질적인 진출도 없었으므로 명나라의 강역이 될 수 없다.

나아가 중국의 연구성과들은 여진지역에 설치된 여진위소가 매우 명확하고 명나라의 명령지시를 받은 것처럼 서술하고 있지만 『滿洲源流考』와 같은 사료를 보면, 명이 설치한 여진위소는 상당수가 그 위치도 알 수 없는 '虛名'의 衛所가 많았다고 비판하고 있다. 또한 그 강역의 원근에 대해서도 알 수 없으며 山川, 城站의 지명과 진위도 애매모호한 것이 많았다고 서술하고 있다.

요약하면 명대 강역은 명나라의 위소제도의 특수성, 여진위소의 형식적 설치, 명나라의 압록강, 두만강, 백두산 지역으로의 진출 실패, 노아간도사의 쇠퇴 등의 원인으로 명나라의 영향력은 요동도사 지역에 한정되었고 흑룡강, 백두산, 두만강 등의 지역을 그들의 판도로 인정할 수 없다는 것이다. 결국 명대 여진지역은 명나라의 힘이 미치지 않는 '版圖外'의 지역이었던 것이다.

그러나 중국은 유사 이래 만주 곧 동북지역이 중원지역과 밀접한 관련 속에서 역사가 진행되었고 중원의 정권에 항상 종속된 것으로 파악하고 있다. 중국은 1980년대 개혁과 개방의 시대를 맞이하고 사회 전반에 대한 체제를 정비해 나가면서 역사상의 강역 문제에 관심을 집중하기 시작하였다. 동북지방 이외에도 티베트, 위구르 등 주변의 소수민족의 역사와 강역 문제에 관심과 연구가 집

산등성이를 따라 신축된 벽돌식 호산장성

중되었고 이는 '多民族統一國家'라는 이론 속에서 체계화되기기 시작하였다. 우리가 알고 있는 5대 프로젝트 사업은 강역이론의 개발과 정립, 변경의 경제적 발전 등이 동시에 병행되는 대형프로젝트의 성격을 가지고 있다. 현재 중국이 설정하고 있는 강역의 범위는 전성기였던 청조의 영토를 기준으로 하고 있으며 명대 동북지방의 강역사도 이에 기초하여 길림과 黑龍江 지역이 명나라의 판도라는 시각에서 접근되고 있다.

이러한 시각에서 명대 만리장성의 동쪽 기점이 기존의 山海關에서 鴨綠江변의 虎山으로 확장되었고 또한 명대 여진지역에 형식적인 여진위소가 설치된 것을 근거로 白頭山과 豆滿江 지역 역시 명나라의 영토로 주장하고 있다. 나아가 흑룡강 지역도 奴兒干都司의 설치를 근거로 명나라의 강역이 된 것으로 그 이론을 만들어가고 있다. 이러한 강역사를 이론적으로 완성시켜 나가는 중심에는 변강을 전문적으로 연구하고 있는 中國邊疆史地硏究센터가 중요한 역할을 하고 있다. 그리고 이 연구소와 각 지방의 대학과 연구소를 중심으로 강역 관련 연구성과물들이 90년대부터 출판되기 시작하였다.

대표적인 강역 관련 성과들을 소개하면 馬大正의 『中國古代邊疆政策硏究』(중국사회과학출판사, 1990), 顧頡剛의 『中國疆域沿革史』(상무인서관, 1999), 楊昭全·孫玉梅의 『中朝邊界史』(길림문사출판사,1993), 李澍田의 『東疆硏究論集』(길림문사출판사, 1993), 楊昭全·孫玉梅의 『中朝邊界沿革及界務交涉史料彙編』(길림문사, 1994), 葛劍雄의 『中國歷代疆域的變遷』(상무인서관, 1997), 孫建民의 『中國歷代治邊方略硏究』(군사과학출판사, 2004), 趙云田의 『中國治邊機構史』(중국과학출판사, 2002), 馬大正의 『中國東北疆域硏究』(중국사회과학출판사, 2003), 張碧波의 『中國東北疆域硏究』(흑룡강인민출판사, 2006), 林榮貴 主編의 『中國古代疆域史』4권본(흑룡강교육출판사, 2007), 楊暘 주편의 『明代東北疆域硏究』(길림인민출판사, 2008) 등을 기본적으로 언급할 수 있다. 이외에 동북사를 통사적으로 다룬 여러 성과들도 비슷한 시각에서 역사상의 강역문제를 부분적으로 다루고 있다.

이러한 연구서들의 기본적인 시각을 분석해 보면, 동북강역과 중원의 관계는 늘 지속적이었으며 이미 요순시대 동부에 거주하던 息愼 시대부터 이미 중원과 조공관계를 성립시켰고, 禹夏 시기에는 9주와 5복의 범위에 있었다고 서술을 시작하고 있다. 이 때문에 동북지역은 자고이래 중국을 구성하는 중요한 구성부분이었으며 다민족동일국가론에 입각하여 중국 강역이 되어야 하는 대상지역이 되었다. 명·청대에는 이미 중원의 문화권에 들어와 명나라 정권이 원나라를 계승하여 동북지방으로 진출하였으며, 남쪽으로 두만강 근원지에서 시작하여, 북으로 흑룡강 유역까지 명나라의 강역이 되었다고 서술하고 있다. 이와 같은 서술을 통해 동북지역에 거주했던 여러 민족은 고대부터 이미 중화대가족의 일원이었고, 분열과 통일의 시기를 막론하고 이 지역의 행정제도의 변화과정과 강역의 변천 역시 모두 중원의 정치, 경제, 문화 등과 관련성을 가지고 있으며 중원과 동북지역은 정치적, 문화적 예속관계를 이끌어 내었다고 결론짓고 있다. 이러한 변화과정 속에서 두 지역 간의 유대는 더 긴밀해 졌으며 중화민족 다원일체의 국면을 형성하였다고 주장한다.

이러한 중국의 동북사 연구경향은 이미 楊暘 등이 60년대 초부터 동북 강역사에 대한 답사와 연구를 하면서 민족사 연구의 학술

백두산 천지. 명나라때 이 지역은 명의 판도외지역이었다.

서가 편찬되기 시작하였다. 본고와 관련하여 중요한 사실은 강역사가 연구되어 가면서 한반도와 관련하여 명·청시대 압록강과 두만강을 기본 국경으로 정형화시켜 나가는 모습을 보여주고 있다는 사실이다.

중국의 강역사에 대한 이론은 80년대 들어오면서 '다민족통일국가론'이라는 이론 아래 더욱 이론화되기 시작하였고 단순한 두만강, 압록강이 아니라 선사~현대에 이르는 역사상의 강역문제를 종합적으로 구조화시켰다. 이러한 중국의 연구경향은 결국 동북공정으로 표출되었고 한·중간의 역사전쟁의 서막을 알렸다. 이제 한국도 중국의 각 시대별 강역사의 연구경향을 분석하고 타국에 의해 왜곡되고 있는 한국사의 전체적인 모습과 정체성의 문제를 심도있게 정리해야 할 시기가 찾아왔다고 생각한다.

이에 본 연구에서는 그 동안 중국에서 출판된 강역 연구성과물을 중심으로 만리장성의 동단기점 문제와 명대 백두산과 두만강 지역의 여진을 어떻게 볼 것인가에 초점을 두었다. 또한 명나라가 백두산에 사찰을 세우고 건주위 등 여진위소를 설치한 것을 근거로 두만강과 백두산 지역을 명이 관할한 것으로 서술하고 있다. 그러나 실제로 여진족 楊木答兀 등이 요동북부에서 명의 영향력을 받으며 살아가던 여진인이 다시 백두산 지역으로 돌아와 생존을 모색하는 일이 발생하였다. 이것은 두만강, 백두산 지역에 한 때 명나라의 군사가 파견되어 사찰을 수리하였지만 여전히 명의 관할이 아니었음을 의미하는 것이다. 만약 이 곳이 명의 관할지였다면 명을 피해 도망한 여진 추장이 이곳에 올 리가 없기 때문이다. 이러한 상황을 토대로 두만강과 백두산에서의 여진은 주로 조선과의 갈등을 보여주는 시각에서 연구되어야 하며 명나라와 여진의 문제

현재 중국은 바다와 연결되는 두만강 하류가 러시아에 의해 막혀있다. 위의 비석은 변경을 개척해서 바다로 나가자는 '개변통해'.

로 볼 수 없음을 고찰해 보고자 하였다. 즉 당시 백두산 지역은 명의 영향력이 미칠 수 없었음을 본 장에서는 추적해 보고자 하였다.

위와 같은 각 장의 구성을 통하여 명대 강역사의 일반적인 경향과 흐름을 파악하고 나아가 현재 중국의 명대 강역사 연구의 문제점을 파악해 보고자 하였다. 이러한 접근을 통해 압록강변의 만리장성의 동단기점에 대한 비판, 두만강·압록강 국경설의 모순, 요동변장과 요동도사의 성격, 명과 여진의 종속관계 여부, 명대 강역 범위의 재설정 등 많은 중요한 문제를 해결하는 실마리를 찾아보고자 하였다.

만리장성의 동쪽 시작점이 압록강인가?

위에서 언급한 것처럼 명대의 위소제도는 요동의 지리적인 특성과 더불어 특수한 성격을 가지고 있었기 때문에 명나라는 초기부터 요동도사와 위소를 발판으로 대외팽창의 군사기지로 활용하고자 하였다. 그러나 많은 한계점을 가지고 있었다. 더구나 몽골과 여진이 성장하면서 요동지역으로 팽창해옴으로써 결국 요동도사 소속 25위는 더 이상의 팽창을 포기하고 요동도사를 방어하는 군사시설로 전환할 수밖에 없었다. 이외에도 영락연간 5차례의 몽골 친정 역시 몽골세력을 약화시키는데 실패하였고 이러한 몽골지역 통제의 실패로 正統年間에는 황제 英宗이 전투에 참여하였다가 장성 부근의 土木堡에서 몽골의 포로가 되는 일련의 사태가 발생하였는데, 이러한 상황들은 명나라가 공세적 전략의 한계를 인식하고 변장을 수축하는 방어책으로 변경정책을 전환하는 중요한 요인이 되었다. 이러한 명의 상황은 명초 형식적으로 여진지역에 위소를 설치하였지만 여진지역을 더 이상 명의 기미위소로 만들어 갈 수 없었고 요동도사 지역을 방어하기 위해 성벽 중심의 요동변장체제로 전환할 수밖에 없었음을 보여준다.

압록강변의 철교. 조선시대에는 배를 통해 강을 건너 동팔참 지역에 도착하였다.

그런데 현재 중국은 위소체제의 약화, 그리고 이로 인한 변장체제로의 변환과 요동변장의 수축 배경이라는 유기적 구조 속에서 요동변장과 만리장성 문제를 연구하지 않고 단순히 요동변장의 설치 자체를 논하며 만리장성의 기점이 압록강이라는 주장을 하고 있다. 이러한 중국의 입장에 대해 2가지 질문을 할 수 있다. 우선 동단기점이 기존의 입장처럼 산해관일 경우와 그렇지 않고 현재와 같이 압록강이 장성의 동단기점일 경우 그 위치에 따라 역사적으로 어떠한 차이점과 중요성이 있는가. 둘째, 장성의 동단기점이 압록강이 될 수 있으며, 압록강이 동단기점이라면 이것은 조선과 명 사이의 강역사에 어떠한 중요한 의미가 있는가 하는 것이다.

이미 연구된 바와 같이 요동변장 중 동쪽 여진과 경계를 마주하고 있는 변장은 중기 이후 성장세로 접어든 여진족을 방어하기 위해 설치한 것이다. 따라서 동부의 변장방어선은 요동도사 동부에 위치한 撫順關, 鴉鶻關, 靉陽堡, 草河堡, 湯站堡, 江沿臺堡와 같은 요지에 군사 전초기지를 연결하며 형성하였다. 그러나 이러한 거점을 중심으로 형성된 요동변장 방어선은 장성지대와는 달리 명 후기까지 벽돌로 수축되지 않고 일반적으로 자연 지세를 이용한 방어선이었다. 성보들이 일선의 벽돌 성벽이 아니라 자연 지세나 목책 등으로 군데군데 연결되어 있었을 뿐이었다. 구조에서 벽돌을 이용해 벽으로 연결한 산해관과 그 서쪽 장성들과는 전혀 달랐다. 더구나 명대 압록강변은 요동팔참 지역과 같이 양국의 행정력이 미치지 않는 명과 조선의 국경중립지대였기 때문에 다수의 명군이 주둔할 수 없었으며 이 때문에 압록강변에 설치한 명의 성보들은 조그만 전초기지에 불과하였다.

현재 중국이 만리장성의 동단기점으로 보고 있는 압록강변 虎山의 虎山山城은 명대에 江沿臺堡를 설치한 지역이다.39) 이 강연대보는 명초에 설치된 것이 아니라 嘉靖年間에 설치된 것으로 『朝鮮王朝實錄』에 나타나고 있다. 강연대보는 지리적으로도 명나라의 애양보가 설치된 靉河(애양하라고도 함)와도 접하고 있어 동부 방어선을 방어하는 중요한 전초기지였다. 이러한 강연대보에 중국은 명대 만리장성의 동단기점으로 보고 1990년대 만리장성과 동일한 성벽을 산등성이를 따라 신축하였다. 앞서 언급한 바와 같이 명대의 강연대보는 벽돌 재질의 성이 축조된 적이 없으며 산등성이가 벽돌로 연결되지도 않았고 소수의 군대가 주둔하여 적이 들어오는 길목과 동태를 감시하는 소규모 성이었다. 즉 명나라의 직접적 행

호산의 산등성이를 따라 신축된 벽돌식 호산장성.

---

39) 호산산성이 있는 虎山은 虎頭山, 虎耳山, 馬耳山 등으로도 불리며 행정구역상 遼寧省 丹東市 寬甸縣 虎山鄕 경내에 해당한다. 이 지역은 압록강변 조선과 명의 군사력이 집중되지 않은 곳으로 조선으로 통하는 길목이자 사행로와 근접하여 조선과 명의 접촉을 차단하기에 용이한 지역이었다. 이 때문에 명 후기에는 강연대보와 같은 전초기지를 세워 여진을 방어하고자 하였다.

정력이 미치지 않은 지역에 설치한 소규모 성이었다. 명대 강연대보 자리에 설치한 현재의 호산장성은 1990년 이후 만리장성 동단 기점을 합리화시키기 위한 목적으로 장성지대와 같은 형태로 축조한 현대판 장성에 불과한 것이다.

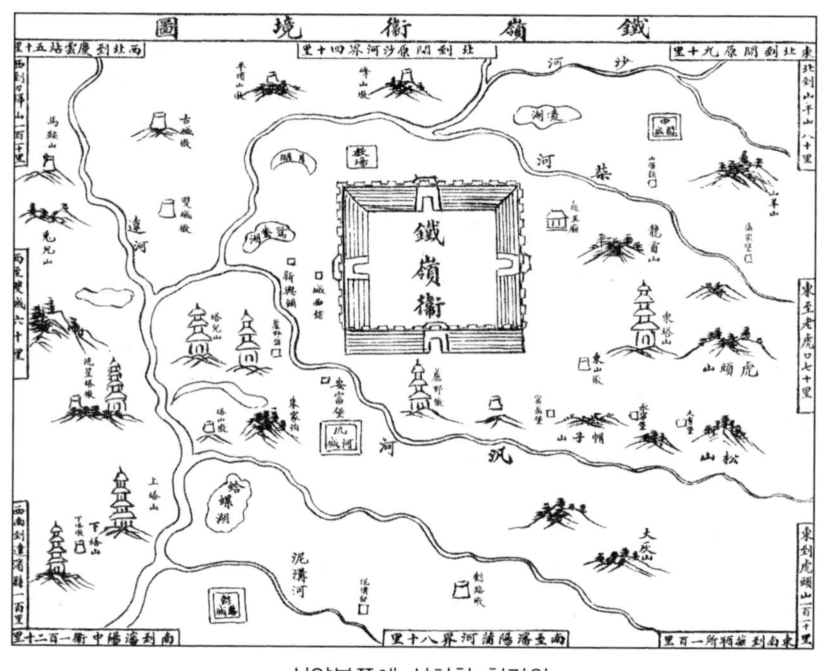

심양북쪽에 설치한 철령위.

그렇다면 명대 강연대보가 설치된 지역 즉 현재의 호산산성이 만리장성의 동쪽 기점이 될 수 있는가의 여부문제가 중요한 이유는 무엇인가. 우선 중국의 명대 강역연구의 기본 목표와 관련이 있는 것으로 遼寧省, 吉林省, 그리고 黑龍江 지역을 14세기 이후 명나라가 지배한 강역 속에 포함시키려는 배경과 관련하여 이해할 필요가 있다. 중국 명대 강역연구의 기본 목표는 요동북부에 거주하던 몽골 兀良哈 3衛와 요동변장 동쪽 여진족을 모두 명조에 귀속시켰다는 근거와 이론을 확보하고 완성시키는 것을 목적에 두고 있다. 중국이 주장하고 있는 바를 살펴보면 명대 요동도사 동쪽 여진지역은 명나라의 강역이며 원나라를 명이 계승하였으므로 원이 차지했던 압록강 유역은 당연히 명의 영토라는 것이다. 또한 조선은 세종 시기에 와서 4군 6진의 개척 등 북방정책으로 압록강과 두만강 유역으로 진출할 수 있었고 비로소 조선과 명의 경계선이 압록강과 두만강으로 정해지게 되었다는 논리이다. 이 때문에 명 후기까지 위화도 등 압록강변의 여러 도서가 대부분 명의 영토에 귀속되어 있었으며, 명나라가 후기로 갈수록 힘이 약화되면서 조선인들이 월경하여 국경이 더욱 혼란스럽게 되었다고 설명하고 있다.[40)]

이러한 이론과 함께 명대 압록강변에 설치된 강연대보가 만리장성의 동단기점이 된다는 것을 추가함으로써 자연스럽게 명과 조선과의 경계가 압록강이 되고 국경중립지대인 요동팔참을 비롯하여 명대 압록강 대안지역이 모두 명의 강역이 되는 논리를 만들어 내고 있다. 명나라가 초기 설치하려한 鐵嶺衛의 초설지 철령을 애써 강원도 북부로 설정하려는 배경 뒤에도 압록강 경계설을 체계화하는 동시에 고려(조선) 북부의 강역을 원을 계승한 명의 판도라는 논리를 강화하려는 의도가 숨어있다.[41)] 따라서 현재 중국이 호산

40) 楊昭全 외, 『中朝邊界史』, 吉林文史出版社, 1993, 128~132쪽.

41) 張傑 外, 「明初朱元璋經營鐵嶺以北元朝舊疆始末」, 『中國東北邊疆研究』, 中國社會科學出版社, 2003, 87~100쪽. 실제로 만주에 철령이라는 지명이 여러 곳에서 나타나기 때문에 명대 철령위의 위치와 관련하여 다양한 견해가 제기되기도 하였다. 이런 가운데 최근 우리나라의 학자 朴元熇가 「鐵嶺衛의 位置에 대한 再考」(『동북아역사논총』 13호, 2006, 동북아역사재단)를 통해 강원도 북부가 될 수 없으며 압록강 대안의 輯安(黃城)이 가장 유력할 것이라고 연구한 바 있다. 그러나 중국의 연구성과들은 이러

산성에 당시 있지도 않았던 벽돌장성을 신축하고 만리장성의 동단 기점으로 삼으려는 배경에는 조선시대 만주지역을 명의 강역으로 확보하려는 기본적인 의도가 있으며 명대 요동변장, 그리고 국경중립지대에 해당하는 요동팔참을 명의 강역으로 새롭게 해석하여 현대 중국 강역의 정통성을 확보하고자 하는 의도가 있다고 볼 수 있다. 역으로 말하면 호산산성에 대한 정확한 인식과 연구는 명대 요동변장과 만리장성과의 차별성, 조선과 명의 압록강 국경설, 국경선으로서의 요동변장, 명과 여진 종속관계, 명대 강역 범위 등 현재 명과의 강역 논쟁에서 중요한 주제가 되는 문제를 객관적으로 풀어나갈 수 있는 실마리가 숨어있다는데 그 주제의 중요성이 있다.

요약하면 호산산성의 동단기점 문제는 현재 중국이 요동도사의 지배력 강조, 노아간도사의 여진지배, 명과 여진의 기미 관계 등을 정당화할 수 있는 토대를 마련하고 명나라가 당시 길림은 물론, 흑룡강 지역까지 큰 영향력을 미쳤다는 논리를 인정하는 근거로 활용될 수 있기 때문에 이에 대한 올바른 비판은 매우 중요하다.

豆滿江과 白頭山 지역의 여진족

중국의 연구성과들은 명·청시기 조선과의 경계를 모두 압록강과 두만강으로 설정하고 있다. 역사적으로 고찰해보면 명의 직접관할 지역은 遼東都司의 건립 후 동으로 鴨綠江, 서로 山海關, 남으로

한 최신 성과를 참고하지 않고 강원도 북부에 위치한 철령만을 일관되게 주장하며 명나라가 원을 계승하여 강원도 철령 북부를 명의 관할로 삼으려 하였다고 보고 있다. 이는 곧 명대 강역을 한반도까지 확장하는 동시에 압록강 경계설을 이론화하려는 의도가 있는 것으로 보인다.

두만강 하류의 방천(防川)지역. 이 지역에서 녹둔도는 10여키로미터 정도의 근거리에 있다.

旅順口, 북으로 開原 이남으로[42] 대략 현재 遼寧省 보다도 작았다. 동쪽으로는 建州, 海西女眞 등과 대치하고 있었다.[43] 명나라는 遼東都司를 건립한 후 遼東都司에서 멀리 떨어진 흑룡강 하류에 奴兒干都司를 설치하고 이를 통해 전 여진지역의 위소를 관할하였다고 주장한다. 그러나 기록을 살펴보면 압록강변에 鐵嶺衛 그리고 두만강변에 三萬衛를 설치하려고 한 명나라의 계획은 교통의 불편, 군량 공급 등 그 설치가 어려워 곧 요동 북부 開原(지금의 遼寧省 開原縣 북 老城鎭)으로 이전하였다. 이것은 명초 압록강과 두만강 유역에 명나라가 영향력을 행사할 수 없었던 실상을 보여주는 것이다. 이로써 두만강 지역은 여진 세력이 웅거하였고 실제 명이 설치한 여진위소들은 형식적으로는 명이 설치한 것으로 보이

42) 『遼東志』 卷1, 地理.
43) 『遼東志』 卷1, 地理. 1957년 대만학자 蔡運辰이 발표한 「明代東北疆域建置考」 역시 명대 요동 강역을 현재의 遼寧省 정도보다도 작은 지역으로 추정하였다.

지만 그 실제 영향력을 행사하지는 못했다.

명이 두만강 유역을 통제하기 위해 설치한 대표적인 위소는 역시 建州衛와 毛憐衛라 할 수 있다. 建州衛는 永樂 원년(1403) 11월에 건립되었는데, 永樂 원년 11월 辛丑에 女眞野人 頭目 阿哈出이 내조하여 建州衛軍民指揮使司를 세웠으며, 阿哈出을 指揮使로 삼고 나머지를 千戶, 百戶, 所鎭撫로 임명하였다. 阿哈出은 建州衛 첫번째 指揮使가 되어 '李思誠'이라는 이름도 사여받았다. 永樂 8년 그 아들 釋加奴가 그의 관직을 계승하여 建州衛 두번째 지휘사가 되었으며 역시 '李顯忠'의 이름을 사여 받았다. 후에 阿哈出의 손자 李滿住 역시 建州衛指揮使 등에 임명되었다.

永樂 21년(1423) 建州衛는 서쪽으로 이동하여 婆猪江 일대로 옮겨갔다. 婆猪江은 곧 鴨綠江의 지류인 佟家江으로[44] 婆猪江의 위치는 압록강에서 하루 거리인 瓮村 등의 부근에 해당하는 것으로 기록되고 있다.[45] 瓮村은 『新增東國輿地勝覽』 江界都護府 山川條에 "옹촌리는 建州衛에 속하며 滿浦에서 270리"라고 기록하고 있으며, 『朝鮮文宗實錄』 文宗 원년 8월 甲戌조에는 李滿住가 兀剌山 瓮村에 돌아와 거주한 것으로 기록하고 있다. 兀剌山은 지금의 五女山으로[46] 鴨綠

모련위지휘사의 인장

44) 孟森, 『明元淸系通紀』 正編 卷1, 39쪽.
45) 『조선왕조실록』 세종 6년 7월 을유.

江과 婆猪江의 북쪽에 있는데, 이 곳은 고구려 산성이 축조되어 있어서, 건주여진은 이러한 고구려 시대에 축성된 우라산성을 기지로 삼아 적을 방어했다. 李滿住는 이곳에서 14년을 거주하며 세력을 키워 명과 조선의 변경을 위협하였다.

훈춘 부근의 두만강.

또 다른 여진세력 毛憐衛는 초기에 두만강 하류에 위치하였는데, 永樂 3년(1405) 12월에 毛憐 등처 야인두목 把兒遜 등 64인이 내조하여 把兒遜 등에게 지휘, 천호, 백호 등의 관직을 내리고 誥印, 冠帶, 襲衣, 鈔幣 등을 차등있게 지급하여 毛憐衛를 설치한 것으로 기록하고 있다. 毛憐衛의 다른 두목 阿古車에 대해 『朝鮮太宗實錄』 太宗 10년 3월 乙亥에 "豆門에 거처한다"고 하였는데, 豆門은 두만

46) 『桓仁縣志』 卷36, 古迹.

강이므로 毛憐衛가 두만강 하류지역에 거주하였음을 알 수 있다.

毛憐衛의 수령 把兒遜·阿古車·着和·千戶 下乙主 등은 永樂 8년에 조선의 공격으로 죽거나 큰 피해를 입었다. 永樂 9년(1411) 建州衛 지휘사 釋加奴(李顯忠)의 동생 猛哥不花를 毛憐衛지휘사로 임명하였으며, 그는 명의 몽골정벌에 참여하여 右軍都督府僉事로 승진되었다. 永樂 후기 毛憐衛는 압록강 서쪽 佟家江 쪽으로 옮겨 온 후[47] 점차 建州衛의 세력에 합류하였다.

또다른 강력한 여진세력으로 建州左衛를 들 수 있는데, 建州左衛는 원말명초의 전란 중에 牧丹江 하류 依蘭에 거주하다가 牧丹江 상류로 이동하였다. 그 중 猛哥帖木兒의 斡朶里部는 목단강을 거슬러 상류로 올라가, 마침내 朝鮮 鏡城 阿木河에 建州左衛를 세웠다. 阿木河는 곧 斡木河로 『朝鮮太宗實錄』에 나타나는 吾音會가 곧 阿木河이며, 지금의 會寧 부근이다. 이로써 建州左衛가 처음 설치된 지역 역시 두만강의 會寧 부근임을 알 수 있다. 이외에도 두만강 대안 가까운 쪽에 설치한 몇몇 위들은 古魯渾山衛, 哈蘭城衛, 童寬山衛, 禾屯吉衛, 愛和衛, 卜忽朶河衛 등을 언급할 수 있는데 중국의 연구성과들은 이들 여진위소가 모두 명의 기미위소로 명의 영향력을 받은 것으로 서술하고 있다.

그러나 사실은 그렇지 않다. 기록을 통해 조선과 명 사이에 10處 여진인을 서로 관할하고자 한 논쟁을 보면 명이 이 지역에 영향력을 행사하고 있지 않았음을 알 수 있다. 명조는 영락연간 조선에게 두만강 유역의 10처 여진의 양보를 요구하였는데 결국 조선의 관할이 될 수밖에 없었다. 명대사에서 영락연간은 가장 많은

---

47) 孟森, 『明元淸系通紀』 正編 卷1, 39쪽; 前記 49쪽.

인력과 물자를 동원해 대외팽창을 왕성하게 시도하던 시기임에도 불구하고 결국 두만강 유역의 진출에 실패하였던 것이다.[48] 당시 명의 영향력이 여진을 완전히 통제할 수 없었고 두만강 지역은 요동도사에서 멀리 떨어져 있었다. 더구나 여진의 저항과 반대, 조선의 두만강 유역에 대한 여진과의 적극적인 교류와 초무 등이 진행되면서 명은 여진 통제에 성공할 수 없었던 것이다.

두만강 하류 강변에서 풀을 뜯고있는 말들. 두만강은 국경이 될 만큼 많은 수량을 가지고 있지 않았다.

그러나 중국의 연구성과는 상황이 이러함에도 영락제 이후에도 여진과 몽골지역으로 강역을 개척해 나가 결과적으로 다수의 여진 위소 설치에 성공함으로써 여진지역이 명의 확실한 강역이 된 것으로 서술하고 있다. 10처 여진 확보에는 실패하였지만 흑룡강 하

48) 중국은 명나라가 10처 여진의 확보에 실패한 원인을 조선의 간절한 요청과 대국의 황제가 너그럽게 조선에게 양보한 것으로 서술하고 있다.

류에 노아간도사가 성공적으로 설치되었고 노아간도사를 통해 여진 지역의 위소를 관할함으로써 명나라의 강역으로 만들어 내고 민족 융합과 통일을 성취하였다는 논리를 서술하고 있는 것이다.

나아가 명조는 두만강 지역의 여진위소를 그들의 판도에 들어간 것으로 보는데, 그 근거로써 몇 가지를 열거하고 있다. 우선 그 지역의 추장 등 우두머리들에 대해 考核과 升賞을 실시한 것을 유력한 근거로 들고 있다. 건주위의 阿哈出, 木答兀, 李滿住, 董山 등을 대표적 인물로 들고 있다. 이들의 관직은 대를 이어 세습할 수 있었는데, 즉 아버지가 죽으면 아들이 세습하여 대를 거쳐 계속 관직을 가질 수 있었다. 명조의 여진위소정책은 그 부족에 의거하여 관직을 내린 것으로 일반적으로 당시 부족의 우두머리를 都督, 都指揮, 千戶, 百戶, 鎭撫 등의 관직에 임명하였으며, 印信을 지급하여 부족을 관할하도록 하였다. 예를 들면 建州左衛의 猛哥帖木兒는 위를 다스리는데 공을 많이 세워서 명 조정은 宣德 元年 정월 그를 都督僉事로,[49] 宣德 8년 2월에는 다시 右都督으로 승진시켰다.

둘째, 각 위가 명과 진행한 교역을 납공 곧 공납의 성격으로 보고 있다. 중국의 연구성과들은 여진인들이 납공 기일을 어길 수 없었으며, 만약 규정된 조례에 따라 납공하지 않으면, 법에 의거하여 처벌받는 것으로 파악하였다. 그리고 교역품은 진상한 방물이므로 방물에 대해 가격을 정하지 않는다고 주장하였다.[50] 여진인들이 교역한 해동청과 동물가죽, 인삼은 중국의 논리에 따르면 모두 세금납부에 해당한다는 것이다.[51]

---

49) 王臻, 『朝鮮前期與明建州女眞關係硏究』, 中國文史出版社, 2005, 62~63쪽.
50) 『明會典』 卷108.

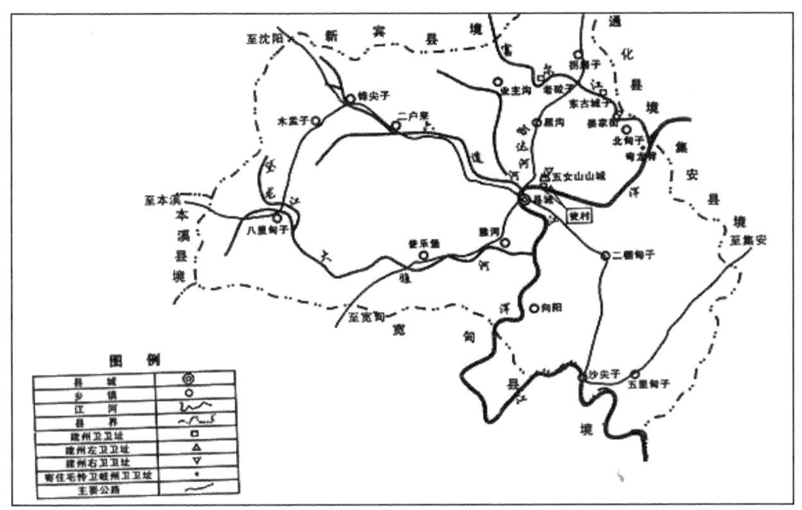

환인현 경내 건주여진 3위 위치도

셋째, 각 위는 반드시 명 정부의 명령을 따라야 했다는 주장이다. 명 정부는 두만강 유역의 각위에 대해 규정을 두었는데, 우선 명 조정이 하달한 명령 곧 군대의 이동, 방어, 그리고 전쟁의 참여 등의 군령을 지켜야 했다. 永樂 18년(1420) 毛憐衛 지휘 猛哥不花가 본 위의 千百戶 哈達 등 2명이 매번 위를 잘 관리 배치하고 있으며 효과가 있음을 보고하였다. 2년 후 毛憐衛 지휘 猛哥不花 등이 자제와 무리를 거느리고 전쟁에 참여하였다. 永樂 22년 毛憐衛 指揮 猛哥不花는 指揮僉事 王吉와 부족들을 거느리고 역시 전쟁에 참여하였다. 이러한 사례들은 무수히 많다. 중국의 연구성과는 요약하면 두만강 지역의 각 위는 명조가 내리는 일체의 명령을 따랐으며, 각 부족 간에 발생하는 분쟁과 갈등 역시 명 조정의 조정과 처리에 따랐다는 이야기이다.

51) 嚴從簡, 『殊域周咨錄』 卷24, 女眞.

이상에서 서술한 여진위소들, 그리고 명과 여진과의 조공관계의 성격을 중국 나름대로 해석함으로써 중국은 두만강변의 여진지역이 명의 영토라는 입장을 견지하고 있다. 그러나 명대 건주위가 명나라에 예속되었다는 주장과 관련하여 재고해보야야 할 부분이 있다. 경태연간(1450~1456) 여진은 이미 상당히 강한 세력으로 성장하고 있었다. 당시 건주위에만 약 1천 7백여 戶, 건주 좌·우위에 6백여 戶, 기타 건주위에 혼재되어 있는 해서여진은 1천여 명 등 기본적으로 2만~3만여 명에 이르는 세력을 형성하고 있었다.

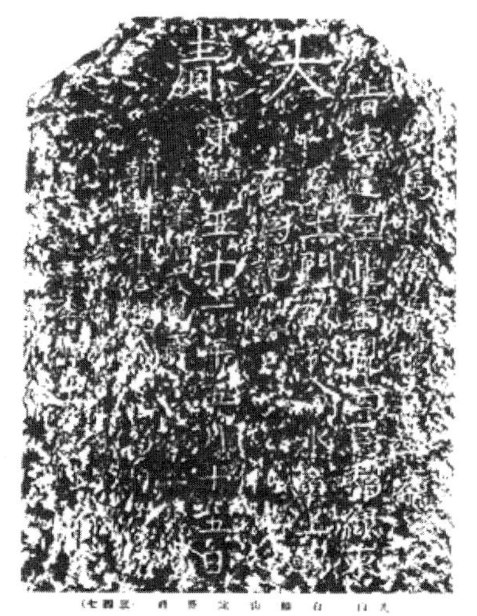

大清

烏喇摠管穆克登奉
旨查邊至此審視西爲鴨綠東
爲土門故於分水嶺上勒
石爲記
康熙五十一年五月十五日
筆帖式蘇爾昌通官二哥
朝鮮軍官李義復趙台相
差使官許樑朴道常
通官金應憲金慶門

백두산 정계비 탁본과 내용

명나라와 조선은 그들의 성장을 억제하기 위해 여러 차례 토벌전을 벌여 수천 명의 사상자와 재산의 손실, 그리고 1천여 명을 포로로 잡고 무엇보다도 그들을 이끌던 李滿住, 童倉, 古納哈 등의 지도자를 제거함으로써 여진사회를 약화시키고자 하였다. 여진 지도자들의 죽음은 여진사회의 지도층의 부재라는 일시적인 현상을 낳기도 하였지만 명과 조선은 그들 지역을 자국의 강역으로 만들 수 없었으며 그들의 성장과 위협을 억제할 수 없었음에 주목해야 할 것이다. 따라서 명과 여진의 관계를 단순하게 명에 예속된 '羈縻關係'로 판단할 수는 없다. '羈縻'라는 말은 완전히 통제되었다는 의미를 포함하고 있는데 오히려 역사적 흐름은 여진이 명의 요동 도사를 위협하는 쪽으로 발전하였기 때문이다.

중국의 연구성과들은 이러한 여진위소의 종속성 이외에도 명이 영락연간 백두산 곧 장백산에 와서 한때 長白山寺를 건립한 것을 근거로 백두산이 명의 강역이었다는 주장도 하고 있다. 또한 永樂 11년(1413) 內官 亦失哈을 흑룡강 하류에 파견하여 永寧寺를 건립하도록 하였는데, 이것 역시 흑룡강 지역을 명이 문화적으로 지배했다는 유력한 근거로 삼고 있다. 永樂 14년 11월 14일 내관 張童兒를 遼東都司에 보내 우선 장백산록에 長白山寺 건립계획을 추진하도록 하였다. 『朝鮮王朝實錄』에서 그 기록을 인용해 보면 다음과 같다.

> "內官 張童兒와 陳指揮가 聖旨를 받들어 軍馬 1천을 거느리고 白頭山의 寺를 丹靑하는 일로 지난 정월 19일 요동을 떠나, 저들의 땅인 所何江邊에 와서 木寨를 만들고 창고 12간을 지었으며, 군량을 실어들이고 먼저 군마 5백을 산간에 보냈다. 그 나머지 군마는 머물러 눈이 녹기를 기다렸다가 4월 보름에 들어오니 이 일 때문에 여름을 지나게 되었으므로 나귀와 農牛를 草地에 놓아 먹이라" 말하고, 나에게 木牌를 주고 갔습니다. 이제 목패를 올려 보냅니다(태종 17년 4월 신이).

그리고 중국의 입장을 살펴보면 다음과 같다.

"欽差內官 張信은 삼가 살피건대, 근래 本職에게 받들어 보내온 황제의 聖旨를 받으니, '遼東 官軍 1천을 거느리고 白頭山에 가서 공사를 보살피라.'하셨으므로, 삼가 준행하여 乃顔 地方에 와서 큰 營을 갖추고 군마를 주둔시켰다. 그리고 土官頭目 石脫里 등 4명을 임명하여, 旗軍 5백명을 거느리고 弗朱江과 分春江 일대에 가서 山林의 採捕 등에 관한 일을 맡게 하여 보낸 뒤, 이제 牌面을 설치하되 사방으로 가서 예전에 사냥하던 곳에 늘 걸어 두게 하나, 만일 그곳 부근 朝鮮 땅에 사는 高麗·女眞 백성이 혹 산에서 사냥하거나 그물을 놓는 등의 일이 있어, 무지한 자가 파견한 官軍을 만나 서로 시끄러운 일이 생길까 염려된다. 지금 살피건대, 천하가 태평하여 온 천하가 다 같은 한 집안인데, 중간에 이런 법도를 모르는 小人이 함부로 事端을 일으켜 다치고 침해하여 편하지 못할까 염려된다. 만일 이 牌를 보거든, 편한 대로 打圍·매사냥·採捕 등 사냥을 편안하게 살며 생업을 즐기라. 만일 백성들이 자원하여 앞에 와서 拜見하려는 사람이 있거나 왕래하면서 매매하려는 사람이 있다면, 교역하도록 받아 주되 막지 말고, 따라서 황제의 뜻을 각 寨에 사는 백성들에게 타일러서 함부로 놀래어 의심하거나 두려워하지 말게 하라. 혹 요동의 각 衛에서 매년 軍役을 도피하여 산림에 숨어 살다가 능히 잘못을 뉘우치고 스스로 관가에 나와 자수하는 자가 있다면, 해가 오래거나 짧거나 따지지 말고 그 죄를 사면해 주고, 식량을 주어 가지고 돌아가서 身役에 종사하게 하라. 틀림없이 헛되이 告示하는 것이 아니다."[52]

위의 기사를 통해 파견된 군사는 백두산 현지의 군사가 아니라 요동도사에서 임시 징발하여 백두산 지역으로 파견된 사람들임을

52) 『조선왕조실록』 권33, 태종 17년 4월 신미.

백두산 입구. 명나라 시기 백두산은 명이 진출하기 힘든 지역이었다.

알 수 있다. 즉 그 지역이 명의 직접적 위소체제 속에 있었다면 현지의 위소군을 사용했을 것이다. 따라서 당시 백두산은 명군이 장차 진출하여 통제해야하는 여진지역에 불과하였던 것이다. 둘째로, 이 지역은 명의 영향력이 미치지 않았기 때문에 내지와 같은 위소가 설치되지 않았고 둔전제도도 시행될 수 없었다. 그러므로 요동도사로부터 파견된 군사들은 식량의 문제를 해결하기 위해 사냥 등을 통해 해결해야하는 곤란한 상황에 처해있었다. 결국 명의 군사나 사신이 요동도사를 넘어 백두산 등 여진지역으로 들어왔을 경우 이러한 식량 공급 부족을 해결하는 가장 좋은 방법은 두만강 이남의 조선에게 식량 지원을 요청하는 것이었다. 실제로 함길도 도절제사 河敬復과, 欽差指揮 金聲이 사람을 시켜 양식 빌리기를 청하여 보내온 글을 살펴보면 다음과 같다.

"欽差指揮 金聲은 招諭하는 일로 근래에 대명 황제의 勅諭를 받들고 이제 官軍 1백 50명을 거느리고 白山 동쪽 斡木河 지방에 가서, 遼東·三萬 등 衛에서 背叛하여 나간 군관 楊木答兀 등을 초유하려는 중인데 …… 갈 길이 험하고 멀며, 비가 계속 내려 중도에서 달이 넘도록 오래 머물렀으므로, 각자가 원래 攜帶하였던 양식이 목하 결핍되었다. 이제 살피건대 조선국의 부근이므로 文書를 보내어 빌어서 接濟하는 것이 편리하겠기에 이 일을 위해 指揮 吳禎을 差出해 보내니, 箚付가 도착하는 즉시 국왕에게 갖추어 아뢰고, 알려 보내는 米穀의 숫자를 살펴서 人夫를 調發하고, 운반하여 보내와 접제를 시행토록 하라."하였는데, 실제로 빌리려는 쌀의 합계는 1백 50섬이다.[53]

당시 여진두목 楊木答兀은 요동도사 북부의 三萬衛에 있다가 불만을 품고 다시 백두산 지역으로 도망하였고 명은 그에게 천명에 순응한다면 돌아와 편히 살고 또한 관직을 그대로 주어서 관직을 주는 등의 회유책을 시도하였다. 또한 다른 한편 양목답올이 끝까지 명에 굴복하지 않고 삼만위로 돌아오지 않는다면 대군을 파견하여 정벌하겠다고 위협하는 등 다른 여진부족에게도 엄히 통보하였다.[54] 이러한 서술로 본다면 명대 두만강, 압록강 유역에 명의 영향력이 미칠 수 없었음을 알 수 있다.

이외에도 중국의 연구성과들은 1417년 백두산 북쪽 南羅耳에 명이 건립한 長白山寺를 중심으로 주위의 達達 승들이 절에 향을 피우고 절을 지켰으며, 종교수단을 이용해 해당 지역에 대한 통치를

53) 『조선왕조실록』 세종 6년 6월 계해.
54) 위와 같음.

시작하였다고 주장하고 있다. 명나라가 두만강 유역을 경영하기 위해 많은 衛所를 세우고 長白山寺를 세워 중화민족 전통문화를 동쪽 강역에 전파하였으며 이러한 조치는 의심할 여지없이 이 지역을 안정시키는데 도움을 주었고 변강의 경제와 민족문화를 발전시키고 민족융합을 촉진시켰다는 주장을 펴고 있다. 또한 이러한 사실은 백두산 지역이 중국다민족국가와 분리할 수 없는 일부분이며, 이것은 통일된 다민족국가의 발전과 중국판도의 형성에 공헌하였다고 논리를 전개한다.

그러나 『조선왕조실록』의 기록을 보면 조선은 고려시대의 영토관을 계승하여 이 지역을 둘러싸고 끊임없이 영토분쟁을 전개하였지만 모두 여진과의 충돌과 갈등이었다. 앞서 언급한 영락연간 10처 여진을 둘러싼 명과의 논쟁에서 조선은 고려시대 윤관이 개척한 백두산 동북쪽의 공험진을 기점으로 그 이남에 해당하는 두만강과 백두산 지역의 여진인들이 상당수 조선인들과 혼재하여 살고 있었고, 조선의 호적에 올라가 있음을 들어 명과의 분쟁에서 이긴 경험도 있었다. 영락연간의 명과 10처 여진 논쟁에서 이긴 후 조선인들이 월경하거나 여진인들과 크고 작은 충돌은 있었지만 백두산을 둘러싸고 명과의 충돌이 생긴 적은 없다. 이 지역은 명의 영향력이 미치지 않던 지역이기 때문이다. 따라서 명나라가 백두산을 자신들의 강역으로 지배했다는 논리는 설득력이 없다. 결국 백두산은 조선과 여진 사이의 중요한 지역이자 문제였으며, 명과 조선 사이의 영토분쟁과는 전혀 상관도 없는 지역일 수밖에 없다.

위의 여진두목 양목답올이 다시 백두산으로 도망쳐 온 예에서도 알 수 있듯이, 만약 백두산 지역이 명의 영향력이 미치는 지역이었다면, 요동북부 삼만위에서 명의 군사를 피해 도망쳐온 양목답올이 명군이 주둔한 백두산으로 왔겠는가. 백두산 지역은 명군이 없었고 이 지역의 여진인들에게 명의 영향력이 미치지 않은 다른 지역보다 안전한 지역이었기 때문에 도망쳐왔던 것이다. 결국 이러한 여러 정황들은 영락연간 명나라가 장백산에 사찰을 세웠지만 이 후 명나라의 팽창력이 여진지역으로 직접 미칠 수 없었으며 오히려 북방의 몽골과 동부의 여진이 급성장하며 명이 요동변장을 설치할 수밖에 없었던 상황으로 이해해야 할 것이다.

이러한 여진의 성장은 결국 명과 조선의 연합을 통해 여진정벌전으로 전환되는 국면을 맞이하였다. 여진 정벌전 역시 여진지역이 명의 영향력 하에 있었다면 명나라가 무엇 때문에 조선의 힘을 빌려 여진을 협공하였겠는가. 특히 파저강에서 두만강과 백두산 지역에 널리 분포하고 있던 건주여진은 조선 세종의 토벌전에 직면하여 건주위의 추장 이만주 등이 희생되는 등 큰 희생을 치루면서도 다시 재기하는 등 그 세력을 키우고 있었다. 더불어 조선의 4군 6진은 명을 경계하기 위한 것이 아니라 강력한 군진을 백두산 부근에 설치하여 백두산 주위의 여진을 경계하는 기초로 삼기 위한 것이었다. 이후 이 지역은 결국 훗날 후금으로 성장하는 건주의 추장 누루하치 세력의 영역 속에 포함되는 과정을 거치기 때문에 명대 두만강과 백두산이 명의 강역이라는 중국의 주장과 연구성과는 더 많은 설명을 필요로 한다.

나오며

위에서 살펴 본 바와 같이 중국의 연구 성과들은 80년대 이후 중국의 역사적 강역에 대해 각 시기별 다양한 연구를 시도하고 있다. 이러한 연구결과를 통해 명대 압록강에 만리장성이 설치되었고 두만강은 조선과 명의 국경선 역할을 하였으며 흑룡강에 이르는 넓은 여진지역은 건주위와 같은 명의 위소가 설치되었기 때문에 명의 강역이라고 주장하는 단계에 이르렀다.

우선 본 연구를 통해 강역사 연구의 중요 쟁점이었고 본고의 분석대상이 되었던 장성의 동단기점은 압록강 유역 호산산성이 될 수 없음을 지적해 보았다. 명이 대외팽창에서 좌절하여 변장의 축조라는 방식으로 전략을 변화시켰고 군사거점을 중심으로 작은 성보들의 축조가 시행되었다. 그러나 그 구조는 자연적인 험준한 지형을 따라 형성되었고 만리장성과 같이 견고한 벽돌을 이용한 것이 아니라 흙과 나무, 목책 등 허술하게 연결되어 만리장성과 구조적인 면에서 많은 차이점을 가지고 있었다. 호산산성은 명대 변장의 방어선으로서 강연대보가 설치된 지역이기는 하지만 벽돌장성이 명대에 수축된 적이 없으며 하나의 전초기지가 되었을 뿐이다. 더구나 이 지역은 초기부터 명의 행정 관할지역이 아니라 명과 조선의 국경중립지대였으며 여진의 점진적 성장으로 명이 요동도사를 방어하기 위해 설치한 것이 강연대보였다. 즉 강연대보는 중립지대에 설치된 전초기지였으며 압록강변에 출몰하는 여진족을 주로 감시하고 소규모의 여진족을 방어하는 기능을 할 뿐 만리장성과 같은 선으로 연결된 성벽 축조물이 아니었던 것이다. 따라서 1480년대 이후 봉황성 책문과 압록강 사이에 설치되었던 강연대보 등 여러 성보들은 역참의 성격도 가지고 있는 작은 성보들로 만리장성과 동일시 할 수 없다. 그리고 여진의 공격이 대규모화되고 심각해지자 이들 중립지대의 작은 성보들은 그 기능을 못하고 사라져버리는 운명을 겪는다.

중국의 연구성과들은 압록강은 원 왕조의 강역이었기 때문에 압록강과 그 도서는 이를 계승한 명의 영토였으며 그 뒤에 여진의 성장으로 변경에 대한 경계가 약화된 틈을 타 조선인들이 월경하여 농사를 지었으나 근본적으로 명의 강역에는 변함이 없었다고 주장한다. 그러나 이러한 중국의 주장과는 달리 명의 요동지배의 구조와 성격을 살펴보면 사실과는 많이 다름을 알 수 있다. 우선 요동지배의 중추였던 衛所의 특수성을 살펴보면 명이 요동진출과정에서 설립한 요동도사와 위소는 내지와는 다른 요동만의 특수한 구조 속에서 설치되었기 때문에 그 규모와 구조, 그리고 성격에서 내지의 위소와 많은 차이점을 보여준다. 요동도사 소속 25위의 군사, 역할 등에서 매우 불규칙하고 많은 부역을 담당하였으며 1衛 5,600명의 정규적인 군사 편제와도 다른 양상을 보여주었다. 몽골과 여진을 방어해야하는 과중한 군역에 시달리고 있었기 때문에 명초부터 압록강과 두만강 유역에 영향력을 발휘하기 위해 설치하려했던 鐵嶺衛와 三萬衛 등도 그 위치를 북쪽으로 옮겨 요동변장 북부에 설치되어 몽골을 방어하는 군사 중진이 되었다. 여진지역에 영향력을 발휘하기 위해 설치가 시도되었던 東寧衛, 自在州, 安樂州 등도 모두 요동도사 지역으로 이전되었다.

두만강 유역을 차지하려한 10처 여진을 둘러싼 명과 조선의 갈등 문제는 조선의 승리로 끝이 났다. 따라서 永樂年間 여진지역에 설치한 여진위소들은 여진족의 부락에 위소의 이름을 형식적으로 붙인 것에 불과하였다. 이처럼 명나라가 永樂年間 집중적으로 여진지역에 설치한 다수의 여진위소는 군사적인 정벌을 통해 형성된 것이 아니며 대부분 여진의 부락에 명나라가 자의대로 위소의 이름을 붙인 것이다. 여진위소는 민족, 인구수 등 모든 면에서 명나라 내지의 위소와는 전혀 다른 전통적 여진부락이었다. 단지 명나라는 요동을 보호하는 울타리로서, 분열된 여진 세력의 통합을 막기 위해서 여진을 하나의 단위로 고립시키며 통제할 필요가 있었고 여진의 입장에서는 형식적으로 명나라의 위소체제에 들어감으로써 衛印을 지급받고 상업적 교류를 통해 필요한 생활필수품을 획득하는 경제적 특권이 상호간 작용하였다. 즉 여진위소는 명나라의 정치적 입장과 여진의 경제적 입장이 만들어 낸 형식적인 것에 불과하였다.

이 때문에 『滿洲源流考』와 같은 청대 만주족이 발간한 사료에는 명나라가 지배한 요동의 강역을 동쪽으로 開原, 鐵嶺, 遼陽, 瀋陽. 海州, 開州 등에서 끝난 것으로 파악하며 그 동북(여진) 지역은 중·후기로 갈수록 烏拉, 哈達, 葉赫, 輝發 등 여러 여진의 세력권에 속해 있는 것으로 파악한다. 백두산과 두만강 유역에는 명나라 사람들의 실질적인 진출이 없었던 것으로 서술하고 있다.

또한 중국의 연구성과들은 여진지역에 설치된 명의 위소가 매우 명확하고 명나라의 명령지시를 받은 것처럼 서술하고 있지만 『滿洲源流考』와 같은 사료는 여진위소는 상당수가 그 실체와 위치도 알 수 없는 '虛名'의 衛所가 많았고 그 강역의 원근에 대해서도 알 수 없으며 山川, 城站의 지명과 진위도 애매모호한 것이 많았다고 서술하고 있다. 즉 여진위소는 여진의 여러 부락들이 교역을 위해 명과 왕래하는 과정 속에서 그들이 사는 지명과 민족에 부자연스럽게 衛의 명칭을 붙인 것이며, 교역 자체도 의무 사항이거나 명이 강요한 것이 아니라 부족의 우두머리가 스스로 왔거나 단지 부의 사람들이 거래를 위해 명과 접촉한 것으로 이해해야 한다.

이와 같이 명의 위소제도의 특수성, 여진위소의 형식적 설치, 명나라의 압록강, 두만강, 백두산 지역으로의 진출 실패, 노아간도사의 쇠퇴 등 명의 영향력은 요동도사에 한정되었기 때문에 명은 흑룡강 유역의 노아간 지역을 그들의 판도로 만들 수는 없었으며 '版圖外'의 지역으로 놓아둘 수밖에 없었다. 중국의 연구성과들은 노아간 지역에 영녕사가 설치된 것은 불교전파상 중요한 의미가 있으며 노아간에 장기간 종교문화를 존속하게 하는 중요한 역할을 하였다고 역설한다. 나아가 중원의 전통문화는 儒人, 宗教, 衛所, 服飾 등 다양한 형태로 동북에 전파되었고 문화적 효용성의 작용으로 우수한 중원의 전통문화가 동북문화와 결합함으로써 민족의 응집력을 강화시키고 중국 내지의 전통문화는 명대 동북강역이 형성되고 발전하는데 다양한 영향력을 미쳤다고 주장한다. 그러나 백두산 지역을 포함하여 명대 흑룡강은 명의 판도가 아니었고 한족이 집단적으로 이주한 적이 없으므로 이러한 주장은 재고되어야 할 것이다.

3. 명과 조선의 사행로 변경논쟁과 여진

요동을 경유하는 貢路의 폐쇄

명나라가 요동으로 진출하기 위해 취한 조치 중의 하나는 고려와 北元이 통교하는 공로를 통제하는 것이었다. 명초 북원은 여전히 요동의 상당부분을 점거하고 고려와 접촉을 시도하고 있었기 때문에, 명나라는 고려와 북원의 연합을 막고자 하였다. 당시 명나라는 고려가 북원과의 연합을 통해 명의 요동진출을 좌절시키고 요동을 공격할 수 있다고 생각하였기 때문이다.[55] 이 때문에 명나라는 건국 직후 친고려정책을 전개할 수밖에 없었다.

명나라의 이러한 친고려 정책은 후방의 안전을 확보함으로써 장차 요동에서 군사역량을 확대시키고 이를 통해 북원세력을 축출하려는 요동진출전략의 일면이라고 할 수 있다. 공민왕 시기 고려가 북원과의 단절을 결정하고 親明의 입장을 취한 것은 명나라가 보다 안정되게 요동으로 진출하여 북쪽으로 세력을 확대해 나갈 수 있는 조건을 만들어 준 것으로 명나라는 인식하고 있었다.[56]

그러나 건국직후에 나타났던 명나라와 고려의 우호적인 관계는 오래 지속될 수 없었다. 우선 고려가 요동을 경유하여 요서지방과 산해관을 지나 명나라에 사행하는 것은 명나라를 불안하게 하였

---

55) 刁書仁, 張春, 「論明初高麗王朝與明朝的關系」, 『北華大學學報』, 2000年 第1卷 第1期, 48쪽.

56) 刁書仁, 張春, 위의 논문, 49쪽.

다. 명나라는 북원과 고려의 연합이라는 잠재적 힘을 제어할 수 없을 것이라고 생각하였다. 더구나 공민왕 사후 고려에서 명나라의 사신이 살해되고 禑王이 즉위하여 反明 태도를 보이는 상황이 겹치면서 명나라의 고려에 대한 태도는 변할 수밖에 없었다. 이러한 원말명초의 상황은 요동을 경유하는 사행로 폐쇄를 미리 예고하는 것이기도 하였다. 곧 명나라의 입장에서 보자면 육로를 경유하는 공로폐쇄를 추진하고 요동위소를 설치해 나가는 것은 고려를 요동에서 배제시키고 북원과의 통교를 단절시키는 동시에 요동에서 명나라의 영향력을 강화시키는 등 여러 효과를 가져 올 수 있는 조치였다.

홍무 6년(1373) 2월 고려사신 張子溫이 定遼衛에 도착하여 육로를 이용하고자 하였으나 명나라는 海路를 통해서만 올 것을 일방적으로 통보하였다. 정료위의 총병관은 장자온에게 다만 명 태조가 해로를 통해 조공하라고 하였을 따름이라는 것 외에는 다른 언급을 회피하였다. 1373년 공로폐쇄의 또 다른 원인으로 명나라가 요서와 요동의 역로를 개척하지 못하고 있었다는 것을 지적할 수 있다. 명은 건국 후 1368년 12월 건국을 알리기 위해 사신 符寶朗을, 고려는 3개월 앞선 9월에 張子溫을 吳王에게 보냈는데, 명나라 사신은 당시 명의 수도였던 남경에서 육로를 이용해 山東에 도착한 후, 산동에서 해로를 이용하여 고려에 도착하였다. 고려의 사신 역시 요동을 경유하지 못하고 해로를 이용하여 남경에 도착하였다. 이것은 여전히 나하추를 중심으로 하는 몽골세력이 요동과 요서에 포진하고 있었고, 이 때문에 산해관에서 압록강에 이르는 명나라의 역참이 설치될 수 없었다.

이외에도 요동을 경유하는 사행로를 폐쇄한 이유로 ① 고려의 요동공격 위험성에 대한 견제, ② 원나라의 평장이던 유익의 귀부로 인한 방어력의 정비와 확대, ③ 요양 점거와 위소 확대의 추진, ④ 나하추 등의 북원세력과 고려의 단절, ⑤ 홍무 5년(1372) 나하추가 요동 최대의 군수보급 저장 창고인 牛家莊(해주위 서쪽 40리 지점으로 현재 해성시[海城市] 우장촌[牛庄村])을 공격하여 식량 10만여 석 등을 불태우고 5천여 명의 군사를 몰살시킨 것 등을 들 수 있다.

압록강변 호산산성이 만리장성의 동단기점이라는 신조형물을 세우고 있는 모습.

특히 북원세력은 당시 요동의 상당부분을 장악하고 명군의 요동 진출을 저지하며 고려와 접촉을 계속 모색하고 있었는데, 고려와 몽골의 접촉을 사전에 방지한다는 목표는 명나라가 공로를 폐쇄하는 중요한 이유가 되었다.

육로를 통한 사행이 불가능한 상태에서 고려와 명나라는 해로를 이용할 수밖에 없었으나 해로는 여러 가지 문제를 가지고 있었다.

파도를 만나 배가 침몰할 수도 있었고 그럴 경우 기일에 맞추어 명나라에 도착할 수 없었다. 최후에는 배가 침몰하여 사행단이 모두 죽음을 맞이할 수도 있었다. 실제로 고려와 지속적인 접촉을 시도해야만 하는 명나라 입장에서는 요동을 몽골이 차지하고 있는 상황에서 고려와 해로를 통해 사신을 왕래하는 것이 많은 문제점을 가지고 있다는 것을 알고 있었다. 실제로 홍무 5년(1372) 홍사범 등의 사신이 명나라로 가다가 39명이 익사하고 130여 명이 표류하는 사건이 발생하기도 하였다. 이후 고려는 홍무 16년(1383) 명 태조의 생일을 축하하고자 김유와 이자용을 해로를 통하여 보냈다. 그러나 노정의 어려움으로 기일보다 늦게 도착하였고 이들은 3년 동안의 유배길에 오르는 사태가 발생하였다. 그럼에도 불구하고 명의 입장에서는 당시 요동 진출의 초기단계였고 요서지방의 역로를 북원세력이 장악하고 있었기 때문에 육로를 통하겠다는 고려의 요청을 받아들일 수 없었고 역로를 개척할만한 능력도 없었다.

이처럼 명과 고려가 해로를 통해 사행을 시도하는 동안 요동정세는 조금씩 명에 유리하게 전개되고 있었다. 그 중 북원의 평장이던 劉益이 명나라에 투항함으로써 요동이남 지역을 명나라가 차지할 수 있는 유리한 조건이 만들어지기 시작하였다. 이것은 고려의 입장에서 보면 또 다른 우려를 낳는 것이었다. 그 이유는 명나라가 북원을 대신하여 요동 남부를 차지해 들어올 경우 명나라와 국경을 둘러싼 분쟁과 갈등을 야기할 수 있다는 것이다. 반면 위험한 해로를 피해 명의 군사기구인 요동도사와의 접촉을 통해 요동 육로를 이용해 명과 새로운 관계 개선을 시도할 수 있다는 이로운 점도 있었다.

1374년 이후 장기간 명나라와 조선의 관계는 완화될 징후를 보이지 않았는데, 이것은 몽골세력이 약화될 기미를 보이지 않았기 때문이다. 이것은 조공로 이용에도 약간의 변화를 일으켰다. 홍무 7년(1374) 고려에서는 反元 정책을 추진하며 요동을 회복하려던 공민왕이 시해당하고 親元的 성향을 가진 禑王이 즉위하였는데, 명나라는 우왕의 즉위 배경에는 북원의 지지가 있었다고 판단하였다. 이는 명나라가 요동 육로의 폐쇄를 강화하는 좋은 구실이 되었다. 북원은 공민왕 사후 나하추와 河南王 쾨쾨테무르(擴廓帖木兒)가 고려에 사신을 파견하였고 병부상서 패가첩목아(孛哥帖木兒) 등이 직접 고려에 도착하여 우왕과 외교적 교섭을 지속적으로 추진하고 있었다. 그 결과 고려는 다시 북원의 연호 '宣光' 을 사용하는 등 親元的인 모습을 보이고 있었다.[57] 우왕 시기 곧 홍무 8년(1375)~홍무 20년(1387)에 나하추는 심양을 점거하고 고려에 군사적 연합과 지원을 요청하고 있었는데, 이러한 상황은 명나라가 고려를 더욱 불신하며 공로폐쇄를 강화하는 충분한 이유가 되었던 것이다.

하지만 당시 명나라는 이미 요동에 遼東衛를 遼東都司로 승격시켜 위소체제를 정비해 나가고 있었기 때문에 요동도사가 고려와 외교를 담당하는 역할을 하고 있었다. 이것은 명나라는 고려와의 왕래에 산동에서 요동으로 상륙한 후 요동 육로를 이용할 수 있도록 하였다. 그러나 북원이 고려와 외교적 접촉을 시도하는 한 고려는 여전히 해로를 이용할 수밖에 없었음을 의미한다. 다만 명나라는 요동도사가 요동을 경영하는 중심기구가 되었고 그 역량을 확장시켜나가야 했기 때문에 고려의 협조가 필요하였다. 이것은

57) 『高麗史』「辛禑傳」.

부분적으로, 혹은 명의 요구에 의해 압록강에서 요동도사의 치소가 있는 요양 지역으로의 출입은 허가될 수 있었음을 의미한다. 그 중 한 부분이 전쟁에 필요한 말의 교역이었다. 공로문제와 관련하여 요동도사가 고려로부터 말을 요동으로 공급받을 필요성이 절박했는데, 이 경우에는 고려의 사신들이 요동을 경유하여 요양에 말을 공급하면서 육로를 이용할 수 있었다. 그러나 당시 요서지방의 역로가 정비되지 않았기 때문에 다시 요양에서 요동반도 남쪽에서 배를 타고 산동으로 상륙하는 해로와 육로를 모두 이용하는 불편한 노정이 기다리고 있었다.

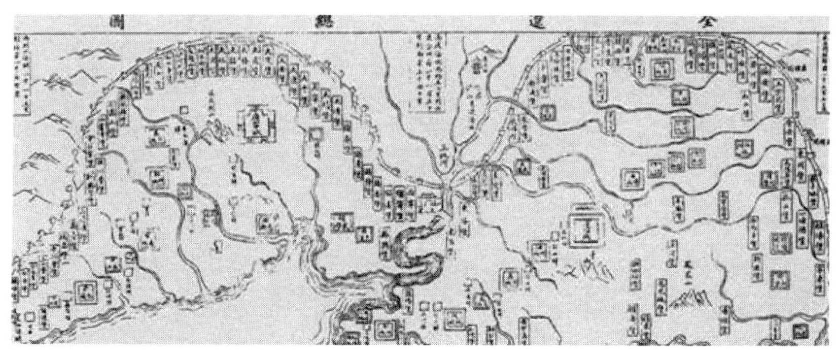

명대 요동도사가 방어했던 지역을 나타내는 전료총도

명나라의 공로폐쇄와 해로를 통한 '三年一使'의 규정은 고려가 요동 및 대륙의 정세를 파악하는데 큰 장애가 되었다. 왜냐하면 고려가 압록강-요동팔참-요양-요서-산해관-북경-남경에 이르는 사행로는 명나라와 몽골이 방어선을 맞대고 있는 여러 지역과 북경 같은 도시가 포함되어 있어서 고려의 사신들이 요동과 명나라 내부 정세를 파악할 수 있는 좋은 노정이었음에도 명초 홍무연간 이 노선을 이용할 수 없었기 때문이었다. 이러한 이유로 고려는 명초부터 위험을 무릅쓰고 명나라의 관계 개선, 정보 수집 등을 위해 가능한 많은 횟수의 사신을 파견하며 육로를 통한 사행요청을 명에 전달하고 있었던 것이다.

명의 이러한 육로를 이용하는 공로폐쇄는 역참의 정비와 개설을 방해함으로써 이후 명나라와 고려의 관계를 악화시키는 사건이 많이 발생하도록 하였다. 우선 고려 우왕 즉위 후 요동에서 발생한 明使 살해사건을 대표적으로 들 수 있다. 요동으로 돌아가던 명나라의 사신 林密이 요동팔참의 開州站에서 살해당하고 菜斌은 金義와 함께 북원으로 끌려가는 사건이 발생하였으며 이 때문에 張子溫 등은 중도에서 다시 고려로 되돌아오는 상황이 되었다.

명의 정료위에 갔던 金庸은 入京을 거부당하였고 명나라는 ① 고려와 북원은 외교관계를 확실히 단절할 것, ② 요양에서 난을 피하여 고려로 간 사람들을 명나라로 신속히 송환할 것, ③ 開州站에서 죽은 채빈의 사건을 상세히 해명할 것 등 명나라는 강경한 입장으로 고려를 견제하였다.

홍무 12년(1379) 명나라는 任誠을 파견하여 1370년 고려가 요양성을 공격할 당시 잡아간 남녀 1천명을 송환할 것을 요구하였다. 그리고 다시 邵壘와 趙振을 파견하여 고려의 분위기를 파악하고자 하였다. 그러나 소루와 조진은 요양 동쪽 요동팔참 지역의 한 곳인 甛水站에서 북원과 고려의 군사에게 죽음을 당할지 모른다는 두려움 때문에 다시 본국으로 돌아가버리고 말았다. 이처럼 불안정한 對明關係 속에서 명의 강경한 입장은 강화되었고 요동을 경유하는 사행로는 개방될 기미를 보이지 않았다.

홍무 13년(1380)에는 고려의 李茂芳 등이 해로를 통하여 남경에 가려하였으나 산동의 登州에서 더 이상의 사행이 허락되지 않아

되돌아왔다. 또한 金分과 李海를 통해 말 900여 필을 요동도사에 바치며 육로를 경유해 남경에 가고자 하였으나 역시 入京을 거부당하였다. 홍무 16년(1383)에는 鄭夢周가 요동에 이르렀으나 태조의 칙서를 보여주며 역시 입경을 거부하였다. 칙서 내용 중에 고려가 나하추의 아들 문합랄불화(文哈剌不花)와 계속 통교하는 것은 명나라를 배신하는 행위이므로 그를 잡아오라는 강경한 내용이 있는 것으로 보아 사행로를 통제한 근본적인 이유 중의 하나가 고려와 북원의 외교관계에 있었음을 알 수 있다.

명나라는 이렇게 요동의 공로를 폐쇄하고 다른 한편 요동의 위소를 정비해 나가면서 1387년을 전후하여 요서지방의 역로를 정비하기 시작하였다. 홍무 20년(1387) 7월 명 태조는 左軍都督府에게 명하여 山海關에서 요동에 이르는 지역에 ① 14역을 설치할 것 ② 각각 관마 30필을 지급할 것, ③ 죄수들을 역부로 충당하여 120명을 확보할 것, ④ 그들에게 주위의 땅을 둔전으로 지급하여 자급하도록 할 것을 명하고 있는데, 이러한 상황으로 보아 명나라가 정식으로 요동에 역로를 개설하려고 한 시기는 홍무 20년(1387)이라고 할 수 있다.[58] 이것은 이제 나하추와 그 인력이 명에 형식적으로 흡수되고 상당수의 북원군이 후퇴하면서 요서와 요동을 연결하는 교통로가 서서히 정비되기 시작했음을 의미하는 것이다. 나아가 명나라의 승인만 있으면 육로를 통해 산해관을 넘어 남경으로 가는 안전한 사행로가 확보될 수 있음을 말해준다.

홍무 29년(1396) 조선의 사신이 남경을 방문한 후 돌아갈 때 요동에 도착하자, 요동도사가 백호 夏質을 보냈는데 이것은 이 시기

58) 『明太祖實錄』 洪武 20年 7月 丙戌; 洪武 20年 7月 丙戌.

조선 사신이 요동의 육로를 부분적으로 이용하고 있음을 말해준다.

명나라가 그간 요서역로를 개통하지 못한 것은 몽골이 요서 지방을 장악하고 나아가 요동도사의 역량이 미치지 못하였기 때문이었다. 그러나 이제 요서와 요동을 연결하는 역참로가 정비되기 시작하였는데 이것은 요동도사의 힘이 요동에서 요서로 미치는 중요한 전환점을 맞이하게 되었음을 의미한다.

홍무 20년(1387) 이후 요동도사 관할지역 24곳에 역참이 설치되었는데, 그 중 1387년(洪武 20) 7월에 14곳의 요동역참이, 홍무 21년(1388) 2월과 7월에 역시 10개 정도의 요동역참이 증치되어 24개의 驛站을 형성하였다. 이에 중심지나 거점에 설치된 재성역참(在城驛站) 10곳을 더하면 총 34역참이 설치된 것으로 이해할 수 있다. 재성역참은 요양재성역(遼陽在城驛), 광녕재성역(廣寧在城驛), 의주(義州, 요서지방의 義縣[의현]을 말함) 개원역(開原驛), 철령은주역(鐵嶺嚚州驛), 심양역(瀋陽驛), 해주역(海州驛), 개주역(盖州驛), 복주역(復州驛), 금주역(金州驛) 등이다.

역참은 일반적으로 일정한 거리를 두고 설치되었다. 지리적인 특성, 전략적인 중요성을 고려하여 역참간의 거리를 조정하였다. 요동 역참의 서쪽 기점은 山海關이며 그 북쪽의 종점은 開原, 남쪽은 旅順이었다. 요동도사 지역 내 각 역참 간의 거리는 일반적으로 40~60리이지만, 지리적 조건에 따라 70~80리가 되는 곳도 있었다. 역참에는 일반적으로 官兵 120명, 驛馬 50필을 지급하였으며 그 역졸은 과중한 부역에 종사하였다. 과중한 부역에 비하면 그들에 대한 대우는 매우 낮았기 때문에 도망하는 역부가 초기부터 속출하였다. 역부의 도망 등으로 선덕연간(1426~1434) 초기에 이르면 각 역참은 이미 그 기능을 상실하는 모습을 보이기도 한다. 이러한 역참의 기능약화로 명나라로 통하는 사신은 역참에서 공식적인 도움을 받지 못하고 각 衛所에서 선발된 위소 군사들의 호위를 받기도 하였으며, 수확기가 되는 가을에는 내지의 馬步官軍을 각 역에 소속시켜 역참의 임무, 군사적 방어, 그리고 식량의 수송 등 여러 임무를 무리하게 담당하기도 하였다.

명 전기 요동도사 지역에 설치된 35 驛站(『全遼志』, 『遼東志』 참조)

역참명	驛站 방향	거리	현재위치	역참명	驛站 방향	거리	현재위치
高嶺	山海關에서 동북향	60리	綏中 高嶺鎭	瀋陽在城	〃	60리	瀋陽
沙河	〃	75리	綏中 沙河鎭	懿路	〃	60리	鐵嶺 懿路鎭
東關	〃	60리	興城 東辛庄鎭	嚚州	〃	60리	鐵嶺
曹庄	〃	47리	興城 曹庄鎭	撫順	〃	60리	開原 中固鎭
連山	〃	45리	錦西 連山區	開原	〃	45리	開原 老城鎭
杏山	〃	60리	凌河 杏山鎭	耀州	海州에서 남행	60리	大石橋 耀州鎭
小凌河	〃	60리	凌河 松山鎭 水手營村	盖州	〃	60리	盖州
十三山	〃	60리	凌河 石山鎭	熊岳	〃	60리	盖州 熊岳鎭
閭陽	〃	60리	廣寧 閭陽鎭	五十寨	〃	50리	瓦房店 五十寨鎭
廣寧在城	〃	50리	廣寧	復州	〃	60리	瓦房店 復州鎭
盤蛇	廣寧에서 동남향	45리	廣寧 吾家鄕 盤蛇村	欒古	〃	60리	瓦房店 欒古鎭
高平	〃	45리	盤錦 高升鎭	石河	〃	60리	石河驛
沙嶺	〃	60리	盤錦 沙嶺鎭	金州在城	〃	40리	大連 金州區
牛庄	〃	50리	海城 牛庄鎭	木場	서남향	60리	大連 木庄鎭
海城在城	〃	40리	海城	旅順	〃	60리	大連 旅順區
鞍山	海州에서 북향	60리	鞍山舊堡	索馬嶺	廣寧에서 서향	60리	義縣 索馬嶺
遼陽在城	〃	60리	遼陽	義州在城	서향	50리	義縣
虎皮城	〃	60리	燈塔 十里河鎭	계 : 35驛			

명초 요동팔참 지역은 여전히 역로가 정비되자 않은 지역으로 양국의 행정구역에 포함되어 있지 않았다. 1480년대가 되어서야 명나라에 의해 요동팔참 지역의 역참이 정비되기 시작하였다. 따라서 당시 이 지역을 지나가는 사행단은 자체적으로 도적으로부터 방어할 수 있는 보호군을 거느리고 다녀야 했다.

명의 위소설치와 철령위

이제 명나라의 입장에서 보자면 역로 정비가 가장 안된 지역은 요동도사에서 압록강에 이르는 요동팔참 지역이었다. 실제 명나라 시기 요동팔참 지역은 명과 조선 어느 나라의 행정구역에도 편입되지 않은 지역이었다. 요양 동남쪽 연산관에서 압록강에 이르는 지역은 명나라가 요동공벌론이 제기되고 있는 고려를 장기적으로 견제하기 위해 반드시 역로를 정비하고 명의 군대가 주둔해야 하는 또 다른 지역이었다. 고려말기 곧 명의 요동도사가 정비되던 1387년 철령위의 설치문제는 요동팔참 지역의 역참로 개설을 위해 명이 추진했던 위소정책의 시각에서도 접근할 수 있다.

명나라는 나하추와의 전쟁을 승리로 끝내고 요동의 상당부분을 차지할 수 있었다. 그리고 명나라는 戶部를 통해 鐵嶺衛를 설치하겠다는 咨文을 고려에 보내왔다.[59] 철령위 설치 소식이 전해지자 高麗에서는 요동공벌론이 대두되었다.[60] 고려의 요동공벌론은 당시 명나라와 고려 사이에 군사적 긴장감이 있었음을 의미한다. 당시 명나라는 요동진출을 확대하기 위해 요동도사를 중심으로 25衛 체제를 정비해 나가고 있었는데, 이는 명나라가 요동의 군사력

59) 『明太祖實錄』 洪武 20年 12月 壬申. 明이 鐵嶺衛를 설치하겠다는 것은 기본적으로 元代 遼陽行省의 관할지역을 明의 관할로 만들려는 목적이 있었다. 당시 遼東都司는 納哈出 세력을 흡수하기는 하였지만, 주변의 여러 세력을 흡수할 수는 없었다. 遼陽行省 지역의 高麗人이나 女眞族은 상당수 한반도로 유입되거나 遼東都司 관할지역 밖으로 이주하는 등 遼東都司의 인구를 감소시키는데 영향을 미치고 있었다. 明은 이러한 인구유출을 방지하고 영향력을 확대시키기 위하여 女眞 지역 등에 여러 衛所를 지속적으로 설치하여 그들을 통제하고자 하였다. 鐵嶺衛를 비롯한 東寧衛, 三萬衛, 安樂州, 自在州 등은 대부분 非漢族들로 구성되어 있었으며, 遼東都司가 관할지역을 효과적으로 운영하고 인구를 확보하기 위해 설치된 것들이라고 볼 수 있다.

60) 刁書仁, 卜照晶, 「論元末明初中國與高麗,朝鮮的邊界之爭」, 『北華大學學報』, 2001年 第2卷 第 1期, 54쪽.

을 강화시키고 압록강 유역의 역참을 정비하여 동팔참 지역을 명의 내지로 만드는 동시에 고려와 압록강 하나로 국경을 마주한다는 의미와 같았다. 이것은 고려에게는 또 다른 근심이 될 수밖에 없었다.

더구나 이전 홍무 17년(1384) 명군은 北青州 등을 침입하여 고려군과 충돌하기도 하였으며, 偰長壽 등이 홍무 20년(1387)에 가져온 명 태조의 자문에도 나하추 세력 평정 이후에 고려를 군사적으로 위협할 수 있음을 짐작케 하는 조짐도 나타나고 있었다.[61] 즉 명나라의 철령위 설치 통보와 이에 대한 요동공벌론의 대두는 ① 철령 지역(현재의 길림성 집안)이 명나라의 영토로 귀속될 수 있다는 대명위기의식 ② 명초 명나라 군대의 군사력 확대에 따른 고려와 명나라의 국경선이 맞닿게 되는 경계지역의 위기, ③ 동팔참 지역이 명의 관할로 넘어가게 된다는 영토위기의식 ④ 우왕 시기의 反明的 분위기 등 명나라와 고려 사이에 발생한 갈등들이 응축되어 나타난 종합적인 사건이라 할 수 있다.

홍무 20년(1387) 최영은 이성계와 더불어 林堅味, 廉興邦 등의 반대파를 제거하고 정국을 주도해 나갔다. 그리고 명나라의 철령위 설치가 통보되자 최영은 曹敏修와 이성계를 각각 左·右軍 都統使로 삼아 요동정벌군을 조직하였다. 그러나 우왕과 최영의 요동공벌계획은 이성계가 '四不可論'을 제기하고 '威化島回軍'을 단행함으로서 실패하였다. 오히려 이성계는 최영에게 요동공벌을 강행한 책임을 묻고 무력을 통해 모든 권력을 장악하였다.

결국 요동공벌의 단서가 되었던 명나라의 철령위 설치는 몽골로 인한 요동북부의 위기와 그 역량의 부족으로 명의 의도대로 압록

---

61) 『高麗史』 卷136, 禑王 13年 5月.

강 유역에 설치되지 못하고 심양 동남쪽의 奉集堡로, 그리고 다시 요동도사 북부 방어선에 해당하는 철령에 설치됨으로써 일단락되었다. 철령위 설치의 좌절은 압록강 유역과 요동팔참을 점거하려는 명초 명나라 전략의 실패라는 시각에서 매우 중요한 의미가 있는 사건이라고 할 수 있다.

어쨌든 철령위 설치시도가 좌절되었지만 명으로서는 야심찬 계획이었다. 만약 철령위 설치가 압록강 유역에 설치되었다면 이후 국경지대에 해당하는 요동팔참 지역이 명의 관할로 들어갈 수 있는 중차대한 문제가 발생할 수도 있었다. 앞서 언급한 바와 같이 요서와 요동을 연결하는 역로가 개설됨으로써 명과 고려(조선)를 연결하는 길이 생기기 시작했는데, 이것이 압록강으로 연결된다면 조선과의 국경은 말 그대로 압록강을 경계로 명과 마주할 수 있는 중대한 문제가 발생할 수 있었던 것이다.

어쨌든 요서지역에 명의 역로가 설치되기 시작하였는데, 이것은 차후 조공무역, 민간무역, 밀무역 등 다양한 방식으로 조선과 명의 교역과 교류가 증대할 수 있음을 의미하였다. 북경을 출발하여 산해관을 나와 요서를 지나 요양에 이르고 다시 여기에서 조선으로 연결되는 정상적인 육로가 생기는 것이기도 하였다.

철령위의 설치실패로 요동팔참 역로설치와 정비는 다시 방치되었다. 당시 요동팔참 지역의 상당부분은 무인지대와 다름없었다. 당시 명나라의 군사적 역량은 요양 남쪽 책문이 설치된 연산관까지만 이르고 있었다. 연산관에서 압록강에 이루는 수 백리의 땅은 무인지대처럼 여전히 방치되고 있었던 것이다.

위의 내용을 정리해 보면 초기 조선과 명의 공로문제가 몇 가지 단계로 나누어져있음을 알 수 있다. 우선 명이 건국되는 1368년~

1374년의 시기에는 조선과 명 쌍방이 모두 해로를 이용해 사신을 파견하고 있음을 알 수 있다. 한반도에서는 주로 산동반도에 상륙한 후 남경에 이르는 노선이 이용되었다. 두 번째 시기는 1374년 이후~1387년의 시기로 고려와 명의 관계가 악화되면서 육로와 해로의 이용이 병행되던 시기이다. 명나라가 전마를 필요로 할 경우 조선은 요동도사 곧 요양으로 말을 압송하여 교역하였던 것이다. 이 경우 요서지방을 통해 산해관을 넘은 것은 아니다. 압록강-요동팔참-요양에 이른 후 요남지방 곧 海州, 蓋州, 復州, 金州 등의 지역을 통해 旅順에 이르고 여기서 다시 배를 타고 산동반도에 도착하는 노선으로 일부는 요동의 육로를, 일부는 해로를 이용하는 사행로였다. 마지막은 1387년 이후~영락연간 요동이 안정되고 북경천도가 단행되면서 요서역로가 완전히 개통되어 육로가 자유롭게 이용되던 시기이다.

遼東八站路의 위기와 조선의 사행로 변경

앞에서 언급한 바와 같이 요동팔참로는 명과 조선의 행정구역에 편입되어 있지 않았다. 이것은 사행로 운영에 매우 불편하였다. 조선의 사신이 압록강을 건너 요양에 도착하기 위해서는 자체 호위군을 대동하고 와야만 했다. 명나라에서 사행의 임무를 끝내고 요양에서 연산관 책문을 빠져나올 경우에는 요동도사의 군사들의 호위를 받는 경우가 빈번했다. 이처럼 명나라 국경으로 입경할 때는 조선 군사의 호위를, 출경할 때는 명나라 군사의 호위를 받으며 연산관에서 압록강에 이르는 지역을 통과해야 했던 것이 명초기 사행의 일반적인 풍경이었다. 이처럼 양국의 군사호위를 받는 것은 요동팔참 지역이 양국의 행정구역에 편입되지 않아 도적과 여진족의 습격을 많이 받는 변경지역이었기 때문이다. 더구나 인적이 드물고 산세가 험해 산짐승들의 습격도 매우 빈번하였다. 이러한 지리적 행정적 특징으로 역로의 정비가 이루어질 수 없었기 때문에 그 중요성에 비해 동팔참이라는 지명이 무심할 정도로 교통이 불편하고 위험한 지역이었다.

명대 요동 驛站과 驛路(劉謙, 『明遼東鎮長城及防御考』 참조)

1450년대 이 지역의 역참 지명으로 두관(頭館)-낭자산(浪子山)-신채(辛寨)-동산관(東山關, 連山[연산])-용봉산(龍鳳山)-봉황산(鳳凰山)-개주(開州, 진동보참[鎭夷堡站])-탕참(湯站)이 나타난다. 그리고 1480년대에 다시 변동이 생겨 곧 첨수(甛水)-연산관(連山關)-신통원보(新通遠堡)[62]-사열(斜列, 진동보참[鎭東堡站])-봉황성(鳳凰城)-탕참(湯站)-구련성(九連城)-진강보참(鎭江堡站)으로 변한다. 그러나 변화된 站의 위치는 기본 노선에서 크게 벗어나지 않고 요동정세에 따라 약간의 위치변동을 하고 있을 뿐이다.

1450년대와 1480년대의 역참의 위치 변동은 주로 여진족의 위협에서 그 원인을 찾을 수 있다.[63] 이외에도 遼陽을 기점으로 십리하참(十里河站)-영수사참(迎水寺站)-낭자산참(浪子山站)-첨수참(甛水站)-연산관참(連山關站)-통원보참(通遠堡站)-설리참(雪裏站)-봉황성참(鳳凰城站)으로 나타나기도 하는데, 봉황성~압록강 사이의 참은 명칭이 나타나지 않는 경우도 있다. 이것은 '과차즉위조선계(過此卽爲朝鮮界)'[64]로 기록하고 있는 것으로 보아 봉황성 이동 지역은 명나라의 영향력이 미치지 않는 국경지대였으며 때문에 '朝鮮界'로 기록되기도 하는데, 양국의 행정력이 미치지 않음으로서 그 지명이 기록되지 않는 경우가 많은 것으로 생각된다. 이러한 상황을 종합해 볼 때 시대에 따라 명대 요동팔참은 8개의 참으로 고정되어 있지도 않았고, 참의 위치가 수시로 변화되고 있음을 알 수 있다. 그럼에도 불구하고 일반적으로 '요동팔참' 혹은 '동팔참' 등으로 통칭하였다.

---

62) 阿桂 等 纂修,『盛京通志』卷29, 554쪽. 鳳凰城의 서북 60여 리에 있으며 新通遠堡, 鎭夷堡, 寧夷堡 등으로 불렸다.

63) 顧祖禹,『讀史方輿紀要』卷37, 上海書店出版社, 1998, 259쪽.

64) 阿桂 等 纂修, 위의 책, 권33, 623쪽.

명대에는 여진과의 전쟁에 화약무기를 사용하기도 하였다.

요동팔참 지역을 이러한 무인지대로 두었던 배경에는 중요한 정치적 이유도 있었다. 즉 주원장 시기 이 지역을 무인지대로 방치함으로써 조선과 명의 국경지대를 확보하고 이를 통해 국가 간의 충돌을 완화시키려는 목적도 있었다. 또한 당시 동쪽에서 여진족이 성장하고 있었지만 명과 조선의 사행들을 위협할 정도로 성장하지 않았기 때문에 서둘러 이 지역의 역참을 정비할 필요가 없었다. 원말 명초의 형세가 보여주었듯이 여진족이 조선과 명의 교류를 방해하고 요동지역을 장악하는 일이 재현된다면 이것은 명의 요동도사를 약화시키고 산해관이 위협받는 또 다른 위급한 상황이 발생할 수도 있다는 것을 명 조정은 잘 알고 있었다. 그러나 명초기 여진족은 오히려 몽골의 위협 하에 있었고 명과 조선을 위협할 만큼 강대한 세력을 형성할 수 없었다. 이것은 명의 입장에서 보자면 동팔참로를 긴급하게 정비할 필요성을 없게 하였던 또 다른 이유가 되었다.

그러나 영락연간 이후 선덕연간이 되면서 이러한 요동팔참 지역의 상황은 점차 변화하기 시작하였다. 원래 요동북부와 두만강 유역에서 활동하던 여진족이 점차 서진하여 요동도사 부근과 조선의 변경으로 이동해 오면서 명과 조선의 변경을 위협하기 시작하였다. 그들이 혼강과 혼하 유역으로 이동해 정착하면서 기존의 요동팔참 사행로가 위협받는 상황으로 변화하기 시작하였던 것이다.

이러한 상황 곧, 기존의 사행로가 험준하고 동쪽 여진지역으로 치우쳐 있어 그들의 위협을 받음으로써 사행이 위험하다는 것은 조선의 입장에서는 사행로의 변경을 요구하게 되는 중요한 배경이 되었다. 그러나 명의 입장에서 보자면 조선의 사행로 변경 요청을 허락한다는 것은 기존의 사행로 지역도 여진으로부터 고수해야 하고, 나아가 조선이 요청한 변경된 사행로를 정비해야 한다는 이중의 부담을 가져오는 것이었다.

당시 조선은 刺楡寨를 경유하는 새로운 사행로를 요구하였다. 조선이 사행로 변경 시 요구했던 자유채의 위치가 현재의 어디인지 아직 정확히 연구된 적이 없다. 『문종실록』에 기재된 요동에서 남쪽으로 가까운 刺楡寨라는 표현에서 알 수 있듯이 자유채는 요동도사의 남쪽에 위치하고 있다. 『遼東志』와 『全遼志』를 보면 자유채는 '요양 동남쪽 170리'라고 되어 있는데, 현재에는 그 지명이 사라져 자유채의 정확한 위치를 파악하기는 어렵다. 『명실록』과 『조선왕조실록』에 자유채와 관련된 여러 기록을 통해서 보면 요양 동남쪽에 위치하며 요동 방어의 중요한 역할을 하던 지역이었음은 확실한 듯하다.

당시 요동팔참 지역 서쪽은 주로 요남 지역에 해당하기 때문에 북변과 동부에 비해 중요한 전략상의 지점이 많지 않았으며, 여진으로부터 비교적 먼 곳이어서 요동팔참에 비해 크게 위협받는 지역이 아니었다. 따라서 자유채가 전략상 중요한 지점이었다면 역로상에 위치하거나 아니면 그 부근에 위치할 가능성이 많다. 동부지구와 서부지구의 중간에 존재하는 중요한 관문은 북쪽의 연산관(連山關, 현재 본계시[本溪市] 연산관현[連山關縣]), 남쪽의 대판령관(大片嶺關, 현재 수암현[岫岩縣]의 편령진[片嶺鎭]) 그리고 연산관과 수암의 중간에 위치한 청태욕보(青苔峪堡, 현재 봉성시[鳳城市] 청성진[青城鎭])를 들 수 있다. 위에서 언급한 세 지역은 모두 요동 동남쪽을 방어하는 중요한 지점들이다. 성화연간 이후 청태욕보가 새로운 전략지로 인정되면서 자유채의 지명 대신 사용되었거나 중요한 보를 설치하면서 청태욕보로 바뀌었을 가능성이 크다. 그 근거를 살펴보면 다음과 같다.

정통 원년(1436) 명나라는 동녕위의 指揮 李俊을 시켜 ① 요양에서 頭館站을 거쳐 자유채까지는 약 2백50여 리가 되며, ② 자유채에서 개주참까지는 1백20여 리가 되고, ③ 자유채를 통하는 길은 지금의 요동팔참과는 다른 開州 옛 길에 해당되며, ④ 이 옛길로 들면 압록강까지가 2站이고 중간 참까지 따지면 9참이 됨을 조사하여 보고하였다. 여기에서 주목할 만한 사실은 두 가지이다. ① 遼東八站과는 다른 開州 옛 길이 있다는 것과 ② 자유채까지는 약 2백50여 리가 된다는 표현이다.

우선 첫째 '요동팔참과는 다른 옛길'이라는 표현인데, 이는 요동팔참을 통하지 않고 갈 수 있는 다른 길이 있다는 의미이다. 이러한

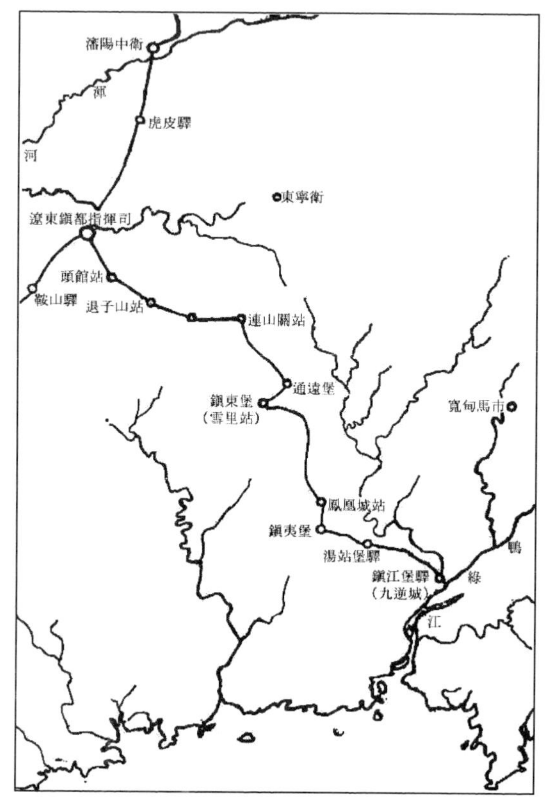

遼東八站 使行路
(劉謙,『明遼東鎭長城及防禦考』참조)

것을 확인해 주는 사료중의 하나가 『籌遼碩畫』이다. 『주료석화』를 보면 압록강변에서 요동팔참로를 거치지 않고 요남 지역을 거쳐 요동도사로 들어가는 '朝鮮貢道'라고 표시된 길이 있으며, 이 길이 곧 '청태욕보'와 직접 연결되고 있음을 알 수 있다. 그리고 봉황성을 거쳐서 자유채로 통하는 길도 있었음을 알 수 있다. 즉 요동팔참로 이외에 압록강에서 직접 자유채로 향하는 길과, 봉황성을 거쳐 자유채로 이르는 길이 있었음을 알 수 있다. 그러나 당시 책문이 봉황성에 설치되어 있었기 때문에 형식상 봉황성은 반드시 거쳐야만 했다. 따라서 압록강-구련성-탕참-봉성-青城(청태욕)-요양이 자유채를 통해 요동도사에 이르는 노정으로 정리될 수 있다고 본다.

그리고 요양에서 자유채에 이르는 250여 리가 되는 노정을 보면 海城-鞍山-遼陽은 간선도로와 같이 매우 중요한 역로망을 형성하고 있으며 교통이 매우 편리했음을 알 수 있다. 그러나 청성(青城)에서는 接文을 거쳐 서쪽으로 더 가서 돌아가야 하기 때문에 여진의 위협을 피할 수는 있었지만 그 거리가 250여 리로 멀어지는 단점을 가지고 있었다. 명대 역로망에 기초하여 이 250 여리의 노정을 추적해 보면 鳳城~青城~接文~海城~鞍山~遼陽이라고 할 수 있다. 즉 조선이 새롭게 요구한 사행로는 義州~鎭江(구련성)~湯站~開州(鳳城)~刺榆寨~接文~海城~遼陽으로, 비교적 여진으로부터 안전한 사행로를 요구했던 것이다. 조선은 여진의 위협을 피해 사행의 안전을 도모한다는 것을 명분으로 정통 원년(1436) 자유채를 경유하는 요동팔참 사행로를 변경해 줄 것을 지속적으로 요구하기 시작하였다.

조선은 통사 金玉振을 요동에 보내

> 이보다 앞서 본국의 사신이 동팔참의 한 길을 내왕했는데, 예전부터 산은 높고 물은 깊었으며, 물줄기 하나는 활처럼 굽었으므로 무릇 8~9차례나 건너게 되었습니다. 여름철 장마에는 물이 창일하는데 본래부터 배가 없으며, 겨울철에는 얼음이 미끄럽고 눈이 깊어서 사람과 말이 넘어져 죽는 것이 많이 있습니다. 또 개주 龍鳳站 등은 전연 人煙이 없고 풀과 나무만 무성히 빽빽하였는데, 근년 이후에는 사나운 범이 자주 나와서 나쁜 짓을 하므로, 왕래하는 사람과 말이 실로 고생이 많습니다. 요동이 관할하는 連山把截의 남쪽에 길 하나가 있어서, 刺

> 榆寨把截을 경유하여 도사에 이를 수 있는데, 이 길에는 인민이 흩어져 살고 또 산과 물의 험준함이 없으니, 이 사실을 전달하여 자유채 길로 왕래하여 서로 내왕하기를 바랍니다.[65]

라고 하였다. 자유채는 요양을 출발해서 두관참에 이르면 길이 갈라지는데, 이곳에서 자유채까지는 약 250여리, 다시 자유채에서 개주참(봉황성)까지는 120여리였다. 그리고 개주참에서 압록강 사이에는 대략 9개 정도의 역참이 이 있었다. 결국 자유채를 경유는 노선은 기존의 연산관을 경유하지 않고 요양-두관참-봉황성-압록강이라는 새로운 사행로를 운영한다는 의미와 같았다.

이러한 조선의 사행로 요청에 대해 명나라는 요동 천호 金顯 등을 시켜 여러 차례 실제 지리를 답사하는 등 상황파악에 들어갔다. 그리고 정통 2년(1437) 당시 황제였던 영종의 명령을 받아 병부상서 王驥 등이 조선에 명나라의 공식적인 입장을 전하였다. 명나라 입장은 기존의 사행로가 무리없이 운영되어 왔기 때문에 사행로 변경은 불가하다는 것이었다.

正統年間(1436~1449)은 북변의 몽골침입이 더욱 심각해진 시기인데 이 영향으로 여진 역시 몽골의 약탈과 위협을 피하기 위해 압록강 유역으로 이동해 오는 상황이 자주 발생하였다. 압록강 유역으로 이동해 온 여진인들은 자연스럽게 조선과 빈번한 접촉과 충돌을 하였다. 명나라는 조선 경내에 살던 童倉 등 여진 5백여戶와 指揮 高早化 등 50호를 婆猪江으로 옮겨 살도록 함으로써 압록강 중류 지역의 여진인을 명나라로 흡수하고자 하였다.[66] 그리고 명나라는 정통 7년(1442)에 建州衛都指揮僉事 李滿住를 都督僉

65) 『조선왕조실록』 세종 18년 12월 기사.
66) 『조선왕조실록』 세종 19년 12월 신사.

事로, 정통 12년(1447)에 다시 都督同知로 승직시키는 등 여진에 각별한 대우를 하였다. 이러한 우대정책의 배경에는 장성 지대의 불안정이 영향을 미치고 있었다. 당시 오이라트 곧 서몽골이 북변을 압박해 들어왔고 이 과정에서 이들을 방어하러 직접 출정했던 황제 英宗이 오이라트에게 포로로 잡히는 등 그 여파가 요동의 북부 방어선에도 파급되자 여진을 회유하여 요동을 방어하는 울타리로 만들고자 하는 목적이 있었다.

정통 2년(1437) 9월 조선은 군대 7천여 명을 동원해 혼강 지역의 건주여진의 중심지이던 이만주의 부락을 공략하였다. 이 사건은 조선과 건주여진의 긴장관계를 야기하는 중요한 사건이 되었다. 조선은 여진의 보복을 피하기 위해 재차 사행로 변경을 요구하였다. 그 이유는 건주여진이 조선의 공략을 받은 후 조선에 보복을 결심하고 있으며 사행단이 중요한 표적이 될 수 있다는 것이 중요한 이유 중의 하나였다. 특히 기존의 사행로에 해당하는 개주참에서 연산관에 이르는 지역은 여진의 본거지인 파저강에서 그리 멀지 않기 때문에 상당히 공격받을 위험성이 높다는 것을 알렸다. 그러나 조선은 요동도사에 조선의 입장을 알렸으나, 요동도사는 이미 이전에 자유채를 경유하는 노선을 조사해서 보고한 경험이 있었기 때문에 적극적으로 사행로 변경건을 중요하게 처리하지 않았다. 이로써 조선의 요구는 이번에도 관철될 수 없었다.

사행로 변경요구의 좌절과 책문의 이동

정통 14년(1449) 당시 북부의 몽골이 장성을 넘어와 대대적으로 명나라를 약탈하는 사건이 발생하였다. 이러한 몽골의 남침은 요동에도 영향을 미쳐 큰 피해를 야기하였다. 당시 조선인 출신으로 명나라 태감을 하던 尹鳳은 조선에 출사하여 조선에게 사행로를 변경할 절호의 기회임을 알려주었다. 즉, 지금처럼 몽골의 남침으로 요동정세가 위기에 처한 시기를 이용해 자유채를 이용하는 사행로 변경을 요구한다면 명나라 역시 새롭게 이 문제를 고려할 것이라는 입장을 전해주었던 것이다.

그러나 시기는 적절했으나 당시 명나라 황제 영종은 장성지대 토목보에 갔다가 몽골군에게 포로가 되어있었기 때문에 조정에서는 이 문제를 심도있게 논의할 경황이 없었다.[67] 이로써 조선의 요구는 또 다시 기약할 수 없는 불가피한 상황에 직면하였다.

경태 원년(1450) 5월 건주위와 해서여진 1만 5천여 명이 요동을 침입하였으며,[68] 같은 해 6월 마침내 左都御史 王翱의 주청에 따라 점차 성장해가고 있는 건주여진 지역을 대대적으로 토벌할 계획을 세웠다.[69] 이러한 명나라의 건주지역 토벌 계획을 접해 들은 여진은 渾河 유역에서 파저강 유역으로 옮겨 다녔다.[70]

이러한 상황 속에서 조선은 경태 2년(1451) 8월 謝恩使 皇甫仁과 副使 金孝誠을 통해 요동팔참의 사행로 변경을 다음과 같이 재차 요청하였다.

> 小邦의 조공 왕래는 늘 동팔참 한 길만 경유하였는데, 야인 이만주 등이 흔단을 일으킨 이후로 적이 출몰하고 있으므로

67) 『조선왕조실록』 세종 24년 8월 기해. 서몽골 세력이 강할 때는 교역을 요구하는 입공자(入貢者)가 1년에 2~3천 명에 이를 때도 있었다.

68) 『明英宗實錄』 景泰 元年 5月 癸丑.

69) 『明英宗實錄』 景泰 元年 六月 癸未. "海西建州賊徒 李滿住, 剌塔等累入境肆掠, 臣等議調官軍分三路, 先擒剿滿住, 凡察, 董山三寨, 然後發兵問罪海西."

70) 『明英宗實錄』 景泰 元年 5月 戊戌.

> 불편할 것을 깊이 염려하여, 요동에서 남쪽으로 가까운 자유채에서 길을 찾아 지나가려고 합니다. 이 일을 위하여 이미 벌써 사유를 갖추어 주달했는데도 윤허를 얻지 못했습니다. 가만히 생각하건대, 위 항목의 이만주 등이 먼저 중국 조정에 귀순했을 때는 천자의 威光을 두려워해서 감히 해치는 행위를 거리낌 없이 하지는 못했지마는, 지금은 성은을 저버리고서 감히 跳梁을 거리낌 없이 하고 있으니, 진실로 틈을 엿보아 갑자기 나와서 공헌하는人馬를 빼앗으며 묵은 원한을 풀게 된다면, 동팔참 옛길도 실상은 곧장 나가기가 어려울까 염려됩니다. 삼가 바라건대, 聖慈께서 허가하시는 명령을 명백히 내려서 자유채의 한 길을 개통시켜 왕래를 편리하게 하면 매우 다행이겠습니다.[71]

여진족은 후기로갈수록 철을 확보해 나갔으며 그들의 갑옷도 점차 견고해져 갔다. 그림은 만주족의 팔기갑주

조선의 사행로 변경 요청에 대해 명나라는 이만주 등을 불러 조선의 변경을 소란스럽게 하지 말라고 충고하는 것에 그치는 등 소극적인 자세로 일관하였다.

결국 천순 4년(1460) 조선은 다시 군사를 파견해 건주여진을 토벌하였다. 이번 토벌전에서 당시 건주여진의 우두머리였던 이

---

71) 『조선왕조실록』 문종 즉위년 8월 경인.

만주는 피살되었고 이로써 조선에 대한 여진족의 복수심은 더욱 높아졌다. 조선은 다시 자유채를 경유하는 사행로 변경을 요구하였다. 중요한 배경으로 이만주 사후 그 아들과 무리들이 복수심이 극에 달해 사행단이 심각하게 위협받을 수 있다는 것을 주요한 이유로 들었다.

이번에 명나라는 사행로 변경 대신 새로운 대안책을 제시하였다. 만약 조선의 추측대로 여진의 위협이 염려된다면 기존의 책문이 설치된 연산관을 넘어 동진하여 명나라의 성보를 설치하여 새롭게 군사가 주둔할 수 있는 역참을 설치하여 여진을 방어하고 조선의 사행단을 보호하겠다는 것이었다.

천순 8년(1464) 4월 조선사신은 이러한 명나라의 입장을 신속히 조선에 전하였다. 실제로 이러한 명나라의 입장은 요동팔참 지역에 요동변장과 같은 강화된 방어선을 수축하는 전략을 적용하겠다는 입장과 동일한 것이었다. 곧 요동팔참 지역에 역참의 역할을 하면서 군사적 요새가 되는 성보를 수축하여 남하하는 여진족을 방어한다는 전략을 실현한다는 것으로 이해할 수 있다.

명나라는 성화 13년(1477) 여진과 몽골을 방어한다는 합리적인 명분으로 요서지방의 錦州와 義州 등에 변장, 성보, 돈대 등을 쌓고 봉황산 등에도 성보를 증축할 것을 결정하였다.72) 봉황산에 성보를 증축하려는 직접적인 원인은 또한 당시 요동팔참에서 가까운 靉陽堡와 淸河堡가 여진의 공격을 자주 받는 등 주변의 여러 지역에 대한 여진세력의 공격이 규모면에서 점점 커지고 있었기 때문이었다. 명나라로서는 이러한 정세변화와 관련하여 요동도사를 비롯한 요동팔참 지역을 안정시키기 위해 견고하게 방어해야할 필요성을 느꼈던 것이다.73) 더구나 봉황산에서 歲貢에 필요한 인삼을 채취하던 사람들도

72) 『明憲宗實錄』 成化 13年 2月 庚寅.

자주 여진에게 공격받고 있었던 상황도 전개되고 있었다.

물론 명나라가 요동팔참에 성보를 증축한 것이 여진의 공격을 근본적으로 방어할 수는 없는 것이었다. 당시 명의 이러한 성보의 수축은 요동도사가 더 이상 팽창할 수 없었던 모습을 단적으로 보여주는 것으로 적극적 공격의 일환이 아니라 소극적 방어라는 전략에서 축성이 시도되고 있었기 때문이다. 또한 연결된 장성의 형태로 성벽이 축조된 것이 아니라 중요한 길목에 소규모 성을 수축하고 군대를 주둔시키는 것으로 여진족이 침입할 수 있는 길목은 많이 있었다. 실제로 조선이 사행로로 요구했던 자유채 역시 성화 15년(1479) 11월 건주여진 300여 騎의 공격을 받는 등 명나라의 성보수축이 근본적이 해결책이 될 수는 없었음을 보여주는 많은 사건들이 발생하였다.

성화 16년(1481) 9월에도 조선은 명나라에 조선의 사신이 요동팔참 지역에서 여진과 충돌한 일을 보고하는 등 이후 요동팔참에서 여진과 조선, 명과 여진의 충돌은 더욱 빈번하게 발생하는 등 긴장이 고조되고 있었다. 요약하면 천순연간(1457~1464)·성화연간(1465~1487)은 요동팔참 지역에 대한 여진의 위협이 심화된 시기였고 명은 이들을 정벌을 통해 견제하기도 했지만 여진지역을 무력으로 정벌하는 것에는 한계가 있었다. 이러한 상황은 결국 명나라가 무력을 통해 여진을 제압할 수 없었다는 것을 의미하며 방어선 밖의 여진은 계속 명의 위협하는 세력으로 성장할 수 있음을 의미하는 것이었다.

요동팔참 지역에 여진족의 출현이 증가하고 있는 상황에서 조선은 자유채를 경유하고자 하는 요구는 감소할 수 없었으며 다시 명나라에 사행로 변경을 재차 요구하는 중요한 이유가 되었던 것이

73)『明憲宗實錄』成化 13年 11月 壬午.

다. 그러나 이번 조선의 요구에 대해 명나라는 결국 확실한 축성 계획을 통보하여 조선의 사행로 변경요청을 거절하였다.

명나라가 조선의 요청을 거절하며 이 지역에 설치하려한 최후 성보의 내용은 봉황산의 서북 15리 지점에 鳳凰城屯 1보를 쌓고 군사 1천 명을 주둔시키며, 봉황성 서쪽 60리 지점인 斜烈站에 鎭寧堡를 축조하는 것, 다시 사열참의 서북 60리 지점에 新通院堡를, 그 남쪽에 寧夷堡를 축조하고 이 2堡에 각각 軍馬 5백 필을 주둔시킨다는 것이었다. 이로써 요동도사의 치소인 요양에서 조선으로 향하는 요동팔참 지역을 봉수와 척후로써 연결하고 요동도사의 동남 지역을 성보 축성을 통해 방어한다는 전략이었다.[74)]

그리고 성화 17년(1481) 요동도사에서 약 3백여 리의 거리에 있는 봉황산과 압록강에서 가까운 靉陽堡 사이에 돈대 13곳을, 通遠堡로부터 沿江사이에 돈대 22곳을 설치하고자 하였다. 홍치 2년(1489) 9월 봉황성 및 鎭東·鎭夷의 2堡가 완성되었으며, 봉황성에 6백여 명, 진동·진이보에 각각 3백여 명을 주둔시키고 定遼右衛의 관할을 받았다.[75)]

이로써 명의 최후 통첩으로 책문이 연산관에서 동진하여 봉황성에 설치되었다. 이후 명나라를 거쳐 청나라에 이르기까지 봉황성이 명나라와 청나라로 들어가는 출입문이 되었다. 이것은 현재 중국이 주장하는 바와 같이 명과 조선, 청과 조선의 국경이 압록강이 될 수 없음을 의미한다. 나아가 청대 백두산 정계비가 세워진 이후에도 여전히 국경지대로서의 요동팔참 지역이 존재했음을 말해 주는 것이다.

---

74) 『明憲宗實錄』 成化 17年 6月 癸酉.
75) 『明孝宗實錄』 弘治 2年 9月 壬申.

4. 조선·여진관계와 羈縻政策의 특징

들어가며

14~15세기 동북아시아 각국은 새로운 왕조의 성립을 보았고, 그에 따른 새로운 관계 설정이 필요하였다. 이것은 중국 明의 册封을 바탕으로 한 '事大交隣'의 외교체제를 만들어 냈고, 각국은 이러한 국제질서에 동참하면서 외교적 현안들을 풀어나갔다. 그런데 조선에 있어 최대의 외교현안은 倭寇와 女眞문제였다. 현실적으로 당시 일본의 幕府政權은 지방에까지 그 세력이 미치지 못하였고, 여진 세력도 집중된 통일체를 이루지 못하여 조선은 각 세력에 대하여 '다양하고 개별적인 관계'를 맺게 되었던 것이다. 그렇다면 우리는 이러한 '다양하고 개별적인 관계'를 어떻게 바라보아야 할 것인가?

『조선왕조실록』을 보면 兀良哈, 斡朶里, 女眞, 兀狄哈이라는, 우리에게 생소한 부족명들이 나온다. 이와 관련된 기사들을 살펴보면, 건국 후부터 성종조까지(1494년) 대략 5천여 건, 조선왕조 전체로는 1만여 건 정도 된다. 이 중 1455년(단종 3) 3월 기사조는 조선이 여진과의 관계를 어떻게 설정해 왔는지 잘 보여준다. 함길도 도체찰사 李思哲이 단종의 諭示를 받아 여진 부락과 족류의 강약을 등급을 나누어 아뢴 것인데, 특기할 것은 兀良哈, 斡朶里, 女眞, 兀狄哈을 거주지와 연관시켜 50여 개의 부족으로 나누고, 조선과의 거리와 戶數, 壯丁의 수를 기록하고 있다. 또한 총 8백여 명의 여진인을 각각 1등급에서 4등급으로 나누어 정하고 있으며, 그 중 180여 명이 조선으로부터 관직을 받았고, 12명은 侍衛를 하고 있는 것으로 나타난다. 조선이 諸女眞세력에 대하여 이렇듯 자세한 파악을 하고 있었던 이유는 무엇인가? 또 그들에게 조선의 관직을 주고, 왕궁 등에서 시위하게 하였던 이유는 무엇인가?

조선은 事大交隣의 외교정책을 취하였는데, 事大란 中國에 대한 외교관계를, 交隣이란 주변국들과의 외교관계를 지칭한다. 册封받은 국왕과 국왕간의 외교를 대등한 교린이라고 한다면, 일본의 중소영주나 巨酋, 또는 諸女眞세력과의 관계는 단순히 교린이라고만은 할 수는 없다. 왜냐하면 그것은 조선의 주변세력을 조선을 중심으로 한 관계로 설정하면서, 조선 건국 직후의 외교적 현안문제들을 풀어 나가고자 하는 정책적 시도였기 때문이다. 조선이 兀良哈, 斡朶里, 女眞, 兀狄哈 등 諸女眞勢力에 대해 끊임없이 그 세력의 동향을 적극적으로, 면밀히 관찰하였던 것은, 바로 조선을 중심으로 한 羈縻圈내에 묶어두기 위한 것이었다. 따라서 그 관계는 다분히 羈縻的인 요소 등을 포함하고 있었다.

여기서는 조선의 대여진관계를 事大와 字小를 바탕으로 한 羈縻關係에 있다고 보고, 조선의 대외관계가 성립되고 안정화되는 14~15세기를 중심으로 여진관계가 어떻게 이루어져 왔고, 또 조선이 여진관계에 운용한 기미정책은 어떠한 것이 있는지를 살펴보고자 한다.

동북아 국제정세와 여진관계의 성립

14~15세기는 동북아시아에 있어 일대 변혁기였다. 중국에서는 북방 異民族인 元이 漢族의 明에 의해 北方으로 밀려가고, 한반도

에는 고려를 대신해서 조선이 성립하였으며, 일본에서는 새로운 幕府(室町幕府)가 탄생하였다. 새로운 국가들의 급선무는 국내의 정치적 안정과 외교관계를 통한 동아시아에 있어서의 국제적 승인이었다. 그런데 명은 전통적인 '華夷意識'을 바탕으로 한 '冊封體制'를 통해 중국 중심의 동아시아 국제질서를 강화시키려 하였다.

책봉은 원래 중국의 皇帝가 국내의 貴族이나 功臣에게 王 또는 公·候 등의 爵位와 采邑 등을 내려주는 것을 말하는데 秦漢代 이후, 이것을 주변의 나라에게까지 적용시켜 '上下關係'의 질서로 국제관계를 맺도록 하였다.[76] 책봉을 받아야만 朝貢이 허락됨으로 동아시아 각국은 朝貢貿易으로 경제적 실리를 얻고 선진문화를 수용하는 동시에 군사적 위협을 완화시키면서, 국제적 승인을 받을 수 있는 책봉체제 안에 편입되었다. 새로운 국가인 조선과 일본의 실정막부도 각각 1401년과 1403년에 책봉체제 속에 들어갔다. 당시 책봉체제는 중국 중심의 외교질서에 편입되어 있다는 것을 증명하는 필수적인 조건이었고, 동아시아 사회에서의 국제적 승인을 의미하는 것이었다.[77]

그런데 이러한 외교관계는 上古時代부터 존재했던 것으로서, 형식적으로는 책봉과 조공제도에 의해 규정되었지만, 실질적으로는 '事大字小'의 관계였다. '事大字小'는 강대국과 약소국 사이에 성립되었던 '서로 섬기고 돌보아 주는 관계'를 가리키는 말인데, 서로 책봉과 조공이라는 예의를 교환하는 것이고, 실제로는 상대방의 내정에 간섭하지 않았다.

---

76) 손승철, 『朝鮮時代 韓日關係史硏究』, 지성의 샘, 1994, 37쪽(『조선시대 한일관계사연구, 교린관계의 허와 실』, 경인문화사, 2006).

77) 손승철, 위의 책, 1994, 46쪽.

동아시아 국가들이 이러한 책봉체제 안에 편입되었다고 해서 외교적인 문제가 모두 해결된 것은 아니었다. 당시 일본의 倭寇들은 한반도뿐만 아니라 중국의 연안까지 침구하여 큰 문제가 되고 있었고, 북방의 女眞族도 명과 조선에 있어 위협적인 존재였다. 일본의 막부가 책봉을 받았지만 지방에까지 그 세력이 미치지 못하여 조선은 왜구 문제를 해결하기 위해 지방의 中小領主 및 巨酋 등에게 다각적인 외교노력을 경주해야만 하는 상황이었다. 또한 여러 부족으로 나누어져 있던 여진은 元의 압력으로 통합적인 세력이 출현하지 못하였으나 원·명 교체기의 혼란한 상황에 점차 南下를 거듭하여 遼東과 滿洲지역에 거주하기 시작했다. 요동과 만주는 그 지역적 특성상 조선과 중국을 잇는 요충지로서 여진 세력의 변화는 두 국가에 있어서 국방상 중요한 문제를 초래하는 것이었다. 따라서 왜구와 여진의 문제는 조선과 명에 있어서 당시 가장 긴요한 문제였고 명은 왜구를 금압시키기 위해 일본에 대해 책봉을 허가하고, 여진에 대해서도 점차 衛所를 설치하는 등 적극적인 노력을 기울이기 시작하였다. 조선도 책봉체제로 동아시아 국제질서에 편입하면서 이러한 문제를 해결하기 위해 적극적인 외교정책을 수립했던 것으로 보인다.

그러나 조선이 책봉체제 안에 편입하고, '事大交隣'정책을 준용했다고 해서 왜구와 여진 문제가 완전히 해결될 수는 없었다. 고려말부터 조선초까지 여진이 거주하는 요동을 중심으로 명과의 외교적 마찰이 끊이지 않았고, 남쪽에서의 왜구 피해도 그치지 않고 있었다. 또한 북방 여진족의 위협도 여전히 남아 있는 상황이 계속되었다. 중국과의 외교적 마찰은 고려말 명의 '鐵嶺衛설치' 문제와 朝鮮 建國 後의 '生釁3조'와 '侮慢2조', '表箋'문제를 말하는데 이는 명과 고려, 조선이 요동을 둘러싼 경쟁에서 비롯되었다.[78] 왜구는 조선 건국 후 太祖 55회, 定宗 11회, 太宗 58회, 世宗 36회나 침입하였고,[79] 북방의 여진도 또한 定宗 1회, 太宗 8회, 世宗 30회, 世祖 19회, 成宗 22회나 침입하는 등[80] 그 위협이 심각하였던 것이다.

'사대교린'은 동아시아 세계의 국제질서인 책봉체제를 바탕으로 하는 것을 앞에서도 언급하였다. 즉 강대국과 약소국 사이의 책봉과 조공을 통한 외교관계를 사대, 책봉을 받은 국가들 사이의 관계를 교린이라 할 수 있다. 중국에 대한 사대정책이 명 중앙정부에 대한 외교로서 통일적이고 일관적인 정책이라면, 일본이나 여진에 대한 교린과 기미정책은 복잡하고 다양한 모습으로 나타났다. 그것은 당시 일본에 새로운 막부가 성립되었지만 실제로 지방에까지 그 영향력을 발휘할 수는 없었던 것에 기인한다. 마찬가지로 여진도 강력한 통일국가가 성립하지 못하고 각 부족별로 분산되어 있었기 때문에 그 관계는 복잡하고 다양할 수밖에 없었다.

교린이 힘의 강약에 관계없이 이웃한 나라간의 우호 또는 평화관계를 나타내는 일반적인 의미, 즉 事大하고 字小하여 공존하는 국제관계를 말하고, 그것이 반드시 대등한 국가관계에서만 쓰이는 용어가 아니라고 한다면, 또한 광의의 해석으로 국가 사이의 관계만을 의미하지 않고 당시 동아시아 보편의 사상인 儒敎의 禮를 바

78) 김한규, 『한중관계사II』, 대우학술총서, 아르케, 1999, 574쪽. '鐵嶺衛 설치'에 관한 기사는 『고려사절요』 신우 14년조, '生釁3條'와 '侮慢2條'에 관한 기사는 『태조실록』 권3, 태조 2년 5월 정묘, '表箋'문제에 관한 기사는 『태조실록』 권9, 태조 5년 2월 정유 및 3월 병술, 권12, 태조 6년 12월 병신 참조.

79) 손승철, 앞의 책, 1994, 46쪽.

80) 유봉영, 「王朝實錄에 나타난 李朝前期의 野人」, 『백산학보』 14, 1973, 95쪽.

탕으로 한 諸勢力과의 평화공존의 관계라고 한다면, 일본의 幕府將軍은 중국으로부터 국왕의 책봉을 받았음으로 이 관계를 '對等交隣'이라 할 수 있고, 중소영주와 거추 등과의 개별적 관계를 '羈縻交隣'이라고 한다는 시각도 있다.[81] 그러나 이러한 '기미교린'이라는 용어는 주로 한국과 일본에서 사용되고 있고, 중국 학계에서는 잘 사용되지 않는다. 조선과 여진관계 역시 기미교린으로 단순화 시키기에는 복잡한 구조를 가지고 있다. 이에 대해서는 보다 면밀한 사례들을 찾아내고, 연구가 심화될 필요가 있다.

羈縻라는 말은 말의 굴레와 소의 고삐를 가리키는 말인데, 국가간의 관계를 소나 말의 고삐를 끌듯이 견제한다는 말이다. 이것은 중국의 漢代 이후 이민족에 대한 대외정책으로서 관계는 단절하지 않고 견제하면서 그 이상의 적극적인 조치는 취하지 않는다는 뜻을 가지고 있었다. 바로 조선에서는 이러한 정책을 왜구 금압에 실제로 영향력을 행사할 수 있는 일본의 지방 중소영주와 거추 등에게 구사하였다. 동시에 여진에 대해서도 이러한 羈縻政策을 구사하였던 것이다. 조선이 중국의 기미정책을 차용하였지만, 본래 의미의 기미정책만을 그대로 사용한 것은 아니었다. 조선의 기미정책은 중국의 것과는 달리 일본과 여진을 조선의 羈縻圈내로 끌어들이려는 적극적인 성격이 강하였고, 책봉을 받아 국제질서에 편입된 상황 안에서 기미정책을 구사하였다는 특징이 있다. 조선의 적극적 기미정책은 결국 왜구와 여진의 '침입자'를 '평화적인 通交者'로 만드는 것이었다.

동북면은 여진인과 고려유민이 혼재하고 있었고, 여진의 여러 세력이 고려말 雙城摠管府 수복 이후 李之蘭을 필두로 고려에 복

81) 손승철, 앞의 책, 지성의 샘, 1994, 32쪽; 46쪽.

속하여 李成桂의 휘하 親兵으로서 조선 건국에 功을 세우는 등 국초의 조선과 밀접한 관계를 가지고 있었다. 이러한 이유 등으로 조선은 고려유민과 여진인이 거주하는 동북면을 확실한 境內로 인식하고 있었다.[82] 그러나 여진의 이동과 명의 요동 경략으로 인해 조선의 북방은 항상 불안한 실정이었다. 즉 여진관계는 여진세력의 동향과 명과의 관계에 의해 영향을 받았다고 볼 수 있는데, 이러한 점이 여진관계를 더욱 복잡하게 하였다. 조선 초 여진관계를 살펴보기 위해서는 諸女眞 세력의 동향을 살펴보아야 할 것이다.

여진은 金 멸망 이후 통일된 국가를 이루지 못한 채 요동과 만주에 걸쳐서 분포하였다. 여진은 목축 생활을 하였기 때문에 물과 초지를 따라 소규모로 이동하였다. 元은 정책적으로 중국과 만주지역에서의 민족이동을 억제하였기 때문에, 여진의 대규모 이동은 사실상 불가능하였다.[83] 그러나 元末 만주지역은 원과 명 세력의 각축장이 되었고, 이러한 영향으로 牧丹江 부근에 살고 있던 斡朶里(吾都里), 兀良哈 등이 각 부족단위로 南下하였는데, 이들의 이동은 주로 조선의 東北面, 즉 豆滿江유역 일대를 중심으로 이루어졌다.[84] 이렇게 남하한 여진 諸種族은 강과 초원 등을 중심으로 半農半牧의 생활을 하고 있었다.

조선과 관계한 여진 부족은 斡朶里(吾都里), 兀良哈, 兀狄哈, 土着女眞으로 크게 나눌 수 있다. 이들은 주로 두만강·압록강유역에 거주하면서 조선과 긴밀한 관계를 맺고 있었다. 알타리족은 두만강 중류 會寧일대에서 집중 거주하면서 酋長 童猛哥帖木兒를 중심으로

82) 『태조실록』 권1, 태조 1년 7월 정미; 권2, 태조 1년 9월 갑오; 권8, 태조 4년 12월 계묘.

83) 김구진, 「麗末鮮初 豆滿江 流域의 女眞 分布」, 『백산학보』 15, 1973, 106쪽.

84) 김구진, 위의 논문, 1973, 118쪽.

세력을 규합하고 있었다. 올량합은 雜種女眞으로, 鴨綠江에서 豆滿江 전역에 넓게 분포하고 있었는데, 하나의 집중된 세력을 모으지 못하고 소부족 단위로 강과 벌판에서 농경 생활을 하였다. 兀狄哈은 松花江과 黑龍江일대에 광범위하게 분포하였는데, 큰 세력을 규합하지는 못하고 숲이나 초원에서 수렵, 어로, 목축 생활을 하던 부족이었다. 土着女眞은 『조선왕조실록』에 주로 '女直'이라고 나타나는데 혼란기 전부터 오랫동안 두만강일대에 살면서 사회경제적으로 조선에 同化된 부족을 가리킨다. 이들은 고려유민과 뒤섞여 살면서 서로 혼인하여 朝鮮化되어 간 듯하다. 이러한 여진 부족 중 동맹가첩목아의 알타리가 가장 먼저 세력을 규합하여 두만강유역을 중심으로 他種族에게 영향력을 떨치고 있었던 것으로 보인다.

동북면을 경내로 간주하던 조선은 두만강과 압록강의 토착여진과 남하한 諸女眞들의 세력관계의 동향을 면밀히 관찰하여 邊境의 안정을 위해 두만강 일대에 거주하는 제여진들을 藩籬化하려 하였다.[85] 그러한 藩籬化는 여진 부락을 통제할 수 있는 大小酋長을 회유하여, 관직을 주고 경제적인 혜택을 주는 방식으로 이루어지고 있었다. 『조선왕조실록』에는 이러한 女眞族에 대한 부족명, 추장의 성명, 세력의 범위와 대소추장간의 상하관계, 혈족관계, 심지어는 부족의 장정 수에 이르기까지 나타난다. 이것은 조선이 여진세력의 동향을 항상 주시하였고, 그것을 바탕으로 對女眞關係를 수행하고 있었음을 보여준다.

그런데 명은 永樂帝 즉위 후 蒙古遠征 등을 감행하여 북방을 안정화시키자, 요동에 衛所를 설치하면서, 두만강유역에 거주하는 제여진에 대한 招撫를 감행하였다. 이 문제에 대해 조선은 외교적으

85) 서병국, 「朝鮮前期 對女眞關係詞」, 『국사관논총』 14, 1990, 137쪽.

로 해결하려 하였다. 즉 두만강일대는 尹瓘의 9城 설치 때부터 고려가 영유하였고, 조선의 王業이 일어난 지역임을 강조하면서 이 지역의 여진인이 이미 朝鮮化 되었다고 주장하는 외교적 노력을 경주하였던 것이다.[86)]

동시에 명이 요청한 漫散軍을 송환하면서, 반대 급부로 동북면 지역을 조선의 경내로 승인 받으려 하였다. 漫散軍은 '靖難의 役'으로 인해 조선으로 도망친 군대를 말한다. 명으로부터 만산군 송환 문제와 여진 초무 문제가 거의 동시에 일어났는데, 조선은 '정난의 역'으로부터 도망한 요동군인을 색출하여 명이 제시한 숫자보다도 더 많이 돌려보냈다. 만산군의 대부분이 고려말 胡拔都의 침입으로 끌려간 동북면의 고려유민과 여진인이었음에도, 조선이 이처럼 적극적으로 대처한 까닭은 만산군 문제의 해결을 통해 동북면에서의 여진에 대한 조선 영유의 승인을 기대하였기 때문이었다.[87)] 결국 조선의 이러한 외교적 노력은 명으로부터 東北面 11處等地의 人員에 대한 영유를 승인받았다.[88)]

그러나 명은 계속해서 11처 이외의 여진을 초무하려 하였다. 두만강유역에서 제여진 부족의 중심 세력이던 알타리의 동맹가첩목아는 조선에 복속하고 있었으나,[89)] 명은 동맹가첩목아를 招諭하려 하였던 것이다. 조선에서는 이미 동맹가첩목아가 他女眞 세력을 막아주는 藩籬(울타리)가 되었다고 인식하고 있었고, 동맹가첩목아의 명 입조는 他女眞 세력에게도 영향을 미치게 되어 동북면에서

---

86) 『태종실록』 권7, 태종 4년 5월 기미.
87) 漫散軍은 5차에 걸쳐 18,580명을 돌려보냈다(강성문, 「朝鮮 初期 漫散軍의 流入과 送還 問題」, 『竹堂李炫熙敎授華甲紀念韓國史學論集』, 1997, 192쪽).
88) 『태종실록』 권8, 태종 4년 10월 기사.
89) 『태조실록』 권8, 태조 4년 윤9월 기사; 권9, 태조 5년 4월 을유.

조선의 영향력을 약화시킬 것이 분명하였기 때문에 동맹가첩목아에게 慶源等處 官軍萬戶라는 印信을 내려주기까지 하면서 그의 入朝를 막으려 하였다.90) 그러나 동맹가첩목아가 조선을 배신하고 명에 입조하여 建州左衛가 되자, 그 뒤를 따라 올량합, 올적합 등 제여진들이 속속 명에 입조하여 衛所가 되고자 했다. 이 시기 명에 입조하여 衛所와 위소관직를 받은 여진을 살펴보면, 알타리 동맹가첩목아가 건주좌위가 되어 都指揮使가 되고, 毛燐올량합 把兒遜이 毛憐衛 指揮, 火兒阿올량합 於虛出이 建州衛 指揮使 등이 되었다.91)

결국 압록강 및 두만강유역의 제여진세력들을 사이에 둔 조선과 명의 외교전은 명의 승리로 끝난 것처럼 보이지만, 사실은 그렇지 않았다. 우선 조선은 명으로부터 동북면 11처 여진 인민의 歸屬을 승인받아 동북면지역에서부터 두만강유역까지 안정적인 확보를 할 수 있었다. 또한 두만강 및 압록강유역의 일부 여진인들은 명에 입조하였지만, 지리적으로 가까운 조선에 계속 복속할 수밖에 없었다. 즉 당시 여진사회는 완전한 농경화를 이루지 못하여 농업의 발달과 생필품 등 경제적 욕구를 충족시키기 위해서는 지리적으로 가까운 조선과의 관계가 절대적이었다. 이것은 명으로부터 184개의 위소가 설치되었는데, 그 중 79개 위소가 조선에 입조하였던 것을 보아도 알 수 있다.92)

그리고 여진 세력은 주변 부족을 복속시켜 자신의 세력을 공고히 하기 위해서 명과 조선을 이용하여 그 지위를 인정받으려 하였

---

90) 『태종실록』 권9, 태종 5년 2월 기축; 3월 기유; 권10, 태종 5년 7월 병진; 9월 을미; 갑인; 『세종실록』 권51, 세종 13년 1월 계미.

91) 김구진, 「初期 毛憐 兀良哈 硏究」, 『백산학보』 17, 1974, 203쪽.

92) 김구진, 「朝鮮前期 對女眞關係와 女眞社會의 實態」, 『동양학』 14, 1984, 514쪽.

다. 여진사회에서는 강한 부족이 약한 부족을 管下로 삼고 노예처럼 부리는 일이 가능하였기 때문에, 서로 유리한 지위와 세력을 필요로 하였던 것이다. 결국 여진에게 있어 경제적으로는 조선과의 관계가, 정치적으로는 명과의 관계가 중요하였던 것이다.

조선의 여진에 대한 羈縻政策

조선의 대외관계 중 여진관계는 명과 제여진세력과의 양면적 시각에서 살펴보아야 할 것이다. 왜냐하면 명은 영락제 즉위 이후 잦은 북방원정을 통해 북방을 안정시키고, 점차 여진에 대해 위소를 설치하는 등의 초무를 해오고 있었고, 당시 여진은 하나의 통일체를 이루지 못한 채 여러 부족으로 나누어져 있었기 때문이다. 조선이 변경의 평화를 위해 여진관계를 안정화시키는 것에 있어 문제는 바로 이러한 명의 여진 초무와 제여진세력 내부의 동향이었다. 명이 여진에 대한 초무를 계속하여 제여진세력들이 명에 입조한다 하더라도 그 지역적 특성상 조선과의 관계를 적대, 또는 단절할 수는 없는 것이었고, 또한 명과의 외교문제는 조선이 명의 책봉을 바탕으로 한 국제질서를 탈피하지 않는 이상 외교적 해결이 가능한 것이었다.

문제는 초무 이후 명에 입조한 여진세력과 그렇지 않은 여진세력과의 관계를 정책상 어떻게 풀어 나가는가였다. 명에 입조한 여진 추장들은 거의 대부분 명의 위소가 되어 위소관직을 받았으므로 조선에게 있어서는 자칫 여진이 아닌 명과의 관계로 확대되어 버리는 고민이 있었을 듯하다. 실제 모련위 올량합에 대한 정벌과 건주위 정벌 과정, 그 후에 조선에서 이 문제에 대한 논의가 있었던 점은 이를 잘 말해준다.[93] 그러나 조선에서는 이들 모두에게 중국의 전통적 기미정책을 차용하여 경제적인 부분을 중심으로 한 회유책을 펴 나갔던 것으로 보인다. 또한 회유책은 무력을 바탕으로 하지 않으면 구사할 수 없는 것이므로 때로는 무력 정벌을 감행하였던 것이다. 그러나 중국에서의 기미책과는 다르게 명과의 관계와 제여진세력의 동향을 면밀히 관찰하면서 여진세력의 위협을 막고, 조선의 북방을 여진세력으로 번리화하면서, 더 나아가서는 '평화적인 통교자'로 만드는 적극적인 기미책을 구사하였던 것으로 보인다.

기미정책은 상대 세력에 대한 동향과 정보를 바탕으로 한 것이었다. 『조선왕조실록』에 여진에 대한 인명, 세력의 대소 등을 자세히 기록하였던 것은 이와 같은 사실을 잘 증명하여 준다.[94] 그러면 조선의 여진에 대한 기미정책에는 어떠한 정책들이 있었는지 살펴보자.

1) 회유책 일반

조선은 동북면의 여진 세력의 동향을 주시하면서 무력보다는 주로 회유하는 방법을 채택하였다. 왜냐하면 여진세력이 부족 단위로 나뉘어져 있다고 해도 그들의 침입에 따라서 무조건적인 征伐을 감행하기에는 국가적 손실이 훨씬 더 많이 발생하였기 때문이었다. 따라서 조선은 여진의 침략을 미연에 방지하고 여진세력을 번리화하면서, 평화적 通交者로 만들기 위해 두만강 以北에 거주하는 여진 세력에게까지 각각의 회유에 노력하였다. 조선이 여진에 대한 회유책으로는 다음과 같은 것이 있었다.

---

93) 『태종실록』 권19, 태종 10년 3월 을해; 『세종실록』 권59, 세종 15년 2월 기해.
94) 『세종실록』 권80, 세종 20년 2월 경신; 『단종실록』 권13, 단종 3년 3월 기사.

① 朝貢과 回賜

당시 동아시아 세계에서 변경무역은 극히 작은 규모에 지나지 않았고, 대부분은 국제규범인 朝貢과 回賜를 통한 일종의 무역 행위를 하였다. 그런데 조선은 조공과 회사를 통해 제여진세력을 정치적으로 예속화시키면서 경제적인 욕구를 채워주려고 하였다. 이러한 조공무역은 우선 조선의 국왕을 拜謁하고 土産物을 바치는 조공행위 이후에 그에 대한 보답의 차원에서 回賜物을 수여 받는 형식을 취하였다. 물론 여진세력들은 조선뿐만 아니라 명에도 입조하여 조공과 회사를 통한 경제적 이익을 취하였다. 명에서는 女眞에 대한 衛所 설치 이후 여진의 조선 入朝와 受職 등을 막으려 하였으나, 지리경제적 특성상 여진과 조선의 관계를 끊을 수는 없는 것이었다. 또한 명의 압력으로 조선이 명의 위소를 설치받거나 관직을 받은 추장들의 來朝를 불허하자, 그러한 사실들을 숨기고 내조하는 여진인들이 생기기도 하였고,[95] 여진이 조선에 조공한 모피류 등이 다시 조선에서 명에 조공하는 모습도 나타났다.[96]

조선에 입조하여 조공을 하였던 여진족은 역시 알타리·올량합·올적합·토착여진이었으며, 이들의 대다수는 경제적인 것, 특히 그들이 필요로 하는 물화를 구입하는 목적을 가지고 있었다. 제여진세력들이 내조한 회수는 14~15세기에 걸쳐 각각 알타리 240회, 올량합 411회, 올적합 406회, 토착여진 16회, 모두 합치면 총 1,073회나 되었다. 조공을 위해 입조하는 여진인의 규모는 20~30여 명이었으나 많을 때는 50~60여 명이나 되었다.

여진인들이 조선에 내조하는 방법은 우선 咸鏡道의 6鎭에서 慶

95)『세종실록』 권85, 세종 21년 4월 갑진.
96) 김구진,「여진과의 관계」,『한국사 22』, 국사편찬위원회, 1995, 349쪽.

城을 거쳐 驛路를 따라 강원도로 남하하였다가 서진하면서 漢城으로 들어오는 경로를 취하였던 것으로 보인다.[97] 평안도 이북, 즉 압록강 이북의 여진인들도 이 경로를 사용하였던 것으로 보이는데, 조선은 여진의 上京路를 일원화하려 했던 것으로 보인다. 왜냐하면 명은 조선과 여진이 교류하는 것을 꺼려하였고, 평안도는 명의 사신이 경유하는 지점이어서 여진과의 교류가 명 조정에 알려질 가능성이 있었기 때문이었다. 그러나 세조대와 성종대에 건주위의 통교를 받아들이면서 평안도 길을 개방한 적도 있었다. 조선은 驛站이나 지방의 郡·縣에서 상경하는 여진인들을 접대하도록 하였는데, 접대시 수령과 이들의 좌석배치규정이 조선의 성문법전인 『경국대전』에 수록되어 있다.[98] 한성에서는 北平館에 머무르게 하였는데, 北平館에서 머무는 동안 여진인들은 국왕을 배알하기도 하고, 開市를 허락 받아 무역을 하기도 하였다.

② 貿易所 설치와 開市

조선이 변경지역에 貿易所를 설치하거나, 상경하는 여진인에게 開市를 허락한 것도 살펴볼 필요가 있다. 1406년(태종 6)에 동북면의 慶城과 慶源 두 곳에 무역소를 설치하였는데 이것은 당시 여진족을 중심으로 한 조선과 명의 쟁탈전에서 여진을 조선의 羈縻圈 안에 묶어두기 위해서였다. 여진인들은 무역소를 통하여 소금과 철, 생필품 등을 구입할 수 있었다. 그러나 제여진세력이 조선을 등진 채 명에 입조하자 조선에서는 무역소를 폐쇄하였다. 무역소 폐지에 대한 여진의 반발은 매우 커 그들은 변경에 자주 침략

97) Ken Robinson, 「朝鮮王朝-受職女眞人の 關係と 朝鮮」, 『歷史評論』 592, 1999, 참고.
98) 한성주, 『조선전기 수직여진인 연구』, 경인문화사, 2010, 참고

하였고 조선에서는 그에 대한 보복으로 여진에 대한 정벌을 처음으로 감행하였다. 1410년(태종 10)의 毛鱗衛征伐의 직접적인 배경은 여진의 침입으로 兵馬使 韓興寶가 피살된 것이었으나, 사실 그 배경은 명의 여진 초무와 여진인들의 명 입조, 그에 대한 조선의 무역소 폐쇄라고 할 수 있다.

조선에서는 6鎭을 설치한 이후 무역소를 두는 방법보다는 6진을 중심으로 조선인과 여진인의 교역을 허가하였던 것으로 보인다. 특히 두만강유역에 설치된 5진 부근에 살던 城底의 여진인들이 항상 성안에 살던 조선인과 교역을 행하여 특별히 무역소를 설치할 필요가 없었기 때문으로 보인다. 세종은 金宗瑞, 李澄玉 등으로 咸吉道지역을 개척하고 하고 會寧·鐘城·穩城·慶興·慶源·富寧의 6진을 설치하였는데 富寧은 두만강에서 떨어져 내지에 있었고, 이를 제외한 5진은 두만강유역에 설치되어 여진과 바로 접해 있었다. 조선에서는 5진 부근에 여진인들이 사는 것을 허락하고 이들을 번리화시켰는데, 會寧 성저에는 주로 알타리족이, 慶興 성저에는 骨看兀狄哈이, 鐘城·穩城·慶源의 城底에는 올량합이 居住하였다. 이들은 '城底野人'으로서 성내의 조선인과 수시로 교역하였다.[99]

그러나 5진의 성저에는 '성저야인'뿐만 아니라 교역을 원하는 내지의 여진인까지 왕래하였다. 내지의 여진인이 누구나 이러한 교역을 할 수 있었던 것은 아니었다. 바로 조선의 通交策의 일환인 文引과 書契 또는 관직을 받은 告身 등을 소지하여야만 鎭이나 城底 주변에서 조선인과 교역할 수 있었던 것이다.

또한 상경하는 여진인은 조공과 회사를 통한 일종의 무역 행위를 하는 동시에 北平館 開市를 통해 교역을 하였다. 즉 조선은 상

99) 金九鎭, 앞의 논문, 1995, 357쪽.

경하는 여진인에 대해서도 그들의 숙소인 북평관에서 체류기간 동안 개시를 허가하기도 하였다.[100] 15세기 중반 중종대가 되면 공식적으로 북평관 무역의 開市日을 정하고 市人으로 하여금 상호 賣買케 한 것으로 보아 이전부터 북평관을 중심으로 한 교역이 꾸준히 이루어져 왔음을 짐작할 수 있다. 여기에서 북평관이 당시 수도인 한성에 있었음을 유의할 필요가 있다. 국왕을 알현하고, 조공과 회사의 과정을 위해 상경해야만 북평관에 묵을 수 있었다는 것이다. 즉 여진이 조선에 복속하여 서울에 상경해야 北平館에서의 개시를 통한 교역의 기회를 제공하였던 것이다.

여진은 주로 모피류와 胡馬를 가지고 와서 그들이 필요로 하는 여러 가지 생필품으로 바꾸어 갔다. 그러나 점차 농경이 발달하면서 농경에 필요한 耕牛와 철제농기구를 구입해 가게 되었다. 조선에 유입된 물품은 말을 비롯하여 貂鼠皮, 土虎皮 등 모피류가 주를 이루었다. 조선과의 교역을 통해 여진사회는 상당한 발전을 이룩한 것으로 보이는데, 여진이 수입해 간 물품은 鐵物과 牛馬 등 농경생활에 필수적인 것들이었고, 여진사회가 농경사회로 넘어가는데 커다란 촉매제가 되었다.[101]

③ 授職과 侍衛

조선은 여진 대소추장의 지배권을 인정해 주고, 그들을 통해 여진 세력을 제어하는 방법을 취하기도 하였다. 여진인 추장의 지배권을 인정하는 것은 대부분 授職으로 나타났는데, 이것은 바로 조선의 관직을 주는 것이었다. 이러한 관직을 주는 것은 각 부족의

100) 이현희, 「朝鮮王朝時代의 北平館 野人」, 『백산학보』 11, 1971, 136쪽.
101) 김구진, 앞의 논문, 1995, 362쪽.

세력을 면밀히 파악하여 그 세력의 대소와 강약에 따라, 또는 명에서 받은 관직에 따라 이루어진 것으로 보인다. 수직은 武官職인 五衛의 직급인 上護軍·大護軍·護軍·副護軍·司直·副司直·司果·副司果·司正·副司正·司猛·副司猛 등 從九品에서 從二品에 걸쳐 다양하게 이루어졌고, 地方軍官職인 千戶·副萬戶·萬戶·上萬戶를 주었다. 한편 知事·同知事·僉知事 등 中樞院 官職에까지 이루어졌는데 五衛의 직급은 명예직이었던 반면, 中樞院 직급의 수직에는 그에 따른 상당액의 祿俸도 지급하였던 것으로 보인다.[102]

여진인에 대한 수직은 주로 여진 추장의 조선 親朝時에 이루어졌고, 그 수행인에 대해서도 이루어졌다. 왜냐하면 여진 사회에서 유력 대추장의 입조시에는 그 관하의 千戶, 百戶 등의 소추장들과 親族들이 수행하였기 때문이었다. 여진에 대한 수직은 고려말 李之蘭을 필두로 조선 건국 후에는 이성계에게 종군한 여진인들에 대한 포상에서부터 시작되었다. 朝鮮王朝 전체에 걸쳐 총675명을 수직한 것으로 파악되었는데,[103] 최근에는 성종대까지만 해도 9백여 명 이상이라는 연구가 진행되었다.[104]

그런데 흥미로운 것은 조선이 여진에 대한 征伐을 감행한 이후에 제여진인에게 대량 수직을 하고 있는 점이다. 조선의 여진정벌에는 상당수의 여진인들의 從軍하였는데, 이것은 여진세력이 각각 종족별, 부족별로 분산되어 있었기 때문에 가능한 것이었다. 조선에서는 이들 사이의 반목과 갈등을 이용하기도 하였는데, 정벌 후에는 종군한 여진인들에게 대한 포상으로서 조선의 관직을 수여하

102) 이현희, 「朝鮮時代 北方野人의 社會經濟的 交涉考-對野人 交涉政策의 背景」, 『백산학보』 3, 1967, 288쪽; Ken Robinson, 앞의 논문, 1999, 참고.

103) 유봉영, 앞의 논문, 1973, 93쪽.

104) 한성주, 앞의 책, 2010, 참고.

였던 것이다. 또한 조선의 여진 정벌은 결과적으로 여진 세력의 조선 세력권내에서의 이탈을 방지하는 것이었고, 정벌이 효과적인 성공을 거두면 자연히 조선에 입조하는 여진인이 증가하였던 것이다. 그리고 조선에서도 정벌 후에는 의도적으로 여진정벌의 역효과, 즉 여진인들의 반발을 무마하기 위하여 대량의 관직 수여를 단행하였던 것으로 보인다.

또 하나 주의를 끄는 것이 명에 의해 衛所官職을 받은 여진인에게까지 수직을 행하고 있는 점이다. 세종대 咸吉道 監司와 都節制使가 "野人이 이미 중국 조정의 관직을 받고 또 本國 관직을 받고자 하는 자로서, 指揮 이상인 자는 국초의 예에 따라 散官을 제수하고, 萬戶·副萬戶라 呼稱할 것"을 아뢰는 점으로 보아 이전부터 중국의 관직을 받은 자도 조선에서는 관직을 준 것을 알 수 있다.[105] 또 세조대에는 건주삼위의 통교를 허락하고 이들에 대한 관직수여로 明과의 外交的 마찰이 일어나기도 하였다.[106] 그러나 조선의 관직 수여는 계속되어 조선과 명 양측으로부터 관직을 받은 '이중 수직여진인'이 발생하였다. 여진의 입장에서 보면 조선과 명 양쪽에서 관직을 받는 것은 이후 조선과 명 양쪽에 입조할 수 있는 기회가 되기 때문에 경제적 이득을 볼 수 있었을 것이라 생각된다. 조선에서 이렇게 중국의 관직을 받은 여진인에게까지 수직을 한 것은 중국 중심의 동아시아 국제질서를 탈피하였다고 보기보다는 조선을 중심으로 한 기미정책의 가운데에서 이해해야 한다고 생각한다.

그리고 侍衛를 들 수가 있는데, 이것은 여진인들을 왕궁이 있는

---

105) 『세종실록』 권80, 세종 20년 3월 임진.
106) 『세조실록』 권15, 세조 5년 3월 경술; 권22, 세조 6년 11월 병신.

한성에 머물게 하면서 國王이나 궁궐 등을 호위하게 한 것을 말한다. 여진 시위의 시초는 태조 이성계의 潛邸에서 종군하던 李之蘭이라 할 수 있으며, 건국 후 공식적인 시위는 알타리족의 추장 동맹가첩목아 일족이라 할 수 있다.[107] 동맹가첩목아는 조선에 내조하였을 때 본인의 일족을 남겨 시위하게 하였는데, 이렇게 보면 여진인 시위는 일종의 인질로서의 의미도 가지는 측면이 있다.

女眞侍衛는 꼭 왕궁에만 국한되지 않고, 司譯院에서도 채용하였으며, 侍衛者는 한성에 체류시키고 녹봉은 물론이거니와 가옥과 노비, 심지어는 혼인까지도 시켜주어 안정된 생활을 할 수 있게 하였다.[108] 시위를 하게 되면 자연히 그에 해당하는 관직을 받았고, 이러한 여진 시위자 중에는 여진 추장의 자제들이 많고, 자원한 시위자가 많다는 것으로 보아 여진인들은 시위를 통해 정치경제적 안정을 도모하였던 것으로 보인다.

한편 조선의 관직을 받는 것은 조선에 통교할 수 있는 일종의 통교권을 가지게 됨을 의미하였기 때문에 세조대 모련위정벌에 종군한 여진인들은 포상으로 조선의 관직을 받은 것을 원하기도 하였다. 조선의 관직을 받은 것은 1년에 한번 조선에 내조하여 국왕을 알현하여 조공을 바치고 그에 대한 회사물을 받는 권한을 얻게 되는 것을 의미하는 것이었다. 모든 여진인들이 해당되는 것은 아니지만 최소한 조선으로부터 관직을 받은 수직여진인들은 변경에 와서 조선의 관직을 받은 것을 증명하는 告身을 보여주는 것만으로도 조선에 통교할 수 있는 기회를 얻을 수 있었다.

---

107) 『태종실록』 권7, 태종 4년 3월 임술.

108) 이현희, 「朝鮮前期 留京侍衛野人巧-對野人 羈縻策 一端」, 『향토서울』 20, 1964, 55쪽; 84쪽.

④ 通交制度 - 文引과 書契, 通交制限策 -

회유를 중심으로 한 조선의 기미정책은 결국 변방의 침입자들을 '평화적인 통교자'로 만드는 것이었다. 그리고 조선이 운용한 기미정책은 결과적으로는 성공하였다고 보여진다. 조선의 기미정책에 편승하여 조선과 통교하려는 여진인이 급증하였기 때문이다. 통교하려는 여진 부족이 다양해지고 횟수가 증가하면서, 조선에서는 점차 경제적인 부담을 가지게 되었고, 이에 여진의 입조를 제한하는 통교제한 정책을 구사하게 되었다. 다음 표는 14~15세기 『조선왕조실록』에 나타난 여진의 '入朝 制限策'을 나타낸 것이다.

女眞人 '入朝 制限策'

년 월	제 한 내 용
1413년(태종 13) 정월 丙申	10여戶 以上을 領한 자의 使人에 한해서만 上京을 허락하고 그 외는 吉州·慶城 等處에서 우대하여 돌려보내도록 하다.
1426년(세종 9) 4월 丙子	여러 種族의 野人 指揮 이외는 來朝할만한 자를 가리어 1년에 1백 사람을 넘지 않도록 하고 이것을 변장으로 하여금 判例로 삼도록 하다.
1433년(세종 16) 정월 庚寅	來朝하려는 자 중 頭領만 택하여 허락하고 연간 40~50명을 초과하지 못하게 하다.
1438년(세종 21) 4월 甲辰	印信 書契가 없는 자는 都節制使가 올려보내지 말고 특별히 후하게 대접하여 돌려보내고, 부득이 접견할 자는 적당히 올려 보내게 하다.
1438년(세종 21) 10월 己丑	酋長의 親朝時 隨從人을 2~3인에 지나지 말게 하고 기타 문서 등을 가지고 오는 자는 1인으로 하며, 그 외는 都節制使가 임시웅변으로 후대하게 하다.
1444년(세종 27) 11월 壬申	매년 兀良哈은 10회, 骨看兀狄哈과 吾都里는 7회씩 入朝하게 하고, 每行 酋長이면 正官하나, 伴人 넷으로, 나머지는 正官하나, 伴人 둘로 恒式으로 삼고 한 사람이 매년 上來하지 말고 드물고 잦은 것을 헤아려 만3년에 한번씩 上京하게 하다.
1457년(세조 3) 7월 庚寅	女眞 酋長의 從者를 줄여서 상경케 하다.
1458년(세조 4) 8월 丙辰	女眞 酋長의 從者를 줄여서 상경케 하다.
1460년(세조 6) 6월 辛未	우두머리 되는 酋長과 有功者를 골라 상경하게 하다.
1473년(성종 5) 9월 己未	野人 上京을 年 12運으로 1運의 경우 6~7명 선으로 결정 시행케 하다.

이것을 보면 1433년(세종 16)에는 來朝하려는 여진인 중에서 頭領만 택하여 허락하고 연간 40~50명을 초과하지 못하게 하였고, 1438년(세종 21)에는 추장의 상경시 동행하는 여진인의 수가 30~60명이던 것을 단지 수행인 2~4인으로 제한하였다. 또 1444년(세종 27)에는 부족의 강약에 따라 매년 올량합은 10회, 골간올적합과 알타리는 7회씩 入朝하게 하였다.

이러한 여진의 통교 제한책 중에서 1438년(세종 21)의 印信 書契가 없는 여진인은 都節制使가 올려보내지 말라고 한 것은 흥미로운 사실이다. 조선은 이미 1424년(세종 7)에 李滿州의 管下에 있는 建州衛의 올량합이 조선에 입조할 때 이만주의 인신이 찍힌 서계가 없으면 입조를 허락하지 않았고, 그 후에도 알타리, 올적합 등이 내조할 때 추장들의 인신과 서계가 없으면 입조시키지 않았다.[109] 그런데 중요한 것은 이러한 인신을 명 뿐만이 아니라 조선에서도 여진의 대소 추장들에게 주었던 사실이다. 조선은 복속하여 입조하는 여진의 추장에게 관직과 인신을 주었고, 관직과 인신을 받은 추장은 조선에서 조공과 교역의 이권을 보장받은 것이다.

또 여진의 추장이 使送한 사람뿐만 아니라 조선에 입조하려는 여진인들은 반드시 추장이 발급하는 文引을 가져야만 입조할 수 있었다. 文引은 일종의 여행증명서로써 조선으로부터 그 세력을 인정받아 관직에 임명되거나 명의 관직을 받은 여진인 추장이 발행하였다. 이렇게 文引을 발급할 수 있는 권한을 가진 추장은 알타리족 동맹가첩목아와 그 아우 童凡察, 아들 童倉, 童於虛里와 그 아들 童所老加茂, 兀良哈族의 於虛出와 그 손자 李滿州, 兀狄哈族

109) 『세종실록』 권29, 세종 7년 7월 신미; 권98, 세종 24년 11월 갑자; 『세조실록』 권6, 세조 3년 2월 을미.

의 金豆稱改 등이었다.

서계와 문인을 통한 조선의 통교정책은 여진관계에서만 보이는 것은 아니고 일본의 대마도를 중심으로 한 왜인 통교책에서도 찾아볼 수 있다. 즉 조선과 통교하고자 하는 일본인은 對馬島主의 문인과 서계가 없이는 통교가 불가능하였던 것이다. 일본의 대마도주와 여진의 추장들은 역대에 걸쳐 문인과 서계의 발행으로 조선과의 교역에 실질적인 권한을 행사하여 막대한 경제적 이익과 관하민을 통솔하는 근거를 확보하였던 것이다.[110]

⑤ 向化野人과 被虜人 송환문제

조선의 회유정책은 많은 向化女眞人을 발생시켰다. 향화라는 개념은 광의와 협의의 개념이 있다고 할 수 있다. 우선 광의의 개념에서 향화는 오늘날의 귀화뿐만 아니라 조선에 대해 우호적인 자세를 가지고 조선이 정한 통교정책에 순응하면서 조선과 통교를 통해 정치경제적인 교섭관계를 맺는 것이라 할 수 있다. 협의의 개념에서 향화는 지금의 일반적인 '歸化'라 할 수 있는데, 정치경제적 목적으로 조선의 경내에 들어와 거주하면서 조선인으로 동화되는 것을 말한다.

조선에 향화하는 여진인의 대부분의 목적은 바로 경제적인 것이었다. 조선에서는 향화한 여진인 중 조선에 거주하기를 원하는 자들에게는 식량 및 가옥, 노비 등을 주고 결혼까지 시키는 등의 정책을 취하였다. 또한 그들을 특별히 더 우대하여 대부분의 귀화인들에게 조선의 관직을 주었고, 田土까지 수여하여 상당한 대우를 하였다. 그뿐만이 아니라, 귀화인의 자손에게까지 전토에 대한 비

110) 김구진, 앞의 논문, 1995, 364쪽.

과세를 원칙으로 하는 등의 우대를 하였다. 즉 전토를 수여하고, 과세를 물지 않게 한다는 것은 향화한 여진인을 한 곳에 오래도록 정착시키려는 정책인 것이다. 특기할 것은 도망이나 배반할 여지를 없애려고 귀화한 여진인과 조선인과의 혼인을 적극 장려한 것이다. 이렇게 함으로써 조선의 기미권 속에 밀착시키려고 노력했던 것으로, 외형적으로는 향화인을 우대하는 형식을 취하였던 것이다.[111] 그러나 여진인들과 혼인을 허락한 것은 各司에 소속된 公奴婢 출신의 처녀나 公私奴婢로서 良夫에 출가하여 낳은 小生女, 또는 함경도일대의 土豪의 딸로 제한하였다. 함경도지역은 일찍부터 고려유민과 여진인이 뒤섞여 살았고, 조선이 건국된 직후에도 조선인과 여진인이 혼재하고 있었기 때문에 여진의 추장이나 有力者가 향화하거나 청혼을 해오면 처녀를 착출하여 보낸 것이다.

여진 세력의 변화와 향배에 따라 조선은 조공제도와 수직, 시위라는 기미정책을 적절히 운영해 왔던 것으로 보인다. 그러나 조선의 기미정책을 중심으로 한 여진에 대한 회유정책이 일정 정도의 성과가 있다고 해서 여진과의 마찰이 없었던 것은 아니었다. 제여진세력의 경제적 욕구를 완전하게 채워줄 수 있는 것은 아니었고, 또 당시 여진사회는 농업기술이 미발달하여 농업기술을 습득하고 있는 사람과 우마 등을 필요로 하였다. 따라서 여진 제부족들은 지리적으로 가까운 요동과 조선에 자주 침략을 하여 사람들을 피납해 갔고, 이로 인한 被虜人 송환문제가 발생하였던 것이다. 피로인이란 여진에 포로로 사로잡혀 奴役에 종사하던 사람들을 말한다. 朝鮮에서는 女眞에게 被拉 당한 피로인들을 刷還하려고 노력

---

111) 이현희, 「朝鮮王朝의 向化野人 交涉考」, 『성신여사대인문과학연구소 연구논문집』 10, 1977, 114쪽.

하였는데, 명의 여진위소가 설치된 지역에 납치된 피로인들을 찾기 위해 명의 힘을 빌려 여진에게 압력을 가하기도 하고, 여진과의 경제 단절을 취하기도 하였다. 또한 계속된 여진의 침입에 대하여 보복적 정벌을 감행하기도 하였다.

그러나 조선에서는 여진인들이 이들 피로인을 송환해오면 상당한 우대를 하였다. 여진의 입장에서는 피로인들은 주로 농경노예로서 하나의 자산이었다. 그러한 노예를 아무런 대가없이 조선으로 데리고 온다는 것은 힘든 일이었기 때문에, 조선에서는 피로인을 조선에 송환하는 여진인들에게 그에 해당하는 賞賜를 주었다.

또 조선에서 여진 정벌을 감행 후 조선에 피로된 여진인에 대한 문제도 제기 되었다. 여진은 주로 명을 통해서 이 문제를 제기하였는데, 그것은 여진 추장이 명의 위소 설치로 말미암아 대부분 명의 위소관직를 갖고 있었기 때문에 명을 통한 정치적 해결을 기대하였던 것이다.

그러나 대부분 문제가 되었던 것은 요동에서 여진에게 피로된 사람들이었다. 요동에서 여진에게 피납되었다가 고역을 견디지 못하고 조선으로 도망쳐 들어오는 피로인이 많아 명-조선-여진과의 외교적 문제를 야기시켰던 것이다. 조선은 이 피로인들을 태조대부터 성종대까지 268회에 걸쳐 총 37,908인을 명으로 송환시켰다.[112] 이들 '遼東被虜人'의 명 송환으로 여진의 보복적 침입이 계속되었지만, 피로인의 송환을 끝까지 견지함으로써, 요동과 조선에 침입하는 여진의 무도함을 부각시켜 조선이 여러 차례 행한 여진 정벌을 정당화 할 수 있었다고 보여진다.[113] 조선이 행한 총15회에 걸친

---

112) 金九鎭, 앞의 논문, 1995, 367쪽.

113) 『세종실록』 권58, 세종 14년 12월, 병오; 정미.

여진 정벌에는 명으로부터 설치된 위소도 있었지만, 정벌에 대한 명의 제제가 없었던 것은 이러한 관점에서도 파악될 수 있겠다.

2) 강경책 - 征伐

앞에서 회유를 중심으로 한 여진에 대한 기미정책들을 살펴보았다. 그러나 회유정책만으로 여진의 경제적 목적을 완전히 충족시킬 수는 없었다. 여진인들은 자신들의 경제적 목적이 달성되지 못하면 조선과 명을 침입하였는데, 조선은 이에 강경한 태도를 견지하여 적극적인 征伐을 단행하기도 하였다. 물론 여진의 침입에 따라 무조건적인 정벌을 감행한 것은 아니었다. 장기적으로 조선은 여진의 침입에 대비해 城을 축조하고, 鎭과 行城을 쌓는 한편 변방 고을의 병력을 각각 中軍과 左·右軍으로 체제를 짜서 여진의 침입시에 서로 신속하게 구원하는 翼軍體制를 조직하기도 하였다. 그러나 여진의 침입이 격심해지면 응징과 보복의 차원에서 정벌을 감행하기도 하였다.

조선은 전기까지 총 15회, 성종조까지 7회에 걸쳐 여진정벌을 단행하였다.[114] 이러한 여진정벌은 각 부족 단위로 나누어져 있던 제 여진세력에게는 충분히 위협적인 효과를 거두었다. 실제로 여진정벌은 세 가지 측면에서 살펴볼 수 있는데, 첫 번째는 여진의 조선 침입에 대한 보복적 성격을 들 수 있고, 두 번째는 여진세력이 조선으로부터 이탈하는 것을 미연에 방지하려는 목적이 있었으며, 마지막으로는 여진세력의 결집을 막기 위해 여진세력간의 분열을 도모한 것이라고 할 수 있다. 특히 앞에서 언급한 여진정벌에 여진인들을 종군하게 한 것이 그러한 점에 부합한다고 할 수 있겠다.

---

114) 강성문, 「朝鮮시대 女眞征伐에 관한 硏究」, 『군사』 18, 1989, 70~71쪽.

여기에서는 특징적인 女眞征伐에 대해서만 살펴보기로 한다. 조선이 여진에 대해 처음으로 무력 정벌을 시도한 것은 1410년(태종 10)의 毛憐衛정벌이었다. 정벌의 직접적인 원인은 올적합의 침입이었는데, 올적합은 1406년부터 慶源과 鐘城지역에 침입하였고 1410년 2월에는 慶源府를 침입하여 兵馬使 韓興寶를 죽이기까지 하였다.[115] 사실 올적합이 침입하게 된 것은 조선의 무역소 폐지에 따른 생필품의 공급 부족이라 할 수 있다. 조선 근경에 거주하는 여진인들보다 먼 지역에 거주하던 올적합이 조선의 무역소 폐지로 더 타격을 입은 것이다.

올적합의 침입에 대해 조선은 정벌을 단행하였으나 정벌 사실이 탐지되는 바람에 올적합의 소재를 알 수 없게 되었다. 이에 정벌군은 모련위지역으로 들어가서 정벌 대상을 모련위와 알타리족으로 바꾸었다. 조선은 올적합의 침입에 모련위와 알타리족이 관여하였다고 믿고 있었고, 실제 모련위와 오도리족은 조선의 경원부에 침입하여 약탈을 자행하고 정벌군에 맞서 土門에 주둔하여 방어전을 전개하고 있었던 것이다.[116] 그렇지만 조선의 의도는 모련위와 알타리족이 조선을 배반하고 명에 입조한 것에 대한 응징적 부분도 있었다고 보여진다.

정벌은 단 하루 만에 끝났지만, 정벌의 결과는 매우 컸다. 毛憐衛指揮 把兒遜·阿古車·着和·千戶 下乙主 등 네 사람을 죽이고 그 管下人 1백 60여명을 죽였다. 그러나 이후 여진의 보복적 침입도 그치지 않아 경원부를 慶城으로 옮기게 되었고, 알타리족의 동맹가첩목아가 開元路로 이주하는 결과를 초래하였다.[117]

115) 『태종실록』 권19, 태종 10년 2월 경자.
116) 『태종실록』 권19, 태종 10년 3월 을해.
117) 『태종실록』 권19, 태종 10년 4월 갑자; 권21, 태종 11년 4월 병진.

또 조선에서는 李滿州가 중심이 된 建州衛를 4차에 걸쳐 정벌하였다. 세종 2회(세종 15, 19년), 세조 1회(세조 13년), 성종 1회(성종 10년)씩 건주위에 대한 討伐을 감행하였다. 이만주의 건주위와 조선은 태종대까지는 별다른 접촉이 없었으나, 세종 6년에 건주위가 달단의 침입을 피해 鳳州에서 압록강 이북 파저강 주변으로 이동하면서 조선과 관계를 맺게 되었다.[118] 그러나 조선에 있어서 건주위의 이동은 여진문제가 두만강을 중심으로 한 동북면에서 압록강의 서북면까지 확대됨을 의미하였고, 여진세력의 변화를 의미하는 것이었다. 또한 이 지역을 통해 여진지역에서 조선으로 도망쳐 오는 피로인 문제는 건주위의 여진과 조선의 관계를 악화시켰다.[119] 조선은 도망친 피로인이 조선인이면 조선으로 돌려보내고 중국인이면 중국으로의 송환을 원칙으로 삼았고, 이것에 원한을 품은 건주위는 세종 14년 4백여 騎를 동원하여 閭原에 침입하여 남녀 75명, 말 30필, 소 50마리를 노략하고, 73명의 사상자를 내었다.[120] 이에 조선은 건주 여진에 대한 보복을 결정하고 4개월의 준비기간 끝에 정벌을 단행하였는데,[121] 정벌의 결과 267명을 사살하고, 238명을 생포하였다.[122]

건주위에 대한 3차 정벌은 명의 건주위 征伐과 동시에 이루어졌다. 명은 수년간 여진의 변경 침입으로 많은 인민이 피납 당하는 등의 고통을 당하고 있었던 때라 조선에 건주위에 대한 협공을 요구하였다.[123] 조선에서도 건주여진이 義州를 침입하는 등 그 피해

118) 『세종실록』 권24, 세종 6년, 4월 신미.
119) 강성문, 「世宗朝 婆猪野人의 征伐研究」, 『육사논문집』 30, 1986, 156쪽.
120) 『세종실록』 권58, 세종 14년 12월 갑오.
121) 『세종실록』 권60, 세종 15년 4월 기유.
122) 姜性文, 앞의 논문, 1986, 163쪽.

로 인하여 여진정벌을 계획하고 있었기 때문에 軍士 1만명을 동원하여 明軍과 동시에 진격하였다. 이 정벌에서 건주위의 이만주와 그의 아들을 포함하여 175명을 사살하는 전과를 올렸다.

또 두만강유역에서는 올량합과 올적합의 대립이 심하였는데, 이러한 대립을 통하여 올량합과 올적합은 집단 세력화하기 시작하였다. 조선에서는 이러한 세력 집중을 견제하려는 목적에서 申叔舟를 보내 올량합과 올적합의 사이를 조정하려 시도했지만 실패하였고, 상경하여 시위하던 올량합 추장 浪孛兒罕의 아들이 명에 들어가려던 것이 탄로나 낭발아한 가족 11명이 죽임을 당하면서, 올량합이 보복 침입을 하기 시작하였다. 낭발아한의 아들 阿此車가 1천 5백명의 올량합을 동원하여 會寧에 침입하자 조선은 이에 대해 다시 신숙주를 파견하여 여진정벌을 감행하였다. 이 정벌에서 조선은 올량합과 대립하고 있는 올적합을 이용하여 嚮導로 삼는 등의 책략을 사용하면서 각 여진 세력 간의 분열책을 시도하기도 하였다.[124] 조선은 여진인 430여 명을 참살하는 전과를 올리었으나, 이후 鐘城, 穩城, 吉州, 甲山 등지에 여진의 보복적 침입이 계속되는 결과를 초래하였다.

조선의 여진정벌은 몇 가지 특징이 있다고 할 수 있다. 우선 조선이 감행한 정벌은 여진의 침입에 따른 보복적 차원의 정벌이었다. 조선은 정벌보다는 회유를 통해 여진세력을 조선의 기미권내에 묶어두려는 정책을 우선시 했지만, 여진의 침입이 지속되면 과감한 정벌을 단행하였던 것이다. 즉 여진에 대한 정책은 '恩'과 '嚴'을 병행하였다고 할 수 있겠다.[125] 또 하나는 조선의 여진정벌은

123) 『세조실록』 권43, 세조 13년 9월 병자.

124) 강성문, 앞의 논문, 1989, 55쪽.

기습, 단기전의 양상을 띠고 있었다는 것이었다. 정벌은 단 하루만에 끝나기도 하였고, 길어도 2~3일 안에 정벌을 매듭지었다. 이렇게 짧은 시일에도 불과하고 여진세력에 많은 피해를 줄 수 있었던 것은 조선이 끊임없이 여진세력의 동향을 파악하고 그에 따른 정책을 구사하고 있었기 때문이라 할 수 있겠다.

나오며

지금까지 朝鮮이 여진에 대해 행한 기미정책 일반을 살펴보았다. 조선의 대여진관계는 몇가지 특징적인 면이 있다. 우선 회유와 정벌의 정책을 병행하는 羈縻的 특징들을 가지고 있었다. 기미정책은 중국의 한대 이후 이민족에 대한 대외정책으로서 관계는 단절하지 않고 견제하면서 그 이상의 적극적인 조치는 취하지 않는다는 뜻을 가지고 있었다. 이러한 기미정책은 중국으로부터 차용한 듯 보이지만 중국의 기미정책과는 다르게 조선을 중심으로 한 羈縻圈을 설정하고 주변 제세력들을 그 안에 끌어들이려는 적극적인 성격을 가지고 있었다.

조선은 제여진세력에 대해 조공과 회사라는 형식으로 上下關係를 명확히 하였고, 조선의 관직을 주는 授職과 조선의 왕궁에서 여진 추장의 子弟들이 侍衛하게 하는 등의 정책들을 가지고 있었다. 또한 조선에 向化하는 자를 우대하여 가옥과 노비, 전토를 하사하고, 심지어 결혼까지 시키는 등의 정책을 구사하기도 하였다. 조선의 여진회유책은 내조하는 여진인들을 증가시켜 일정한 통교정책을 필요로 하게 되었는데, 이것은 조선이 인정한 추장의 文引

125) 이현희, 앞의 논문, 1977, 105쪽.

과 書契를 통한 실질적인 통교제한책으로 나타나게 되었다. 여진과의 무역도 일종의 기미정책으로 볼 수 있다. 태종대 慶源과 慶城에 설치한 貿易所 또한 여진세력을 조선의 羈縻圈 내에 끌어들이기 위한 시도였던 것이며, 세종대 6진 설치 이후 두만강유역 5진에서의 성저야인과 조선인과의 교역도 이러한 政策의 일환이었다. 또한 조공을 하러 온 여진인들이 묵었던 北平館에서의 開市 역시 마찬가지였다.

그러나 이러한 회유책에도 불구하고 여진의 침입이 격심해지면, 조선은 과감한 여진정벌을 단행하였다. 여진정벌은 세 가지 측면에서 살펴볼 수 있는데, 여진의 침입에 대한 보복과 여진세력이 조선으로부터의 이탈을 미연에 방지하려는 목적이 있었다. 그리고 또 하나는 여진세력이 통합되는 것은 조선에 있어 위협적이었으므로 여진의 분열을 도모한 것이라고 할 수 있다. 14~15세기 동안에만 조선은 7차례의 여진정벌을 단행하였고 정벌의 결과 제여진세력을 조선의 羈縻圈內에 묶어둘 수 있었다.

두 번째로 이러한 기미정책은 여진뿐만 아니라 일본의 중소 영주 및 거추 등에게도 행하였다는 것이다. 즉 조선은 조공과 회사라는 방식을 통해 주변 여러 세력을 조선에 복속시키는 형식을 취하였고, 수직과 시위를 행하는 등의 기미정책을 펴 나갔던 것이다. 이러한 정책들을 비교하면 제여진세력 및 일본의 중소 영주, 거추 등에게 행한 정책이 동일하고 서로 일관성이 있음을 알 수 있다.

세 번째로는 기미정책의 목적이 위협적인 주변 제세력을 '평화적인 통교자'를 만드는데 있었다는 것이다. 조선에게 있어 기미정책의 대상은 한반도의 북부와 남부에서 위협이 되고 있는 여진과 왜구였고, 그 목적은 이들을 침략자가 아닌 평화적인 통교자로 만드는 노력의 일환이었다.

이상에서 14~15세기 조선의 대외정책이 완성되어 가는 시점을 중심으로 조선의 여진관계의 성립과 정책의 특징들을 살펴보았다. 조선이 여진에 행한 기미정책은 일본의 중소 영주 및 거추 등에게 행한 것과 동일하다고 할 수 있겠다. 조선의 대외관계 중 이러한 기미관계를 보다 명확히 밝히기 위해서는 조공, 수직, 시위, 향화, 피로인 문제 등 개별적인 것에 대한 보다 많은 연구와 함께 여진 및 일본의 중소 영주, 거추 등에게 행한 기미정책을 비교 검토하는 등의 다각적인 연구가 필요하다. 또한 동아시아 국제질서 안에서 명-조선-여진, 또는 조선-여진-명의 관계가 어떻게 형성, 발전, 변화되어갔는가에 대하여서도 더 많은 연구가 진행되기길 기대해 본다.

제3장 요동을 둘러싼 명·조선의 변경인식

1. 명 전기 朝鮮·明의 갈등과 女眞

2. 15세기 明의 東八站 地域 占據와 조선의 對應

3. 15세기 前後 朝鮮의 北邊 兩江地帶 인식과 영토 문제

4. 조선전기 野人과 倭人에 대한 '字小' 인식

1. 명 전기 朝鮮·明의 갈등과 女眞

들어가며

명 전기 고려(조선)와 명은 여진 관할을 놓고 갈등을 야기하였다. 元나라의 국력이 기울자 고려 공민왕은 이 시기를 이용하여 북진정책을 적극적으로 실시하였다. 1356년 고려는 추밀원부사 柳仁雨를 동북면병마사로 명하고 군사를 거느리고 雙城摠管府로 진공하자 쌍성총관 趙小生과 千戶 卓都卿은 도주하였다. 고려는 和州, 登州, 定州, 長州, 預州, 高州, 文州, 宜州 및 宣德, 寧仁, 輝德, 靜邊 등의 진을 차지하였다.

원 세력은 이 시기 동쪽에 관심을 가질 여유가 없었기 때문에 이 지역의 여진인은 원의 통제에서 벗어났고 동북으로 진출한 고려군은 연이어 갈라전 전투 시기에 설립한 咸州 즉 元의 哈蘭府(지금의 咸興)에서 三散(北靑)에 이르는 광대한 지역을 차지하기 시작하여 그 힘이 伊板嶺에까지 이르렀다. 고려는 원의 요양행성에 글을 보내 雙城 뿐 아니라 三散 등의 땅도 역시 고려의 舊疆이라고 하였다.

원말 고려세력이 비록 이판령 일대에 이르렀으나 이 지역의 여진인들은 여전히 상당한 세력을 유지하고 있었다. 그들 중 일부는 고려의 통제를 받기를 원하지 않았으며 여러 차례 반격을 가하기도 하였다. 예를 들면 1364년 원군 만여 명이 압록강을 건너 의주를 포위하자 고려는 이성계를 통해 군사적 지원을 하였다. 이때 해양여진의 수령 三善과 三介는 이 기회를 틈타 여진인을 모으고 남하하여 咸州와 和州 등의 땅을 공격하였다.

고려가 동북으로 세력을 확장하는 과정인 1368년 주원장은 원 大都, 곧 북경을 공격하여 원조를 멸망시켰다. 1368년 원나라는 초원으로 패주하였지만 요동은 이후 약 20여 년 동안 여전히 북원 세력들이 차지하고 있었다. 명 건국 후에도 요동에는 여전히 명의 힘이 미치고 있지 않았던 것이다. 이런 힘의 공백을 이용해서 고려는 동북으로 그 힘을 확장시켰다.

본 절에서는 고려가 동북의 여진을 초무해 나가던 시기 명의 요동진출과 철령위 설치의 시도와 좌절, 그리고 영락연간 10처 여진인을 조선에 요구하였지만 조선의 관할이 될 수밖에 없었던 내용을 중심으로 명초 여진을 둘러싼 조선과 명의 갈등에 대해 간략히 살펴보고자 한다.

고려의 동북면 개척과 명의 철령위 설치 좌절

전술한 바와 같이 1356년 고려는 쌍성을 회복한 후 다시 그 세력을 북진하여 三散과 伊板嶺 일대로 진출하였다. 1362년 원의 장수 納哈出, 곧 나하추는 군사를 일으켜 三散과 忽面 등의 지역을 공격하고 咸興으로 진격하여 위협하였다. 고려는 동북면의 이성계를 보내 싸움에 대적하였으며 나하추는 패하여 북으로 철수하였다. 원조 멸망 후 나하추 등의 北元 세력은 이미 함흥이북의 고려세력과의 각축에서 무력하였는데, 이 지역의 여진인 역시 강력한 배경이던 원 세력을 상실하여 고려와의 싸움을 계속할 수 없었으며, 일부 여진인들은 고려의 초무를 받고 항복하였다. 『고려사』 공민왕 세가에 공민왕 20년(홍무 4, 1371) 여진천호 이두란첩목아가 백호 甫介를 보내 백호로써 내투하였다고 기록하고 있는데, 이두란첩목아는 곧 용비어천가에 기록되어 있는 '參散猛安古論帖木兒'이다. 그는 삼산(북청)에서 제법 영향력 있는 여진의 수령이었다. 그의 귀부는 고려가 이 지역에서 세력을 더욱 강화하였다는 증거라고 할 수 있다.

이후 고려는 각축을 벌이며 이판령으로 세력을 확장해 나갔으며, 나아가 이판령을 넘어 해양 일대로 세력을 확대해 나갔다. 1370년 해양여진의 만호 弓大가 方物을 바치고 부락 100여 호를 들어 고려에 귀부할 것을 요청해 왔다. 같은 해 여진의 達麻大가 사신을 파견하여 땅을 바치자 그를 대장군으로 삼고 안변도호부를 지키도록 하였다. 1382년 해양만호 金同不花는 그 아들 夫耶介를 질자로 보내고 곧이어 소관인민을 거느리고 투항하여왔다.

원 멸망 후 얼마 되지 않아 명의 동북경략 속도가 점차 가속화되었다. 1371년 원 요양행성의 평장 유익이 요동주군의 지도와 병마수군의 수를 적은 것을 가지고 투항하였으며, 명은 요동에 요동도사를 설치하였다. 1375년 명은 정료도위를 고쳐 요동도지휘사사 체제로 전환하였으며, 아울러 명군을 파견하여 동여진 지역 깊숙이 진출하였다. 1382년 명조는 북원 장수 胡撥都에게 명하여 동여진 지역 깊숙이 들어가 여진인들을 초무하도록 하였다.

다음해 8월 호발도는 또한 부중을 거느리고 단천으로 갔는데, 여진수령 금동불화가 투항하여 귀부하자, 고려는 이성계에게 명하여 군사를 거느리고 공격하여 쌍방이 길주평에서 교전하였고 명군이 패퇴하였다. 1384년 명 조정은 다시 여진천호 白把把山을 파견하여 군사 70여 기를 거느리고 북청주에 이르렀는데, 이것은 명이 원 시대 합란부 지역을 관할하려고 했던 시도였다. 그러나 병력의 수가 적어 고려군에게 패하였다. 이것은 당시 명이 요동도사 지역을 조금만 벗어나면 그 영향력을 발휘할 수 없었음을 잘 보여주는 것이다. 이시기에 북원의 나하추는 명나라 군과 대치하고 있었다. 명나라는 나하추의 20만 대군과의 전쟁에서 승리하지 못하면 요동의 안정을 확보할 수 없는 상황이었다. 명나라는 홍무 20년에서야 나하추 세력을 항복시키고 요서로 진출할 수 있는 기초를 닦을 수 있었다.

그리고 같은 해 12월 명 조정은 고려를 향해 철령위를 설치하기로 결정하였다. 『명실록』 홍무 20년 12월 임신에는 다음과 같은 기록이 있다.

> 호부에 명하여 고려에 자문을 보내도록 명하였는데, "鐵嶺에서 비스듬히 북쪽과 동쪽과 서쪽은 본디 開元路의 소속이니, 所管의 軍民 중국인·女眞人·達達人·高麗人을 그대로 遼東에 소속시켜야 한다. 철령의 남쪽은 옛날 고려의 옛 땅이었고, 사람들은 모두 본국의 관속을 따르고 있으니, 경계를 바르게 하여 각각 그 지킴을 편안히 하고 다시는 침월하는 일이 없어야 할 것이다."라고 하였다.

다음해 2월 명에 갔던 사신 설장수가 주원장의 유지를 가지고 고려로 돌아갔다. 명 조정이 철령위를 설치하겠다는 유지는 고려에서 강력한 반대에 부딪혔다. 고려의 군신들은 황급히 밀직제학 朴宜中을 파견하여 철령 이북은 문주, 고주, 화주, 정주, 함주 등에서 공험진에 이르기까지 본국의 땅이었음을 알렸다.

이해 3월 고려 서북면 도안무사 崔元沚가 "요동도사에서 지휘 2명을 파견하고 병사 천여 명을 이끌고 강계에 도착하였으며, 철령위를 세우려고 합니다. 황제가 본 위에 진무 등의 관을 설치하여 요동에 이르고 요동에서 철령은 지역에 70참을 두고 참에는 백호를 설치하려고 합니다."라고 보고하였다. 고려 우왕은 이 소식을 듣고 군사행동을 하기로 결정하고 요동으로 나아갔다. 4월 고려는 최영을 팔도도통사로, 창성부원군 조민수를 좌군도통사로, 동북면 도원수 이성계를 우군도통사로 삼아 군사를 거느리게 하여 요동 서쪽을 공략하고자 하였다. 그러나 고려의 군사가 위화도에 이르렀을 때 선봉에 섰던 이성계가 무리를 거느리고 회군함으로써 요동정벌은 좌절되었다.

고려 정국의 이러한 변화는 고려와 명의 긴장관계를 완화시켰다. 당시 명조가 직면했던 형세로 본다면 비록 명조가 나하추를 항복시키고 승리하였지만 여전히 요동의 여진지역에 지방 군정기구를 설치하고 유지할 형편은 아니었다. 요동 북부에서 몽골의 위협이 계속되고 있었기 때문이다. 이 때문에 명은 원래 설치하려했던 철령위의 계획을 바꾸어 위의 설치를 철회하고 요동도사 내지로 이전을 도모하였다. 비록 명이 철령위 설치 계획은 철회하였지만 철령 이북의 토지와 인민의 소유에 대해서는 명확한 태도를 가지고 있었다.

여기서 철령위의 위치 문제가 등장한다. 일반적으로 중국의 연구성과들은 명이 설치하려한 철령위의 위치가 원 시기 쌍성총관부 지역, 곧 함경도 이남과 강원 북부의 철령으로 주장하고 이곳에 명나라가 철령위를 설치하려 했다는 입장을 펴고 있다.

이것을 바꾸어 말하면 명초까지 쌍성총관부를 경계로 그 북쪽에 고려의 영향력이 미치지 않았다는 것인데, 이전에 이미 공민왕이 북원을 축출하고 요동을 공략한 것을 고려해보면 함경도 이남의 철령은 명이 설치한 철령위가 될 수 없다. 일반적으로 최근의 연구성과들은 지금의 길림성 집안이 가장 유력한 철령위의 초설지로 지목하고 있다.

철령위 설치가 좌절된 이후 고려는 표면적으로 명에 대해 '事大

以誠'의 자세를 취하면서 다른 한편 힘써 여진지역으로 세력을 확장해 나가고 있었다. 1390년 고려는 이판령을 넘어 海洋에 길주만호부를 설치하였다. 다음해 7월 이필 등을 파견해 동여진 지역의 여러 부락을 초유하였다. 고려가 북쪽으로 진출한 상황에서 1392년 이성계는 고려를 대신하여 왕위에 즉위한 후 원대 합란부 관할지역의 여진인들을 대부분 조선에 복속시켰다. 예를 들면 哈蘭(咸興)都 達魯花赤 해난하랑합, 삼산(북청) 맹안 고론두란첩목아, 해양맹안 괄아아화실첩목아, 갑주(갑산) 맹안 운강괄, 홍긍(홍원) 맹안 괄아아올안, 독로올(단천) 맹안 협온불화, 아합(경성) 맹안 해탄설렬, 아사(리성) 맹안 주호인답홀 등이 그들이었다.

『조선왕조실록』은 이성계가 동북면을 개척한 사실을 기록하길, '공주 이북으로부터 갑산에 이르기까지 읍과 진을 설치하고 민사를 다스리며, 사졸을 훈련시켰다'고 하였고, 그리고 '천리를 연이어 모두 호적에 편입시키고 두만강을 경계로 하였다'고 하였다. 여말선초에 조선이 동북면의 여진지역으로 확대되어 간 것은 명조가 동쪽을 돌볼 틈이 없는 상황 하에서 진행된 것이었다. 명나라는 요동도사 관할지역을 벗어나 팽창할 수 없었던 것이다. 조선은 1398년 두만강 하류에 慶源(慶興)에 치소를 설치하고 관원을 파견하였다. 이후 조선과 여진은 크고 작은 일로 충돌이 빈번했고 1399년 조선의 경원만호 李淸이 올량합 여진에게 살해되기도 하였지만 조선의 여진초무와 회유는 조선의 장기적인 정책이 되었다.

명나라의 10처 여진인 요구의 좌절

명나라는 靖難의 變을 거쳐 황제가 된 영락제 시대에 가서야 비로소 여진지역으로의 팽창을 시도할 수 있었다. 영락 원년에 해당하는 1403년 명조는 두만강 남북의 여진부락에 대한 초무를 강화하였다. 이해 6월 명 성조는 여진문자를 이용하여 칙유를 반포하였다. 그것은 여진, 오도리(알타리), 올량합, 올적합 등을 초무하고 조공물을 받치도록 하라는 것이었다. 여기에서 여진은 곧 협의의 여진이며, 조선 동북면의 토착여진 또한 포함된 것으로, 고려(조선)가 이 지역으로 확장하면서 당시의 여진 대부분이 귀속되었던 것이다. 오도리와 올량합은 목단강 입구 일대로부터 이 지역으로 남천해 와서 토물을 바치거나 조선의 관직을 받아들였다. 올적합이 두만강 바깥의 비교적 낙후한 여진부락과 관계를 맺자 그들은 조선에 예속되었다. 같은 해 11월 올량합의 수령 阿哈出 등은 명에 朝覲하였으며, 명은 建州衛軍民指揮使司를 설치하고 阿哈出을 指揮使로 임명하였다.

1404년 명의 여진인 관리 王可仁 등은 명 성조에게 조선 함주 이북의 땅은 옛날 요금의 땅이라고 고하였다. 명 성조는 마침내 왕가인 등을 파견하여 삼산, 독로올 등 10처 여진인을 초유하는 등의 계획과 함께 조선에게 10처 여진인을 요구하였다.

조선은 곧 예문관 金瞻을 명으로 파견하였다. 金瞻의 임무는 명에게 삼산 등의 10처 여진을 조선의 관할로 해줄 것을 요청하는 것이었다. 金瞻은 『遼史』와 『金史』의 소략한 기록을 이용하여 명의 예부에게 요·금의 「地理志」를 고찰할 것을 제기하고 강하게 조선의 땅임을 주장하자 마침내 명은 조선의 요청에 응함으로써 삼산, 독로올 등 10처 곧 함흥이북 지역이 모두 조선의 관할이 되었다.

1405년 명은 다시 여진을 화유하기 위해 王教化的을 파견하여 吾音會(會寧)에 보내 당시 猛哥帖木兒를 수령으로 하는 斡朶里部를 초무하였다. 이후 다시 사람을 파견해 毛憐지역(지금의 琿春일대)

의 兀良哈 女眞 및 제종 兀狄哈 등을 초유하고자 시도하였으며, 12월 毛憐衛를 설치하였다. 그리고 마침내 猛哥帖木兒를 建州衛都指揮使로 삼았다. 그러나 그들은 조선의 관직도 받음으로써 조선과 지속적으로 교류하며 그들의 생존을 모색하였다.

두만강 유역의 여진과 조선의 초무

이처럼 건주여진의 동향은 조선과 명의 관계에 중요한 영향을 끼쳤다. 또한 두만강 유역을 어떻게 보느냐 하는 문제도 건주여진의 성격을 어떻게 규정하는냐에 따라 달라진다.

1403년 명조는 건주위를 설치하고 원래 胡里改 부의 수령이던 阿哈出을 指揮使로 삼았으며, 그로 하여금 東部女眞을 초무하도록 하였다. 특히 두만강 유역의 女眞, 斡朶里, 兀良哈, 兀狄哈 등의 여진 부락을 초무하고자 하였다. 명 조정은 맹가첩목아에게 건주위(후에 건주좌위가 됨)도지휘사의 직을 내리고 알타리부를 지휘하도록 하였으며 아울러 모련위를 신설하고 두만강 유역의 올량합부를 통할하고자 하였다. 건주 모련위는 명조가 綏芬河와 烏蘇里江 유역 및 그 이동지역을 경략하고자 설치한 것이다. 1406년에는 阿速江(烏蘇里江), 蘇木河, 失里綿 등의 우두머리가 내조하여 왔으며 명 조정은 阿速江, 速平江(綏芬河), 蘇溫河 등에도 형식적인 衛를 설치하였다.

명 조정의 여진지역 진출은 조선과 여진초무를 둘러싼 갈등을 야기할 수밖에 없었다. 이것은 고려시대부터 지속된 여진을 회유하고 초무하려는 북진정책과 충돌할 수도 있는 것이었다. 이른바 영락제가 건주위를 중심으로 조선을 견제할 수 있는 형국으로 변화될 수 있기 때문이었다.

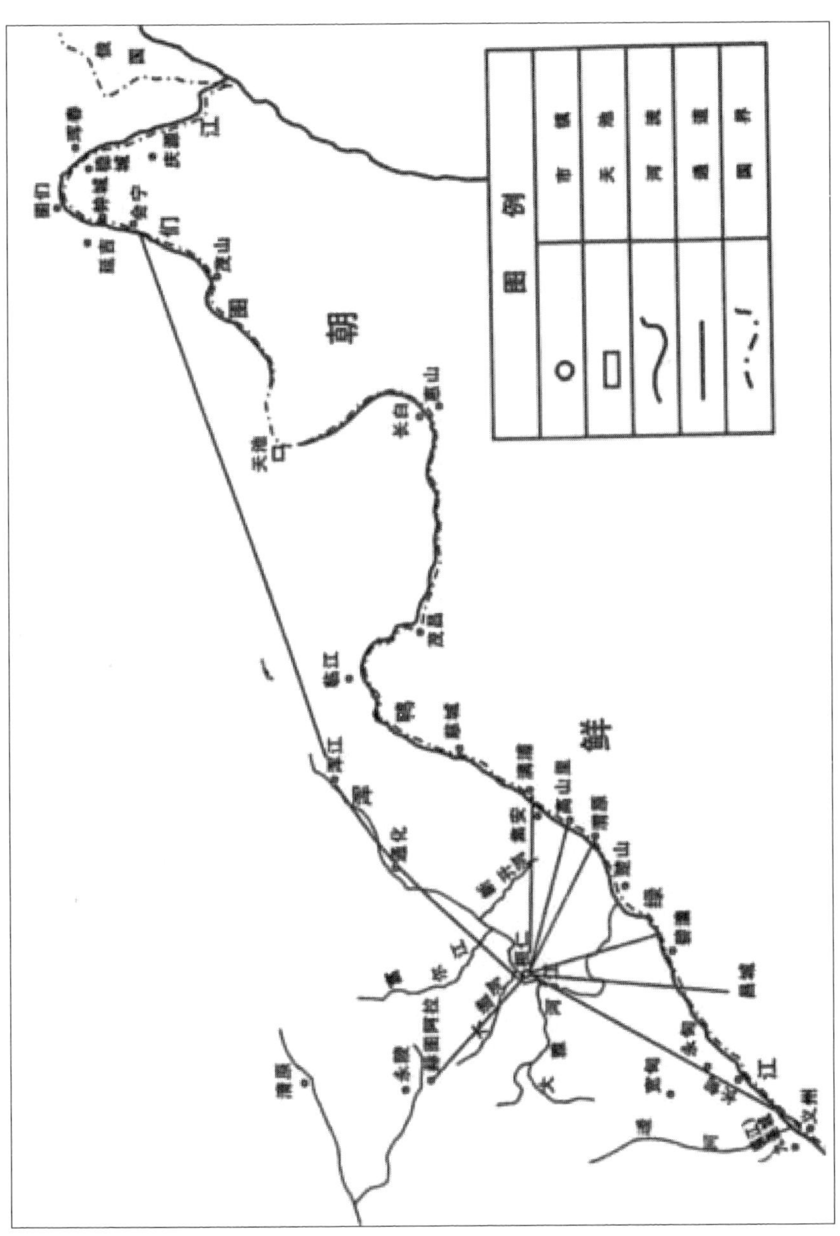

건주여진에서 조선으로 통하는 길목

이에 대해 조선은 한편으로 동북면의 방어를 강화하였으며, 다른 한편으로는 두만강 유역의 여진인을 회유하기도 하였다. 더구나 그들이 변경의 위협이 될 경우에는 교역을 끊어버리는 강경한 조치를 취하였다. 이러한 강경책은 장기적으로 보자면 여진인들의 강한 반발과 위협을 감수해야하는 결과를 초래하였다.

1409년 여진의 吾都里 仇老와 甫也가 雍丘站을 약탈하고 남녀 15인과 牛, 馬 등을 죽이거나 잡아갔고, 다음해 8월 嫌眞兀狄哈 金文乃, 葛多介 등이 알타리, 올량합의 갑병 300여 기와 연합하여 경원부를 공격하였으며, 조선의 병마사 韓興寶가 전사하였다. 이럴 경우 조선 역시 강경책을 사용할 수밖에 없었다. 조선은 길주찰리사 조연에게 명하여 군사를 거느리고 여진지역으로 진공하도록 하였다. 조선은 兀狄哈 金文乃, 葛多介 등이 이미 멀리 도망하여 숨은 것을 알고 군사의 방향을 올량합 여진부락으로 돌렸으며 갑작스런 기습전을 감행하였다. 모련의 지휘 파아손, 아고차 등 4명이 살해당하였으며 군사들에 의해 부족 수백 인을 섬멸하였으며 집 등을 불태우고 돌아왔다. 이 사건을 '庚寅之變'이라 하였다. '庚寅之變'은 조선이 모련위의 올량합인을 제어하고 맹가첩목아의 부중세력을 약화시킨 조선의 여진 토벌전이었다.

1411년 맹가첩목아는 지속적으로 증가하고 있는 조선의 군사적 압력에 직면하였다. 이에 더하여 두만강 지역에 기근이 덮쳐 동년 4월 부중을 거느리고 서천하여 지금의 揮發河 일대의 鳳州로 와서 阿哈出의 부중과 회합하였다. 맹가첩목아의 서천 후 두만강 일대의 여진세력은 크게 약화되었으며 결국 기근과 곤란에 시달려 조선의 변장에게 소금과 식량을 요청하였다. 몇몇 알타리와 올량합의 수령들은 차례로 조선에 귀순하여 왕경에 이르러 토물을 바치기도 하였다. 조선은 곧 두만강 유역에 대해 감시를 강화하는 한편 진을 새롭게 수축 보수하였다. 맹가첩목아는 서천 후 두만강 유역의 여진과 여전히 친밀한 관계를 유지하였다.

맹가첩목아의 부중들이 봉주에 거주하던 13년째, 즉 1423년 다시 동쪽 아목하로 이동하였다. 맹가첩목아는 부중을 거느리고 아목하로 이주한 후에도 여전히 명조와 조선을 상대로 교역을 희망하였다. 그러나 조선과 올적합과의 모순, 명조와 양목답올 반군에 대한 초무 등은 맹가첩목아를 올적합과 양목답올 사이의 격렬한 싸움의 장으로 밀어 넣어 결국 1433년 맹가첩목아 부자가 죽게 되는 비극을 맞이하였다. 건주좌위는 심각한 타격을 입었다.

건주좌위는 부락의 와해라는 위기와 올적합이 그치지 않고 침입하는 곤경에 직면하였다. 조선 조정 역시 알타리 부가 쇠락하는 틈을 타 그들에 대해 군사적 위협과 경제적 봉쇄책을 진행하였다. 이러한 곤경을 탈피하기 위하여 명 조정의 동의를 통해 건주좌위는 범찰과 동산의 인솔 하에 1440년 아목하 일대에서 서천하여 소자하 유역(혼하 상류)으로 이동하였다. 이로써 다시 이만주 세력의 건주위와 결합하였다. 이 이전에 모련위는 이미 서천하여 동가강 유역으로 갔다. 이러한 여진의 이동은 두만강 중하류 일대의 여진인의 수가 감소하여 조선이 두만강 유역으로 확대해 나갈 수 있는 기회를 주었다. 조선은 두만강 유역의 방어를 강화하기 위하여 1434년(세종 16)~1449년(세종 31) 차례로 회령, 경원, 종성, 경흥, 온성, 부령의 6진을 설치하고 아울러 변보와 연대를 축조하였으며, 두만강을 따라 장성을 축조하는 한편 이민정책을 통해 6진을 견고히 하였다. 6진의 설치 후 조선은 비로소 기본적으로 두만강 중하류 지역의 안정을 확보할 수 있었다.

2. 15세기 明의 東八站 地域 占據와 조선의 對應

들어가며

14세기 후반에서 15세기 초에 이르는 시기의 동북아 지역은 일대 혼란·전환기였다. 이 때문에 우리나라에서 중국으로 가는 使臣路程은 순탄치 못하였으며, 특히 육로 왕래에 있어서 女眞의 존재는 늘 使行의 안전을 위협하고 있었다. 그러한 가운데 조선의 對女眞關係가 악화되면서 문제는 더욱 심각해 지게 되었고, 마침내 조선에서는 명나라 측에 使行路 변경을 요청하게 되는데, 이를 계기로 명은 과거 조선과 명 사이의 공한지로 남아 있던 東八站 地域 가운데 連山關 以東지대까지 점차 점거하게 되었다. 명나라는 1371년 遼陽에 定遼都衛指揮使司를 둠으로써 遼東지역 확보를 일단 마무리하였으나 이는 바로 조선과 명이 압록강을 경계로 국경을 맞댄다는 의미는 아니었다. 명은 遼東 동쪽으로 조선에서 약 290여 리 떨어진 連山關에 把守를 설치하여 지키게 하였고, 以東지역은 空地, 즉 일종의 국경 완충지대로 남게 되었다. 그러나 점차 명의 동북지역에 대한 衛所 설치가 확대되면서 완충지대였던 連山關 以東의 東八站 지역도 명에 의해 점거되었다. 이 과정에서 조선은 명의 東占에 대해 매우 警戒하는 자세를 보였으며, 외교적인 경로를 통하여 저지하고자 하기도 하였다.

물론 조선은 明의 東占을 저지하지 못하였지만 이 과정에서 連山關 以東의 동팔참지역에 대한 조선의 "空閑地"인식은 당시의 국경인식에 대해 중요한 의미를 가지는 문제이다. 또한 明의 連山關 以東지역 점거와 축성은 조선의 국방상 문제 뿐만 아니라 內國人의 離脫이라고 하는 새로운 사회문제를 야기시키게 되며 이는 결국 조선에서 국경에 대한 단속을 강화하는 계기가 되었다.

종래의 연구에서 이러한 문제를 직접 다룬 논고는 없으며, 대명관계 論考들은 대체로 외교나 무역 문제 등이 주요 관심사였다.[1)]또한 軍事史(특히 築城史) 측면에서도 軍事에 미치는 대외관계 요인으로 주로 왜구나 여진만이 고려되었을 뿐 대명관계는 그다지 주목받지 못하였다.[2)] 따라서 본 절에서는 외교와 군사의 상관관계

---

1) 고려말 조선전기 주요 對明關係 論考는 다음과 같다.

崔韶子, 「胡亂과 朝鮮의 對明·淸關係의 變質-事大·交隣의 問題를 中心으로-」『梨大史苑』 12, 1975.

高錫元, 「麗末鮮初의 對明外交」『白山學報』 23, 1977.

朴南勳, 「朝鮮初期의 對明貿易의 實際」『關東史學』 1, 1982.

李鉉淙, 「對明貿易」『韓國史論』 11-朝鮮前期의 商工業-, 국사편찬위원회, 1982.

張學根, 「鮮初 對明關係와 主權意識-對外戰爭을 中心으로-」『學術論叢』 8, 단국대 대학원연구회, 1984.

孫承喆, 「朝鮮朝 事大交隣政策의 成立과 그 性格; 朝鮮朝 對外政策史 硏究試論」『溪村閔丙河敎授停年紀念 史學論叢』, 계촌민병하교수정년기념사학논총간행위원회, 1988.

曺永祿, 「鮮初의 朝鮮出身 明使考; 成宗朝의 對明交涉과 明使 鄭同」『국사관논총』 14, 1990.

金九鎭, 「朝鮮 前期 韓·中關係史의 試論-朝鮮과 明의 使行과 그 性格에 대하여-」, 『弘益史學』 4, 1990.

安貞姬, 「朝鮮初期의 事大論」『歷史敎育』 64, 1997.

都賢喆, 「高麗末期 士大夫의 對外觀 -華夷論을 중심으로-」『震檀學報』 86, 1998.

金松姬, 「조선초기 對明外交에 대한 一硏究 -對明使臣과 明使臣 迎接官의 성격을 중심으로-」『史學硏究』 55·56, 1998.

金順子, 『麗末鮮初 對元·對明關係 硏究』, 연세대 박사학위논문, 1999.

南義鉉, 「明代 遼東政策과 對外關係」, 『江原史學』 15·16, 2000.

라는 관점에서 15세기 후반 조선의 사행로 변경요청을 계기로 본격화된 명나라의 東八站지역에 대한 城堡 건설이 조선에 어떤 영향을 주었으며, 어떻게 대응해 나갔는가 하는 것을 연구하고자 한다. 특히 15세기 후반 의주·황주의 축성을 비롯하여 의주 일대에 대한 行城 축조는 조선의 대응이라는 점에서 매우 중요한 부분으로, 대외적 대응이라는 측면에서 그 의미를 살펴 보고자 한다.

對明使臣路 변경 요청과 明의 반응

고려·원나라의 외교관계가 성립된 이래 중국을 왕래하는 육로는 주로 압록강을 건너 이른바 동팔참지역을 경유하였다. 東八站이란 우리나라 義州에서 遼東都司가 있었던 遼陽까지의 노상에 설치되어 있는 8개의 站을 지칭하는 것으로, 고려시대 원나라의 遼陽行省을 왕래할 때에 붙여진 명칭으로 추정되는데, 八站의 위치와 명칭이 계속 변화했기 때문에 당초 元代의 東八站이 어느 곳을 지칭하는 것인지는 분명치 않다.

그런데 고려말 동팔참지역은 대개 女眞人이 장악하였으므로 원·

---

2) 宋炳基, 「世宗朝 兩界行城 築造에 對하여」, 『史學硏究』 18, 1967.
車勇杰, 「世宗朝 下三道 沿海邑城築造에 대하여」, 『史學硏究』 27, 1977.
_____, 「朝鮮 成宗代 海防築造論議와 그 樣相」, 『白山學報』 23, 1977.
_____, 「朝鮮後期 關防施設의 變化過程」, 『韓國史論』 9, 國史編纂委員會, 1981.
_____, 「高麗末 倭寇對策으로서의 鎭戍와 築城」, 『史學硏究』 38, 1984.
_____, 『高麗末·朝鮮前期 對倭 關防史 硏究』, 충남대 대학원 박사학위논문, 1988.
차문섭, 「세종대의 국방과 외교」, 『세종학연구』 12·13, 세종대왕기념사업회, 1998.
柳在春, 「朝鮮前期 行城築造에 관하여」, 『江原史學』 13·14, 1998.
_____, 「麗末鮮初 東界地域의 變化와 治所城의 移轉·改築에 대하여」 『朝鮮時代史學報』 15, 2000.
이외에도 다수의 논문이 있으나 생략하기로 한다.

조선의 사신이 요동으로 들어가기 위해 건넜던 압록강 하구(우측이 중국 丹東)

명교체기에는 이 지역을 통하여 중국으로 안전하게 왕래하기 어려웠다. 이에 고려에서는 海路를 통해 중국을 왕래하였는데, 海路는 女眞族이나 元의 잔여 세력들로부터는 안전하였지만 항상 풍랑의 위험이 있어서 1372년에는 홍사범·정몽주 등의 일행이 중국으로 가다가 풍랑을 만나 39명이나 익사하는 큰 사고가 발생하기도 하였다.[3] 이에 명 태조는 '고려에서 貢物을 보내는 일이 너무 잦기 때문에 인민이 피폐하여 지고, 바다를 건너오므로 난파와 익사를 걱정하게 된다'라고 하여 옛 제후의 禮를 따라 3년마다 한번씩 朝聘하도록 하였으나 고려에서는 계속 사신을 보냈다.[4]

그러다가 1409년부터 陸路로 중국에 왕래하게 되었는데,[5] 이는

3) 國史編纂委員會, 『국역 中國正史 朝鮮傳』 明史 朝鮮列傳 洪武 5年, 1986.
4) 위와 같은책, 388·389쪽 참조.
5) 『通文館志』 제3권 事大 上 航海路程.

북경에 근거를 가지고 있던 燕王 朱棣가 惠帝를 비롯한 정통파 계통을 누르고 즉위하여 황제(成祖 ; 永樂帝)가 됨으로써 명나라의 기반이 더욱 공고해진 결과라고 할 수 있다. 이러한 육로의 개통에 따라 조선에게 동팔참지역은 또다시 매우 중요한 관심의 대상이 되었고 이에 대한 적절한 경영이 필요하게 되었다.[6)]

동팔참지역은 명이 遼東을 장악하고 있는 상황에서도 連山關 以東지역은 통치력이 미치지 못하였다. 明은 당초부터 압록강까지 점거하지 않고 강으로부터 290리 정도 떨어진 連山關에 국경 把守를 설치하였다. 이로 말미암아 명나라의 국경 把守가 설치되어 있던 連山關으로부터 以東지역은 朝·明 어느 나라에도 예속되지 않은 특수한 구역이 되었다. 뿐만 아니라 명나라는 조선을 견제하기 위해 여진인의 入朝 권장과 厚待를 통한 招撫策을 적극 실시하였고, 衛所 설치에 이들을 활용하였으나[7)] 이는 형식상의 체제일 뿐 明의 여진지역에 대한 군사적 영향력은 조선과 마찬가지로 지극히 제한적이었고, 압록강 북안지대를 비롯한 조·명 사이의 넓은 여진 雜居 지역은 양국 사이의 완충지대로 남게 되었다. 이는 명나라가 여진지역 통치를 위해 1409년(태종 9, 明 永樂帝 7) 송화강과 흑

---

6) 명나라 영락제 때에 북경으로 수도를 옮긴 이후 조선의 사행로는 전보다 훨씬 단축되었고, 대개 동팔참로를 경유하는 육로가 거의 고정화되었다. 육로가 주를 이루는 15, 16세기의 對明使臣路는 크게 4개구간으로 나누어 볼 수 있다. 제1단계는 한양에서 의주까지의 국내행로이며, 제2단계는 의주에서 遼東都司가 있는 遼陽까지, 제3단계는 遼陽에서 山海關까지, 제4단계는 山海關에서 北京까지의 행로이다. 이 가운데 제2단계가 대개 동팔참지역에 해당하며, 의주를 건너 제일 먼저 이르는 九連城(鎭江城)을 비롯하여 湯站(湯站堡), 鳳城(鳳凰城), 松站(鎭東堡), 通遠堡(鎭夷堡), 連山關, 甜水站, 狼子山(狼子山站) 등 8개참을 지나 遼陽으로 들어가게 되는데 그 거리가 약 380여리였다.(金九鎭, 「朝鮮 前期 韓·中關係史의 試論-朝鮮과 明의 使行과 그 性格에 대하여-」, 『弘益史學』 4, 1990, 16~22쪽 참조)

7) 명나라는 조선 태종 9년(1409)까지 115개의 女眞衛所를 설립하였다(박원호, 『明初朝鮮關係史研究』, 일조각, 2002, 170~171쪽).

룡강이 합류하는 奴兒干지역에 奴兒干都司를 설치하였지만,[8] 이 지역에서 실질적인 통치력을 행사하기란 불가능하였던 것에서도 잘 알 수 있다.

이러한 상황이다보니 이 지역을 왕래하는 조선의 사신들은 본국으로부터 독자의 호송군을 편성해 동행해야 했다. 더구나 이 지역은 인적이 드물고 교통로가 매우 험하여 통행에 큰 어려움이 있었기 때문에 1436년(세종 18) 12월 조선에서는 요동에 咨文을 보내 剌榆寨를 경유하는 사신행로의 변경을 요구하기에 이르렀다. 그 자문에 보면,

> 通事 金玉振을 보내어 요동에 咨文을 전달하기를, "이보다 앞서 본국의 사신이 東八站의 한 길을 내왕했는데, 예전부터 산은 높고 물은 깊었으며, 물줄기 하나는 활처럼 굽었으므로 무릇 8, 9차례나 건너게 되었습니다. 여름철 장마에는 물이 창일하는데 본래부터 배가 없으며, 겨울철에는 얼음이 미끄럽고 눈이 깊어서 사람과 말이 넘어져 죽는 것이 많이 있습니다. 또 開州 龍鳳站 등은 전연 人煙이 없고 풀과 나무만 무성하고 빽빽하였는데, 근년 이후에는 사나운 범이 자주 나와서 해를 끼치므로, 왕래하는 사람과 말이 실로 고생이 많습니다. 요동이 관할하는 連山把截의 남쪽에 길 하나가 있어서, 剌榆寨把截을 경유하여 都司에 이르게 되는데, 인민이 흩어져 살고 또 산과 물의 험준함이 없으니, 이 사실을 전달하여 剌榆寨 한 길로 왕래하여 서로 응하기를 바랍니다"하였다.[9]

8) 『明太祖實錄』 권62 太祖 7年 閏4月 乙酉.
9) 『세종실록』 권75, 세종 18년 12월 기사.

위에서 보면 조선측은 사행로가 험하고 인적이 없어 사행이 묵어 갈만한 곳이 없다는 등 주로 통행의 불편을 들어 사신행로의 변경을 요청하고 있다. 그러나 이러한 사신행로 변경은 사행로의 험준함 보다는 1433년(세종 15)에 파저강 일대의 야인을 정벌함으로써 여진인과 계속 긴장관계에 있었기 때문이다.[10] 특히 1437년(세종 19) 9월에는 李蕆이 다시 파저강 일대의 야인을 공격하였고,[11] 여진인들도 그해 12월 3천여 騎兵으로 벽동에 入寇하는 등 변경지역의 소요는 계속되었다.[12]

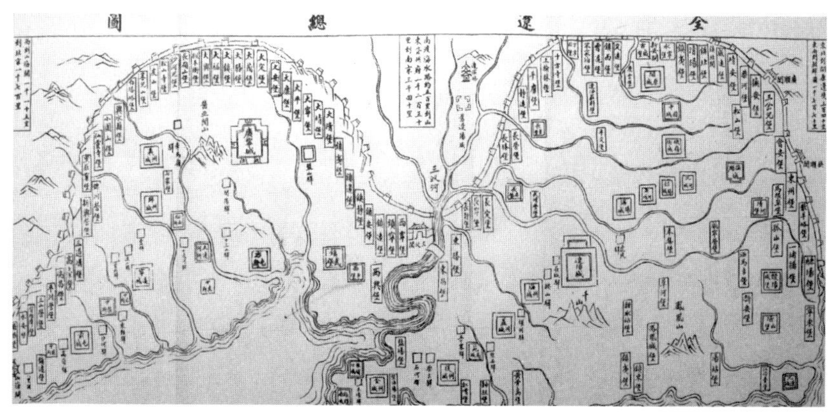

『全遼志』에 보이는 '전료총도'로 명대 요동변장을 선명히 그리고 있다.

그러나 明측으로부터 사행로 변경 요청에 대한 즉각적인 응답은 없었다. 이에 조선은 사행 왕래에 호송군을 증강하도록 하는 등 대비책을 마련하면서 거듭 明나라에 사행로 변경 요청을 하게 된다. 이때에 이르러서는 단순히 사행로가 험하다는 사유가 아니고

10) 『세종실록』 권59, 세종 15년 3월 무진.
11) 『세종실록』 권78, 세종 19년 9월 기유.
12) 『세종실록』 권79, 세종 19년 12월 경오.

賊變의 위험성을 거론하여 변란이 잠잠해 지는 것을 期限으로 剌楡寨를 통하는 새 길을 요청하게 되었다.[13] 조선에서는 1439년(세종 20) 1월 사신행로 변경을 위한 계품사를 편성해 보내게 되는데, 李滿住의 보복 위협이 있는 터라 군사들이 휴대하는 병기도 전보다 많이 갖추고, 호송군사도 禁軍중에서 건장하고 용감한 자를 가려서 충원하게 하는 등 호송에 만전을 기하였다.[14]

그런데 명나라 측은 조선의 새 使行路 허가에 대해 부정적이었다. 조선에서 작성한 奏本에 나타난 명나라의 태도를 보면, 요동도사의 보고에 따라 새 길에 대해 조사해 보도록 하고는 종전의 舊路를 유지한다는 것이었다.

> … 주본에 이르기를 … '洪武年 이래로 지금 70여 년이 되도록 사신이 왕래하는 것은 모두 이 길을 경유하였으되 아무런 구애도 없었는데, 지금 이 站과 길을 고쳐달라고 하나 이미 정해진 것을 새로 허가하기 어려우니, 그 부에 공문을 보내 요동도사에게 전달하여서 조선국으로 이첩하여 전항의 길·역·참은 그전대로 왕래하는 것이 타당하다는 것을 알리도록 할 것이나, 병부에서 말한 사리에 의거하라는 성지를 받들었으므로 감히 함부로 처리하지 못한다.'하였습니다. …[15]

위에서 보면 명나라에서 使行 新路를 허가하지 않는 이유가 분명치 않다. 다만 '사리에 의거'하라고 한데서 명나라측에서도 조선의 요구를 거절하기가 쉽지 않았던 것을 알 수 있다. 즉 다른 것도 아니고 명나라에 조공하기 위한 안전한 통행로를 허가해 달라는 '명분

13) 『세종실록』 권79, 세종 19년 12월 임오.
14) 『세종실록』 권80, 세종 20년 정월 계묘.
15) 『세종실록』 권80, 세종 20년 1월 병오.

있는 요구'를 뚜렷한 명분도 없이 거절할 수 없었던 것이다.

그러한 가운데서도 이만주 무리가 계속 동팔참로를 위협하게 되었다. 1439년(세종 20) 4월에는 중국 북경에 갔던 세종의 다섯째 아우가 귀국하게 되어 있었는데, 이만주 무리가 이를 알고 귀환할 때 동팔참지역에서 습격하고자 한다는 정보가 보고되었다.[16] 이에 조정에서는 즉시 평안도에 지시하여 護送軍兵을 배로 늘리도록 하는 한편, 병조참판 김효성에게 명하여 직접 서울에 있는 장사 20명과 藥匠 10명을 인솔하고 요동에 가서 호송해 오도록 하는 등 긴급조치를 취하게 되었다.[17] 또 1441년(세종 22) 정조사로 파견되었던 이명신은 요동에 도착하여 이만주가 정조사 일행이 이듬해 귀국할 때 동팔참 노상에서 습격하려 한다는 전갈을 보내왔다.[18]

이러한 속에서 명나라는 建州左衛都督 童猛哥帖木兒의 아들 童倉 등이 李滿住와 같이 한 곳에 거주하고자 한다는 요청에 응하여 조선에 사람을 시켜 이들을 호송하여 지경 밖으로 내보내도록 하는 등 女眞 招撫에서 조선과 경쟁관계를 계속하였으며,[19] 조선의 부당성 건의에 대해서는 그대로 옮기지 말도록 하라는 상반된 조치를 취하였다. 이는 말할 필요도 없이 여진인들로 하여금 조선에 더욱 원한을 깊게 하고 명은 그들의 환심을 사 동북지역 招撫를 보다 원활히 하고자 의도한 것이다.

한편 조선의 사행로 변경요청은 뜻대로 진전되지 못하였다. 이에 조선에서는 사신행로 변경이 조속히 이루어지지 않자 일단 요

16) 『세종실록』 권81, 세종 20년 4월 신유.
17) 『세종실록』 권81, 세종 20년 4월 신유.
18) 『세종실록』 권91, 세종 22년 11월 계해.
19) 『세종실록』 권79, 세종 19년 12월 신사. 이 시기의 朝鮮·明·女眞의 관계에 대해서는 「朝鮮前期 對女眞關係史」(徐炳國, 『國史館論叢』 14, 국사편찬위원회, 1990) 참조.

동에 자문을 보내어 요동에서 관군을 파견하여 사신왕래시 경계지역까지 호송해 줄 것을 요청하는 한편, 자체적으로도 호송군의 무기와 병력을 증강하는 조치를 취하게 된다. 이러한 가운데 세종이 사망하고 문종이 즉위하면서 명에서 사신이 왔는데, 조선에서 宦者로 명나라에 보낸 尹鳳이 사신으로 왔으므로[20] 조선에서는 그를 통하여 사신행로 변경을 관철시키고자 하였다.[21]

윤봉은 조선측의 설명에 대해 "東八站의 聲息이 매우 긴급하니, 이 때를 당하여 새 길을 奏請하는 것이 옳겠습니다. 무릇 바람부는 데 따라 불을 피우게 되면 힘쓰기가 매우 쉬우니, 만약 聲息에 의거하여 주청하면 될 것입니다."라고 하는 등 적극적인 자세를 보였으므로 조선에서는 날마다 承旨를 보내 그를 문안하도록 하고, 의정부와 六曹에서도 또한 날마다 輪番으로 문안하게 하는 등 사행로 변경을 위해 적극적인 로비를 하였다. 그리고 사신이 돌아가는 길에 보내는 주문에 이 내용을 다시 자세히 적어 명나라에 사신행로 변경을 요청하게 되었다.[22]

그러나 이러한 요청은 쉽게 받아들여지지 않았으며, 이에 따라

20) 『태종실록』 권17, 태종 9년 5월 정축.

21) 『문종실록』 권3, 문종 즉위년 8월 을해.

22) 『문종실록』 권3, 문종 즉위년 8월 경인. 「… 道路를 청하는 奏文에 이르기를, "照會하건대, 小邦의 朝貢 왕래는 상시 東八站 한 길만 경유하게 되는데, 야인 李滿住 등이 흔단을 일으킨 이후로는, 本賊이 출몰하니 阻碍하여 불편할 것을 깊이 염려하여, 遼東에서 남쪽에 가까운 刺榆寨에서 길을 찾아 지나가려고 합니다. 이 일을 위하여 이미 벌써 사유를 갖추어 奏達했는데도 윤허를 얻지 못했습니다. 신은 가만히 생각하건대, 위의 항목의 이만주 등이 먼저 중국 조정에 귀순했을 때는 天子의 威光을 두려워해서 감히 해치는 행위를 거리낌 없이 하지는 못했지마는, 지금은 聖恩을 저버리고서 감히 날뛰기를 거리낌 없이 하고 있으니, 진실로 本賊이 틈을 엿보아 갑자기 나와서 貢獻하는 人馬를 빼앗고 사로잡아 묵은 원한을 풀게 된다면, 동팔참의 舊路도 실상은 곧장 나가기가 어려울까 염려됩니다. 삼가 바라건대, 聖慈께서 허가하시는 명령을 명백히 내려서 刺榆寨의 한 길을 개통시켜 왕래를 편리하게 해주시면 매우 다행하겠습니다."하였다.」

조선은 사신 호송에 많은 병력을 파견해야하는 번거로움이 계속되고 있었다.[23] 이후 世祖代에 다시 사신행로 변경을 거듭 요청하였으나 조선의 요청은 결국 수용되지 않았다.[24]

明의 東八站 地域 占據와 築城

그런데 세조대에 이르러서도 조선의 사신행로 변경요청은 받아들여지지 않았으나 명나라 측에서는 새로운 해결책을 조선에 제시하였다. 즉 1460년(세조 6) 謝恩使 金禮蒙이 가지고 온 칙서에 다음과 같은 내용이 들어 있었다.

> 謝恩使 金禮蒙이 勅書를 가지고 明나라에서 돌아왔는데, 칙서에 이르기를, "전자에 왕이 奏達하기를 '阿比車가 아비의 원수를 갚지 못하였기 때문에 東八站의 산길에 숨어서 朝貢하는 人馬를 기다리다가 가로막고 탈취하려고 하니, 剌楡寨의 한 길을 개통하여 왕래하기를 청합니다.'하였으므로, 이로 인하여 특별히 遼東鎭守와 總兵 등의 관리에게 내려서 그 가부를 의논하여 보고하게 하였더니, 이에 回奏하기를 '剌楡寨 지방은 산이 험하고 나무가 빽빽하며 사는 백성들도 매우 드무니, 왕래하기에 합당하지 않습니다. 그 동팔참 지방은 길이 평탄하고 다니는데 익숙하고, 겸하여 毛憐衛 등지와도 거리가 멀리 떨어져 왕래하는 데 방해됨이 없을 것입니다. 다만 連山關 밖을 보면, 來鳳이 그 중간 정도 가는 것이니, 마땅히 城堡 한 座를 쌓아서 軍官을 보내어 지키게 하다가 왕래하는 使臣을 호송하게 하소서.'하였다. 이미 遼東都司에 명령하여 적당히 헤아려

23) 『세조실록』 권4, 세조 2년 5월 정축.
24) 『세조실록』 권19, 세조 6년 3월 정해.

서 이를 쌓도록 하였으니, 왕의 사신이 왕래하면 防護하는 사람이 있을 것이므로 걱정할 것이 없다. 더구나 아비거는 대개 복수를 하지 못하였기 때문에 일부러 이런 말을 발설하여서 혼란시키고 있으나, 반드시 그의 근거지에서 거리가 멀어 이곳에서 오랫동안 기다리고 있을 수가 없을 것이다. 만약 갑자기 그 말을 믿고 도로를 바꾼다면 이것은 스스로 怯弱함을 보여서 오히려 저 무리들의 업신여김을 당하지 않겠는가? 왕은 옛 법규를 그대로 따르고, 혹시라도 지나치게 의심하거나 염려하여 事體에 어그러지게 하지 말라"[25)]

이에서 보면 명나라 입장은 여진인들의 노략 위협 때문에 갑자기 사행로를 바꾼다는 것은 스스로 겁약을 드러내는 것이므로 온당치 못하다는 것이며, 우리나라 경계와 명나라의 連山關 중간쯤되는 來鳳에 성을 쌓고 군관을 배치하여 지키다가 사신을 호송하겠다는 것이었다. 당초 조선에서는 사신행로를 변경하는 것이 목적이었는데, 상황은 조선이 의도한 바와는 다른 방향으로 전개되었다. 조선의 사행로 변경요청을 계기로 명나라가 군사적으로 동팔참지역에 적극 진출하는 것은 조선측에서 전혀 바랬던 바가 아니었다.

이러한 가운데 뜻하지 않게 여진족 浪孛兒罕의 治罪件을 둘러싸고 조선과 명은 미묘한 갈등을 보이게 되었다. 조선의 국법을 어기고 무례한 행위를 일삼은 浪孛兒罕을 처단한 것에 대해 명나라에서는 1460년(세조 6) 3월 사신 張寧과 武忠을 파견하여 명의 大官을 除授받은 浪孛兒罕을 조선이 보고도 하지 않고 임의대로 처단한 것에 대해 거세게 항의하였다.[26)] 명나라는 여진족을 明측으

25) 『세조실록』 권21, 세조 6년 8월 기사.

조선시대 개주참이라 불렸던 봉황산 지역.

로 끌어들이기 위해 조선에 문책하는 태도를 취하면서 그의 浪孛兒罕의 가족을 遼東으로 호송하여 그의 아들 阿比車와 만나게 하도록 요청하기도 하였다. 이에 조선은 1461년(세조 7) 평안도에 온 야인 伊澄可 등이 상경하겠다고 하자 이를 저지하면서 야인들에게 명나라 측에서 조선의 서울에 왕래하는 것을 꺼린다고 하는 사유를 들었다.[27] 이는 물론 명나라의 조선에 대한 경계심을[28] 의

---

26) 『세조실록』 권19, 세조 6년 9월 기묘.

27) 『세조실록』 권23, 세조 7년 2월 병술.

28) 國史編纂委員會, 『국역 中國正史 朝鮮傳』 明史 朝鮮列傳 天順 3年, 1986. 「天順三年 邊將奏 有建州三衛都督私與朝鮮結 恐爲中國患 因敕王柔 毋作不靖 貽後悔 王柔 疏辨 復諭曰 '宣德·正統年間 以王國與彼互相侵掠 敕解怨息兵 初不令交通給賞授官也 彼旣受 朝廷官職 王又加之 是與朝廷抗也 王素秉禮義 何爾文過飾非 後宜絶私交 以全令譽' 四年復諭玉柔 曰 '王奏毛憐衛都督郎卜兒哈通謀煽亂 已置之法 夫法止可行於國中 豈得加於鄰境 郎卜兒哈有罪 宜奏朝廷區處 今輒行殺害 何怪其子阿比車之思復讐也 聞阿比車之母尙在 宜急送遼東都司 令阿比車領回 以解讐怨 五年 建州衛野人至義州殺掠 玉柔 奏乞朝命還所掠 兵部議' 朝鮮先嘗誘殺郎卜兒哈 繼又誘致都指揮兀克 縱兵掠其家屬 今野人實係復讐 宜諭朝鮮 寇盜之來皆自取 惟守分安法 庶弭邊釁 從之」

식한 것도 있지만 한편으로는 야인들이 명을 원망하도록 하려는 계책이었다고 할 수 있다.

명나라의 동팔참지역에 대한 군사적 점거는 앞서 언급한 바와 같이 조선의 사행로 변경요청을 계기로 본격화되었지만 전체적으로 볼 때는 명나라의 衛所制度를 통한 동북지방 점령책의 일환이었다. 그런데 이러한 明의 東占은 조선측에서 전부터 우려되던 변방민의 이탈 현상을 가속화시키는 등 심각한 문제를 야기시키게 되었다. 1466년(세조 12)에 이르러서는 대사헌 양성지에 의해 정식으로 명나라의 衛所 설치에 따른 문제가 제기되어 이에 대한 대책의 강구를 건의하게 되었다. 양성지는 그의 시무 8조에서 이르기를,

> … 중국 조정에서 장차 開州 등지에 衛所를 세우려고 하니, 이것은 국가 門庭의 걱정입니다. 평안도의 백성들은 다만 防戍에만 시달릴 뿐 아니라 또한 중국에 入朝하는 사신의 영접과 전송을 하는 데에도 매우 시달리게 되어, 태반이 東八站과 海州·蓋州 등 여러 州에 유입하게 되므로, 한편으로는 土兵이 모두 없어지게 되고, 한편으로는 저들이 우리의 虛實을 알게 되니, 작은 일이 아닙니다. 비록 후일 우리의 이익이 된다 하더라도 또한 후일 우리에게 해가 될지 어떻게 알겠습니까?[29]

라고 하여 명이 동북지역에 대한 군사적 점거를 확대하는 것에 대해 우려를 표명하게 되었다.

특히 명나라는 동북지역의 확보를 점차 확대하는 과정에서 종전의 連山把截보다 훨씬 동쪽에 위치한 湯站[30] 地域에 城을 축조하

---

29) 『세조실록』 권40, 세조 12년 11월 경오.

30) 16세기 후반 명나라에 사신으로 갔던 許篈이 기록한 『朝天記』를 보면 당시 의주에서

고 주변지역을 개척해 나가게 되는데 국경지대에 관계된 일이라 조선에서는 이에 대한 대책에 부심하게 되었다.

湯站에 堡를 축조한다는 것이 공식적으로 조선측에 전달된 것은 1474년(성종 5) 5월이다. 명나라 사신은 도승지 김승경을 통하여 조선에서 新使行路를 요청하였기 때문에 탕참에 보를 축조하고자 하니 城을 축조할 때 조선에서 양식을 제공해 달라는 요청을 하게 되었다.[31] 또한 성종이 경회루에서 명나라 사신을 초청해 연회를 베푸는 자리에서 명나라 사신은

> "지난해에 東八站에 사신을 호송했던 人馬가 돌아오다가 野人들에게 노략질당한 사건을 중국 조정에서 알고서 나에게 묻기를, '東八站은 어떠한 길인가? 조선인은 어떻게 다니는가?' 라고 하므로, 제가 回奏하기를, '東八站은 풀이 우거지고 人家가 없는 땅입니다. 조선의 人馬가 왕래할 때에 그 가는 것이 매우 어렵고, 地境이 野人 지방과 맞닿아 있기 때문에 야인들이 노략질하거나 사로잡아 갑니다'라고 하니, 황제께서 '어떻게 하면 좋겠는가?'라고 하시므로, 제가 아뢰기를, '그 땅에 城을 쌓고 壁을 설치하여 賊의 오는 것을 候望하여 방비하면, 조선 사람들이 왕래하는 데 편할 것입니다'하니, 황제께서 말하기를, '조선의 백성들도 또한 나의 백성들인데, 내가 어찌 돌아보고 欽恤히 여기지 않겠는가?'라고 하였습니다. 聖旨가 이와 같았으므로, 지금 城을 쌓으려고 하는 것입니다"[32]

탕참에 이르는 길은 두 길이었다. 하나는 의주에서 검동도를 거쳐 가는 길이고, 다른 하나는 三江을 거쳐 가는 길이다. 前者는 거리가 90리이며, 후자는 60리였다. 현재 遼寧省 丹東市 서북쪽의 湯山城이라고 하는 곳이 바로 탕참보가 있던 곳이다[『荷谷集』 朝天記(韓國文集叢刊 58, 민족문화추진회 影印, 1990), 「朝鮮入明貢道考」(孫衛國, 『韓國學論文集』 第二輯, 北京大學 韓國學 研究中心) 참조].

31) 『성종실록』 권129, 성종 12년 5월 병신.

32) 위와 같음.

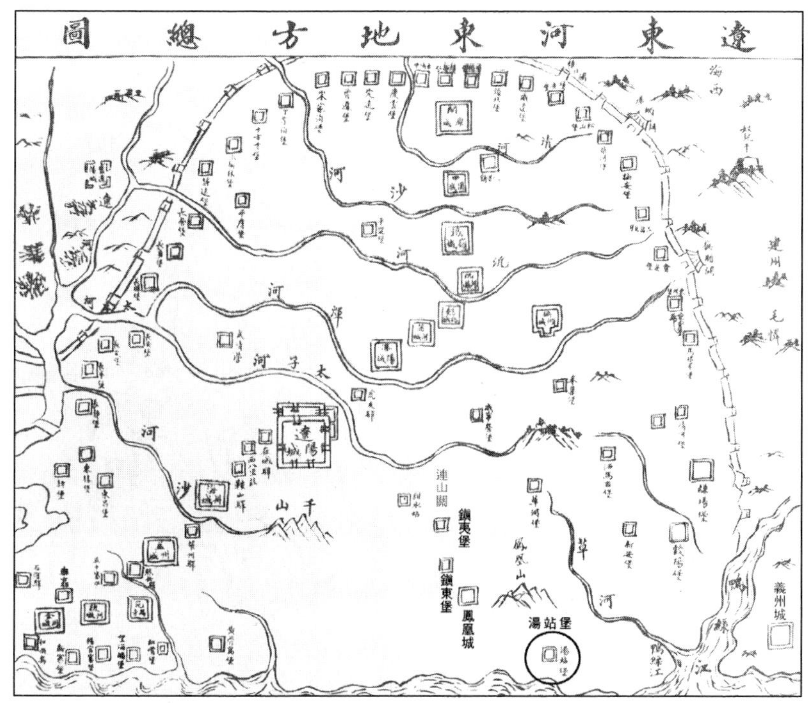

湯站堡 위치도(『遼海叢書』-遼東志 부분 편집)
탕참보 북서쪽에 초기 책문이 설치된 연산관이 보인다.

라고 하여 조선 사신행로의 안전을 위해 湯站堡를 축조한다는 것을 누누히 강조하였다. 성종은 이에 대해 사례하는 태도를 보였으나 명 사신이 양식 보급을 요청하는데 대해서는 勅書도 없었고, 아국의 변방 사정도 있어서 곤란하다는 뜻으로 거절하였다.

이러한 명나라의 요청은 조선 사신행로의 안전을 위한다는 명분을 가지고 이루어진 것이기 때문에 조선의 입장으로는 매우 난처한 문제였다. 더욱이 以前에 사행로 변경을 요청한 바 있었기 때문에 조선으로서는 마땅히 거절할 명목이 없었던 것이다. 성종은 일단 양식제공 문제에 대해 명나라 황제의 聖旨가 없었다는 것을 구실로 거절하였지만 명 사신은 요동에서 조정에 아뢰면 곧 聖旨가 있을 것이라고 하였기 때문에 조선으로서는 칙서가 없다는 이유도 임시방편에 불과한 것이지 명나라의 요청을 거절할 궁극적인 구실은 되지 못하였던 것이다. 이에 조선에서는 명나라 사신에게 그 불가함을 미리 납득시켜 그 문제로 인하여 다시 사신이 왕래하는 일이 없도록 하고자 하였다.

조선 조정에서는 그에 대한 대책을 논의하였는 바, 湯站은 우리나라를 위하여 설치한다고는 하나, 양식을 나르는 것은 실로 우리나라의 큰 폐해이므로, 聖旨가 있더라도 따르기 어려운 형세이기 때문에 명나라 사신 鄭同에게 '우리 나라에는 저축된 곡식이 부족하여, 해마다 연변의 방어하는 군사와 사신의 迎送에 드는 곡식을 대기에도 늘 부족한 것을 걱정하는데, 이것은 太監이 아는 바이니, 우리 나라를 위하여 선처하기 바란다'라고 하여 조선 출신인 명나라 사신 鄭同을 설득하여 문제를 해결하고자 하였다.[33)]

또 한편으로는 의주에서 축성사업을 추진하고 있는 것처럼 보이게 하여 이를 핑계로 탕참보 役事에 양식운송을 거절하자는 의견도 있었으나 이미 명나라 사신 호송군이 압록강 건너까지 왔다가 갔으므로 그 사정을 알고 있고, 명사신을 수행한 이들도 또한 모두 왕래하며 보았으며 성돌을 줍는 일을 시행하고자 백성들을 동원하는 것도 어렵다고 하여 시행하지 못하였다.

조선에서는 명 사신이 말한 탕참보 축조가 사실인지 알아보기 위해 1481년(성종 12) 6월 千秋使로 파견된 홍귀달에게 下書하여 중국에서 開州·湯站 등지에 堡를 설치하고 防戍하려 한다고 하는

33) 『성종실록』 권130, 성종 12년 6월 임자. 明使 鄭同에 대해서는 「鮮初의 朝鮮出身 明使考」(曺永祿, 『國史館論叢』 14, 國史編纂委員會, 1990) 참조.

데 요동에 가서 이를 알아보고 즉시 通事를 통해 보고하도록 하고 있다. 통사를 통해 어떤 내용이 보고되었는지는 알 수 없지만 천추사 홍귀달은 귀국길에 중국 兵部의 자문을 가지고 왔는데, 여기에서 중국은 조선 사신이 왕래하며 자고 머무르게 하기 위하여 鎭東·鎭夷·鳳凰 등지에 站을 설치하겠다는 것을 정식으로 통보해 왔다.[34]

한편 明은 성종 15년 한치형 등이 명나라에 갔다 귀국할 때 명에서는 서반으로 호송군을 편성해 의주까지 왕래하게 되는데,[35] 이에 대해 조선은 이를 저지하고자 하였다. 이유는 그들에 대한 접대의 번거로움과 동팔참 空地의 잠식에 대한 우려 때문이었다. 특히 後者에 있어서는 명이 조선을 厚待하여 서반으로 편성된 호송군을 보내는 것은 좋지만 요동까지만 호송해야 할 것이라고 요청하고 있다. 즉, 요동에는 조선의 호송군이 있을 뿐만 아니라 명군이 요동을 벗어나는 것은 국경을 나서는 일이라고까지 하고 있는 것이다.[36]

이러한 일련의 변화는 결국 궁극적으로 과거 空閑地, 즉 無屬地로 있었던 동팔참지역을 완전히 明의 내지로 만드는 정책 속에서 비롯된 것이다. 명은 1493년을 전후하여 의주로부터 불과 60여 리 정도 떨어진 곳에 탕참보를 설치함으로써 압록강 연안에 근접하게 되었다. 명이 탕참보를 설치하는데 조선에서 양곡을 보급해 주는 폐해는 없었지만 이러한 명나라의 東進은 조선에 적지 않은 파장을 불러 일으켰다. 특히 성종 19년 성절사 채수가 북경에서 돌아와서

34) 『성종실록』 권132, 성종 12년 8월 무진.
35) 『성종실록』 권226, 성종 20년 3월 병인.
36) 『성종실록』 권226, 성종 20년 3월 계미.

> … 또 신이 東八站 사람들을 보니, 모두 우리나라 말을 잘 알아서 평안도 사람과 다름이 없었으며, 신 등의 下宿하고 있는 곳에 혹 와서는 무릎꿇고 절을 하며 舍公이라 稱하기에 그 온 줄기를 물어 보았더니 모두 평안도 사람이라 하였고 혹은 祖父 때부터 혹은 曾祖부터 와서 살았다 하였지만 그 실은 어느 代에 와서 살았는지 알지 못하고 있었으며, 짐작컨대, 모두 요사이 來投한 자였습니다. 또 義州에서 마중나와 만난 사람들도 모두 서로 사귀어서 이제 봉황산에 城이 있으면 평안도 사람들이 모두 기꺼이 投入해 갈 것이니, 심히 작은 문제가 아닙니다. 신의 생각으로는 국가에서 다방면으로 布置하여 조속히 막는 것이 옳을 것입니다.[37]

라고 하는 데서 알 수 있듯이 명의 東占으로 말미암아 조선인 투화자가 급증함으로써 조선에게 커다란 문제가 되고 있었다. 특히 서북 변경지방을 繁盛시키기 위해 세종대부터 여러 차례 강제적인 徙民策까지 시행하였던 것을 상기할 때,[38] 이러한 예기치 않은 사태는 심각한 문제가 아닐 수 없었다. 변경지방에 대한 徙民과 토착민의 지속적인 富盛을 통해 변경방비력을 튼튼히 하려고 하였던 조선의 의도는 예기치 않은 상황 전개로 말미암아 큰 난관에 부딪치게 되었던 것이다. 이러한 투화자 증가 문제의 발생은 고려말의 상황과는 전혀 다른 현상이다. 즉, 元末期의 혼란기에 遼陽·瀋陽을 비롯한 遼東지역의 많은 주민들이 고려로 내투하여 명에서는 그들중 일부를 쇄환해 간 일이 있는데,[39] 명의 권력 확립과 함께 동북지방에 대한 안정화정책으로 15세기에 들어서는 오히려 무거

37) 『성종실록』 권219, 성종 19년 8월 을묘.
38) 李相協, 『朝鮮前期 北方徙民 硏究』, 경인문화사, 2001, 17~49쪽.
39) 國史編纂委員會, 『국역 中國正史 朝鮮傳』 明史 朝鮮列傳 洪武 19年 2月, 1986.

운 부역을 피해 요동지역으로 이탈해 가는 사람들이 증가하였던 것이다. 사신들이 동팔참지역의 주민의 대다수가 우리나라 사람들이라고 하는 것은 바로 그러한 이유에서이다.

이에 연산군시대에는 평안도지역의 백성을 특별히 보호하기 위해 8結 1丁으로 규정되어 있는 『經國大典』의 인원징발 조항을 무시하면서까지 서북 연변지역민을 우대하는 등 안정화정책을 폈으나 이러한 정책의 효과가 얼마나 있었는지는 미지수이다.

朝鮮의 對應

1) 조선의 반응과 외교적 대응 모색

중국이 동북지역에 계속 衛所를 설치하고 동팔참지역에 순차적으로 곳곳에 堡를 설치하는 것이 점차 현실화 되면서 조선에서는

봉황성 : 고구려시대에 축조한 산성을 다시 수축하여 사용하였으며, 明이 連山關 以東으로 진출하면서 중요한 거점성으로 운영되었다.

이에 대한 대책이 활발하게 논의되었다. 앞서 언급한 바와 같이 조선에서 중국의 탕참보 役事에 협조적이기 않았던 가장 중요한 이유는 양식제공에 따른 번거로움 때문이 아니었다. 그보다는 탕참보 축조가 이루어지고 일대가 개척되면 조선과 근접해 있는 지역이기 때문에 內國人이 무거운 賦役을 피해 중국으로 投化하는 일이 발생하고, 또 압록강 하구의 섬에 대한 경작권에 다툼이 생길 것이 우려되기 때문이었다.[40] 뿐만 아니라 명나라 군사가 가까이 進駐하게 되면 조선의 국방상에도 커다란 위협이 되기 때문이었다.

1481년(성종 12)에 남원군 양성지가 上言한 내용에 그러한 문제가 정확하게 지적되어 있다. 그는 上言에서,

> … 신이 생각컨대, 자고로 천하 국가의 事勢는 이미 이루어졌는데도 혹 알지 못하기도 하고 비록 이미 알아도 또 〈어떻게〉 하지 못하니, 이것이 모두 잘못된 일 중의 큰 것입니다. 일을 먼저 도모한다면 어찌 잘 다스리고 오랫동안 안전하기가 어렵겠습니까? 지금 듣건대 중국이 장차 開州에 衛를 설치하려 한다 하는데, 신이 거듭 생각해 보니 크게 염려되는 바가 있습니다. 개주는 鳳凰山에 의거하여 城을 이루었는데, 산세가 우뚝하고 가운데에 大川이 있으며, 3면이 대단히 험하고 1면만이 겨우 人馬가 통하는 이른바 자연히 이루어진 지역이므로, 한 사람이 關을 지키면 1만 명이라고 당해낼 수 있는 것입니다. 唐나라 太宗이 주둔하여 고구려를 정벌하였고, 또 遼나라의 遺民이 여기에 근거하여 부흥을 도모하였으니, 예나 지금이나 누가 우리 나라와 관계 있음을 모르겠습니까? … 여름에는 萬頃의 險路이면서 오히려 충분히 의거할 수 있고 겨울에는

40) 이에 도승지 김승경은 관방의 강화와 압록강 하구 세 섬을 중국에서 탕참보를 쌓고 중국인이 와서 경작하기 전에 먼저 경작하도록 하여야 한다고 건의하였다.

> 평평하기가 숫돌 같으면서도 곧기가 화살과 같으니, 비록 형제 부모의 나라라도 이 땅이 이렇게 가까이 있는 것은 부당합니다. 평시에는 평안도 백성들 중 賦役을 피하는 자들의 태반이 이곳으로 가는데, 저들은 가벼운 부역으로 이들을 맞이합니다. 그러나 변경 땅의 백성이 모두 그 곳으로 들어간다 하여도 그것은 일시의 해로움 밖에 되지 않습니다. 명나라에서 그곳에 군대를 주둔시키는 것은 영원한 근심거리입니다.[41]

라고 하여 明에서 동팔참지역의 요충지인 봉황산에 성을 쌓고 웅거하면서 거주민들에게 가벼운 부역을 부과하고 誘致하면 그것도 우려할 만한 것이지만 그보다는 명나라 군대가 가까이 주둔하는 것이 영구한 근심거리라고 지적하고 있다. 또한

> 지금 開州에 성을 쌓으면 開州로써 그치지 않고 반드시 唐站에 성을 쌓게 될 것이며, 당참에 성을 쌓게 되면 당참에 그치지 않고 성을 쌓지 않는 곳이 없게 될 것입니다. 양곡의 운반을 요청하게 되면 양곡 운반으로 그치지 않고 반드시 소와 運搬具를 요청할 것이며, 그것에 그치지 않고 청하지 않는 것이 없게 될 것입니다. 이것이 바로 입술이 없으면 이가 시리다는 것이며, 隴 땅을 얻으면 蜀 땅을 바라게 되는 것은 필연의 이치입니다. 더구나 우리나라에서 바치는 동해의 생선이 廚房의 쓰임에 충당할 만한데, 어찌 특별히 南蠻의 枸醬과 竹杖을 쓸 것이며, 우리나라의 弓矢와 布帛 역시 軍需로 쓰는데, 어찌 南中의 金銀과 丹漆만을 쓰겠습니까? 지금 당장에는 무사하다 하여도 5백년 후에는 武力를 남용하는 자와 공 세우기를 좋아하는 자가 없으리라는 것을 어떻게 알겠습니까.[42]

41) 『성종실록』 권134, 성종 12년 10월 무오.

라고 하여 중국 측에서 조선을 넘보지 않으리라는 보장이 없음을 지적하고 있다. 이는 양국의 외교관계가 세종대 이후로 대개 안정성이 확보된 상황하에서도 중국에 대해서 상당한 불신을 보여주는 대목이다. 특히 양성지는 명나라가 초기에 조선에 대해 나름대로 존중하는 태도를 보인 것은 그들의 도읍이 금릉에 있었고 우리나라가 北元과 국경을 접하고 있었기 때문에 형세가 그렇게 하지 않을 수 없었던 것이라고[43] 하여 당시 상황을 정확히 꿰뚫고 있다. 이는 결국 永樂帝 이후 明이 수도를 북경으로 옮긴 데다가 北元도 완전 축출되어 예전과는 사정이 크게 달라졌고, 명이 점차 東占하고 있으니 이를 크게 경계하고 대비해야 한다는 것이었다.

당시 開州에 鎭을 설치하는 것이 明에서는 마치 조선을 위한 일인 것처럼 말하지만 본심은 그러한 것이 아니며, 명백히 조선에 불리한 일이니 저지하는 것이 좋겠다고 여겼다.[44] 明은 공한지대인 동팔참지역을 점유하는데 대해 조선에 대한 부담을 가지고 있었기 때문에 줄곧 조선사신의 안전보장을 위한 것이라고 강조하였지만 실제로는 영토확장에 목적이 있다는 것을 조선 측에서는 간파하고 있었던 것이다. 특히 조선에서는 명의 開州鎭 설치가 그로써 끝나는 것이 아니라 점진적으로 東占의 전초기지가 될 것이라는 점을 알고 있었고, 궁극적으로는 명이 조선을 침략할 수도 있다는 우려를 가지고 있었다. 이는 단순히 조선이 자의적으로 생각

---

42) 위와 같음.

43) 위와 같음.

44) 李坡·李陸·韓堰·崔永潾 등의 논의도 중국이 開州城을 축조하는 것이 과연 조선을 위한 것인지는 알 수 없으며, 당연히 鎭의 철폐를 요청하여야겠지만 중국이 조선사신 행로를 지키기 위한 것이 목적이라고 완곡하게 이야기하기 때문에 사세가 매우 어렵게 되었다는 것이다(『성종실록』 권134, 성종 12년 10월 무오).

한 것이 아니라 이미 고려말에 명태조는 고려에 대해 '내가 만약 당신들을 정벌하게 되면 마구 가지는 않을 것이다. 일정한 거리마다 성을 축조하고 천천히 견고하게 쳐들어갈 것이다'[45]라고 말한 바 있기 때문에 조선으로서는 명의 開州鎭 설치가 단순히 공한지대 점거에 대한 우려를 넘어서 국가안보에 심각한 위협이 되고 있다고 판단하였던 것이다. 남원군 양성지가 "국가는 한 시대에 姑息되지 말고 萬世의 계책을 세워야 하며 無事한 것을 요행으로 삼지 말고 萬全의 정책을 세워야 합니다"[46]라고 건의한 것은 바로 그러한 상황에 연유한 것이다. 이 말은 단지 중국과 무사한 것만이 능사는 아니므로 적극적인 대처가 필요하다는 의미라고 할 수 있다.

이러한 견해는 비단 양성지 개인의 생각만은 아니었다. 1488년(성종 19) 6월 무령군 유자광이 上言한 다음과 같은 내용에서도 그러한 점을 잘 보여준다.

> … 삼가 보건대, 평안도 한 도는 중국과 경계를 접하였는데, 압록강이 저들과 우리의 분계선이 되었습니다. 옛날 거란이 소유했을 때에는 압록강이 도리어 우리에게 害가 되었지만, 이제 우리의 소유가 되면서 이른바 우리가 이에 의거하여 '요처[要]'라 일컬으니, 天地와 더불어 영구히 잃을 수 없고, 천지와 더불어 영구히 關防을 엄하게 하지 않을 수 없는데, 어찌 天下가 無事함을 믿고 우리의 관방에 留意하지 않겠습니까?
> 신이 일찍이 이문을 살펴보건대, 동쪽과 서쪽에 집이 있으나, 울타리[籬落]가 서로 붙어 있고, 貧富의 차가 심하지 않았으므로, 있거나 없거나 서로 도와가며 재앙과 환란이 있을 때에는

45) 『고려사』 권136, 신우4, 5월.
46) 『성종실록』 권134, 성종 12년 10월 무오.

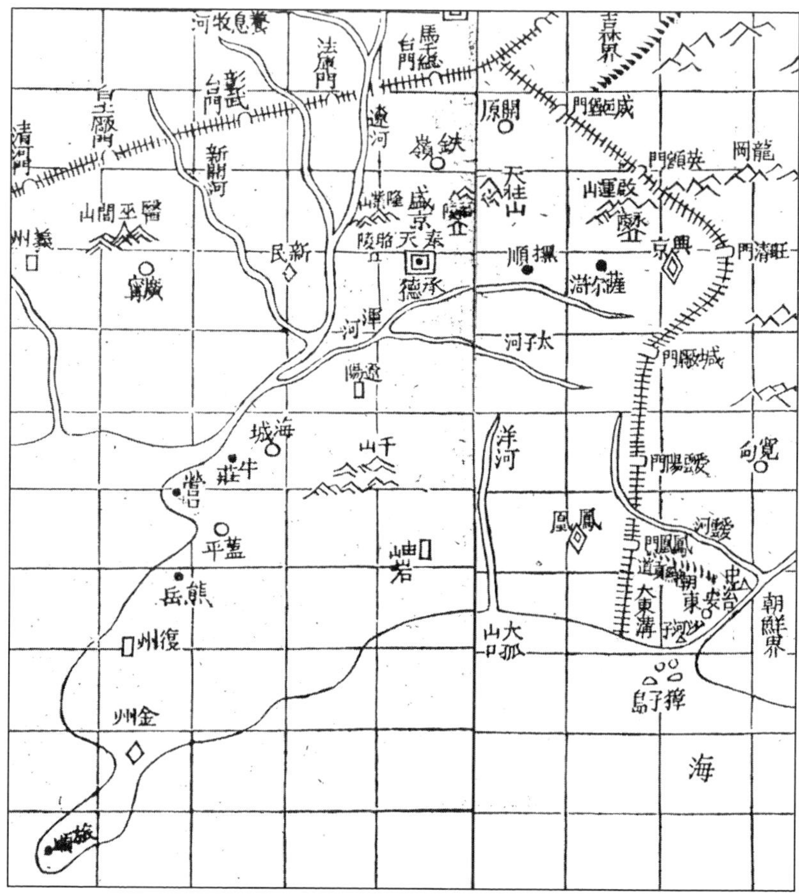

봉황성 동쪽에 애하와 애양문이 보이는데 명나라시기 요동을 지키는 중요한 역할을 하였다(『盛京典制備考).

서로 구원해 가며 대대로 영구히 좋게 지낼 것을 기대했었습니다. 그러다 수년 안에 東家는 점차 부유해지고 西家는 점차 貧寒해지면서 동가의 쟁기가 혹 서가의 토지를 침범하거나, 동가의 소와 양이 혹 서가의 벼를 먹으니, 세월이 흐르면서 (두 집안은) 점차 원수 사이가 되었으며, 이에 서가에서는 울타리를 만들지 아니한 것을 후회하게 되었고, 區域을 만들었으나,

또한 미치는 바가 없었습니다. 그 子孫에 이르러 東家는 날로 더욱 富盛해지고, 西家는 날로 더욱 빈한해지자, 동가의 자손은 문득 교만해져서 서가의 土田을 侵奪한 것이 거의 반을 넘게 되니, 서가에서 소유한 것은 얼마 없게 되었습니다. 이것이 비록 이문의 일이라 하나, 위로 거슬러 올라가 추측해 본다면, 천하 국가의 형세 또한 이에서 벗어나는 것은 아닙니다.

지금 천하가 富盛해서 천하의 땅을 소유하고 있는데도 遼陽으로부터 장성을 쌓고, 이미 靉陽堡를 설치하였으며, 또 開州에 성을 쌓고, 점차 湯站에 성을 쌓고, 婆娑堡에 성을 쌓았으니, 슬기로운 사람을 기다리지 않고서도 (그들의 속셈을) 알 수 있으며, 더욱이 遼東 사람들 또한 모두 그것을 말하는 것이겠습니까.[47]

유자광의 東家西家論은 예전에 명나라가 동북지역에 힘이 미치지 못할 때에는 압록강에서 連山까지 空地로 두어 양국민이 서로 함부로 왕래하지 못하도록 하였다가 점차 여력이 생기면서 이곳을 모두 점거하여 압록강유역까지 다다르게 된 것을 빗대어 말한 것이다. 더구나 명나라는 앞으로도 그들의 세력을 믿고 더욱 東占하게 될 우려도 있다는 것이다. 이는 양성지가 '영원한 근심거리'라고 지적한 바와 다를 것이 없다.

당시 명나라의 동팔참 일대에 대한 堡 설치가 영토 확장의 일환이라는 것은 말할 필요도 없다. 이는 연산군 8년 4월 영의정 한치형 등이 논의한 내용 가운데

중국에서는 비록 조선의 貢物 바치는 길을 위한 것이라고 공공연하게 말하고 있지마는, 실상은 八站을 內地로 만들어 토

47) 『성종실록』 권217, 성종 19년 6월 병신.

지를 개척하기 위한 계책입니다. 서로 바라보이는 반나절 길이니 義州의 이익을 늘이려는 사람들이 반드시 아침에 갔다가 저녁에 돌아오므로, 이로 인하여 무거운 일을 피하고 수월한 일에 나아가는 사람들이 점차 들어가 살게되므로 참으로 작은 일이 아니니, 두 나라의 關防을 삼가지 않을 수 없습니다.[48]

라고 하는데서 잘 나타난다. 중국은 겉으로는 堡 설치가 조선 사신의 안전한 왕래를 위하는 것처럼 표명하였지만 실제로는 국경완충지대였던 연산관~압록강 사이의 空閑地帶를 확실히 명의 內地로 편입하기 위한 조치였던 것이다. '內地'로 만든다는 개념이 쓰여지고 있는 것으로 본다면 결국 연산관 밖의 완충지대는 명나라 통제를 벗어나 있는 구역이라는 점은 분명하다고 하겠다.

이러한 명나라의 東占에 대해 양성지는 명나라 태조 高皇帝가 앞을 내다보고 요동의 동쪽에 있는 連山把截로 경계를 삼았던 것이니, 우선 명나라의 東占을 정지하도록 할 것을 건의하였다.[49] 그는 조선 출신 환관으로 사신으로도 여러 차례 왔던 鄭同과 역시 조선 출신으로 명나라 황실의 후실이 된 韓氏를 통해 문제를 해결할 것을 청하였다.[50] 이에 한씨 친척 중에서 지위와 명망이 있는 자와 通事 중에서 鄭同과 친분이 있는 자에게 토산물을 주어 가지고 가서 이들을 통해 開州衛 설치 정지를 청하는 방안을 제시하였다.[51]

---

48) 『연산군일기』 권43, 연산군 8년 4월 신미.

49) 『성종실록』 권134, 성종 12년 10월 무오. 「… 우리 高皇帝는 萬里를 밝게 보시어 요동의 동쪽 1백 80리의 連山把截로 경계를 삼으셨으니, 東八站의 땅이 넓고 비옥하여 목축과 수렵에 편리함을 어찌 몰랐겠습니까? 그러나 수백리의 땅을 空地인 채로 버려둔 것은 두 나라의 영토가 서로 混同될 수 없다는 것인데 …」

50) 『성종실록』 권106, 성종 10년 7월 무오.

이에 성종은 영돈녕 이상의 대신과 육조당상관, 대간이 모여 의논하도록 하였는데, 대체로 그 방법이 좋지 않다는 것이었다. 특히 동팔참지역에 대한 堡 설치는 이미 명나라에서 조선 사신을 보호한다는 명분을 세웠기 때문에 정지를 주청하고자 하여도 마땅히 명분있는 사유가 없고, 또 일개 국가에서 환관과 부녀자[韓氏]를 통하여 이를 관철하려는 것도 올바른 방법이 아니라는 것이었다.

조선은 일단 외교적인 통로를 통해 이를 저지할 방법이 없었다. 더구나 명나라에서 온 자문은 조선에서 새로운 사행로를 요청했기 때문에 그에 대한 조처로 新路 개설 대신 사행로에 城堡를 축조하여 군대를 주둔시키고 사신왕래를 보호하겠다고 하였다. 따라서 조선에서는 개주 일대의 성보 설치를 저지하고자 하였으면서도 외교 의례상 중국에 대해 사례하지 않을 수 없는 처지에 놓이게 되었다. 이에 조선은 성종 12년 10월 일단 공조참판 李克基와 행부호군 韓忠仁을 보내 賀正을 겸하여 八站路에 堡와 鎭을 설치하여 사절의 왕래를 편리하게 한 데 대한 謝意를 표하게 하였다.[52)]

2) 對應築城策으로의 전환

조선에게는 明의 東占을 저지할 수 있는 적절한 외교적인 수단이 없었다. 이와 같은 것은 말할 것도 없이 사대외교라고 하는 불평등한 외교관계에서 비롯되는 것이지만 아무튼 조선으로서는 적

51) 『성종실록』 권134, 성종 12년 10월 무오. 鄭同은 明의 조선출신 환관 가운데 대표적인 인물이다. 그는 황해도 信川에서 火者로 때어나 1428년(세종 10) 명나라에 뽑혀간 이래 수차례에 걸쳐 明使 자격으로 조선을 왕래하면서 위세를 떨쳤다. 항상 황제의 좌우에 있으면서 권세를 마음대로 부려 못하는 것이 없었다고 할 정도로 당시 明朝내에서 막강한 실력을 행사했다.(조영록, 앞의 논문 참조)

52) 『성종실록』 권134, 성종 12년 10월 신유.

절한 다른 대책을 마련할 필요가 있었다. 이에 여러 신하들이 일찍부터 건의해 온 의주 일대에 대한 축성을 통하여 대비하는 쪽으로 정책의 가닥을 잡게 되었다. 당시 의도한 축성사업은 크게 2가지로 나뉜다. 하나는 의주읍성 수축이고, 다른 하나는 의주 일대에 대한 행성의 완성이었다.

남원군 梁誠之는 중국이 開州에 衛[53]를 설치하는 것을 적극 반대해야 한다고 하면서 중국의 저의는 알 수 없으니 서북지역의 성곽을 수축하는 등 대비해야 한다는 주장을 제기하였다.[54] 특히 중국과의 관문인 의주성을 비롯하여 昌洲·碧團·大朔州·小朔州 등의 성곽이 부실하다는 것을 지적하며 지금 곧 修築을 한다면 반드시 부역을 피해 流移하는 자가 많아질 것이니 놀고 먹으며 租賦를 부담하지 않는 승려를 동원하여 수축하는 것이 좋겠다는 의견을 주장하기도 하였다.[55]

그러나 문종대부터 추진되었으나 그 성과를 보지 못한 황해도 황주의 棘城을 수축하기 위하여 1485년(성종 16)에는 병조판서인 이극균을 黃州築城使로 임명하여 공사를 추진하였지만 역시 그 성과를 보지 못하였으며,[56] 의주읍성의 경우도 축성사업을 이미 시작되었으면서도 그 결말을 보지 못하였다. 이는 서북지역민의 이탈을 막기위해 평안도의 徭役과 進上品을 줄이고 평안도 연변 10여 城의 수령은 특별히 청렴하고 인애가 두터운 자를 선발하여 보내도록 하였으

53) 衛는 명나라시대의 군사조직 단위로 1,120명으로 구성된 '所'가 5개 모여 1衛를 구성함으로 결국 5,600명의 군인으로 조직되는 것이다. 동북의 空地에 衛를 설치한다는 것은 결국 주변지대를 완전히 영토화하는 것이기 때문에 조선으로서는 이를 대단히 경계하였던 것이다.

54) 『성종실록』 권134, 성종 12년 10월 무오.

55) 위와 같음.

56) 『성종실록』 권184, 성종 16년 10월 계사.

며, 同居하는 子壻弟姪로서 軍保에 들어간 자는 다른 役을 면하게 하는 등의 조치를 취하는 상황에서 의주의 축성사업을 강력히 추진하여 백성들에게 부담을 가중시킬 수 없었기 때문이었다.[57]

행성은 세종대에 본격 추진되어 상당한 성과를 이미 거두었고, 문종대에도 일부 반대의견이 있기는 하였으나 문종 역시 많은 성곽 수축사업을 시행하였다. 그러나 문종이 곧 서거하고, 축성사업을 주관하였던 鄭苯을 비롯하여 皇甫仁, 金宗瑞 등 축성에 적극적이었던 인물들이 모두 수양대군의 癸酉靖難으로 대부분 죽임을 당함으로써 황해도에 대한 행성 등을 비롯한 관방시설 구축 문제는 진전을 보지 못하였다.

성종대에 들어와서도 영안도 일부지역에 행성이 축조되었을 뿐 행성축조사업에 큰 진전은 없었다. 그런데 앞서 언급한 바와 같이 1481년(성종 12) 경에 명나라에서 開州 등지에 鎭의 설치를 계속 확대하면서 조선은 다시 장성의 수축을 서두르게 되었다. 여러 논의 끝에 성종 12년 6월 領中樞府事 李克培를 평안도 체찰사로 삼아 의주읍성에서부터 장성까지 이르는 구역의 성벽을 축조하도록 하였다. 당시 축조하여야 할 성벽의 길이는 周尺으로 25,380尺이었는데, 체찰사는 평안북도의 인민만을 사역시킬 경우 13년이나 걸리니 불가하다고 하여 황해도와 평안남도의 군인을 아울러 동원할 것을 건의하였으나 한명회 등 대신들이 소요할 것이 우려된다 하여 本道 군인만을 징발하여 축조하도록 하였다.[58] 그 동안 행성의 축조에 지나치게 많은 인력이 동원되기 때문에 어렵게 여겼으나 이 시기에 와서는 중국이 조선 변경 가까이에 鎭·堡를 설치하게

57)『성종실록』권229, 성종 20년 6월 병진; 권230, 성종 20년 7월 정사·갑자.

58)『성종실록』권130, 성종 12년 6월 갑인.

되자 조선에서도 더 이상 행성의 완성을 미룰 수가 없었던 것이다. 그러나 이미 13년씩이나 걸릴 것을 그대로 시행하도록 하고, 또 본도의 煙戶軍·步兵과 當領水軍만을 부려서 수년 동안 해마다 농한기에 돌을 많이 주워 놓은 뒤에 수축을 시작하도록 한 것을 보면 시급히 축조하려는 의지는 결여되었던 것을 알 수 있으며, 그마저도 곧 정지되었다.[59]

그후 이 문제는 南原君 梁誠之에 의해 다시 거론되었다. 그는 明의 開州에 대한 衛 설치 문제를 거론하며 番을 서고 있는 正兵과 동원되고 있는 水軍에게 식량을 지급하여 압록강변 일대에 行城을 쌓게 할 것을 건의하였다.[60] 또 그로부터 2년여가 지난 성종 14년 彦陽君 金瓘에 의하여 중국의 山海關 例에 의하여 의주 연변에 장성을 쌓아 遼東과의 무단통행을 엄금하자는 건의가 있자, 領敦寧 이상의 신하들에게 이 문제를 의논하게 하였다. 鄭昌孫을 비롯한 韓明澮·洪應·尹弼商·盧思愼 등이 논의에 참여하였는데, 대체로 그 필요성에는 인식을 같이 하였으나 人的·物的 상황이 그다지 좋지 않아 시급한 추진은 어렵겠다는 의견이었고, 특히 盧思愼의 경우에는 의주읍성을 일단 튼튼히 개축한 연후에 행성을 축조해야 한다는 의견을 주장하였다.[61] 그러나 이러한 논의는 쉽게 결론을 내리지 못하였다.

이러한 가운데 1485년(성종 16) 司憲府 掌令 李誼는 양곡의 저축을 충분히 한 연후에 이를 바탕으로 다른 道의 丁夫를 동원하여 축조할 것을 주장하였다. 특히 義州의 威化·鳥沒·黔同 세 섬은 땅이 비옥하여 곡식을 생산할 수 있는 곳이 많은데, 근래에 오랑

---

59) 위와 같음.
60) 『성종실록』 권134, 성종 12년 10월 무오.
61) 『성종실록』 권161, 성종 14년 12월 신미.

캐의 침략 때문에 경작하지 않은 지가 오래 되었으니, 이곳을 屯田으로 만들어 貯穀하고 京外에서 贖錢으로 징수하거나 몰수된 贓物, 商賈와 魚箭 등의 稅는 모두 의주로 옮겨 보탤 것을 제안하기도 하였다.[62] 이와 같은 것은 축성 역사를 하게 되면 役夫에게 줄 많은 양식이 필요한 것은 물론, 이들이 自家로 돌아갈 때에도 양식을 손쉽게 구할 수 있도록 조치하여야 했기 때문이다.

그 이듬해인 1486년(성종 17) 1월 초에 조정에서는 평안도 관찰사 朴楗에게 유시하여 아직 축조하지 못한 의주에서 麟山까지의 행성 공사를 할 것이니 백성들을 잘 위무하도록 하였으며,[63] 그 다음달에는 평안도 의주 九龍淵의 행성이 10,617척이 축조되었다.[64] 그 이후에도 부분적인 행성 축조가 있었고,[65] 1488년(성종 19)에는 築城巡察使 洪應을 평안도에 보내 의주행성축조 문제에 대해 검토할 것을 지시하게 되었다. 당시 성종은,

> 의주는 敵의 침입을 받는 初面이니, 예로부터 큰 도적은 반드시 의주를 거쳐 들어왔다. 또 중국 조정에서 鳳凰山에 城을 쌓고 이미 1千戶를 이사시켜 살게 하고, 또 장차 4천 호를 移住시킨다 하니, 중국 조정에서 어찌 우리나라를 위하여 성을 쌓겠는가? 우리 백성들이 저곳으로 投入하는 것을 사세로 보아 장차 이루 금할 수 없을 것이다. 長城을 쌓아 關門을 만들

62) 『성종실록』 권184, 성종 16년 10월 임인.
63) 『성종실록』 권187, 성종 17년 1월 기유.
64) 『성종실록』 권188, 성종 17년 2월 을사.
65) 1486년(성종 17) 9월 永安道 姑林煙臺 아래에 1,225尺, 失號里洞口 1,400尺, 徐加洞 406尺, 鎭 앞의 서쪽 모퉁이에 482尺, 都魏洞 345尺, 無其洞 365尺, 和倉洞口 263尺, 冷井洞 83尺, 휴류천 동구 228尺을 축조하였고, 성종 18년 10월에는 역시 永安道 美鐵鎭城 烟臺로부터 東水口까지 8,345尺의 장성과 기타 堡城을 축조하였다.(『성종실록』 권195, 성종 17년 9월 신미; 권208, 성종 18년 10월 갑오 참조)

> 어서 하나는 투입하는 길을 금하고 하나는 要害의 땅에 의지하게 한다면, 이는 실로 萬世의 계책이다.[66]

라고 하여 의주행성은 明의 遼東地域 개척으로 인한 조선인의 이탈을 막고, 또 외적의 침입을 막는데도 有用할 것이라고 하여 의주행성 축조의 필요성을 강조하고 있다. 이에 대해 洪應은,

> 강변의 축성할 곳이 40리 가량 되는데 전일에 이미 10리쯤 쌓았고, 지금 전일의 역사를 계속하여 30리를 다 쌓으면 功役을 마칠 것입니다. 평안도 안의 방어가 긴급치 아니한 모든 고을과 황해도의 初面에 연접한 모든 고을을 3運으로 나누고 城基의 尺數를 헤아려서, 큰 고을은 1천尺, 중간 고을은 5, 6백척, 작은 고을은 2, 3백척으로 나누어 정하고, 얼음이 얼기 전에 강을 건너가서 성의 臺石을 캐내게 하고 얼음이 언 후에 운송해 와서 역사에 나가게 하는 것이 어떠하겠습니까?[67]

라고 의주 행성 축조계획을 보고하고 있다. 이에 대해 성종은 큰 일을 이루고자 하는 것이니 작은 폐단을 돌아보지 말고 독단하여 처리할 것을 지시하고 있다.[68] 이후 의주행성 축조가 계속 추진되었을 것으로 생각되나 축성에 관한 자세한 기록이 나타나지 않아 어느 정도의 진척을 보였는지는 알 수 없다.

그 후 1489년(성종 20)에 와서도 평안도에 當番 正兵과 當領 船軍과 아울러 民戶 2隊를 교대로 役事시켜 행성을 축조하였는데, 洪應과 李鐵堅에게 흉년이 들어 면포 값이 쌀 3, 4말이라고 하여

---

66) 『성종실록』 권219, 성종 19년 8월 기미.
67) 위와 같음.
68) 위와 같음.

일단 役事를 정지할 것을 지시하고 있는 점으로 본다면 공사를 시작하다가 정지하였던 것으로 생각된다.[69]

1490년(성종 21) 10월에 와서 성종은 재상들에게 모여서 의주장성의 축조에 관하여 논의하도록 하였다. 특히 城基를 결정하는 문제에 대하여 의논하도록 하였는데, 이는 옛 성터를 따라서 쌓게 되면 功役은 줄지만 良田이 행성 밖에 있게 될 것이며, 만약 江을 따라 쌓는다면 土地에 습기가 많아 돌을 주울 곳이 없게 되는 문제가 있었다.[70] 이에 대해 沈澮·尹弼商·盧思愼 등은

> 長城을 義州 이상부터는 모두 江을 따라 쌓되, 의주로부터 麟山까지는 옛 城의 남은 터가 있는데, 옛사람이 익숙하게 헤아려 쌓았을 것이며, 더욱이 장성의 밖은 모두 모래가 많이 섞인 토지이고, 또 浸水될 걱정이 있으므로, 옛 성터를 따라 쌓는 것이 편하겠습니다. 성밖의 전지는 압록강 안쪽으로 있으므로, 오히려 충분히 경작할 만하니, 버리는 것은 옳지 못합니다.[71]

라고 하였고, 李克墩은 강을 따라 쌓게 되면 이미 개간한 良田과 農幕 및 麟山鎭으로 통하는 直路가 모두 성내에 있게 되어 유리하나 이곳이 모두 잔모래로 되어 있고 진흙땅이 없으며 돌을 주울 곳도 없어서 功役이 어려우니 일단 옛터를 따라서 축조하고 점차적으로 강을 따라서 쌓는 것이 좋겠다고 하였다.[72] 또 呂自新은 장성을 축조하는 목적은 오로지 田地와 農民을 위한 것이니, 비록 습기가 많은 땅이라 하더라도 점차 강을 따라 쌓는 것이 좋겠다고

69) 『성종실록』 권234, 성종 20년 11월 임술.
70) 『성종실록』 권246, 성종 21년 10월 계해.
71) 위와 같음.
72) 위와 같음.

하였는데, 성종은 옛터를 따라 쌓도록 하였다.

의주의 축성공사는 그해 말에 추진되었으나 12월에 평안도 관찰사가 야인들의 동태가 심상치 않은데, 지금 성을 쌓느라고 여러 고을의 수령과 군사가 의주에 모두 모여있어 방어가 소홀하니 일단 공사를 중지하고 방어조치에 전념할 것을 건의하였다. 이에 조정에서는 축성역사의 계속여부를 논의하게 되었는 바, 야인들이 滿浦에서 살해 당하여 저들이 반드시 보복할 것이니 방어에 전념하지 않을 수 없고, 또 正朝使·管押使 두 使臣이 돌아 올 때에 노략질을 당할 것이 우려되니 湯站 以東地域에는 마땅히 군사를 더 보내서 맞이해 오도록 해야 한다는 成俊의 말에 따라 축성공사를 중지하도록 하였다.[73] 築城巡察使 洪應은 戊申年부터 지금까지 돌을 모아 두어 지금 만약 성을 쌓지 않으면 반드시 모두 흩어져 없어질 것이니 황해도의 彭排·隊卒과 本道의 煙戶軍, 그리고 當領水軍으로 계속 역사시키게 할 것을 건의하였으나 받아들여지지 않았다.[74]

한편 성종대의 행성축조에 있어서 특기할 만한 점은 벽돌을 이용한 축성이 시도되었다는 점이다. 1490년(성종 21) 正朝使로 北京에 다녀 온 特進官 尹孝孫은 의주일대의 행성을 명나라의 長城처럼 벽돌을 이용하여 쌓을 것을 건의하여[75] 벽돌을 제조하는 등 진전이 있었으나 석축성과 비교한 功役의 多寡問題가 제기되어 벽돌을 이용한 축성은 일반화되지 못하였다.[76] 벽돌을 사용한 축성법은 이미 이전에 義州·穩城·鍾城邑城과 開城府 內城에 적용된 바 있지만 행성축조에 벽돌 사용이 추진된 것은 이 때가 처음이다.

---

73) 『성종실록』 권248, 성종 21년 12월 경술.
74) 『성종실록』 권248, 성종 21년 12월 을묘.
75) 『성종실록』 권239, 성종 21년 4월 을미.
76) 『성종실록』 권280, 성종 24년 7월 무신·기유.

나오며

15세기 명나라의 동팔참지역에 대한 부분적인 점거는 조선에 여러 가지 영향을 끼치게 되었다. 조선으로서는 방어상의 문제뿐만 아니라 특히 명측이 이곳에 조선인들을 誘致함으로써 조선 변경민의 이탈이 가속화되어 조선에게는 커다란 사회문제가 되었다. 조선은 連山關 以東지역에 대한 空地(일종의 국경완충지대) 인식을 가지고 있었지만 事大外交라는 특수한 관계로 인하여 명에 대해 적극적인 대처를 할 수 없었다. 더구나 당초 조선측에서 먼저 사신의 안전을 위한 사신행로의 변경을 요청하였기 때문에 조선으로서는 이를 저지할 마땅한 명분이 없었고, 이 때문에 공식적인 외교창구를 통한 해결은 난관에 처하였다.

조선은 명의 공한지대 점거를 저지하려고 하였으나 明이 조선사신의 안전보장을 명분으로 삼았기 때문에 이에 대한 적극적인 항의나 시정 요구가 어려웠다. 반면 명은 조선측에 시종일관 매우 신중하게 접근하고 있다. 이는 이 공한지대가 이미 오랫동안 양국간 국경완충지대로 자리잡고 있었기 때문에 조선측의 적극적 반발로 이어지면 明도 입장 정리가 어렵게 되고 자칫 양국간 군사적 긴장으로 이어질 가능성도 배제할 수 없었기 때문이다. 명은 표면적으로는 城堡 설치가 조선 사신의 안전한 왕래를 위하는 것처럼 완곡하게 설명하였지만 실제로는 국경완충지대였던 연산관~압록강 사이의 空閑地帶를 확실하게 명의 영토로 편입하기 위한 것이었다. 그러나 명이 여전히 邊門을 압록강변으로 옮기지 않았다. 이 역시 불필요하게 조선을 자극하여 명이 얻을 수 있는 이익이 없었기 때문이다.

그런데 연산관~압록강 사이의 공한지대를 명이 점거하였다고 하여 양국 사이의 국경완충지대가 모두 없어진 것은 아니다. 명의 邊墻 밖으로부터 조선의 동북 변경지역에 이르기까지 여진인이 할거하고 있던 광활한 지대가 실질적으로 조·명 간의 국경완충지대로 작용했다고 볼 수 있다. 淸代의 柵門이 압록강으로부터 상당히 떨어진 봉황산 근처에 있었고 압록강 상류쪽으로 邊墻 밖에 광활한 공한지대를 둔 것은 조·명간 국경완충지대가 존재했었다는 사실과 무관하지 않다. 이는 단순히 淸의 封禁地帶 설정만으로 설명될 수 없는 부분이다. 1712년 國界 審定이 양국인의 犯越과 상호 충돌 방지라는 명목을 가지고 이루어졌지만 주밀하게 이루어지지 못하여 후일 분쟁의 소지를 남긴 것도 이러한 양국간 오랜 기간동안 존재하였던 국경완충지대와 무관하지 않다.

조선의 사신행로 변경 요청을 계기로 명나라는 조·명 사이에 존재하였던 국경완충지대에 대한 영향력을 확대해 갔고, 조선은 이에 대응하여 자체적인 방비와 단속을 강화쪽으로 정책의 방향을 바꾸었다. 의주 일대의 장성과 의주·황주 등 서북로 주요거점지 읍성 수축을 추진한 것이 바로 그것이다. 세종대의 대대적인 행성·읍성 축조는 기본적으로 "北虜南倭"라는 假想敵 개념하에서 이루어진 것이다. 그러나 성종대에 의주를 비롯한 서북지역 읍성 및 행성을 수축한 것은 세종대와는 달리 기본적으로 명나라의 東占에 대한 대비의 성격을 갖는다. 명나라의 東占에 대한 조선의 경계심은 명측이 당장의 영토 욕심에 대한 것이 아니라 국경을 가까이 맞대게 되고 변경에 병력이 집중되게 되었을 때 오는 잠정적인 위협에 대한 것이었다. 특히 麗末鮮初에 일어난 투화인 문제가 재발될 우려가 농후하였기 때문에 조선으로서는 명나라의 東占은 매우 중대한 문제였다.

「大明輿地圖」의 명대 요동변장, 『全遼志』와 마찬가지로 변장이 압록강으로 연결되어 있지 않다.

이미 예종대에 명나라의 遼東長墻이 碧潼 건너편까지 이어져 있었기 때문에 의주일대에 대한 야인 침구의 위험은 대폭 감소된 상황이었다. 그럼에도 불구하고 다시 의주 일대에 대한 행성축조사업이 추진되었다는 것은 이 시기의 행성축조사업의 성격이 종전과는 다르다는 것을 의미한다. 이 시기의 의주일대 행성은 단순한 야인들의 소규모 침략에 대응하기 위한 것이라기 보다는 중국에 대한 잠정적 대비이며, 특히 중국의 동팔참지역 점거로 인한 조선인의 이탈을 막는데 주목적이 있었다는 것을 의미한다.

그러나 축성공사는 신속히 추진되지 못하였다. 이에는 여러 가지 사정이 있었으나 가장 근본적인 이유는 명나라의 開州衛 설치 등 東占 추세에 대비하여 읍성과 행성수축 등 방어시설의 정비가 절실해 졌지만 또 한편으로 조선은 그로 말미암은 부역의 과중함이 현지민들의 이탈을 가속화할 우려가 높았기 때문에 이를 적극 추진할 수 없는 딜레마에 빠져 있었다. 그렇지만 15세기 明의 東八站의 連山關 以東地域 점거는 의주를 비롯한 서북로 일대의 읍성 정비와 端宗代 이후 정지되었던 행성축조공사를 재개하는데 결정적인 영향을 주었다.

3. 15세기 前後 朝鮮의 北邊 兩江地帶 인식과 영토 문제

들어가며

19세기 후반부터 본격 시작된 한·중 간의 영토분쟁의 핵심에는 백두산정계비가 자리잡고 있었다. 특히 그 내용 가운데 '土門江'에 대한 해석을 둘러싸고 一江二名說과 二江二名說이 팽팽히 맞서왔으며, 근자에는 단순한 지명 해석을 넘어 당시 국경심사에 대한 '진실'을 파악하기 위한 다각적인 연구도 이루어지고 있다.[77] 그러나 18세기초 정계비를 세울 당시 朝·淸 양국의 국경에 대한 인식은 당대에 만들어진 것이 아니라 그 전시대의 인식을 어느 정도는 계승한 것이며, 그런 점에서 조선전기 朝·明 간의 변경과 國界에 대한 인식을 명확히 파악할 필요가 있다.

明이 건국되면서 고려와 명 사이에는 영토문제로 하여 전쟁 일보 직전까지 갔다. 전쟁을 불사할만큼 영토문제는 양국 간에 매우 심각한 현안이 되었던 것이다. 이러한 심각한 문제는 단순히 이성계의 回軍과 대명사대 외교정책에 의해 해결되었던 것은 아니다.

---

77) 간도를 중심으로 하는 영토문제에 대해서는 『間島 領有權問題 論攷』(백산학회편, 2000)에 실려 있는 김용국, 조광, 김양수, 박용옥, 김경춘, 양태진, 김성균, 이장희, 김득황 등의 논문이 있으며, 김춘선의 「鴨綠·豆滿江 국경문제에 관한 한·중 양국의 연구동향」(『고려사학보』 12, 2002)에는 최근까지의 연구 동향이 소개되어 있고, 이외에도 다수의 논저가 나와 있다.

당초부터 양국 관계가 심각한 위기에 빠진 것은 '영토'문제였기 때문에 어떤 방식으로든 그 문제에 대한 해결책이 있어야 했다. 조선 초기 영토문제에 대해서는 대개 4군 6진 지역의 개척이나 公嶮鎭 문제가 주로 연구되어져 왔고,[78] 또 최근 연구에서는 조선전기 북방개척과 영토의식의 변화에 대한 연구가 이루어져 기존의 연구에서 한걸음 더 진전을 보이기도 하였다.[79] 그러나 그러한 연구의 진전에도 불구하고 북변 兩江地帶와 국경 인식과의 관계나 북변 兩江 對岸지역의 空閑地帶 문제에 대해서는 거의 관심을 갖지 않았다. 특히 기존의 연구자들은 대체로 조·명 간에 국경에 대한 어떠한 협의나 상호 인정의 범주없이 군사적 점거의 확대로 간주하였다.[80]

明은 요동지역을 확보하면서 高麗와 접경을 하게 되었으나 직접적으로 국경을 맞대는 것을 피하고 압록강변으로부터 상당히 떨어져 있는 連山關에 國境把守를 설치하였다. 이 때문에 連山關과 압록강 사이에는 넓은 空閑地帶가 생기게 되었던 것이다. 이러한 양국 사이의 국경완충지대 기능을 하던 공한지대가 명에 의해 점거되기 시작한 것은 그로부터 1백년 가량이 지난 후였다. 고려 말~

78) 이와 관련된 연구로는 「세종조 兩界 行城 築造에 대하여」(송병기, 『史學硏究』 18, 1964), 『韓國領土史硏究』(양태진, 법경출판사, 1991), 「조선초기의 북방 領土開拓」(방동인, 『관동사학』 5, 1994), 『韓國의 國境劃定硏究』(방동인, 일조각, 1997), 「朝鮮初期 六鎭 開拓의 國防史的 意義」(강성문, 『軍史』 42, 2001), 「조선 세종의 북방정책」(裵東守, 『韓國北方學會論集』 8, 韓國北方學會, 2001), 「公嶮鎭과 先春嶺碑」(金九鎭, 『백산학보』 21, 1976), 「尹瓘九城再考」(방동인, 『백산학보』 21, 1976), 「先春嶺과 公嶮鎭碑에 대한 新考察」(최규성, 『한국사론 34, 한국사의 전개과정과 영토』, 국사편찬위원회, 2002) 外 다수의 논저가 있다.

79) 尹薰杓, 「朝鮮前期 北方開拓과 領土意識」 『한국사연구』 129, 2005.

80) 강석화, 「白頭山 定界碑와 間島」 『한국사연구』 96, 1996, 121쪽 ; 방동인, 앞의 책, 198쪽.

조선 초기에 서북지역 변경의 공한지대가 1세기 가량 유지되었다는 것은 그만큼 이 지대에 대한 양국의 공한지대 인식이 깊이 자리잡게 되었다는 것을 의미하는 것이다. 그러나 이 공한지대가 명에 의해 점거되는 빌미가 명이 아닌 조선측에 의해 제공되었다. 조선측의 사행로 변경 요청을 계기로 명은 조선사신의 안전보장이라는 명분을 가지고 공한지대에 군사거점을 만들어 점거하게 되었던 것이다.[81] 한편 동북지역의 경우는 六鎭 개척으로 두만강 이남지역에 대한 확보가 이루어졌고, 점차 고착화되면서 경계의식이 생겨나게 되었으나 이는 明과의 접경선으로서 두만강을 인식하였다는 의미는 아니다. 이러한 점에서 실질적인 지배력을 행사하는 영토와 자국영역이라는 영토 인식과는 차이가 있을 수 있다. 따라서 조선 전기 북변 兩江이 영토인식과 어떤 관계가 있는지에 대해 살펴봄으로써 북변의 공한지대에 대한 인식과 兩江을 중심으로 한 國界 인식에 대한 조선후기 영토인식의 변화나 조·청 간 국경설정 문제 등을 좀 더 다른 차원에서 이해하는데 도움이 될 것으로 여겨진다.

특히 앞 절에서 이 '空閑地帶' 문제를 제기한 바 있으나 본인은 築城史를 연구하는 입장에서 15세기 明의 변경 空閑地帶 점거가 조선의 서북지역 행성축조를 자극한 것에 주로 초점을 맞추었고, 조·명간의 영토문제라는 시각에서 다루지는 못하였다.

따라서 본 절에서는 우선 조선 초기 북변 兩江을 당시 國界와 관련하여 어떻게 인식하고 있었는가, 또 영토인식과 관련하여 江北

81) 이에 대해서는 「15세기 明의 東八站 地域 占據와 朝鮮의 對應」(유재춘, 『朝鮮時代史學報』 18, 2001)과 「明 前期 遼東都司와 遼東八站 占據」(남의현, 『明淸史硏究』 21, 2004) 참조.

지역에 대해 어떻게 인식하고 있었는가를 살펴보고, 15세기 후반경 서북변경인 압록강 對岸지대의 空閑地帶가 명에 의해 점거되는 과정에서 양국이 보여준 태도를 살펴봄으로써 이 空閑地帶의 성격을 파악해 보고자 한다.

兩江地帶에 대한 인식과 國境

조선시대의 국경, 또는 경계라는 개념을 현대적인 국경선에 비추어 간단히 이야기하기는 곤란한 부분이 있다. 불평등한 국경 심사라고 하더라도 실제 1712년 백두산에 정계비를 세운 것이 아마 중국과는 유사 이래 처음으로 국경에 대한 표시를 한 것이라고 해도 과언이 아닐 정도로 양측의 국경조사와 공식적인 협약에 의해 국경선이 그어진 바가 없었다.

그런 점에서 18세기 정계비 건립 당시 조선과 淸의 영토의식, 그리고 19세기 후반 조·청 간 영토분쟁의 실상을 보다 정확히 알기 위해서는 그 이전시대, 특히 조선 개국 후의 영토에 대한 인식을 명확히 알아둘 필요가 있을 것이다. 이를 보다 직접적으로 이야기하면 바다로 둘러싸인 삼면을 제외한 북방의 경계선 문제이다. 특히 조선시대에는 북방의 군사적 경계선을 주로 압록강—두만강에 의지하여 확보하려고 하였기 때문에 통상적으로 이를 국경인식으로 해석할 수도 있지만 그렇다고 하더라고 隣國과의 양분론적 관념에 의해 江北地域을 중국의 영역이라고 간주하는 것은 잘못된 생각이다. 따라서 조선 초창기 兩江地帶에 대해 어떠한 인식을 하고 있었는지 살펴볼 필요가 있다.

『태조실록』에 보면 당시 북방 경계와 강북지역에 사는 여진에 대한 다음과 같은 기록이 있다.

> 임금이 즉위한 뒤에 적당히 萬戶와 千戶의 벼슬을 주고, 李豆蘭을 시켜서 여진을 招安하여 被髮하는 풍속을 모두 冠帶를 띠게 하고, 禽獸와 같은 행동을 고쳐 예의의 교화를 익히게 하여 우리나라 사람과 서로 혼인을 하도록 하고, 服役과 納賦를 編戶와 다름이 없게 하였다. 또 추장에게 부림을 받는 것을 부끄럽게 여겨 모두 국민이 되기를 원하였으므로, 孔州에서 북쪽으로 甲山에 이르기까지 邑을 설치하고 鎭을 두어 백성의 일을 다스리고 군사를 훈련하며, 또 학교를 세워서 경서를 가르치게 하니, 文武의 정치가 이에서 모두 잘 이루어졌고, 천리의 땅이 다 조선의 版圖로 들어오게 되어 두만강으로 경계를 삼았다. 江 밖은 풍속이 다르나, 具州에 이르기까지 풍문으로 듣고 義를 사모해서, 혹은 친히 來朝하기도 하고, 혹은 자제들을 보내서 볼모로 侍衛하기도 하고, 혹은 벼슬 받기를 원하고, 혹은 內地로 옮겨 오고, 혹은 토산물을 바치는 자들이 길에 잇닿았으며, 기르는 말이 좋은 새끼를 낳으면 자기네가 갖지 않고 서로 다투어서 바치며, 강 근처에 사는 자들이 우리나라 사람과 爭訟하는 일이 있으면, 관청에서 그 曲直을 가려 혹 가두기도 하고, 혹은 매를 치기까지 해도 변방장수를 원망하는 자가 없고, 사냥할 때에는 모두 우리 三軍에게 예속되기를 자원해서, 짐승을 잡으면 관청에 바치고, 법률을 어기면 벌을 받는 것이 우리나라 사람과 다름이 없었다. 뒤에 임금이 동북면에 거둥하여 山陵을 참배하니, 강 밖에 사는 야인들이 앞을 다투어 와서 뵙고, 길이 멀어서 뵙지 못한 자들은 모두 눈물을 흘리고 돌아갔다. 야인들이 지금까지도 그 은덕을 생각하고, 변방장수들과 술을 마시고 거나하게 취하면 태조 때 일을 말하고 感泣하기를 마지 아니하였다.[82]

만주족 구식가옥

여기에서 보면 동북지역의 경우 두만강을 경계로 삼았다고 하면 서도 강북지역에 대한 내용에 있어서 중국(明)의 영토라는 의식은 전혀 존재하지 않는다. 오히려 강북지역에 거주하는 여진인들이 변방에 예속되어 우리나라 사람이나 다름이 없다고 하고 있다. 이 내용이 태조 이성계의 공적을 찬양하고 있다고 하더라도 영토의식이나 경계의식이라는 측면에서는 전혀 과장된 기록이 아니다.

그러나 兩江地帶는 조선의 북방영토 방비에 있어서 천혜의 방어지대로 인식되었고, 이는 점차 경계의식으로 나타나게 되었다.

가. 내 생각으로는, 童猛哥帖木兒의 부자가 일시에 사망한 것은 마치 하늘이 멸망시킨 것 같다. 이제 그 시기가 이와 같으니 그것을 잃어버릴 수가 있겠는가. 더군다나, 두만강

82) 『태조실록』 권8, 태조 4년 12월 계묘.

이 우리의 국경을 빙 둘러 싸서 흐르니, 하늘이 만든 험고로서 옛 사람이 큰 강으로 못을 삼는다고 한 뜻과 매우 합치한다. 나의 결의는 이미 섰으니, 경 등은 충분히 의논하여 啓奏하라.[83]

나. 황희·맹사성·권진을 불러서 寧北鎭·慶源鎭 두 鎭을 옮겨 배치할 조항을 의논한 뒤에, 知中樞 尹淮로 하여금 교지를 제술하게 하여 병조에 내려 말하기를, "옛날부터 제왕들은 국토를 개척하여 나라의 근본으로 삼는 일을 소중하게 여기지 않은 이가 없었음은, 역사책을 상고하여 보면 분명하게 알 수 있다. 또 우리나라는 북쪽으로 두만강을 境界로 하였으니, 하늘이 만들고 땅이 배설해 놓은 험고한 땅이며, 雄藩이 護衛하여 封域을 限界하였다. 태조께서 처음으로 孔州에 경원부를 설치하였고, 태종께서 경원부의 治所를 蘇多老에 옮겼으니, 다 왕업의 기초를 시작한 땅을 중하게 여겼기 때문일 것이다" … [84]

다. 함길도 절제사에게 전지하기를 "신설한 네 읍은 우리 조종께서 처음 기초를 정하신 땅으로 두만강으로 경계를 삼은 것이었다. 경인년에 守將이 잘못 방어하여 드디어 오랑캐 아이들의 놀고 사냥하는 마당이 되었더니, 그 뒤에 童猛哥帖木兒가 마침 멸망하게 되매, 그들이 있는 곳이 일체 비었으니 기회를 놓칠 수 없겠다. 나는 생각하기를, 조종께서 왕업을 일으킨 땅을 헛되게 버릴 수도 없고, 두만강은 하늘이 저들과 우리와의 한계를 만들어 준 것이었다. 경원으로부터 富居로 물러나와 있은 뒤로 胡人들이 마음대로 강을 건너서 방자히 노략질하고, 혹 몇 날을 유숙하였다가 돌아갈 적에도 아무도 제어하는 자가 없어서 평지

---

83) 『세종실록』 권62, 세종 15년 11월 무술.

84) 『세종실록』 권62, 세종 15년 11월 경자.

에 다니듯 하였으니 탄식할 만하다. 만약에 두만강의 경계를 회복하여 수어하는 곳으로 벌여 두고 북쪽 변경을 진압한다면, 우리는 수어하는 편의가 있고 저들은 두려워하는 마음이 있어 감히 두만강을 넘지 못할 것이요, 또 두만강 남쪽은 기름진 들이 수백 리나 되어 농사를 지으면 곡식이 반드시 무성하고 짐승을 먹이면 마소가 반드시 살찔 것이니, 백성들이 영구히 살 수 있는 집을 세울 만한 땅이다. …"[85)]

라. 이에 앞서 김해부사 李蓀이 진언하기를, "신이 일찍이 새로운 땅을 수색하는 일로 인하여 영안도와 평안도 두 道의 경계에 이르러, 무창·여연·우예·자성을 혁파한 뒤로 이 땅이 야인의 사냥하는 곳이 되었음을 들었습니다. 신은 그윽이 생각건대, 네 고을은 모두 압록강을 경계로 하여 위는 三水에 접하고 아래는 上土에 連하여서 그 형세가 서로 의지하여 있고, 그 사이에 거의 4, 5백여 리의 땅이 비옥하여서 사람이 살 만하였습니다. 그리고 압록강은 천연적으로 이루어진 한계이므로 압록강을 넘어서 경계로 할 수 없거니와 압록강도 못 미쳐서 경계로 할 수도 없습니다. 이제 수자리 사는 군졸이 험한 곳을 넘어서 왕래하는 것이 불편하다 하여 네 城을 폐기하였습니다. … 네 성이 압록강을 따라 있는 것이 마치 육진이 두만강을 따라 있는 것과 같으며 그 형세도 대개 서로 같은데, 어찌 유독 네 고을을 폐기하여 도적에게 길을 열어 준단 말입니까? …[86)]

85) 『세종실록』 권77, 세종 19년 5월 기유.
86) 『성종실록』 권181, 성종 16년 7월 갑술.

이러한 사료에 나타나는 북방 兩江에 대한 인식은 첫째는 천혜의 험고한 방어선이라는 것이며, 둘째는 두만강은 조종께서 신설한 네 읍을 설치하면서 경계로 삼은 곳이라는 것이며, 셋째는 두만강 경계를 확보하여 방어선을 구축하고 북쪽 변경을 진압한다면 우리는 방어의 편의점이 있고 여진인은 감히 두만강을 넘지 못 할 것이라는 생각이며, 넷째는 서북지역은 압록강이 천연적으로 이루어진 한계이므로 반드시 이를 경계로 삼아야 한다는 것이다. 특히 세종의 북방 영토 개척을 적극 보좌하던 김종서는 "두만강으로 경계를 삼는 것은 大義가 하나이고 大利가 둘이 있으니, 興王의 땅을 회복함이 그 대의의 하나이고, 장강의 험함을 의지함이 그 대리의 하나이며, 수어의 편리함이 그 대리의 둘째입니다"[87]라고 하였는데, 이를 통하여 두만강유역은 興王之地이기 때문에 잃을 수 없다는 것, 그리고 조선에서는 방어의 편의점을 최대한 살리기 위해서는 반드시 압록강, 두만강 지대를 확보해야한다는 확고한 생각을 가지고 있었다는 것을 알 수 있다. 그런데 여기서 한 가지 주목해야할 점은 압록강—두만강 라인의 강역을 확보하려는 것은 주로 군사적인 문제에 기인하는 것이라는 점이다. 북방 兩江을 경계로 확보해야한다는 것과 북방 兩江이 바로 국경이라는 인식과는 다른 것이다.

한편 15세기 후반 명나라 장성이 완성되고 朝·明 사이의 空閑地帶였던 東八站지역이 명나라에 의해 점거되면서 압록강 북안지역은 어느 정도 정비되고, 명나라는 여진지역에 衛所를 설치하여 招撫하였지만 장성 밖은 여전히 明에게도 조선에게도 領內라고 할

87) 『세종실록』 권78, 세종 19년 8월 계해.

수 없는 지역이었다. 그런데 두만강 북안의 경우는 사정이 좀 달랐다. 이 지역은 명으로부터도 매우 멀리 위치하고 있는데다가 조선은 公嶮鎭 이남에 대한 영유의식을 가지고 있었고, 明과는 女眞에 대한 관할권 경쟁이 심각하게 전개되었다.[88]

가. 계품사 예문관 제학 金瞻을 보내어 京師에 가게 하였는데, 瞻이 王可仁과 함께 갔다. 奏本은 이러하였다. "조사해 보건대, 본국의 동북지방은 공험진으로부터 孔州·吉州·端州·英州·雄州·咸州 등 고을이 모두 본국의 땅에 소속되어 있습니다. … ㉠ 至正 16년에 이르러 공민왕 王顓이 원나라 조정에 申達하여 모두 혁파하고, 인하여 公嶮鎭 이남을 본국에 환속시키고 관리를 정하여 관할하여 다스렸습니다. 聖朝 洪武 21년 2월에 戶部의 咨文을 받았사온데, ㉡ 戶部侍郎 楊靖 등 관원이 太祖 高皇帝의 聖旨를 欽奉하기를, '철령 以北·以東·以西는 원래 開原의 관할에 속하였으니, 軍民을 그대로 遼東 관할에 소속시키라' 하였습니다. 본 국에서 즉시 上項의 사건으로 인하여 陪臣 密直提學 朴宜中을 보내어 表文을 받들고 朝廷에 가서 호소하여 공험진 이북은 요동에 환속하고, 공험진 이남에서 철령까지는 본국에 환속시켜 주기를 빌었습니다. 당년 6월 12일에 박의중이 京師에서 돌아와서 禮部의 咨文을 받아보니, 本部 尙書 李原明 등 관원이 당년 4월 18일에 聖旨를 欽奉하기를, '철령의 일로 인하여 王國에서 말이 있다' 하시고, 전과 같이 관리를 정하여 관할해 다스리게 하였습니다. 지금 欽差하신 東寧衛 千戶 王脩가 싸 가지고 온 칙유를 받들어 보니, '參散, 禿魯兀 등처의 女眞 지역의 官

88) 박원호, 『明初朝鮮關係史硏究』, 일조각, 2002, 170~179쪽.

民人 등을 招諭한다'하셨습니다. … ㉢ 또 臣의 조상이 일찍이 東北地面에 살았으므로, 玄祖 李安社의 분묘가 현재 孔州에 있고, 高祖 行里와 祖 李子春의 분묘가 모두 咸州에 있습니다. … 小邦은 이미 同仁의 가운데에 있사옵고, 공험진 이남이 또 고황제의 '王國有辭'라는 명령을 입었사오니, 그곳에 살고 있는 女眞遺種의 人民들을 본국에서 전과 같이 관할하게 하시면 한 나라가 다행하겠습니다. ㉣ 이 때문에 지금 陪臣 藝文館提學 金瞻을 보내어 奏本과 地形圖本을 받들고 京師에 가게 하여 奏達합니다".[89)]

나. 戶曹參議 李玄을 보내어 京師에 가서 아뢰게 하였다. "永樂 3년 9월 16일에 陪臣 李行 등이 京師에서 돌아와서, 예부상서 李至剛 등의 관원이 欽傳한 宣諭와 聖旨를 전해 받았사온데, 이르기를, '맹가첩목아는 어째서 보내지 않고 도리어 와서 計稟하는가? 네가 와서 計稟할 때에, 그 사람과 함께 와서 地面事情을 자세히 말하면, 어찌 허가하지 않겠는가? 누가 너희와 地面을 다투는 것인가? 네가 돌아가서 국왕에게 말하여 알려서 곧 그 사람을 보내도록 하라'하시었습니다. 신이 황공하여 몸 둘 곳이 없습니다. 살피건대, 맹가첩목아는 小邦의 地界인 公嶮鎭 以南으로, 황제께서 허락하신 10處 안의 鏡城 地面인 두만강가에 사는 사람이고, 또 일찍이 臣으로 하여금 출발시켜 보내라는 명령을 받지 못하였기 때문에, 사람을 보내어 주달하였던 것입니다. …"[90)]

다. 조영무·이천우 등이 進言하기를, "지금 猛哥帖木兒를 招撫하였다고는 하나, 그가 장차 開元路로 移徙하여 그 族類

89) 『태종실록』 권7, 태종 4년 5월 기미.
90) 『태종실록』 권10, 태종 5년 9월 임자.

들과 함께 사잇길을 따라 吉州로 직향하게 되면, 鏡城은 마치 囊中之物이 되지 않을까 두렵습니다. 또 그가 말을 먹이러 남하하게 된다면, 端州·青州 지방이 시끄러워질 것입니다. 또 그가 중국에 호소하기를, '조선에서 우리 族類를 죽이므로 땅을 버리고 왔습니다. 永興 이북 지방은 元朝 때에 중국에 직속되었었으니, 그 땅을 도로 찾음이 옳겠습니다'한다면, 중국에서 이 말을 믿고 그 땅을 바치라고 한다면 매우 未便합니다. … 중국에서 일찍이 동북면 十處의 人民을 바치라고 하기에, 金瞻을 보내어 이를 辨定하였다. 그 때에 땅을 찾아가지 않았는데, 猛哥의 호소를 듣고 우리 땅을 바치라 하겠는가? 星山君 李稷이 漢京에서 온다고 하니, 그도 역시 謀議를 잘하는 사람이다. 어찌 그에게 咨問하지 않겠는가?"하였다.[91)]

라. 정미년 8월 일에 전 좌군 동지총제 朴礎가 말씀을 올리기를, … "우리나라의 북쪽 변방은 곧 고려의 相臣 尹瓘이 개척하여 碑를 세운 땅이 경계가 되었습니다. 中世에 이르러 예전 孔州로 한계를 옮겼다가 이에 우리 왕조에 미치게 되고, 또 옮겨 지금의 경원이 되었으니, 만약 옛날 모양대로 돌아가고자 한다면 반드시 碑를 세웠던 땅에 경계를 만들어야 할 것이며, 그렇지 않으면 孔州의 城에 이르러 邑을 만드는 것이 옳겠습니다. 두 번이나 옛날의 땅을 줄여서 지금의 경원부를 만드는 것도 오히려 부끄러운 일이 되는데, 또 다시 그 땅을 줄여서 龍城에 나가 배치하여 야인에게 웃음거리가 되는 것이 옳겠습니까. …[92)]

마. … 임금이 말하기를, "백두산 근처에 한 땅이 있는데, 명

91) 『태종실록』 권21, 태종 11년 1월 신사.
92) 『세종실록』 권37, 세종 9년 9월 갑인.

나라의 태조 고황제가 고려에 예속시켰다. 내가 〈地理志〉를 보니 한 옛성의 터가 백두산 앞에 가로놓여 있는데, 이것이 그 땅이 아닌가 의심된다. 마땅히 찾아내어 우리나라의 境界로 하여야 하겠다"하니, 황희가 아뢰기를, "임금의 말씀이 지당합니다"하였다.[93]

바. 정사를 보았다. 임금이 여러 신하들에게 이르기를, "고려의 尹瓘은 17만 군사를 거느리고 女眞을 소탕하여 州鎭을 개척해 두었으므로, 여진이 지금까지 모두 우리나라의 위엄을 칭찬하니, 그 공이 진실로 적지 아니하다. 瓘이 州를 설치할 적에 吉州가 있었는데, 지금 길주가 예전 길주와 같은가. 高皇帝가 조선 지도를 보고 詔書하기를, '公險鎭 이남은 조선의 경계'라고 하였으니, 경들이 참고하여 아뢰라"하였는데, 이때는 바야흐로 파저강 정벌에 뜻을 기울였기 때문에 이 전교가 있었다.[94]

사. 이 앞서 함길도 감사가 치보하기를, "도내의 명산대천에 매년 춘추로 모두 香을 내려서 致祭하였는데, 유독 두만강은 야인이 사는 곳이기 때문에 거행하지 아니하였으나, 이제 4진을 설치하였으니, 이 강은 나라의 北紀가 되고, 域內의 大川이오니, 청하건대, 치제하옵소서"하였는데, 이에 이르러 예조에서 아뢰기를, "두만강은 평안도 압록강의 신에 견주어 中祀로서 제사하되, 사당은 세우지 말고, 壇壝만 설치하게 하옵소서"하니, 그대로 따랐다.[95]

가-㉠은 공민왕 5년(1356) 쌍성지역을 무력수복하고 그해 10월 정당문학 李仁復을 파견하여 원나라에 고려의 옛 강토인 쌍성과

93) 『세종실록』 권56, 세종 14년 4월 경자.
94) 『세종실록』 권59, 세종 15년 3월 계유.
95) 『세종실록』 권77, 세종 19년 5월 신해.

三撒 이북지역을 돌려주기를 요청한 사실을 말하는 것이다.[96] 가-㉡은 고려 말 고려가 무력으로 수복한 동북면지역을 명이 철령위를 설치하면서 다시 환속시키라고 하여 일어난 朝·明 간의 갈등 속에서 양국이 벌인 교섭에 대한 내력을 피력하고 있는 것으로, 당시 고려는 요동에 대한 무력 공격을 준비하면서 한편으로는 사신을 보내 철령 이북지역의 고려 귀속의 당연성을 설득하였고 明은 '王國有辭'라는 매우 애매한 표현을 쓰기는 하였지만 결과적으로는 공험진 이남지역에 대한 고려의 지배권을 인정하여 준 것이라고 볼 수 있다. 가-㉢은 명에 대해 철령 이북지역에 대한 영토권을 주장하는 과정에서 조선왕조 개창자인 이성계 가문이 孔州를 비롯한 동북면지역에 대대로 거주하였고 조상의 분묘가 그곳에 있다는 사실을 적극 활용하고 있는 대목이다. 가-㉣은 지형도본을 만들어 가지고 명에 가서 이에 대한 설명을 하였다는 것인데, 그 圖本이 어떠한 내용으로 작성되어 있는지는 알 수 없지만 이로 본다면 당시 조·명 양국 간에 경계에 대한 어느 정도의 양해가 이루어졌을 가능성이 크다고 하겠다. 한 가지 분명한 것은 그 해(1408) 10월 김첨이 명으로부터 조선이 요청한 十處人民의 영속에 대한 승인을 받아온 것을 보면[97] 당시 명에서는 조선이 제안한 공험진 이남지역에 대한 지배권을 인정하였다고 하는 사실이다. 이러한 사료 '가'의 내용은 이후 세조대에 명나라 보낸 奏本에서도 그대로 나타나고 있다.[98]

사료 '나'는 조·명 간에 왕왕 벌어진 여진인 招撫 경쟁을 보여주

96) 『고려사』 권39, 공민왕 2, 병신 5년 10월 무오.
97) 『태종실록』 권8, 태종 4년 10월 기사, 기묘, 병술.
98) 『세조실록』 권21, 세조 6년 8월 임술.

는 대목인데, 당시 문제가 된 동맹가첩목아에 대해 조선 측에서는 이 여진인은 본래 명에서 승인한 十處 내에 거주하는 자라고 하며 영속을 주장하고 있다는 것을 알 수 있다. 이 사료에서 주목되는 다른 한 가지는 명에서는 동맹가첩목아 招撫 경쟁이 영토 쟁탈로 비추어지는 것을 꺼리고 있다는 점이다. 조선에서 동맹가첩목아가 명에 入朝하는 것을 저지하려고하는 기색이 보이자 명에서는 '地面' 즉 영토를 다투는 것이 아니라고 하고 있다. 사료 '다'에서 보이는 바와 같이 조선 측에서는 명나라의 동맹가첩목아에 대한 招撫와 入朝가 鏡城 일대의 안전에 심각한 위협이 될 수 있고, 이미 지배권을 인정받은 공험진 이남지역에 대한 또 다른 분쟁을 야기할 가능성이 있다고 보고 있었다. 물론 태종은 明에서 김첨을 보내 동북면지역에 대한 조선 영유의 당연성을 주장할 때 별 말이 없다가 동맹가첩목아의 말만 믿고 이를 번복할 리가 없다고 하였지만 동맹가첩목아가 명에 입조하게 되면 북변 안정에 나쁜 영향을 줄 것이라 생각하고 있었던 것은 틀림없다.

사료 '라'는 고려시대 북방 변경은 윤관이 세운 碑가 영토의 경계가 되었는데 그 경계가 孔州로 옮겨졌다가 또 옮겨 경원이 되었으니 또다시 龍城으로 이설하는 것은 적합하지 않으며, 만약 옛 모양대로 돌아가고자 하면 반드시 碑를 세웠던 곳을 경계를 만들어야 할 것이며 그렇지 않으면 孔州를 읍으로 삼아 경계를 구축해야 한다는 것이다. 이에서 보면 윤관이 세운 碑의 위치를 정확히 말하지 않았지만 내용으로 보아 두만강 이북지역이라는 것을 알 수 있다. 또 孔州에 읍을 두는 것이 좋겠다고 하면서 예전 모양대로 하자면 반드시 碑를 세웠던 곳에 경계를 만들어야 한다고 하고 있다. 이러한 인식을 통하여 두만강 강북지역이 明과 영토권 다툼이 있는 곳이 아니라는 사실을 알 수 있다.

사료 '마'는 명나라 태조 고황제가 백두산 근처에 있는 한 땅을 고려에 예속시켰다는 것이다. 세종은 지리지를 참고하여 백두산 앞에 가로놓여 있는 옛 성터를 지목하며 그곳을 조사하여 편입시켜야한다고 하고 있는 것이다. 이 대목을 보면 명과 고려는 어느 정도 양국의 경계에 대한 협의를 한 것이 아닌가 생각된다. 이 과정에서 고려는 압록강을 경계로, 명은 連山關을 경계로 상호 군사적 침해를 하지 않기로 양해한 것이 아닌가 여겨진다. 명 건국 후 1백년 가량을 연산관~압록강 사이에 넓은 공한지대(군사적 완충지대)를 유지한 것도 그러한 사실에 연유한다고 볼 수 있다. 다음에서 서술되겠지만 명이 공한지대에 城堡를 구축하고 군사적 점거를 진행하면서 매우 신중한 태도를 취하며 줄곧 왕래하는 조선사신의 안전보장을 명분으로 내세운 것도 明과 고려 간에 군사적 점거선에 대한 모종의 양해, 그리고 오랜 기간 동안 현상유지가 이루어지면서 명의 공한지대 점거는 군사적 도발로 간주되어 자칫 조선을 자극해 심각한 갈등, 더 나아가서는 군사적 긴장을 일으킬 가능성도 있었기 때문이라고 볼 수 있다.

사료 '바'는 세종이 파저강 야인 정벌을 앞두고 변경지역에 대한 관심을 보인 대목인데, 이에서 보면 명나라 태조 고황제가 조선의 지도를 보고 '공험진 이남은 조선의 경계'라고 하였다고 되어 있다. 이 기사 내용으로 미루어 보건데, 사료 '마'에서 나타나는 바와 마찬가지로 명과 고려(조선) 사이에 강역에 대해서는 어느 정도 상호 양해가 이루어졌던 것으로 생각된다. 지도를 놓고 지목하여 경계를 말했다면 당시 양측은 구체적인 경계선은 審定하지 않았다고 하더라도 대략적인 군사적 점거선에 대한 양해가 있었을 가능성이 크다고 하겠다. 고려는 철령 이북 귀속문제로 전쟁을 불사할 만큼 강력히 반발하였기 때문에 당시 상황에서 明은 가급적 군사적 충돌을 피할 수 있는 것이 바람직한 일이었을 것이다. 아마 광범위한 空閑地帶(국경완충지대)를 둔 것도 이러한 상황과 관련된 것일 가능성이 크다고 생각한다. 당시 세종은 신하들에게 명태조의 말에 대해 조사하여 보고할 것을 요구하고 있다. 이로 본다면 당대에 '공험진'의 위치에 대해 어설프게 알고 있었을 가능성은 희박하다. 『세종실록』 지리지의 경원도호부에 경원의 경계를 '북쪽으로 공험진에 이르기까지 7백 리, 동북쪽으로 先春峴에 이르기 까지 7백여 리'라고 한 것은 그러한 동북지역의 경계인식을 표현한 것이라 할 수 있다.[99]

사료 '사'는 세종 19년(1437) 두만강에 대한 致祭를 결정하였다는 내용인데, 압록강에 대한 치제와 동일하게 中祀로 제사하도록 하고 있다. 이러한 두만강 치제가 이루어지게 된 것은 두만강유역에 대한 군사적 장악이 어느 정도 이루어졌고 또 이 일대에 대한 확고한 固守 의지를 나타낸 것이라고 하겠다. 특히 두만강을 '域內의 大川'이라고 인식하고 있는 것은 경원의 영역을 강북의 선춘령·공험진까지 보고있던 당시의 동북변 경계인식과 상통하는 부분이라 하겠다.

그런데 매우 주목할 만한 사실은 이렇게 줄곧 공험진 이남지역이 우리의 영토라고 인식하면서 이를 명나라에게도 적극 피력하여 明의 동의를 얻고 있을 뿐만 아니라 실제 두만강 이북지역의 경우

---

99) 최규성은 최근 연구에서 공험진의 위치에 대해 연길시내 서쪽의 北台古城으로 비정한 바 있다(최규성, 「先春嶺과 公嶮鎭碑에 대한 新考察」 『한국사론』 34—한국사의 전개과정과 영토, 국사편찬위원회, 2002 참조).

에는 明의 영토라고 하는 인식이 존재하지 않고 오히려 鎭의 설치를 고려하는 등 적극적인 장악 의지를 보이기도 하였다.

가. 함길도 도관찰사·도절제사가 乾原 萬戶를 옮겨 설치하는 것과, 多溫에 邑을 설치하는 것의 편의 여부와, 인물·군병의 출처에 대하여 의논하여 아뢰기를, "만호를 옮기는 일과 읍을 설치하는 등의 일은 한결같이 도체찰사의 조치를 좇는 것이 편하겠습니다. 두만강 밖은 산천이 편편하고 넓어 賊路가 사방으로 통하고, 강물도 건널 만한 곳이 자못 많으므로 오랑캐들이 들어와 침노하기가 매우 쉽습니다."하였다.[100)]

나. 영안도 관찰사 成俊과 북도병마절도사 元仲秬 등이 耶春에 축성하여 鎭을 옮기는 것이 적당하지 못한 일을 馳啓하고, 아울러 事目을 올리기를, … 領敦寧 이상과 의정부와 변경의 일을 아는 재상들을 불러 이를 의논하게 하였다. … 의논하기를, "耶春에 성을 쌓는 일은 조종조에서 처음 육진을 설치할 때 두만강을 한정하여 장성을 쌓고, 봉수를 나열시켜 두어서 방비하는 방법이 지극히 정밀하고도 엄하였습니다. 그러나 얼음이 얼거나 물이 얕을 때에는 胡人이 그래도 틈을 타서 침입하여 약탈하였는데, 이제 장성의 험함을 버리고 오랑캐의 지역에 깊숙이 들어가서 수고롭게 城堡를 쌓고 사방으로 흩어지는 땅에 군사와 백성을 두면, 이는 바로 고기를 굶주린 호랑이의 입에 던지는 것이니, 계책으로는 훌륭한 것이 아닙니다. …"[101)]

100) 『세종실록』 권91, 세종 22년 11월 을축.
101) 『성종실록』 권283, 성종 24년 10월 정묘.

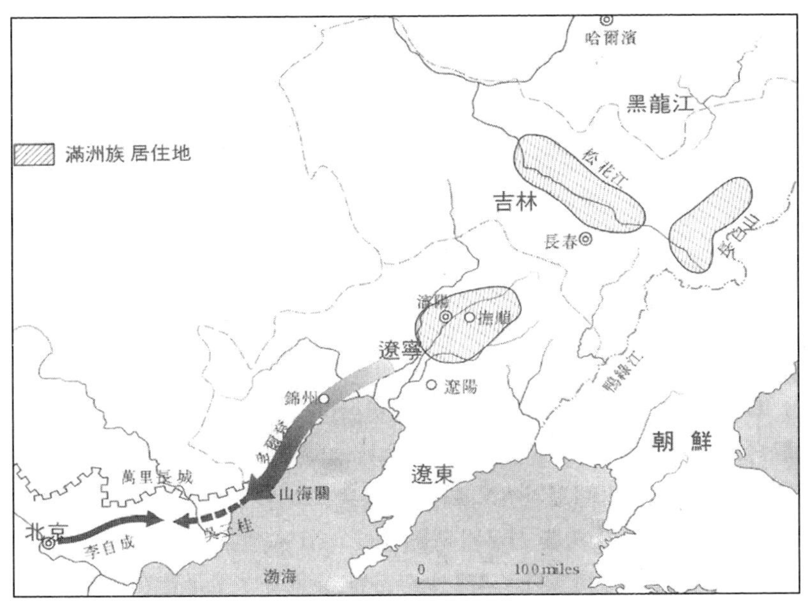

만주족의 세력 확장

위의 사료 '가'는 乾原 萬戶의 移設과 多溫에 邑을 설치하는 문제를 논의하면서 두만강 北岸地域을 거론하고 있는 대목이다. 즉, 입지를 이야기 하면서 두만강 밖은 산천이 편편하고 넓어 賊路가 사방으로 통하고, 강물도 건널 만한 곳이 많아서 여진인들의 침략을 받기 쉬우므로 결과적으로 이곳으로 이설하는 바람직하지 않다는 것이다. 이러한 대목은 당시 두만강 이북지역을 조선이 어떻게 인식하고 있었는지를 분명히 보여주고 있다.

사료 '나' 역시 동북면 지역의 鎭을 이설하는 방안을 논의하는 가운데 두만강 강북지역인 耶春[102]을 후보지로 검토하고 있었다는 사실을 보여주고 있다. 이러한 인식을 통하여 볼 때 明과 조선은

102) 경원 건너편으로 여진인이 침략할 때 경유하는 요충지임(『성종실록』 권250, 성종 22년 2월 갑자).

두만강 일대에 대한 조·명 간의 경계를 논하지 않았거나 명이 조선 측의 요청을 양해한 '공험진 이남지역'은 두만강 북방을 포괄하는 지대라고 보아야 할 것이다. 앞서 언급한 바와 같이 이러한 영토인식이 『세종실록』 지리지에 반영되어 경원도호부의 북쪽 경계를 7백리 가량 떨어진 공험진과 先春峴으로 표기한다거나 六鎭지역의 기사에 두만강 북안지역의 지명이 다수 등장하게 된 것이라 여겨진다.[103] 이러한 조선의 인식에 비추어 볼 때, 明代 이래 압록강과 두만강 이북지역이 중국 고유의 영토라는 중국학자들의 연구는[104] 사실과 다른 주장이다.

압록강 北岸의 空閑地帶 문제

고려—원나라의 외교관계가 성립된 이래 중국을 왕래하는 육로는 주로 압록강을 건너 이른바 동팔참지역을 경유하였다. 東八站이란 우리나라 義州에서 遼東都司가 있었던 遼陽까지의 노상에 설치되어 있는 8개의 站을 지칭하는 것으로, 고려시대 원나라의 遼陽行省을 왕래할 때에 붙여진 명칭으로 추정된다.

그런데 14세기 후반에서 15세기 초에 이르는 시기의 동북아 지역은 일대 격동의 시기였기 때문에 우리나라에서 중국으로 가는 使臣路程은 안전하지 못하였다. 특히 동팔참지역은 육로 왕래에 있어서 女眞人이 늘 使行의 안전을 위협하고 있어서 이 지역을 통하여 중국으로 왕래하기 어려웠다. 이에 고려에서는 海路를 통해

103) 『세종실록』 권155, 지리지 함길도 경원도호부 ; 김용국, 「白頭山考」 『白山學報』 8, 1970, 32~35쪽.

104) 배성준, 「중국의 조·청국경문제 연구 동향」, 『중국의 東北邊疆연구-동향분석-』, 고구려연구재단, 2004, 134쪽

중국을 왕래하기도 하였지만 난파의 위험이 있어서 그 노정도 안전한 것은 아니었다.[105)]

그러다가 明의 기반이 안정되어 가면서 1409년부터 다시 陸路로 중국에 왕래하게 되었는데,[106)] 이러한 육로의 개통에 따라 조선에게 동팔참지역은 또다시 매우 중요한 관심의 대상이 되었고, 안전확보를 위해 적절한 경영이 필요하게 되었다.[107)]

그런데 앞서 언급한 바와 같이 明은 당초부터 압록강까지 점거하지 않고 강으로부터 200리 정도 떨어진 連山關에 국경 把守를 설치하였다. 이로 말미암아 명나라의 국경 把守가 설치되어 있던 連山關으로부터 以東지역은 朝·明 어느 나라에도 예속되지 않은 특수한 구역이 되었다. 뿐만 아니라 명나라는 조선을 견제하기 위해 여진인의 入朝 권장과 厚待를 통한 招撫策을 적극 실시하였고, 衛所 설치에 이들을 활용하였으나[108)] 이는 형식상의 구조일 뿐 明의 여진지역에 대한 군사적 영향력은 조선과 마찬가지로 지극히 제한적이었고, 압록강 북안지대를 비롯한 조·명 사이의 넓은 여진 雜居 지역은 양국 사이의 완충지대로 남게 되었다.

이러한 상황이다보니 이 지역을 왕래하는 조선의 사신들은 본국으로부터 독자의 호송군을 편성해 동행해야 했고, 이는 명나라도 마찬가지였다. 더구나 명나라는 여러 차례 자국의 사신단 호송마

---

105) 유재춘, 앞의 논문 참조.

106) 『通文館志』 제3권, 事大 上 航海路程.

107) 명나라 영락제 때에 북경으로 수도를 옮긴 이후 조선의 사행로는 전보다 훨씬 단축되었고, 대개 동팔참로를 경유하는 육로가 거의 고정화되었다. 육로 노정은 대개 의주를 건너 遼陽까지 380리였다(金九鎭, 「朝鮮 前期 韓·中關係史의 試論—朝鮮과 明의 使行과 그 性格에 대하여—」 『弘益史學』 4, 1990, 16~22쪽 참조).

108) 명나라는 조선 태종 9년(1409)까지 115개의 女眞衛所를 설립하였다(박원호, 『明初朝鮮關係史研究』, 일조각, 2002, 170~171쪽).

저 조선 측의 도움을 받고자 하였다.[109] 그러나 이 지역은 인적이 드물고 교통로가 매우 험하여 통행에 큰 어려움이 있었기 때문에 사신단의 안전을 보장하기 어려웠다. 이에 1436년(세종 18) 12월 조선에서는 요동에 咨文을 보내 連山關을 통하는 길보다 남쪽에 위치한 刺楡寨를 경유하는 사신행로의 변경을 요구하기에 이르렀다.[110] 이에서 보면 조선 측은 사행로가 험하고 인적이 없어 사행이 묵어 갈만한 곳이 없다는 등 주로 통행의 불편을 들어 사신행로의 변경을 요청하고 있다.

이에 대해 명나라 측은 조선의 새 使行路 사용에 대해 부정적이었고, 거듭된 조선의 요청을 20여 년 이상 받아들이지 않았다.[111] 그런데 세조 6년(1460)에 이르러 명나라 측에서는 새로운 해결책을 조선에 제시하였다. 즉 明은 謝恩使 金禮蒙을 통해 보낸 칙서에서 여진인들의 노략 위협 때문에 갑자기 사행로를 바꾼다는 것은 스스로 겁약을 드러내는 것이므로 온당치 못하다고 하면서 조선의 경계와 명나라의 連山關 중간쯤되는 來鳳에 성을 쌓고 군관을 배치하여 지키다가 사신을 호송하겠다는 것이었다.[112] 당초 조선에서는 사신행로를 변경하는 것이 목적이었는데, 상황은 조선이 의도한 바와는 다른 방향으로 진전되게 되었다. 조선의 사행로 변경요청을 계기로 명나라가 군사적으로 공한지대를 점거하는 것은 조선 측에서 전혀 바랐던 바가 아니었다. 이와 같이 명은 조선의

109) 『세종실록』 권50, 세종 12년 11월 갑자.
110) 『세종실록』 권75, 세종 18년 12월 기사.
111) 『세종실록』 권80, 세종 20년 1월 병오 ; 『태종실록』 권17, 태종 9년 5월 정축 ; 『문종실록』 권3, 문종 즉위년 8월 을해, 경인 ; 『세조실록』 권4, 세조 2년 5월 정축 ; 권19, 세조 6년 3월 정해.
112) 『세조실록』 권21, 세조 6년 8월 기사.

사신로 변경 요청을 20여 년간 지연시키다가 이를 국경 완충지대인 연산관~압록강 사이의 공한지대를 점거하는 구실로 삼으려 하고 있는 것이다. 이는 여진 招撫가 어느 정도 진전되고 명의 요동 邊墻이 정비되어 가면서 이 공한지대를 장악할 수 있는 여건이 조성되었다고 판단했기 때문일 것이다.

특히 명나라는 동북지역의 확보를 점차 확대하는 과정에서 종전의 連山把截보다 훨씬 동쪽에 위치한 공한지대 내의 湯站地域에 城을 축조하고 주변지역을 점거해 가는 예기치 않은 상황이 전개되면서 조선에서는 이에 대한 대책에 부심하게 되었다. 湯站에 堡를 축조한다는 것이 공식적으로 조선 측에 전달된 것은 1474년(성종 5) 5월이다. 명나라 사신은 도승지 김승경을 통하여 조선에서 新使行路를 요청하였기 때문에 탕참에 보를 축조하고자 하니 城을 축조할 때 조선에서 양식을 제공해 달라는 요청을 하게 되었다.[113] 또한 성종이 경회루에서 명나라 사신을 초청해 연회를 베푸는 자리에서 명나라 사신은 조선사신 행로의 안전을 위해 湯站堡를 축조한다는 것을 누누이 강조하였다. 성종은 이에 대해 사례하는 태도를 보였으나 명 사신이 양식 보급을 요청하는데 대해서는 勅書도 없었고, 아국의 변방 사정도 있어서 곤란하다는 뜻으로 거절하였다.[114]

조선측에서는 명나라의 연산관~압록강 사이의 공한지대를 명이 점거하게 되면 군사적 위협뿐만 아니라 변경 안정에도 심각한 문제가 발생할 것이라고 판단하면서도[115] 이러한 명나라의 요청은

113) 『성종실록』 권129, 성종 12년 5월 병신.
114) 위와 같음.
115) 『세조실록』 권40, 세조 12년 11월 경오.

조선 사신행로의 안전을 위한다는 명분을 가지고 이루어진 것이기 때문에 조선의 입장으로는 매우 난처한 문제였다. 더욱이 以前에 사행로 변경을 요청한 바 있었기 때문에 조선으로서는 마땅히 거절할 명목이 없었던 것이다. 이 문제를 조선에서는 조선 출신인 명나라 사신 鄭同을 설득하여 문제를 해결하고자 하기도 하였다.[116] 또 조선에서는 명 사신이 말한 탕참보 축조가 사실인지 알아보기 위해 1481년(성종 12) 6월 千秋使로 파견된 홍귀달에게 下書하여 중국에서 開州·湯站 등지에 堡를 설치하고 防戍하려 한다고 하는데 요동에 가서 이를 알아보고 즉시 通事를 통해 보고하도록 하고 있다. 통사를 통해 어떤 내용이 보고되었는지는 알 수 없지만 천추사 홍귀달은 귀국길에 중국 兵部의 자문을 가지고 왔는데, 여기에서 명나라는 조선 사신이 왕래하며 자고 머무르게 하기 위하여 鎭東·鎭夷·鳳凰 등지에 站을 설치하겠다는 것을 정식으로 통보해 왔다.[117]

한편 明은 성종 15년(1484) 한치형 등이 명나라에 갔다 귀국할 때 명에서는 서반으로 호송군을 편성해 의주까지 왕래하도록 하게 되는데,[118] 조선은 이를 저지하고자 하였다. 그 이유는 그들에 대한 접대의 번거로움과 동팔참 空地의 잠식에 대한 우려 때문이었다. 특히 後者에 있어서는 명이 조선을 厚待하여 서반으로 편성된 호송군을 보내는 것은 좋지만 요동까지만 호송해야 할 것이라고 요청하고 있다. 즉, 명나라는 조선 사신에 대해 '조선은 禮義之國이라 朝貢을 끊지 아니하니, 館待를 후하게 함은 마땅히 다른 나

116) 『성종실록』 권130, 성종 12년 6월 임자. 明使 鄭同에 대해서는 「鮮初의 朝鮮出身明使考」(曺永祿, 『國史館論叢』 14, 國史編纂委員會, 1990) 참조.

117) 『성종실록』 권132, 성종 12년 8월 무진.

118) 『성종실록』 권226, 성종 20년 3월 병인.

라의 갑절로 해야 할 것입니다. 믿을 만한 사람을 보내어 호송하여 지경에 나가게 해야 합니다'라고 하였고,119) 호송을 맡은 李翔은 '我當送至江上'이라고 하여 '江上'(압록강을 의미하는 것으로 보임)까지 호송하려고 하였다. 이에 조선측에서는 '館路는 遼東에 이르러 그쳤고 우리나라 迎送軍도 요동에 이르러 기다리는데, 大人이 遼東(압록강까지 호송하는 것을 말하는 것이나 實錄 기록은 이를 정확히 표현하지 못함)까지 호송하는 것은 바로 국경을 나가는 것이며, 東八站은 날씨가 춥고 길이 험하니, 왕래에 勞困할까 두렵습니다'라고 하며 거절하였다.120) 명나라의 李翔은 조선측의 말이 옳다고 하면서도 이미 조정에 주달하였으므로 고치기 어렵다고 하고 있다.

당시 조선측은 명나라 호송군에 대한 접대의 번거로움도 있었지만 명나라가 이를 빌미로 하여 양국 사이의 空閑地帶인 동팔참 지역을 군사적으로 접수하는 것을 차단하기 위한 것이었다. 특히 요동을 떠나 압록강에 이르는 것을 '出境'이라 표현하고 있다는 점은 매우 주목할 만한 사실이다. 이는 조선 측이 대체로 압록강을 '界'로 삼고 있으면서 동시에 明의 國界를 압록강 北岸이 아닌 요동(구체적으로는 連山把截)으로 인식하고 있었다는 것을 의미한다. 조선 측의 요청에 응하는 반응을 보인 명나라 李翔은 예부에 의논하니 이미 조정에 주달하였으므로 고치기 어렵다고 하며 出境 호송을 관철하려고 하고 있다. 아마 李翔은 明 정부로부터 이미 모종의 지시를 받은 것으로 추정된다.121)

---

119) 『성종실록』 권226, 성종 20년 3월 계미.

120) 위와 같음.

121) 이는 당시 사신으로 갔던 한치형이 李翔이 禮部에 의논했는지 확실히 알 수 없다고 하며 의심하고 있는 대목에서 추정해 볼 수 있다(『성종실록』 권226, 성종 20년 3월

이러한 일련의 변화는 결국 궁극적으로 과거 空閑地帶, 즉 無屬地로 있었던 동팔참지역을 완전히 明의 영토로 편입하려는 속셈에서 비롯된 것이다. 명은 1493년을 전후하여 의주로부터 불과 60여리 정도 떨어진 곳에 탕참보를 설치함으로써 압록강 연안에 근접하게 되었다. 명이 탕참보를 설치하는데 조선에서 양곡을 보급해 주는 폐해는 없었지만 이러한 명나라의 東占으로 말미암아 공한지대의 침해로 인한 군사적 긴장은 물론 조선인 투화자가 급증함으로써 조선에게는 커다란 문제가 되고 있었다.122)

특히 서북 변경지방을 繁盛시키기 위해 세종대부터 여러 차례 강제적인 徙民策까지 시행하였던 것을 상기할 때,123) 이러한 예기치 않은 사태는 심각한 문제가 아닐 수 없었다. 변경지방에 대한 徙民과 토착민의 지속적인 富盛을 통해 변경방비력을 튼튼히 하려고 하였던 조선의 의도는 예기치 않은 상황 전개로 말미암아 큰 난관에 부딪치게 되었던 것이다. 이러한 투화자 증가 문제의 발생은 고려 말의 상황과는 전혀 다른 현상이다. 즉, 元末期의 혼란기에 遼陽·瀋陽을 비롯한 遼東지역의 많은 주민들이 고려로 내투하여 명에서는 그들 중 일부를 쇄환해 간 일이 있는데,124) 명의 권력 확립과 함께 동북지방에 대한 안정화정책으로 15세기에 들어서는 오히려 무거운 부역을 피해 요동지역으로 이탈해 가는 사람들이 증가하였던 것이다.

중국이 동북지역에 계속 衛所를 설치하고 동팔참지역에 순차적

계미).

122) 『성종실록』 권219, 성종 19년 8월 乙卯.

123) 李相協, 『朝鮮前期 北方徙民 硏究』, 경인문화사, 2001, 17~49쪽.

124) 國史編纂委員會, 『국역 中國正史 朝鮮傳』 明史 朝鮮列傳 洪武 19年 2月, 1986.

으로 곳곳에 堡를 설치하는 것이 점차 현실화 되면서 조선에서는 이에 대한 대책이 활발하게 논의되었다. 앞서 언급한 바와 같이 조선에서 중국의 탕참보 役事에 협조적이기 않았던 가장 중요한 이유는 양식제공에 따른 번거로움 때문이 아니었다. 그보다는 탕참보 축조는 양국 변경의 空閑地帶가 항구적으로 明에 귀속되게 되고, 군사적 거점 확보에 이어 일대가 개척되게 되면 조선과 근접해 있는 지역이기 때문에 我國人이 무거운 賦役을 피해 중국으로 投化하는 일이 발생하고, 더 나아가서는 압록강 하구의 섬에 대한 경작권까지 다툼이 생길 것이 우려되기 때문이었다.[125] 뿐만 아니라 명나라 군사가 가까이 進駐하게 되면 조선의 국방상에도 커다란 위협이 되기 때문이었다.

1481년(성종 12)에 남원군 양성지가 上言한 내용에 그러한 문제가 정확하게 지적되어 있다. 그는 上言에서, '자고로 천하 국가의 事勢는 이미 이루어졌는데도 혹 알지 못하기도 하고 비록 이미 알아도 또 (어떻게) 하지 못하니, 이것이 모두 잘못된 일중의 큰 것입니다'라고 하며 明에서 동팔참지역의 요충지인 봉황산에 성을 쌓고 웅거하면서 거주민들에게 가벼운 부역을 부과하며 우리나라 사람을 誘致하면 그것도 우려할 만한 것이지만 그보다는 명나라 군대가 가까이 주둔하는 것이 영구한 근심거리라고 지적하고 있다.[126] 또한 明은 개주에 성을 쌓는 것으로 그치지 않고 계속 동점할 것이라고 하며[127] 중국 측에서 조선을 넘보지 않으리라는 보장도 없음을 지적하고 있다. 이는 양국의 외교관계가 세종대 이후

125) 이에 도승지 김승경은 관방의 강화와 압록강 하구 세 섬을 중국에서 탕참보를 쌓고 중국인이 와서 경작하기 전에 먼저 경작하도록 하여야 한다고 건의하였다.

126) 『성종실록』 권134, 성종 12년 10월 무오.

127) 위와 같음.

로 대개 안정성이 확보된 상황하에서도 중국에 대해서 상당한 불신을 보여주는 대목이다. 특히 양성지는 명나라가 초기에 조선에 대해 나름대로 존중하는 태도를 보인 것은 그들의 도읍이 금릉에 있었고 우리나라가 北元과 국경을 접하고 있었기 때문에 형세가 그렇게 하지 않을 수 없었던 것이라고[128] 하여 당시 상황을 정확히 꿰뚫고 있다. 이는 결국 永樂帝 이후 明이 수도를 북경으로 옮긴데다가 北元도 완전 구축되어 예전과는 사정이 크게 달라졌고, 명이 점차 東占하고 있으니 이를 크게 경계하고 대비해야 한다는 것이었다. 당시 조선 조정에서는 明의 邊境空閑地帶 점거에 대해 심각한 토의가 이루어 졌다. 그 가운데 몇 가지 내용을 인용하면 다음과 같다.

> 가. 南原君 梁誠之가 上言하기를, … 이번 일은 우리나라에서 중국에 왕래하는 새 길을 열 것을 청한 것을 계기로 兵部에서 上奏한 것이지 鄭同 때문이 아니라고 생각합니다. … 우리 高皇帝께서 萬里를 밝게 보시어 요동의 동쪽 1백 80리의 連山把截로 限界를 삼으셨으니, 東八站의 땅이 넓고 비옥하여 목축과 수렵에 편리함을 어찌 몰랐겠습니까? 그러나 수백 리의 땅을 空地인 채로 둔 것은 두 나라의 영토가 서로 混同될 수 없었기 때문입니다. 만일 간사한 무리들이 釁端을 일으켜 達子나 倭人을 가장하여 도적질한다면 실로 예측하기 어렵게 될 것입니다. … 지금의 事勢는 바야흐로 병이 크게 도진 것과 같습니다.[129]
>
> 나. … 임금이 의정부와 領敦寧 이상, 六曹堂上·臺諫으로 하여금 의논하게 하였다. 鄭昌孫·沈澮 … 등이 의논하기를,

---

128) 위와 같음.
129) 위와 같음.

> "開州에 鎭을 설치하면 우리나라에 불리하다는 사실은 전날 이미 말씀드렸습니다. 다만 이번에 온 명나라 兵部의 咨文에 진을 설치하는 이유로 첫째 建州衛野人의 엿봄을 막고, 둘째 조선 사신 왕래 때의 머물 곳을 마련하기 위한 것이라 상세히 밝혔습니다. 언사는 순하고 이치에 맞으니 무슨 말로 (開州鎭 설치의) 정지를 청하겠습니까? 또 농사의 풍흉과 賊情의 긴박하고 긴박하지 않음을 보아 설치한다고도 하니, 설치 여부도 확실히 알 수 없습니다".130)

위 사료의 내용은 몇 가지로 정리될 수 있을 것이다.

첫째는 明 太祖가 앞을 내다보고 요동 동쪽 180리 되는 連山把截을 경계로 삼았다는 것이다. 이는 조선의 사신로 변경 요청을 계기로 명측에서 동팔참지역을 점거해 오기 이전에는 명백히 連山關을 양국 경계로 삼고 있었고, 조선은 사신 호송군을 이곳까지 파견하여 왕래하였던 사실에서 분명히 알 수 있다. 그렇다면 明은 왜 압록강변까지 점령하지 않고 개국이후 1백 년 이상을 멀리 떨어진 連山關을 경계로 삼고 있었던 것일까? 이는 간단히 설명될 수 있는 부분은 아니지만 거슬러 올라가면 고려 말 명과의 영토분쟁과 명나라의 군사적인 한계에 기인한다. 잘 알려진 바와 같이 明 성립 이후 '철령' 이북지역에 대한 영유권 문제로 고려는 대규모 전쟁을 불사하는 상황에까지 갔다. 명으로서는 다행스럽게도 이성계의 回軍으로 전쟁을 피할 수 있었지만 고려의 遼東遠征 추진은 명나라에게 매우 큰 충격을 안겨준 것은 틀림없는 사실이다. 더구나 고려가 元

---

130) 위와 같음.

잔여세력과 연대하여, 명을 적대하는 것을 최악의 상황으로 여기고 있던 명나라로서는 분명 매우 심각한 상황이었다.

그런데 『明史』 朝鮮列傳에 보면 흥미로운 대목이 하나 있다. 홍무 20년(1387) '철령 이북지역' 영유 문제로 명과 갈등이 있을 때, 명 황제는 '고려가 과거에는 압록강으로 경계를 삼았으면서 이제 와서 철령이라 꾸며 말하니 거짓임이 분명하다. 이러한 뜻을 朕의 말로써 효유하여 본분을 지키게 함으로서 쓸데없는 相爭의 원인을 낳지 않게 하라'라는 지시를 내리게 된다.[131] '철령'의 위치에 대해서는 논란이 있지만 이 문장만으로 본다면 철령은 압록강 以北에 위치하는 것이 되며 고려에서는 그곳 일대에 대한 영유권을 주장한 것으로 해석된다. 당시까지만 하더라도 고려와 明 사이에는 어떠한 국경에 관한 명확한 협의도 없었다.

명이 압록강변에 멀리 떨어진 連山關에 國境把守를 설치한 이유는 두 가지 측면에서 추정해 볼 수 있을 것이다. 하나는 공민왕대에 요동지역을 군사적으로 점거한 바 있다는 사실이다. 고려는 공민왕대에 들어 반원정책을 추진하면서 元이 무단 점거한 고려의 영토 수복에 나서게 되는데, 1356년(공민왕 5) 5월 評理 印瑠을 비롯하여 강중경, 신순, 유홍, 최영, 최부개 등으로 하여금 압록강 건너 遼東 八站지역을 공격하게 하였고, 밀직부사 유인우를 비롯한 공천보, 김원봉 등으로 하여금 쌍성 등지를 수복하게 하였다.[132] 그 다음달 쌍성 함락에 앞서 印瑠은 군사를 거느리고 압록강을 건너 婆娑府 등 세 站을 공격하여 격파하였다.[133] 고려는 元에서 節

131) 국사편찬위원회, 『국역 中國正史朝鮮傳』 明史 朝鮮列傳(洪武 21년 4월), 1986.
132) 『고려사』 권39, 공민왕 2, 병신 5년 5월 정유.
133) 『고려사』 권39, 공민왕 2, 병신 5년 6월 계축.

日使로 간 金龜年을 遼陽省에 가두고 대군을 동원해 공격하겠다고 위협하자[134) 고려는 대대적으로 서북면 군사력을 강화하는 동시에 한편으로는 오히려 지시를 이행한 서북면병마사 印璫을 처벌하며 元에 유화적인 태도를 보이기도 하였다. 당시 고려가 이 지역을 공격한 이유는 명확하지 않지만 쌍성지역 수복에 앞서 이곳을 먼저 공격하여 점거하였다는 사실은 주목할 만한 일이다. 또한 공민왕 18년(1369) 고려는 이성계를 동북면 원수, 지용수를 서북면 원수로 임명하여 동녕부를 정벌하도록 하였으며,[135) 그 이듬해 고려군은 兩江地帶 北岸은 물론이고 멀리 遼陽에 이르기까지 모두 접수하였다. 이에 대해 『고려사』에서는 "그리하여 동쪽은 皇城까지, 북쪽은 동녕부까지, 서쪽은 바다에까지, 남쪽은 압록강까지의 지대에 적의 종적이 없어졌다"[136)라고 기록하고 있다.

요양백탑. 연산파절을 넘어 요양으로 향하면 높이 70여미터의 요양백탑이 먼저 눈에 들어온다.

134) 『고려사』 권39, 공민왕 2, 병신 5년 6월 을해 ; 7월 무신 ; 9월 경진.
135) 『고려사』 권41, 공민왕 4, 기유 18년 11월.
136) 『고려사』 권42, 공민왕 5, 경술 19년 정월.

이러한 고려의 북방 정벌은 물론 北元과의 관계를 단절하기 위한 것이지만 明이 이곳을 정벌하기 전에 고려에서 먼저 군사적인 행동을 통해 이들을 복속시켰다는 것은 매우 중요한 사실이며, 明이 連山關 以東지역을 포기하고 압록강으로부터 멀리 떨어진 곳에 국경을 설정한 것은 이러한 사실과 관련이 있을 것으로 생각된다. 고려와의 직접적인 접경이 상호간 불필요한 긴장을 유발시킬 가능성이 있고 그로 말미암아 고려(조선)를 자극하는 것이 명나라에게도 이롭지 못하기 때문이었을 것이다.

또 다른 하나는 연산관 以東地域에 대한 군사적인 점거가 용이하지 않았기 때문이다. 즉, 개활지가 많은 이곳을 야인의 침입으로부터 안전하게 유지하는 것이 실제 어려웠기 때문이다. 元의 잔여세력을 완전히 섬멸하지도 못한 상황에서 이곳에 과다한 군사력을 보낼 형편이 되지 못하였던 것이다. 이는 조선시대에 들어서 여진세력을 구축하며 북방영토를 적극 개척하였으면서도 여진세력의 盛衰에 따라 鎭을 전진배치, 또는 후방으로 이전하였던 것과 같은 것이다.

둘째는 간사한 무리들이 達子나 倭人을 가장하여 문제를 일으키게 되면 예측하기 어려운 상황이 될 것이라 보고있다는 점이다. 이는 이러한 문제를 빌미로 명이 의도적으로 군사력을 늘리고 동팔참지역을 점거할 가능성이 있다고 보고 있는 것이다. 즉, 명은 동팔참지역의 안전성 문제를 핑계하며 군사를 배치함으로써 종전의 공한지대 유지가 어려워진다는 점을 조선에서는 크게 우려하고 있었다는 것을 알 수 있다.

셋째는 당시 조선에서는 開州에 鎭을 설치하는 것이 明에서는 마치 조선을 위한 일인 것처럼 말하지만 본심은 그러한 것이 아니며, 명백히 조선에 불리한 일이니 저지하는 것이 좋겠다고 생각하였다는 점이다.[137] 明은 공한지대인 동팔참지역을 점유하는데 대해 조선에 대한 부담을 가지고 있었기 때문에 줄곧 조선사신의 안전보장을 위한 것이라고 강조하였지만 실제로는 영토확장에 목적이 있다는 것을 조선측에서는 간파하고 있었던 것이다. 특히 조선에서는 명의 開州鎭 설치가 그로써 끝나는 것이 아니라 점진적으로 東占의 전초기지가 될 것이라는 점을 알고 있었고, 궁극적으로는 명이 조선을 침략할 수도 있다는 우려를 가지고 있었다. 이는 단순히 조선이 자의적으로 생각한 것이 아니라 이미 고려 말에 명 태조는 고려에 대해 '내가 만약 당신들을 정벌하게 되면 마구 가지는 않을 것이다. 일정한 거리마다 성을 축조하고 천천히 견고하게 쳐들어갈 것이다'[138]라고 말한 바 있기 때문에 조선으로서는 명의 開州鎭 설치가 단순히 공한지대 점거에 대한 우려를 넘어서 국가안보에 심각한 위협이 되고 있다고 판단하였던 것이다. 남원군 양성지가 "국가는 한 시대에 姑息되지 말고 萬世의 계책을 세워야 하며 無事한 것을 요행으로 삼지 말고 만전의 정책을 세워야 합니다"[139]라고 건의한 것은 바로 그러한 상황에 연유한 것이다. 이 말은 단지 중국과 무사한 것만이 능사는 아니므로 적극적인 대처가 필요하다는 의미라고 할 수 있다. 이러한 견해는 비단 양성지 개인의 생각만은 아니었다. 1488년(성종 19) 6월 무령군 유자광도 예전에 명나라가 동북지역에 힘이 미치지 못할 때에는 압록강에서 連山까지 空地로 두어 양국민이 서로 함부로 왕래하지 못

---

137) 李坡, 李陸·韓堰·崔永潾 등의 논의도 중국이 開州城을 축조하는 것이 과연 조선을 위한 것인지는 알 수 없으며, 당연히 鎭위 철폐를 요청하여야겠지만 중국이 조선사신 행로를 지키기 위한 것이 목적이라고 완곡하게 이야기하기 때문에 사세가 매우 어렵게 되었다는 것이다(『성종실록』 권134, 성종 12년 10월 무오).

138) 『고려사』 권136, 신우4, 5월.

139) 『성종실록』 권134, 성종 12년 10월 무오.

하도록 하였다가 점차 여력이 생기면서 이곳을 모두 점거하여 압록강유역까지 다다르게 되었다는 것과 앞으로도 그들이 세력을 믿고 더욱 東占하게 될 우려도 있다는 것을 지적하고 있다.[140] 이는 양성지가 '영원한 근심거리'라고 지적한 바와 다를 것이 없다.

당시 명나라의 동팔참 일대에 대한 堡 설치가 영토 확장의 일환이라는 것은 말할 필요도 없다. 이는 연산군 8년(1502) 4월 영의정 한치형 등이 논의한 내용 가운데

> 중국에서는 비록 조선의 貢物 바치는 길을 위한 것이라고 공공연하게 말하고 있지마는, 실상은 八站을 內地로 만들어 토지를 개척하기 위한 계책입니다. 서로 바라보이는 반나절 길이니 義州의 이익을 늘이려는 사람들이 반드시 아침에 갔다가 저녁에 돌아오므로, 이로 인하여 무거운 일을 피하고 수월한 일에 나아가는 사람들이 점차 들어가 살게 되므로 참으로 작은 일이 아니니, 두 나라의 關防을 삼가지 않을 수 없습니다.[141]

라고 하는 데서 잘 나타난다. 중국은 겉으로는 堡 설치가 조선 사신의 안전한 왕래를 위하는 것처럼 표명하였지만 실제로는 국경완충지대였던 연산관~압록강 사이의 空閑地帶를 확실히 명의 영토로 편입하기 위한 조치였던 것이다.

나오며

이상에서 15세기 전후 우리는 북변 兩江地帶에 대해 國境과 관

---

140) 『성종실록』 권217, 성종 19년 6월 병신.
141) 『연산군일기』 권43, 연산군 8년 4월 신미.

련하여 어떻게 인식하고 있었는지, 그리고 국경완충지대 역할을 한 압록강으로부터 명나라 국경파수가 위치한 連山關 사이의 넓은 空閑地帶 생성 연유와 明에 의한 점거에 대해 살펴보았다.

조선시대에는 북방의 군사적 경계선을 주로 압록강—두만강에 의지하여 확보하려고 하였기 때문에 통상적으로 이를 國界로 인식하는 경향도 없지 않지만 그렇다고 하더라고 隣國과의 양분론적 관념에 의해 兩江 北岸地域을 중국의 영역이라고 간주하는 것은 잘못된 생각이다.

고려—명 사이의 철령 이북지역 영속문제로 고려는 전쟁을 불사하면서 공험진 이남지역의 영속을 주장하였고 이는 명에 의해 양해되었다. 특히 당시는 영토지배권이 군사적인 유효한 점거라는 의미가 강했기 때문에 조·명 간에는 명확한 국경에 대한 審定은 없었지만 양국 사이에 국계에 대한 상호 양해가 전혀 없었던 것은 아니다. 이는 조선 초기에 조선 측에서 지형도본을 만들어 명에 보고한 점이나 명태조가 조선지도를 보고 영속 문제를 거론한 적이 있다는 사실에서 분명히 알 수 있다. 정확한 지도작성 능력이나 광범위한 변경에 대한 현장 조사의 어려움 등으로 상세한 점거선을 지정할 수는 없었겠지만 朝·明간에는 분명 군사적인 점거선에 대한 양해가 있었다고 보아야 할 것이다.

또 조선에서는 명과 동북지역에서 여진인 招撫 경쟁을 벌이는 가운데서도 군사적인 방어상 두만강을 경계로 하는 것이 바람직하다는 인식이 깊이 자리잡고 있었지만 강북 지역에 대한 鎭의 이설을 고려하기도 한 점 등에서 볼 때 북안 지역이 明의 영토라는 개념은 존재하지 않았다. 『세종실록』 지리지의 경원도호부 경계를 북쪽으로 7백 리되는 공험진·先春峴이라고 표기하고, 六鎭의 기사에 두만강 북안지역의 지명이 다수 등장하는 것은 그러한 인식의 결과이다.

한편 압록강 북변의 경우 明은 요동지역을 확보하면서 접경을 하게 되었으나 고려와 직접적으로 국경을 맞대는 것을 피하고 압록강변으로부터 상당히 떨어져 있는 連山關에 국경파수를 설치하였다. 이 때문에 連山關과 압록강 사이에는 넓은 공한지대가 생기게 되었던 것이다. 당시 명이 압록강변에 멀리 떨어진 連山關에 國境把守를 설치한 것은 고려 공민왕대에 있었던 遼東 八站地域과 동녕부에 대한 高麗軍의 군사적 점거와 매우 밀접한 관련이 있으며, 또 한편으로는 연산관 以東地域에 대한 군사적인 점거가 용이하지 않았기 때문이다.

이러한 양국 사이의 국경완충지대 기능을 하던 공한지대가 명에 의해 점거되기 시작한 것은 그로부터 1백 년 가량이 지난 후였다. 고려 말~조선 초기에 서북지역 변경의 공한지대가 1세기 가량 유지되었다는 것은 그만큼 이 지대에 대한 양국의 공한지대 인식이 깊이 자리잡게 되었다는 것을 의미하는 것이다. 그러나 이 공한지대가 명에 의해 점거되는 빌미가 명이 아닌 조선 측에 의해 제공되었다. 조선 측의 사신로 변경 요청을 받아들이지 않고 지연시키던 明은 돌연 이를 빌미로 공한지대에 군사거점을 만들어 점거하게 되었던 것이다. 조선은 명의 공한지대 점거를 저지하려고 하였으나 明이 조선사신의 안전보장을 명분으로 삼았기 때문에 이에 대한 적극적인 항의나 시정 요구가 어려웠다. 반면 명은 조선 측에 시종일관 매우 신중하게 접근하고 있다. 이는 이 공한지대가 이미 오랫동안 양국간 국경완충지대로 자리잡고 있었기 때문에 조선 측의 적극적 반발로 이어지면 明도 입장 정리가 어렵게 되고 자칫 양국간 군사적 긴장으로 이어질 가능성도 배제할 수 없었기 때문이다. 명은 표면적으로는 城堡 설치가 조선 사신의 안전한 왕래를 위하는 것처럼 완곡하게 설명하였지만 실제로는 국경완충지대였던 연산관~압록강 사이의 空閑地帶를 명의 영토로 편입하기 위한 것이었다.

그러나 연산관~압록강 사이의 공한지대를 명이 점거하였다고 하여 양국 사이의 국경완충지대가 모두 없어진 것은 아니다. 명의 邊墻 밖으로부터 조선의 동북 변경지역에 이르기까지 여진인이 할거하고 있던 광활한 지대가 실질적으로 조·명 간의 국경완충지대로 작용했다고 볼 수 있다. 清代의 柵門이 압록강으로부터 상당히 떨어진 봉황산 근처에 있었고 압록강 상류쪽으로 邊墻 밖에 광활한 공한지대를 둔 것은 조·명간 국경완충지대가 존재했었다는 사실과 무관하지 않다고 생각한다. 이는 단순히 清의 封禁地帶 설정만으로 설명될 수 없는 부분이며, 그런 점에서 향후 다양한 兩國 史料를 활용한 明·清代, 그리고 고려·조선시대의 國界 인식 변화에 대한 연구가 더 진전되어야 할 것이다.

4. 조선전기 野人과 倭人에 대한 '字小' 인식

들어가며

조선시대 대외관계는 事大交隣이란 말로 표현된다. 사대는 明 중앙정부와의 일원적 관계였던 반면, 교린은 '對等交隣'과 '羈縻交隣'으로 나눌 수 있다.[142] 이 경우 중국과의 관계는 朝貢과 册封을 기본 전제로 한 朝貢册封體制이고, 대등교린은 중국으로부터 책봉을 받은 일본국왕 및 유구국왕과의 관계를, '기미교린'은 일본의 중소 영주 및 여진과의 관계를 말한다.

조공책봉체제란 중국 皇帝가 주변국의 君主에게 爵位나 官號를 주어 책봉하고 君臣의 관계를 맺음으로써 국내의 禮的 질서가 국외로 확대된 중국적 세계질서 또는 국제질서라 할 수 있다.[143] 조공·책봉은 周代의 封建制度에서 周王과 諸侯國들간의 관계, 즉 본래 대내적 관계에서 출발하였는데, 이것이 春秋戰國時代의 '華夷意識'의 강화를 거쳐 漢代에 이르러 중국과 異民族간의 대외관계에까지 엄격하게 준용되기 시작하였다.[144] 특히 宋代에 이르러 화이의식은 朱子學의 성립과 더불어 '禮的' 행위의 구체적 표현으로서 臣

142) 손승철, 『朝鮮時代 韓日關係史硏究』, 지성의샘, 1994, 63쪽.

143) 西嶋定生, 「東アジア世界と册封體制—六~八世紀の東アジア」, 岩波講座, 『日本歷史』 2, 岩波書店, 1962; 김한규, 『天下國家—전통 시대 동아시아 세계 질서』, 소나무, 2005, 31쪽; 박원호, 「근대 이전 한중관계사에 대한 시각과 논점—동아시아 국제질서의 이론을 덧붙여」, 『한국사시민강좌』 40, 2007, 42~46쪽.

144) 권선홍, 『전통시대 동아시아 국제관계』, 부산외국어대학교출판부, 2004, 57~66쪽.

禮行爲를 요구하는 조공과 책봉의 외교규범이 정형화되어 갔으며, 중화질서의 회복을 적극 추진한 明朝의 성립으로 전형적인 조공책봉관계가 성립하였다고 말하여진다.145)

조공책봉관계에 있어서 朝貢國은 冊封國에 事大하고, 책봉국은 조공국에 字小하는 것이 일반적 관념이라 할 수 있다. 그런데 "禮者 小事大大字小之謂 事大在供其時命 字小恤其小無"라고 하여 '사대'와 '자소'는 '작은 나라가 큰 나라를 섬기고, 큰 나라가 작은 나라를 사랑해주는 것'임을 알 수 있고,146) 여기서의 사대와 자소는 서로 짝을 이루고 있다. 그리고 "齊宣王問曰 交隣國有道乎 孟子對曰 有 唯仁者爲能以大事小 唯智者爲能以小事大"라고 하여 '교린' 또한 '사대'와 '자소'의 관계를 기본으로 하는 것을 알 수 있다.147) 사대의 구체적 형식이 바로 朝聘의 禮를 교환하는 '朝聘事大'라고 하는데, 秦漢代 통일왕조가 성립된 후 중국 황제가 이웃한 조공국의 군주를 '國王'으로 임명하고 印信을 내려주면서 국제관계에서의 책봉이 성립하게 되었고, 사대의 구체적이고 형식적 표현이 조공, 자소의 표현방식이 책봉이라 할 수 있게 되었다.

따라서 정형화된 '사대자소관계', '조공책봉관계'에서는 조공국이 중국에 대하여는 사대하고, 중국의 황제는 조공국에 대하여 자소하는 것이 일반적인 것으로 여겨진다. 그런데 조선전기 기미교린관계라 할 수 있는 대마도 및 여진과의 관계에서 조선측이 이러한 '字小'라는 용어를 쓰고 있음을 주목할 필요가 있다. 조선은 중국에 사대를 하는 조공국이기 때문에 조공국의 입장에서 보면 주변

145) 전해종, 『韓中關係史研究』, 일조각, 1970, 26~58쪽; 권선홍, 앞의 책, 2004, 68~69쪽; 손승철, 앞의 책, 1994, 30쪽.

146) 『左傳』 昭公 30年傳.

147) 『孟子』 梁惠王 下.

의 왜인과 야인에 대해 이 '자소'라는 표현을 쓰는 것은 적당하지 않은 것 같지만, 『조선왕조실록』을 보면 대마도 및 여진과의 관계에서 '자소'라는 표현을 쓴 用例들을 확인할 수 있다.

倭·野人은 주로 경제적 목적을 가지고 조선에 來朝하였는데, 上京하여 國王을 肅拜謁見하고 土産物 등 方物을 바치면 조선은 그에 대한 回賜物과 賞賜를 주는 형식을 취하고 있었다. 이것은 조공을 근간으로 하는 上下關係로 볼 수 있는데, 조선은 중국의 황제에게 조공하는 사대의 예를 왜·야인에게 그대로 적용하여, 조선을 중심으로 하는 상하관계를 수립하려 하였다고 볼 수 있다.[148] 이렇게 보면 왜·야인의 조공은 조선에 대한 '사대'로, 조선의 회사와 상사는 형식적이나마 '자소'로 볼 수 있게 된다.

이러한 '자소'의 용례에 주목하여 河內良弘이 조선 世祖代에 여진에 대한 '字小主義'가 존재했었으나, 明의 간섭으로 좌절되었다는 연구를 진행한 바 있는데, 특히 '자소'는 '명 황제만이 가지는 특권이며, 어떤 신하에게도 허가되지 않는 것'이라 한 바 있다.[149] 한편 한성주가 세조가 明 官職을 가진 建州三衛 여진의 내조를 받아들인 직접적인 이유가 바로 '字小之義'였다고 지적하기도 하였다.[150] 또한 민덕기는 중국과의 '사대관계'뿐만 아니라 일본이나 여진과의 '교린관계'도 무휼적 입장, 즉 '자소'의 의미를 내포하고 있고 조선의 교린정책이 중국 황제를 정점에 두는 이른바 '조공책

148) 김구진, 「여진과의 관계」, 『한국사22—조선왕조의 성립과 대외관계』, 국사편찬위원회, 1995, 330쪽.

149) 河內良弘, 「朝鮮世祖の字小主義とその挫折」, 『明代女眞史の研究』, 同朋舍, 1992, 378~393쪽.

150) 한성주, 「朝鮮初期 朝·明 二重受職女眞人의 兩屬問題」, 『조선시대사학보』 40, 2007, 19~20쪽.

봉체제'나 華夷로서 自他를 구분하는 '華夷思想'과는 성격을 달리하는 부분이 있으며, 이 경우 조선의 교린사상의 이상은 列國사이의 交聘이 존재했던 春秋時代에 있다고 주장하기도 하였다.151)

여기서는 위의 연구들에 힘입어, 事例 연구의 일환으로서 『조선왕조실록』에 나타난 '자소'의 용례를 왜인과 야인으로 구분하여 소개하고, 각각의 용례가 쓰여지는 배경을 파악함과 동시에 조선이 대마도 및 여진 세력과의 관계를 어떻게 인식하고 있었는지 파악해 보고자 한다. 이러한 조선의 '자소' 인식은 당시 조선이 동아시아를 정세를 바라보는 바탕 위에서 이루어진 측면이 크다. 따라서 조선전기 '자소'라는 키워드는 당시 동아시아 정세를 이해하는데 도움이 될 수 있을 것이라고 생각한다.

倭人에 대한 '字小'

다음 표는 『조선왕조실록』에 나타나는 倭人에 대한 字小의 용례를 시기별로 정리한 것이다. 이것을 보면 조선전기 朝·日관계의 흐름, 특히 對馬島와 밀접한 관련이 있음을 볼 수 있다. 왜인에 대한 자소의 용례는 세종대부터 명종대까지 총 8차례 나타나며, 왕대별로는 세종대 3건, 예종대 1건, 연산군대 1건, 명종대 3건이다. 주로 '字小以仁', '字小之義', '以大字小', '字小之恩', '字小之仁' 등의 관용구로 나타나며, '字小'로만 나타나기도 한다.

151) 민덕기, 『前近代 동아시아 세계의 韓·日관계』, 경인문화사, 2007, 29~44쪽.

倭人에 대한 '字小'의 용례[152)]

연번	용례	내용	출전
1	字小以仁	卞季良의 樂天亭記에 字小以仁하여, 50년 동안의 海寇들이 항복하여 臣僕되기를 원하였다고 함	세종 1년 9월 병오
2	字小之義	對馬島 倭人의 滯留를 제한하자는 논의에 대해 世宗은 字小之義에 어긋남이 있다고 함	세종 20년 6월 을축
3	字小之義	世宗이 孤草島에서 고기잡이를 請하는 倭人에 대해, 不許하는 것이 字小之義에 옳지 않다고 함	세종 23년 11월 갑인
4	以大字小	신숙주가 宗貞國의 書辭가 비록 공손하지 못하나, 以大字小로 마땅히 包容을 보여야 한다고 함	예종 1년 6월 신유
5	字小之恩	對馬島主가 과다한 物品 請求를 하자, 李楫 등이 1/10 만을 주어 字小之恩을 돈돈하게 하자고 함	연산군 8년 1월 을미
6	字小之義	對馬島主가 歲遣船을 종전처럼 30척으로 환원해 줄 것을 請하자, 禮朝에서 前年에 특별히 쌀 30석을 내린 것도 國家에서 字小之義한 것이라 함	명종 10년 3월 을묘
7	字小之仁	對馬島가 보낸 書契에 답을 하면서 세견선을 30척으로 환원해 준 것은 넓은 아량으로 字小之仁을 돈독이한 것임을 쓰도록 함	명종 12년 4월 갑신
8	字小	禮朝가 對馬島에 倭人들이 많은 물건을 가져와도 전하께서 도량이 넓고 字小하여서 禁하지 않았지만, 앞으로는 禁約을 잘 지키도록 書契를 보냄	명종 12년 12월 기유

우선 왜인에 대한 자소의 용례가 처음으로 나타나는 것은 1419년(세종 1)인데, 卞季良의 '樂天亭記' 속에 나타난다. 태종은 왕위를 세종에게 물려준 후 지금의 서울 자양동 언덕 아래에는 離宮을, 언덕 위에는 정자를 짓고 '樂天亭'이라 하였다.[153)] 그해 8월 李從茂 등이 對馬島를 정벌하고 돌아오자, 이 낙천정에서 주연을 베

152) 본고에서 사용한 『조선왕조실록』은 http://sillok.history.go.kr/에서 제공한 국역·원문·원본이미지이다. '字小'라는 키워드(keyword)로 검색된 총 167건의 원문 중, 일본관련 기사 8건, 여진관련 기사 4건을 추출한 것임을 밝혀두며, 야인에 대한 '자소'의 용례" 또한 이와 같은 방법론을 사용하였다. 그 외 나머지는 대부분 조선이 중국에 보낸 '咨文'에 나타나는데, '玆蓋伏遇皇帝陛下 仁以字小', '玆蓋伏遇皇帝陛下 字小以德', '玆蓋伏遇皇帝陛 心敦字小' 등 정형화·의례화된 형식으로 나타나고 있다.

153) 『세종실록』 권3, 세종 1년 2월 병신.

풀어 위로하기도 하였다.[154] 변계량의 '낙천정기'는 바로 그 다음 달인 9월에 宣旨를 받들어 지어 바치자 판에 새기어 낙천정에 걸은 것으로 되어 있다.[155] '낙천정기'의 주요 내용은 낙천정을 지은 이유와 상왕 태종의 威武를 적은 것이데, 그 내용 중에는 다음과 같은 내용이 있다.

〈記事 A〉
ⓐ禮로써 事大하여 두 번 誥命을 받으실 때, 天子가 매번 전하의 지극한 정성을 칭찬하시었으며, ⓑ仁으로써 **字小**하여 50년 동안의 海寇들이 이마를 조아리며 정성을 바치면서 臣僕이 되기를 원하였다.[156]

위의 ⓐ의 사대와 ⓑ의 자소는 서로 짝을 이루는데, ⓐ는 중국에 대해 지성으로 사대한 것을 표현한 것이고, ⓑ는 바로 대마도를 비롯한 왜구에 대해 '字小以仁', 즉 작은 것을 사랑하는 仁을 베풂으로써 왜구들이 내조하여 신복이 되기를 청한 내용임을 추정할 수 있다.

조선 건국 후 일본과의 가장 큰 현안문제는 바로 倭寇문제였으며, 조선과 일본 양국의 정세가 안정되어감에 따라 조선의 왜구대책도 군사적인 방법보다는 점차 왜인의 통교 요구를 들어주면서 왜구를 평화적인 통교자로 전환시켜가게 되었다. 특히 이것이 왜인에 대해 進上과 回賜의 형태인 朝貢형식의 來朝를 받아들이면서

---

154) 『세종실록』 권5, 세종 1년 8월 병자.
155) 『세종실록』 권5, 세종 1년 9월 병오.
156) 위와 같음("事大以禮, 則再受誥命, 而天子每稱殿下之至誠矣. 字小以仁, 則五十年之海寇, 頓顙納款而願爲臣僕矣").

기미교린질서를 만들어가는 과정이었다고 한다면, 1419년 대마도정벌이 끝난 뒤인 위의 〈기사 A〉의 내용은 이러한 변화 과정에서 중심적인 이념과 명분을 제공한 것이 바로 '사대자소'의 개념이지 않았을까 하는 추측을 불러일으키기에 충분하다.

1438년(세종 20)의 '자소'의 용례는 바로 삼포에서의 왜인의 체류 문제와 관계가 있다. 1407년(태종 7) 왜인의 浦所를 富山浦·乃而浦 2개 포소로 한정하였고, 1426년(세종 8) 鹽浦를 추가하여 이른바 三浦에서만 왜인의 통교를 받아들이기 시작하였다. 三浦倭館은 왜인 도항자들의 到泊處·接待處·貿易處의 구실을 하였으며, 일부는 上京하여 國王을 謁見하고 東平館에 머물면서 진상과 회사의 형식을 통한 교역을 하였다.[157] 그런데 삼포에 恒居하는 왜인이 계속 증가하자 1434년(세종 16) 조선은 對馬島主에게 그들을 쇄환해 가도록 하였다.[158] 이에 1436년(세종 18) 島主는 내이포 253명, 염포 96명, 부산포 29명을 쇄환하였고, 그대로 머물러 살기를 情願하는 206명은 백성으로 삼게 하였으며, 도주의 管下 60인을 특별히 그대로 두게 하였다.[159]

그러나 1438년(세종 20)에 이르면 서울로 올라오는 왜인과 포소에 체류하는 왜인이 거의 3천여 명에 달하고 있었고, 특히 상경한 왜인은 물품의 賣買를 칭탁하고 동평관에 체류하면서 時日을 연장하고 있었으며, 포소에 머물고 있는 왜인 또한 상경한 사람들을 기다린다고 핑계하여 이들에게 공급할 쌀과 醬이 핍절될 지경이었다.[160] 이에 세종은 이 문제를 의정부에 아래의 〈기사 B〉와 같이

157) 하우봉, 「일본과의 관계」, 『한국사22—조선왕조의 성립과 대외관계』, 국사편찬위원회, 1995, 382쪽.

158) 『세조실록』 권40, 세조 12년 12월 갑인; 권41, 세조 13년 2월 기유.

159) 『세종실록』 권71, 세종 18년 3월 을미; 권86, 세종 21년 9월 신미.

爛漫相議하여 계달하도록 하고 있다.

〈記事 B〉

방금 獻議者의 말에 의하면, '… 이제부터는 서울에 올라온 倭人들이 館에 滯留할 時日은 그 일의 긴급 여부를 참작하여 기한을 정하되, 혹은 10일 혹은 20일로 하고는, 하루 전을 기하여 이들을 독촉하여 하직하게 하고, 오랫동안 체류하지 못하게 하여, 무기한 接待하는 폐단을 제거하게 하옵소서.' 하나, 物品의 賣買는 응당 그 소원에 좇아야 할 것이며 억지로 기일을 정해 재촉하는 것은 온당하지 않을 것 같은데, ⓒ만약 헌의자의 말을 좇게 되면 **字小之義**에 어긋날 것이요, 저 사람들의 마음을 기쁘게 해 주려고만 힘쓴다면 國家의 용도가 부족할 것이 염려되니 어찌하면 되겠는가. 爛漫相議하여 啓達하라.[161]

즉 獻議者가 상경한 왜인들의 체류를 10~20일로 기한을 정함으로써 왜인들을 접대하는 폐단을 제거하도록 하자는 주장을 하였으나, 세종은 ⓒ에서 말한 바와 같이 이것은 '字小之義'에 어긋나는 점이 있다고 하고 있다. 세종은 왜인의 체류문제의 폐단은 인정하면서도 이것을 '작은 것을 사랑해야 하는 대의', 즉 '자소지의'라는 인식으로 접근하고 있음을 알 수 있다. 그렇지만 왜인의 삼포에서의 체류 문제는 끝내 해결되지 못하고 지속되다가 1510년(중종 5)에 三浦倭亂이 발생하게 되었다.

왜인에 대한 자소의 용례가 세 번째로 나타난 것은 1441년(세종

---

160) 위와 같음.

161) 『세종실록』 권81, 세종 20년 6월 을축("今有獻議者云: '… 今後其上京倭人留館日時, 量事緊慢, 定其日限或十日或二十日, 前期一日, 督令拜辭, 毋或淹留, 以除支待之弊.' 然買賣當從所願, 勒令促期, 似爲未便, 若從獻議者之言, 則有違字小之義, 務悅彼人之心, 則慮恐國用不足, 何以處之, 熟議以啓").

23)으로 대마도주가 孤草島에서 釣魚行爲를 요청하는 것에 대한 허용 여부를 논의하는 과정에서이다. 조선에서는 이미 삼포 등처에서 왜인들의 조어행위를 허용하고 있었지만, 대마도주는 삼포 이외의 곳에서도 조어행위를 거듭 요청하고 있었다.162)

〈記事 C〉
이제 倭人이 本國 孤草島에서 釣魚하여서 살기를 請하는데, … ⓓ이제 왜인이 청하기를 간절히 하니, 우리나라에서 **交隣字小之義**로써 不許하는 것이 옳겠는가? 하물며 조어하는 것으로 생활하니, 그 생활이 또한 가엾다. … 이제 만약 허락하지 않으면, 그 생활이 심히 곤궁하여 몰래 來往할 것이니, 형편이 禁制하기 어렵고, 허락하면 왜인이 우리 땅에 들어와서 利益을 취하는 것이니 不可하며, 또 떼를 지어 내왕하면 불측한 禍가 있을까 염려스러우니 어떻게 처치할 것인가. 그것을 大臣에게 의논하여 아뢰라.163)

결국 위의 〈기사 C〉를 보면 대마도 왜인의 고초도에서의 고기잡이를 허락하게 되었는데, 거기에는 바로 ⓓ와 같이 세종의 뜻이 있었음을 볼 수 있다. 즉 세종은 대마도 왜인이 고초도에서 釣魚

162) 『세종실록』 권86, 세종 21년 9월 을묘; 권87, 21년 11월 병인(이에 대해 李藝는 왜인들을 西餘鼠島에 往來하여 소원대로 고기를 잡도록 허락하여 生業을 유지하게 하면 마음속으로 誠服할 것이라고 하기도 하였고, 對馬島 또한 구체적인 실현 방안으로 釣漁 장소를 孤草島로 명시하고 조어행위를 하는 倭人이 對馬島主의 文引이 없으면 賊으로 간주하여 죽여도 좋으니 우선 1~2년만 허가하여 시험해 보도록 請하기까지 하였다. 『세종실록』 권88, 세종 22년 3월 갑자; 권89, 세종 22년 5월 경오).

163) 『세종실록』 권94, 세종 23년 11월 갑인("今倭人請於本國孤草島釣魚以生, … 今倭人請之懇懇, 以我國交隣字小之義, 其不許之可乎. 況倭人以釣魚爲生, 其生亦可憫也. 今若不許, 則其生甚窮, 潛隱來往, 勢難禁制, 許之, 則倭人得入我地取利不可. 且成群往還, 慮有不測之患, 何以處之. 其議諸大臣以聞").

를 간절히 청하고 있는데, 우리나라에서 '交隣字小之義', 즉 '교린하고 자소하는 대의'로써 보면 不許하는 것은 옳지 않다고 말하고 있다. 특히 ⓓ에서는 '교린자소지의', 즉 '교린하고 자소하는 의'라고 하는 점이 주목되는데, 여기서 세종이 함께 언급한 '交隣'과 '字小'를 살펴보면 교린에는 자소가 포함될 수 있음을 보여준다.[164] 따라서 事大해야만 字小할 수 있는 것으로 단정할 수는 없다. 교린하는 상대끼리도 勢力의 强弱에 따라 大國과 小國으로 구분되어질 수 있고, 대국은 소국과 교린하면서도 소국을 무휼하고 사랑할 수 있는 것이다. 이것은 『孟子』 梁惠王편의 교린의 개념, 『春秋』의 '小事大 大字小'의 개념과 일맥상통함을 볼 수 있다.

다음으로 예종대 대마도 왜인에 대한 자소의 용례가 나타난 것은 1469년(예종 1)인데, 대마도주 종정국이 보낸 서계에 대해 신숙주가 의논을 드린 것에서 나타난다.

〈記事 D〉

宗貞國이 새로 서서 일에 경험이 없고, 그 群下들이 우리 主上의 새로 卽位하심을 맞이하여, 또 上國의 사신을 支待하는 일이 많아서 무릇 간청하는 것이 있어도 혹 如意치 못하니, 마침내 姦計를 내는 것입니다. ⓔ지금 이 書辭가 비록 매우 공손하지 못하나, **大로써 字小하여** 마땅히 包容을 보여야 합니다. … 지금 회답에 경솔히 위엄과 노여움을 보여서 스스로 편안하지 못하게 함은 불가합니다.[165]

---

164) 이 기사를 근거로 민덕기 또한 對馬島에 대한 朝鮮의 交隣은 무휼적 입장(字小)을 의미하고 있다고 파악하고 있다. 민덕기는 조선의 교린이 日本國王과의 對等한 관계뿐 아니라 대마도 등 上下關係에 있어서도 用例가 보여지며, 상하관계의 교린은 상대방을 厚待나 救恤하는 것, 그리고 賜物 給與 등의 의미로 사용되었다고 하고 있다(민덕기, 앞의 책, 2007, 29~34쪽).

『睿宗實錄』에는 이와 관련하여 예종 즉위 후 대마도주 宗貞國이 使人을 보내왔으나 明使 崔安이 조선에 이르렀기 때문에 대마도주의 사인을 서울에 들어가지 못하게 하여 그 접대가 늦어졌고, 종정국이 노하여 서계를 바쳤는데, 그 글이 매우 무례하고 공손하지 못한 것으로 되어 있다.[166] 즉 사인을 서울에 들어가지 못하게 한 것은 옛날과 어긋나는 것이고, 장차 다시 使者를 좋지 않게 대하면 和好하는데 도움될 바 없으며, 원인도 없이 배반을 당하는 경우에는 변방이 편안하지 못할 것이라는 내용이었다.[167]

이와 관련하여 신숙주는 위의 〈기사 D〉와 같이 종정국이 새로 島主가 되어 일에 경험이 없고, 간청하는 것이 여의치 못하므로 奸計를 낸 것이라 하고 있다. 또한 ⓔ의 내용처럼 서계의 내용이 공손하지 못하지만 '以大字小', 즉 '大로써 작은 것을 사랑하는 것'과 같이 마땅히 포용하는 모습을 보이고, 조선측의 회답에 경솔히 위엄과 노여움을 보이지 않도록 아뢰고 있음을 볼 수 있다. 〈기사 D〉는 신숙주의 대마도에 대한 인식을 보여주는 기사로서, 신숙주가 조선과 대마도와의 관계를 바로 大와 小로 나누고 있고, 조선을 大國으로서 자소, 즉 작은 것을 사랑하는 포용으로서 대마도를 보고 있음을 보여준다.

다음으로 '자소'의 용례가 다시 나타난 것은 1502년(연산 8)으로, 대마도주가 特送을 보내 과다한 物品 請求를 한 것과 관련이 있다.

---

165) 『예종실록』 권6, 예종 1년 6월 신유("宗貞國新立不更事, 其群下當我主上新卽位, 又有上國使臣支待事多, 凡有干請, 或不如意, 遂生姦計, 今此書辭, 雖頗不恭, 然以大字小, 宜示包容, … 今回答, 不可輕示威怒, 使自不靖").

166) 『예종실록』 권5, 예종 1년 5월 신해; 임자.

167) 『예종실록』 권5, 예종 1년 5월 신해.

〈記事 E〉

尹弼商·韓致亨·成俊·李克均·李克墩 등이 아뢰기를, "… 이것은 島主가 나이 젊고 성질이 또한 顚倒된 것이거나 ⓕ島中의 나이 많고 權勢를 부리는 사람들이 모두 죽어 新進들이 그 祖父의 **事大之例**를 알지 못하므로 매양 請求하는 것으로써 일삼는 것에 지나지 않습니다. … 李諿·韓斯文·金壽童·宋軼·洪自阿·盧公裕·閔孝曾 등이 의논드리기를, "… ⓖ지금 청구하는 白苧布 2천 필 내에서 우선 줄여서 10분의 1만을 주어 **字小之恩**을 돈독하게 하는 것이 어떻겠습니까?" 하였다.[168]

조선은 대마도와의 癸亥約條 체결로 對日通交體制가 확립되어갔다고 할 수 있으나, 심각한 貿易의 폐해 또한 발생하고 있었다. 특히 使送貿易의 형태를 띠고 있고, 진상과 회사의 방법을 가지고 있었기 때문에 왜인들의 과도한 물품 청구가 지속되고 있었다. 왜인들의 물품 청구는 주로 쌀과 木棉 등이었는데 1486년(성종 17)에 한해 유출된 목면이 50만 필에 이르는 등 조선의 재정 부담이 늘어나고 있었다.[169]

계해약조로 대마도는 1년에 50척의 歲遣船을 보낼 수 있었고, 이외에도 부득이 보고할 일이 있을 경우 特送船을 파견할 수 있었다.[170] 조선에서 대마도 특송의 進上을 금지하는 논의가 있는 것을 보면 특송은 점차 그 역할보다는 조선에 대한 물품 청구에 치

---

168) 『연산군일기』 권42, 연산 8년 1월 을미("弼商, 致亨, 成俊, 克均, 克墩等議, … 是不過島主年少, 性又顚倒, 島中年老用事者皆死, 而新進者不知祖父事大之例, 每以求請爲事. … 李諿, 韓斯文, 金壽童, 宋軼, 洪自阿, 盧公裕, 閔孝曾等議, … 今次所求白苧布二千匹內, 姑減給十分之一, 以敦字小之恩何如").

169) 하우봉, 앞의 논문, 1995, 397~398쪽.

170) 한문종, 『조선전기 대일 외교정책 연구-대마도와의 관계를 중심으로-』, 전북대학교 박사학위논문, 1996, 74~77쪽.

중된 측면도 보인다.[171] 특히 燕山君代에 이르면 대마도주가 특송을 보내어 과도한 물품 청구를 하는 것이 문제가 되었는데, 조선에서는 대마도주가 綿紬 1천필을 청구하자 2백필만을 주기도 하고, 또 銅鐵 1만 3천 5백여 근을 公貿易하기를 청하자 2백근만을, 銀 1천냥을 청구하자 면주 2백필을 하사하기도 하였으며, 다시 島主가 특송을 보내어 紵布 1천필을 청구하자, 예조가 이를 문제시하였다.[172] 결국 예조는 도주가 나이 어려서 事體를 잘 알지 못해서 그렇게 한 것인지, 島中의 권세를 잡은 자들이 도주를 속이어 萬一의 下賜를 바라고 그렇게 한 것인지, 아니면 어떤 일로 인하여 원망을 일으키려고 하여 고의로 얻기 어려운 請求를 함으로써 조선의 의향을 엿보기 위해서 한 것인지 여러 사람의 의논을 널리 수합하도록 청하게 되었다.[173] 이에 대한 논의 과정을 요약한 것이 위의 〈기사 E〉이다.

尹弼商 등은 ⓕ와 같이 대마도주의 과도한 물품 청구는 그 조부가 大國인 조선에 '事大하던 관례', 즉 '事大之例'를 알지 못해서라고 하고 있으며, 李諿 등은 ⓖ와 같이 청구한 白苧布 2천필 중 10분의 1만을 주어 '작은 것을 사랑하는 恩惠', 즉 '字小之恩'을 돈독

171) 特送船의 수는 일정하게 정해지지는 않았고, 對馬島의 特送人에게 쌀이나 콩 등을 賜給하지는 않았지만 점차 그 役割에 따라 下賜하기 시작한 것 같다. 그리고 1490년(성종 21)에는 대마도 特送이 가져온 黃金과 朱紅의 값이 綿布 1만 7백 50필 23척에 달하는 등 公貿易에도 관여가 되면서 특송의 본래 취지에서 벗어나기 시작한 듯 하다(『성종실록』 권72, 성종 7년, 10월 을유; 권238, 성종 21년 3월 을축). 또한 당시 논의에 참여한 盧公弼은 '對馬島의 特送은 본래 私事로이 바치는 것이 아니다'라고 말한 것을 보면 特送은 본래 貿易에 관련되지 않았음을 알 수 있다(『成宗實록』 권288, 성종 25년 3월 기유).

172) 『연산군일기』 권42, 연산 8년 1월 임진(권42, 연산 8년 1월 乙未條에는 청구한 물품이 白苧布 2천필로 되어 있다).

173) 위와 같음.

히 하도록 의견을 개진하고 있다. 〈기사 E〉에서는 ⓕ의 '事大'와 ⓖ의 '字小'가 서로 짝을 이뤄서 함께 나타난다. 사대와 자소가 서로 짝을 형성하여 나타나는 것은 〈기사 A〉에서도 볼 수 있었다. 〈기사 A〉가 중국에 대한 사대, 왜구에 대한 자소였던 반면, 〈기사 E〉의 사대와 자소는 모두 대마도 왜인에 대한 것이다. 따라서 조선의 대신들은 대마도는 조선에 事大를 하고, 조선은 대마도를 字小하고 있다는 인식을 가지고 있음을 볼 수 있다. 따라서 이들이 인식한 조선과 대마도와의 관계는 '事大字小關係'라고 할 수 있다. 그리고 『조선왕조실록』에는 대마도가 조선을 지칭하기를 '大國'이라고 한 사례들이 다수 나오는 것을 보면 일본내의 일부지역, 특정시기에 조선을 大國으로 인식하고 있었던 것을 알 수 있다.[174)]

그러나 조선에 대한 대마도의 과도한 물품 청구는 계속되었고 虎皮를 1천 장 이상 청구하는 것에 이르자 조선에서는 서계를 보내 '足下가 事大하는 道理가 이와 같아서는 안 된다(在足下事大之道 不宜如是)'고 꾸짖기도 한 것을 보면 조선은 대마도가 大國인 조선에 事大하고 있다고 인식하였음이 분명해진다.[175)] 또한 『춘추』의 '小事大 大字小'의 관점에서 보아도 앞서 본 〈기사 C〉의 개념과 같고, 더 나아가 '事大字小의 交隣關係'로 인식하고 있었다고 할

---

174) 이에 대해서는 일본에서의 소위 '조선대국관' 논쟁을 참고할 필요가 있는데, 다음과 같은 연구성과들이 있다. 高橋公明, 「外交儀禮よりみた室町時代の日朝關係」, 『史學雜誌』 91-8, 1982; 「村井報告批判」, 『歷史學研究』 510, 1982; 「室町幕府の外交姿勢」, 『歷史學研究』 546, 1985; 「朝鮮遣使ブームと世祖の王權」, 『日本前近代の國家と對外關係』, 吉川弘文館, 1987; 「朝鮮外交秩序と東アジア海域の交流」, 『歷史學硏究』 573, 1987; 村井章介, 「中世日本の國際意識について」, 『民衆の生活文化と變革主體』, 青木書店, 1982; 「中世における東アジア諸地域の交通」, 『日本の社會史』 1, 岩波書店, 1987; 「朝鮮に大藏經を求請した僞使について」, 『日本前近代の國家と對外關係』, 吉川弘文館, 1987; 「中世人の朝鮮觀をめぐる論爭」, 『歷史學研究』 576, 1988.

175) 『연산군일기』 권53, 연산 10년 5월 을사.

수 있다.

다음으로 자소의 용례가 나타난 것은 1555년(명종 10)으로, 대마도주가 서계를 보내 歲遣船과 歲賜米豆를 그전의 액수대로 환원해 줄 것을 청한 것에 대하여 조선이 不許하는 答書 중에 나타난다.[176] 三浦倭亂(1510, 중종 5)으로 단절된 대마도와의 관계는 壬申約條(1512, 중종 7)로 재개되었지만, 대마도의 세견선은 50척에서 25척으로, 세사미두 또한 2백석에서 1백석으로 반감되었다. 그러나 대마도의 거듭된 세견선 증액 요청으로 5척을 別賜하여 30척으로 되었다가,[177] 蛇梁鎭倭變(1544, 중종 39) 이후 丁未約條(1547, 명종 2)로 다시 25척으로 반감되었다. 대마도는 감하여진 5척에 대하여 다시 그전대로 30척으로 환원해 줄 것을 거듭 요청하고 있었는데, 1555년(명종 10) 3월 대마도의 서계 또한 세견선 5척의 증액에 관한 것이었다. 이에 대한 조선의 답서 중에 '事大之義' '字小之仁'의 용례가 보이는데 그 내용은 다음 〈기사 F〉와 같다.

〈記事 F〉

禮朝의 答書에 이르기를 "… 각별히 約條를 지켜야 하고 감히 딴 생각을 하지 말아야 하는데, ⓗ번번이 보내 온 書契의 말

176) 『退溪先生文集』 권8, 「書契修答」 '禮曹答對馬島主宗盛長'의 내용에도 대마도에 대해 '字小施恩'하였다는 내용이 나오고 있다. 이 서계가 언제 쓰여진 것인지는 정확히 알 수 없지만 서계의 내용이 對馬島主 宗盛長의 무리한 요구를 질책하고 있고, 내용 중 '賜米太一百石' 및 '必欲五船之還受' 등이 나오는 것으로 보아 1547~1555년(명종 2~10) 사이에 쓰여진 것으로 추측된다. 서계의 내용 중 '자소'에 관련된 부분을 일부 게재하며, 한일관계사학회 홈페이지를 통해 자료를 알려주신 청주대 민덕기 교수님께 감사의 말씀을 전한다(往者, 貴島之於國家, 不無負犯, 而能悔過悛心, 奉琛納款, 修其職守, 故大朝亦以如天之仁, 掩瑕錄善, 字小施恩, 凡所以接待濟恤之道, 無不曲盡, 爲足下計, 惟當感戴洪造, 益思報效之不暇, 今乃玩恩出分, 不顧金石之約, 惟所欲是求, 强聒不舍, 期於必得, 無乃有乖於事大畏天之義乎).

177) 『중종실록』 권49, 중종 18년 9월 계유; 『명종실록』 권5, 명종 2년 2월 을미.

이 매우 어그러져 자못 **小**로서 **事大之義**가 아니었습니다. … 足下가 스스로 反省할 줄은 모르고 반드시 배는 30척, 쌀은 2백 석으로 復舊한 다음에야 그만 두려고 하니, 한량없는 要求를 하는 것에 가까운 짓이 아닙니까? ⓘ前年에 특별히 쌀 30석을 내린 것은 곧 國家에서 **字小之仁**한 것으로 勞力한 자를 표창하는 恩典을 내린 것인데, … 소망 이상의 恩德이 내린 것임을 알지 못함이 또한 너무도 심한 것입니다."하였다.[178]

조선은 對馬島主의 書契에 倭寇의 明國 침입과 자신들의 東海 방비 등을 운운하고 있는 것은 ⓗ의 '小로써 大國을 섬기는 大義', 즉 '事大之義'가 아니라고 하고 있으며, 대마도가 約條를 지켜야 함에도 불구하고 오히려 한량없는 요구를 하고 있다고 힐책하고 있다. 더구나 ⓘ에서 밝히듯이 前年에 특별히 쌀 30석을 내린 것은 조선이 '작은 것을 사랑하는 어짐', 즉 '字小之仁'을 펴서 恩典을 내린 것임에도 島主가 그것을 알지 못하는 것이 심하다고 하고 있는 것이다.

위의 〈기사 F〉 역시 〈기사 A, E〉와 같이 '事大(ⓗ)'와 '字小(ⓘ)'의 용례가 짝을 이루고 있고, 특히 ⓗ에서는 '小'라는 용어를 구체적으로 쓰고 있음이 주목된다. 〈기사 F〉를 종합해 보면 대마도는 조선에 事大하는 '小' 즉 '小國'의 입장이고, 조선은 대마도를 字小하는 '大國'의 입장인 것을 알 수 있다. 〈기사 C, E〉와 같이 조선은 대마도가 조선에 사대를 하고, 조선이 대마도를 자소한다는 인식과 조선과 대마도와의 관계를 '사대자소의 교린관계'로 인식하고

178) 『명종실록』 권18, 명종 10년 3월 을묘("禮曹答書曰, … 所宜恪守約條, 不敢有貳. 每於來書辭甚違戾, 殊非以小事大之義, … 足下不知自反, 必欲復船三十, 米二百石然後乃已, 不幾於無厭之求乎. 頃年特賜米三十石, 乃國家字小之仁, 旌勞之典, … 其不知恩出望外, 亦已甚矣").

있었음을 뒷받침해 준다.

'자소'의 용례는 2년 뒤인 1557년(명종 12)에 다시 나타나는데, 이 역시 歲遣船 5척의 환급과 관련된 것이다.

> 〈記事 G〉
> 足下가 우리나라의 울타리가 되어 스스로 藩臣이라 하면서도 乙卯年에 賊倭가 왔을 때 海路를 차단하여 적봉을 꺾었다는 말은 듣지 못했고 단지 많지 않은 首級을 보내어 구차스럽게 罪責을 면하려고만 하였다. … ⓘ우리 전하께서는 計較하지 않는 넓은 아량으로 **字小之仁**을 돈독히 하여 다시 大船 2척, 中船 2척, 小船 1척을 더 주어 족하의 所望을 慰勞해 주었으니 족하는 무엇으로 갚을 것인가? 만약 防備를 태만히 해서 海路에 警變이 있게 되면 5척을 도로 削減할 뿐만 아니라 장차 前에 보내왔던 것까지 보내지 못하게 할 것이니, 만약 保全하려 한다면 어찌 防禦하는 忠誠을 다하지 않을 수 있겠는가?[179]

1555년(명종 10) 倭寇가 達梁과 濟州지방을 약탈한 乙卯倭變이 발발하였고, 倭變 후 對馬島主가 왜변에 가담한 왜구의 목 25급을 베어 보내었다.[180] 세견선 환급에 대한 논의는 島主가 賊倭를 바친 功보다는 1556년(명종 11) 日本國王使인 僧 天富東堂이 조선의 接待에 대한 폐단을 말하면서 항상 대마도의 세견선을 말하고 도

179) 『명종실록』 권22, 명종 12년 4월 갑신("足下爲我國屛蔽, 自擬藩臣, 而乙卯賊來, 未聞遮截海路, 挫抑逆鋒, 只送不多首級, 苟免罪責, … 我殿下恢不較之量, 敦字小之仁, 復加給大船二隻, 中船二隻, 小船一隻, 以慰足下意望之厚. 足下其何以報稱. 儻或怠於防備, 海路有警, 則不但五船之還減, 將幷與前所遣者而不得遣. 如欲保而有之, 盍盡捍禦之忠").

180) 『명종실록』 권19, 명종 10년 8월 갑술; 병자.

주의 공을 진술하므로 조선의 일부 大臣들 사이에는 그들의 마음을 달래고 5척을 환급하여 一時의 便安을 도모하자는 의견이 나타나기 시작하였다.[181] 즉 대마도가 賊變을 고한 것과 적왜의 머리를 베어 바친 것을 大義名分으로 삼아 5척을 환급하여, 한편으로는 대마도의 功勞에 보답하고 한편으로는 일본국왕사의 간곡한 請願을 따라주자는 의견도 제시되었다.[182]

결국 세견선 5척을 환급하되 이후 賊倭가 국경을 침범하면 도로 빼앗는 것으로 결정이 되었으며,[183] 1557년에 나타난 위의 〈기사 G〉는 세견선 5척의 환급을 수락하고 대마도에 답하는 書契를 논의하면서 나온 것이다. 여기서도 ⓙ에서 보이듯이 '字小之仁'이라는 관용구가 나타나는데, 즉 '작은 것을 사랑하는 어진 마음'을 돈독히 한다는 뜻을 보이고 있다. 따라서 세견선 5척을 환급하는 名分으로서 조선이 '字小'를 大義名分으로 삼고 있음을 볼 수 있다.

대마도 왜인에 대한 '자소'의 용례가 마지막으로 나타나는 것은 같은 해 12월로, 예조가 대마도주에게 조선을 내왕하는 일본인들이 進上하는 胡椒와 丹木의 수량에 관한 서계를 보낸 것에서이다.

〈記事 H〉

日本의 受職人·受圖書人으로서 往來하는 사람들이 비록 土産品을 進上한다 해도 지난날에는 胡椒와 丹木이 모두 10斤을 벗어나지 않았다. … ⓚ지금은 더욱 심해져서 더러는 40~50근이 되기도 하고 심지어 1백 근까지 이르는 경우도 있어 비단 **事大**하는 禮에 蒙昧할 뿐 아니라, 돌아갈 때에 짐바리가

181) 『명종실록』 권21, 명종 11년 10월 갑진; 권22, 명종 12년 1월 계유.
182) 『명종실록』 권22, 명종 12년 1월 을해; 2월 임인.
183) 『명종실록』 권22, 명종 12년 3월 기묘.

道路에 연이어 우리나라의 人馬의 힘을 피폐하게 하였다. ① 우리 전하께서는 도량이 넓고 **字小**하시어 禁하거나 끊지 않으시지만 有司되는 자로서 알맞게 재량하는 뜻을 보이지 아니할 수 없다. … 아무리 그 수량을 많이 하고자 해도 단목은 30근, 호초는 50근을 넘게 할 수가 없으며, 소위 硯箱이라는 것도 2~3개를 넘지 못하게 할 것이다.[184]

〈기사 H〉는 日本 居住 受職人 및 受圖書人이 胡椒와 丹木을 進上하는 數量이 심해져서 40~50근이 되기도 하고 1백 근에 이르기까지 하는데 이것은 이들이 조선에 事大하는 禮에 어긋나는 것이고(ⓚ), 朝鮮에서는 字小, 즉 '작은 것을 사랑'하여 이것을 禁하지 않았으나(ⓛ), 이제는 단목은 30근, 호초는 50근을 넘지 말라는 뜻을 분명히 하고 있다.

앞서 본 〈기사 A, E, F〉와 같이 〈기사 H〉도 '事大'와 '字小'가 짝을 이루며 나타난다. 더구나 〈기사 H〉는 조선이 대마도 뿐만 아니라 조선에 내조하는 일본 거주 수직인·수도서인과의 관계 또한 사대와 자소를 바탕으로 한 '事大字小關係'로 보고 있는 구체적인 기사이다. 즉 조선이 大國으로서 朝鮮에 來朝하는 倭人들을 字小하고, 이들은 大國인 朝鮮에 대해 事大하고 있다고 인식하고 있음을 알 수 있다.

184) 『명종실록』 권23, 명종 12년 12월 기유("日本受職受圖書往來之人, 雖以土宜進上, 曩時則胡椒, 丹木, 皆不出十斤之外. … 到今尤甚, 或至四五十斤, 甚者或至百斤, 不但昧於以禮事大之蒙, 還時駄輪, 絡繹於道, 只弊我國人馬之力. 我殿下, 雖量恢字小, 不加禁絶, 而爲有司者, 不得不示以裁節之意. … 彼雖欲多厥數, 丹木則不得過三十斤, 胡椒則不得過五十斤, 所謂硯箱, 亦不令過二三箇").

野人에 대한 '字小'

다음 표는 『조선왕조실록』에 나타난 야인에 대한 자소의 용례를 시기별로 정리한 것인데, 야인에 대한 자소의 용례 또한 대마도 왜인에 대한 것처럼 '字小之仁', '字小之心', '字小之義'의 관용구로 나타나고 있음을 볼 수 있다.

野人에 대한 '字小'의 용례

연번	용례	내용	출전
1	字小之仁	조선이 여진을 구제하고 대해 준 것을 옛날 大國이 字小之仁한 것과 비교함	세종 18년 윤6월 계미
2	字小之心	忽剌溫 兀狄哈의 내조 문제에 대해 世宗이 字小之心으로 박대할 수 없다고 함	세종 19년 9월 병신
3	字小之義	金宗瑞가 오도리를 구하지 않는다면 字小之義에 어긋남이 있다고 함	세종 22년 7월 신유
4	字小之義	世祖가 멀리서 來附하는 野人들을 우리가 마땅히 字小之義로써 撫恤해야 한다고 함	세조 4년 4월 경오

야인에 대한 '자소'의 용례가 처음 나타나는 기사는 1436년(세종 18)인데, 4품 이상이 올린 '制寇之策'을 평안도절제사 李蕆에게 보낸 것에서 보여진다.

〈記事 I〉
너희들의 굴혈이 우리 지경과 몹시 가깝기 때문에, 우리 祖宗께서 신의로 대하고 은덕으로 어루만져 飢寒을 告해 오면 넉넉하게 구제하였고, 從仕를 원해 와도 역시 들어 주지 않은 적이 없다. ⓜ옛날에 大國이 **字小之仁**한 것과 오늘날 비교하여도 더함이 있을지언정 덜한 것이 없다.[185]

1432년(세종 14)에는 忽剌溫兀狄哈 4백여 명이 평안도 閭延에 침입하였지만, 조선에서는 홀라온이 조선과 통교하지 않아서 조선으로 오는 방향과 산천의 형세를 알지 못하기 때문에 조선에 원한을 가지고 있는 建州衛의 李滿住가 이들을 詐稱하거나 共謀하였다고 판단하여 건주위에 대한 정벌을 감행하기도 하였다.186) 이것이 1433년(세종 15)의 '제1차 건주위정벌'이며, 이 정벌을 계기로 江界와 閭延 사이에 4군 중 하나인 慈城郡을 설치하게 된 것은 주지의 사실이다.

그렇지만 제1차 건주위정벌 이후 건주위의 보복 침입이 심해졌고, 이에 4품 이상에게 '制寇之策'을 올리게 하여, 이를 평안도절제사에게 보낸 것이다. '제구지책'에서 말하는 '寇'는 바로 이만주의 건주위세력이며, 이중 '자소'에 대한 내용은 '제구지책'의 내용 중에 보이는데 위의 〈기사 I〉와 같다. 여진인들, 특히 건주위의 지경이 우리와 가까운 이유로, 信義로 대하고 恩德을 베풀어 배고픔과 추위를 告해 오면 구제하여 온 것이 '옛날 大國이 字小之仁한 것'과 다르지 않다는 내용이다(ⓜ). 따라서 조선은 '옛 대국'과 같고, 여진세력은 대국으로부터 '자소지인'을 받는 것과 같았다고 인식하고 있음을 알 수 있다.

---

185) 『세종실록』 권73, 세종 18년 윤6월 계미("汝之窟穴, 密邇於我, 自我祖宗待之以信, 綏之以恩, 來告飢寒, 周之優厚, 欲來從仕, 亦無不聽, 古之大國字小之仁, 較之於今, 有加無減").

186) 河內良弘, 앞의 책, 1992, 268~275쪽(이후에도 홀라온 올적합의 조선 침입은 여러 번 있었고, 이만주 역시 그 침입을 받고 있었지만, 조선에서는 이만주가 홀라온을 사칭하고 있다고 여기고 있었으며 조선은 이에 대한 정확한 진상을 파악하기 위해 兀良哈이나 吾都里 중에 홀라온과 인연이 있는 사람을 간첩으로 삼아 정상을 탐지하게 하고, 홀라온 거주지역의 地勢와 部落의 多數, 軍士의 强弱 등을 파악하고자 하였다. 『세종실록』 권74, 세종 18년 7월 신해).

다음으로 1437년(세종 19년)의 '자소'는 忽剌溫 兀狄哈의 來朝 문제와 연관되어 나타난다. 조선에서는 1433년(세종 15) 會寧에 거주하던 吾都里의 酋長 童猛哥帖木兒가 패망하자 北方에 6鎭을 설치하기 시작하였다. 세종이 6진을 설치한 이유는 회령 지방은 본래 조선의 국경 안의 땅으로 祖宗이 대대로 지켜 오던 곳이었는데 동맹가첩목아가 그곳에 살면서 우리의 藩籬가 되기를 청하였다가 멸망해, 그 땅이 비어있으므로 賊人에게 점거될 것을 우려하여 진을 설치한 것이었다.[187)]

그런데 세종이 豆滿江 流域에 5진을 설치하기 시작하면서 조선과 홀라온 올적합의 직접 通交가 발생하기 시작하였다. 홀라온 올적합은 지금의 松花江 下流 지역 부근에 거주하고 있었고,[188)] 조선과의 거리는 20~25여 일의 路程이었는데 조선에서 홀라온의 거주지까지 가려면 '그 중간에 이리와 같이 사나운 자들이 살고 있어서 使人이 來往할 수도 없는' 지역이었다.[189)] 따라서 조선과는 일찍부터 통교하지 않았고 변방에서 도둑질하고 노략질하였으나, 조선에서는 하찮은 좀도둑으로 도외시하고, 혹 변경을 범하게 되면 쳐서 쫓아 버려 징계나 하였을 뿐이었다.[190)]

홀라온 올적합이 조선에 처음으로 내조한 것은 1437년(세종 19)

---

187) 『세종실록』 권62, 세종 15년 11월 무술; 경자; 12월 임술; 권63, 세종 16년 1월 병오.

188) 河內良弘, 앞의 책, 1992, 267쪽.

189) 『세종실록』 권59, 세종 15년 2월 기해; 권82, 세종 20년 7월 계미.

190) 『세종실록』 권78, 세종 19년 9월 병신(그러나 조선은 홀라온 올적합에 대한 情報, 즉 '그 部落의 힘의 强弱과 爵秩의 高下와 地域의 넓고 좁은 것 등을 전혀 알지 못하였기' 때문에 향후 이들이 조선에 내조하자 '그들의 酋長의 姓名과 職品의 高下, 部落의 大小, 强弱, 소속 무리의 爵秩 고하, 사방 이웃에 거주하는 族屬 및 風俗과 産物 등을 빠짐없이 자세히 묻고 文書에 적게 하여 후일에 憑據가 되도록'하여 이들에 대한 정보를 얻으려고 노력하고 있었다. 『세종실록』 권80, 세종 20년 2월 을묘; 경신; 권82, 세종 20년 7월 계미).

8월로, 嘔罕衛 指揮 乃要昆이 亐將介 등 6인을, 肥河衛 지휘 伐兒哥도 吾寧應哈 등 6인을 보내어 조선과의 통교와 무역을 요청하였다.[191] 그러나 세종은 '홀라온과 예전부터 通好하지 않은 것은 옳은 것이었으며, 왔더라도 반드시 厚待하지 않는 것이 옳은 것'이라 하면서도 아래 〈기사 J〉와 같이 이들의 내조를 받아들이고 있다.

〈記事 J〉

ⓝ오지 않거든 반드시 교통하지 않음이 옳을 것이요, 왔더라도 반드시 후대하지 않는 것이 옳은 것이다. 그러나 예전부터 통하지 않던 오랑캐가 처음으로 와서 聖心으로 服從하였으니, 그 뜻이 가히 취할 만하고 기쁜 일이다. 비록 그 참 마음은 알지 못한다 하더라도 이름으로 歸順한다하고 근사하게 속이게 되면, ⓞ큰 것[大]이 **字小之心**으로서 어찌 지나간 허물을 뒤따라 죄주고 將來의 거짓을 억측하여 薄待하겠는가. 비록 뒷날에 往來가 분주하는 弊端이 있다 하더라도 남의 물건을 훔치고 도둑질하는 해로움과는 진실로 비교가 되지 않을 것이니, 接待하는 禮度는 당연히 넉넉하고 후하게 하는 것이 어떻겠는가? 그것을 政府와 함께 의논하여 아뢰라.[192]

〈기사 J〉의 ⓞ를 보면 홀라온 올적합의 내조를 받아들인 이유가 바로 '字小之心'임을 알 수 있다. '오면 무마하고 가면 좇지 않는'[193] 것은 '羈縻不絶而已'[194]의 핵심이며, 이것은 중국만이 아니

---

191) 『세종실록』 권78, 세종 19년 8월 정해; 9월 병신; 무술.

192) 『세종실록』 권79, 세종 19년 9월 병신("故不來則不必交通可也, 來則不必厚待亦可也. 然曠古不通之夷, 始來納款, 其志可取而可喜也. 雖不知其實心, 名爲歸順, 欺以其方, 則以大字小之心, 豈可追咎旣往之愆, 逆計將來之詐而薄待乎. 雖後日有煩擾誅求之弊, 與剽竊寇盜之害, 固有間矣. 接待之禮, 當從優厚何如. 其與政府同議以啓").

라 조선 또한 여진에 대한 정책의 기본적인 사상이자 '華夷意識'이었다. 세종이 말한 ⓝ과 같이 '예전부터 통호하지 않은 것은 옳은 것이었으며, 왔더라도 반드시 후대하지 않는 것이 옳은 것'이란 말은 바로 이 '기미부절이이'를 잘 대변해 준다.

그러나 홀라온의 경우 통호한 적이 없었을 뿐만 아니라 조선을 자주 침입하였기 때문에, 처음으로 내조를 받아들이는데 있어서는 '큰 것이 작은 것을 사랑하는 마음', 즉 '자소지심(◎)'으로 이들의 내조를 받아들이고, 지나간 허물을 묻지 않고 박대하지 말며 접대하는 예를 넉넉하고 후하게 하도록 한 것이다. 결국 홀라온에 대해 '기미부절이이(ⓝ)'해야 하나 '큰 나라의 자소지심(◎)'으로 받아들여야 한다는 것이다. 따라서 세종이 말한 '자소지심'에는 홀라온 올적합의 내조를 받아들이는데 있어 大義名分과 當爲性을 내포하고 있음을 볼 수 있다.

'자소지심'으로 홀라온 올적합의 내조를 받아들이고 후대하자 이들의 내조는 급증하기 시작한다. 홀라온 올적합의 내조 횟수는 1437년(세종 19)을 시작으로 7건, 1438년(세종 20)에는 22건, 1439년(세종 21)에는 최대로 많은 65건이었다.[195] 이렇게 내조 횟수가 많아지자 이 중에는 印信이 없거나, 僞造된 인신을 사용하거나, 女眞人이 홀라온을 사칭하는 등 소위 '女眞僞使'가 문제되기도 하였다.[196]

193) 『세종실록』 권59, 세종 15년 1월 계유; 권69, 세종 17년 7월 을미; 권75, 세종 18년 11월 경자; 권76, 세종 19년 3월 신축.

194) 김한규는 '羈縻之義'의 가장 핵심적인 의미는 羈縻不絶而已의 '而已'에 있는데, 고삐를 잡고서 관계를 끊지 않을 뿐, 그 이상의 적극적인 조치는 취하지 않는다는 뜻이라고 하였다(김한규, 앞의 책, 2005, 120~122쪽).

195) 河内良弘, 앞의 책, 1992, 293~300쪽.

196) 조선에서는 僞使를 사칭한 여진을 대부분 알면서도 '大國의 포용하는 아량'으로 이

세종대 '자소'의 용례가 다시 나타나는 것은 1440년(세종 22)인데, 세종이 咸吉道 都節制使 金宗瑞에게 吾都里의 救援策을 傳旨하자, 김종서가 오도리를 구하지 않는다면 '字小之義'에 어긋남이 있다고 한 것에서이다.[197] 동맹가첩목아 死後 세력이 약해진 오도리를 이끈 것은 이복동생 凡察과 아들 童倉이었는데, 이들은 올적합의 침입과 조선의 6진 설치, 조선의 여진 정벌 등에 위협을 느껴 이만주의 건주위로 옮겨가고자 明 英宗의 윤허를 얻기도 하였다. 그러나 조선은 明에 이들이 옮겨가는 것은 부당하다는 반대 奏請을 올림으로써 이를 좌절시키고, 군사적 위협을 가하면서 이를 막으려 하였다. 또한 조선은 동창이 이미 명의 指揮라는 官職을 가지고 있었으나, 동창의 요청을 받아들여 嘉善大夫 雄武侍衛司 上護軍란 관직을 수여하기도 하였다.[198]

이처럼 조선에서는 명에 주청하기도 하고, 군사적 위협을 가하기도 하고, 관직을 수여하기도 하면서까지 이들을 조선의 변경에 묶어두려고 하였지만, 결국 범찰과 동창은 1440년(세종 22) 6월 管下 3백여 호를 이끌고 건주위로 도망하여 조선을 배반하였다.[199] 그렇지만 회령에는 그들을 따라가지 않은 童吾沙介·童於虛

들을 받아들이거나 또는 용서하고 돌려보내기도 하였다. 홀라온 올적합의 위사문제에 대해서는 한성주, 「두만강지역 여진인 동향 보고서의 분석—『端宗實錄』 기사를 중심으로—」, 『사학연구』 86, 2007, 48~52쪽 참조.

197) 『세종실록』 권90, 세종 22년 7월 신유(吾都里는 주로 會寧 부근에 거주하고 있었는데, 조선은 6진 설치 이후에도 두만강 부근에 거주하는 오도리들을 藩籬化시키는데 주력하였으며, 6진을 설치하고 돌아온 김종서가 남아있는 오도리 遺種을 어떻게 하든지 北門에 그대로 머물게 하여 번리로 삼는 것이 좋겠다고 한 말은 이를 잘 대변해준다. 『세종실록』 권95, 세종 24년 2월 정사).

198) 童倉에 대한 조선의 官職 수여에 대해서는 한성주, 앞의 논문, 『조선시대사학보』 40, 2007, 10~18쪽 참조.

199) 『세종실록』 권89, 세종 22년 6월 병신.

里·童所老加茂 등이 이끄는 오도리가 1백여 戶 넘게 남아있었다.[200] 따라서 조선에서는 이들 남아있는 오도리들을 그대로 조선의 北門에 두어 藩籬化시키고자 하였으며, 이를 위해서는 深處의 올적합의 침입에서 오도리를 구원하여 이들이 安業할 수 있도록 할 필요성이 있었다.

〈記事 K〉

咸吉道 都節制使 金宗瑞에게 傳旨하기를, "… 남은 吾都里 사람들은 나의 두터운 恩惠를 깊이 생각하여 奸計에 따르지 않고 예전대로 安業하고 있으니, 내가 매우 가상하게 여긴다. 하물며, ⓟ지금 머물러있는 자가 매우 적어서 形勢가 어렵고 힘이 약하여 우리에게 誠心으로 歸附하고 救援해 주기를 간절히 청하는데, 만약 深處의 野人이 무리를 지어 突入해서 境內의 사람들을 침략하는 일이 있어도, 우리나라에서 우리의 同族이 아니라 하여 그들이 죽는 것을 앉아서 보기만 하고 구원하지 않을 것인가. … ⓠ만약 급한 변이 있거든 境上에다 軍士를 배치하고 聲援하기를 약속하여, 한편으로는 그들의 약한 형세를 돕고 한편으로는 變故에 대응하는 것이 가하다. …" ⓡ종서가 回啓하기를, "저들이 성심으로 우리에게 歸附하여 구원해 주기를 간절히 청하는데, 그들의 죽음을 앉아서 보기만 하고 구하지 않는다면 **字小之義**에 어긋남이 있습니다. … 마땅히 한결같이 內敎에 의하여 시행하소서."하였다.[201]

---

200) 『세종실록』 권90, 세종 22년 7월 기유.

201) 『세종실록』 권90, 세종 22년 7월 신유("傳旨咸吉道都節制使金宗瑞, … 其餘吾都里等深念我厚恩, 不從姦計, 仍舊安業, 予甚嘉之. 況今留在者甚寡, 勢窮力弱, 款附于我, 哀鳴請救, 脫有深處野人成群突入, 侵掠境內之人, 我國以爲非我族類, 坐視其死亡而不之救乎. … 如有緩急, 陳師境上, 約爲聲援, 一以濟其弱, 一以應其變可也. … 宗瑞回啓, 彼類款附于我, 哀鳴請救, 坐視其死亡而不救, 有違字小之義. … 當一依內敎施行").

위의 〈기사 K〉를 보면, ⓟ와 ⓠ와 같이 세종은 김종서에게 범찰과 동창을 따라 도망가지 않고 그대로 머물러 있는 자들이 성심으로 歸附하고 救援해 주기를 바라고 있으므로, 만약 올적합이 침략하는 등의 급한 변이 있으면 境上에 군사를 배치하고 聲援하기를 약속하여 그들을 돕고 변고에 대응하는 것도 좋다고 하고 있다. 이에 대해 김종서는 ⓡ처럼 남아있는 오도리들의 죽음을 보기만 하고 구하지 않는 것은 '字小之義'에 어긋나며, 마땅히 內敎한대로 시행하도록 回啓하고 있다. 여기에서 내교란 바로 ⓠ의 내용으로 볼 수 있다.

세종과 김종서가 모두 전제로 하고 있는 것은 '남은 오도리들이 誠心으로 歸附하고 救援을 간절히 청하고 있다'란 것과 '그들의 죽음을 앉아서 보기만 하고 구원하지 않으면 안 된다'라는 것이다. 오도리를 구원해야 할 직접적인 이유는 그들을 그대로 남겨두어 조선의 울타리인 藩籬로 만드는 것이라 할 수 있다. 이를 위해서는 오도리를 조선에서 구원해야 하는데, 이것의 당위성이 바로 ⓡ에서 김종서가 언급한 '큰 것이 작은 것을 사랑해야 하는 大義', 즉 '자소지의'라 할 수 있다.

다음으로 '자소'의 용례가 나타나는 것은 1458년(세조 4)이다. 世祖는 즉위 초부터 여진의 내조를 대거 받아들이고 있었다.[202] 또한 '野人과 倭人들은 모두 우리의 藩籬이고 臣民이니, 작은 폐단 때문에 그들의 내부하는 마음을 거절하여 물리칠 수 없으며, 즉위한 이후에 南蠻·北狄으로서 내부하는 자가 심히 많은데, 모두 나

202) 『세조실록』 권3, 세조 2년 1월 신미조에는 望闕禮를 행할 때 倭人·野人 5백여 인이 隨班하였다는 내용이 있으며, 『성종실록』 권50, 성종 5년 12월 을사조에는 세조 즉위 초에 야인 730여 인이 내조하였다는 내용이 있어 당시 여진인의 내조인수를 추정케 한다.

의 백성이 되기를 원하니, 이것은 하늘이 끌어들이는 바이지, 나의 슬기와 힘이 아니다'고 하여 역시 여진을 조선의 번리로 인식하고 있었으며, 이들의 내조가 조선의 주도하에 이루어진 것이 아니라 여진인들이 스스로 원해서이고 자신에게 天命이 있음을 강조하고 있었다.[203)]

한편 조선을 배반하고 건주위로 도망한 범찰과 동창은 建州左衛의 爲酋問題를 둘러싸고 분쟁이 발생하였고, 명은 결국 左衛와 右衛를 分衛함으로써 이만주의 建州本衛, 동창의 건주좌위, 범찰의 建州右衛가 형성되어 이를 합쳐 建州三衛라 하고 있었다.[204)] 세종대 잦은 침입으로 두 차례나 정벌을 당했던 이만주, 조선을 배반한 범찰과 동창의 건주삼위는 조선과의 관계가 악화되어 있었다. 그러던 중 申叔舟가 明 朝廷에서 이만주의 아들과 遭遇하게 되고, 이것을 계기로 이만주의 아들인 李豆里·李阿具 및 건주좌위 동창·건주우위 童羅郞只(범찰의 嫡孫)의 管下人이 내조하면서 조선과 건주삼위와의 관계가 회복되기 시작하였다.[205)] 그런데 세조가 건주삼위의 내조를 받아들인 직접적인 이유 또한 바로 〈기사 L〉과 같이 '字小之義'였음을 알 수 있다.

〈記事 L〉
일찍이 유시를 내려, 李滿住·童倉 등이 데리고 오는 野人은 보내게 하였는데 …… 이 사람들은 모두 멀리 와서 闕門을 두드리는 자이니, 그 來附하는 정성을 막을 수 없다. 이만주·동

203) 『세조실록』 권8, 세조 3년 7월 경인.
204) 서병국, 「범찰의 건주우위연구」, 『백산학보』 13, 1972, 34쪽; 김구진, 앞의 논문, 1995, 348쪽.
205) 『세조실록』 권3, 세조 2년 2월 임인; 계묘; 임술.

창뿐만 아니라, 기타도 또한 그러하다. …… ⓢ대저 野人은 한편으로는 中國 朝廷을 우러러보고 한편으로는 우리나라를 우러러보는 까닭으로, 여름철에 와서 두드려도 저들이 **事大之禮**를 폐함이 아니다. 우리가 마땅히 **字小之義**로서 어루만져야 한다.[206)]

세조는 明이 조선에게는 여진인들과 交通하지 못하게 하면서 명은 여진인이 入朝하면 후대하는 것은 중국의 以夷制夷하는 計策이며 조선에서 이것을 알면서 그 術策에 빠지는 것은 옳은 것이 아니라는 인식을 가지고 있었다.[207)] 그렇지만 건주삼위의 여진인들은 명의 衛所官職을 가지고 있었기 때문에 이들의 내조를 받아들이는 것은 자칫 명과 조선간의 관계를 악화시킬 소지가 있었다.[208)] 그러나 세조는 ⓢ와 같이 건주삼위의 내조를 허락한 이유를 '字小之義'라는 말로 대신하고 있으며, 더 나아가 이들이 조선에 내조하는 것은 명과 조선 양측에 대해 '事大의 禮', 즉 '事大之禮'을 폐하는 것은 아니라고 하고 있다.

앞 장에서 본 〈기사 A, E, F, H〉와 같이 〈기사 L〉 또한 사대와 자소의 용례가 짝을 이루며 나타나는데, 세조가 '사대지례'를 거론한 것을 보면 명과 여진과의 관계뿐만 아니라 조선과 여진과의 관계 또한 '事大關係'로 간주하고 있음을 볼 수 있다.[209)] 종합해보면

206) 『세조실록』 권12, 세조 4년 4월 경오("諭平安道節制使, 觀察使曰, 曾下諭令送李滿住, 童倉等帶來野人, … 此人等皆遠來叩關, 不可遏其來附之誠, 非徒李滿住, 童倉, 其他亦然, … 大抵野人一以仰中朝, 一以仰我國, 故夏月來叩, 彼旣不廢事大之禮, 我當撫以字小之義, 卿其知悉").

207) 『세조실록』 권3, 세조 2년 2월 정사.

208) 明은 조선과 建州三衛의 通交에 대해 조선에 勅使를 보내어 명 官職을 받은 건주삼위 女眞人과의 통교 및 조선의 관직 수여에 대해 힐책하기도 하였다. 이에 대해서는 한성주, 앞의 논문, 『조선시대사학보』 40, 2007, 참조.

여진은 명과 조선에 각각 사대하는 입장이고, 조선은 여진에게 자소하는 입장인 것을 알 수 있다. 따라서 세조가 인식한 조선과 여진과의 관계는 '事大字小關係'로 볼 수 있다. 이것을 『春秋』에 나타난 '小事大 大字小'의 입장에서 보면 조선은 스스로 大國이라는 관점에서 작은 세력인 여진에 대해 자소한다는 인식을 가지고 있었고, 작은 세력인 여진은 대국인 조선에 사대하고 있다는 인식을 조선이 가졌음을 알 수 있다. 『孟子』 梁惠王편에서 齊 宣公이 "隣國과 交隣하는데도 道가 있는가"하고 묻자, 맹자가 "仁者는 大國으로 小國을 섬길 수 있고, 智者는 小國으로서 大國을 섬길 수 있다"라고 한 것에서 보아도 조선에서 인식한 조선과 여진과의 관계는 '事大字小'의 交隣關係로 보는 것이 타당해진다.210)

나오며

이상에서 『朝鮮王朝實錄』에 나타나는 倭·野人에 대한 '字小'의 용례를 살펴보았다. 대부분은 '字小以仁', '字小之義', '以大字小', '字小之恩', '字小之仁', '字小之心' 등의 관용구로 나타나며, '字小'라는 용어로만 나타나는 것을 확인할 수 있었다.

왜인에 대한 자소는 세종대부터 명종대까지 나타나고, 주로 대마도와 밀접한 관련이 있다. 특히 대마도 정벌 이후 보이기 시작

---

209) 민덕기 또한 이것을 근거로 조선이 여진과의 관계를 '事大關係'로 간주하고 있다고 파악하고 있다(민덕기, 앞의 책, 2007, 38~39쪽).

210) 민덕기는 조선의 교린정책이 중국 황제를 정점에 두는 이른바 '조공책봉체제'나 華夷로서 自他를 구분하는 '華夷思想'과는 성격을 달리하는 부분이 있으며, 이 경우 조선의 교린사상의 이상은 列國사이의 交聘이 존재했던 春秋時代에 있다고 주장(민덕기, 앞의 책, 2007, 8~43쪽)하기도 하였는데, 이를 근거로 하면 본 연구의 이러한 해석은 더욱 설득력이 있어진다.

하며, 대마도 왜인의 조선에서의 滯留 문제, 孤草島 釣魚를 허락하는 문제, 燕山君代 대마도 特送의 과다한 物品 請求 문제, 明宗代 歲遣船 5척의 증액과 환원문제, 왜인들의 進上 물품의 數量 문제 등 조선과 대마도의 여러 가지 현안문제와 그 궤적을 같이 하여 나타나고 있다.

야인에 대한 '자소'의 용례는 世宗代 조선과 통교한 적이 없었던 忽剌溫 兀狄哈의 來朝를 받아들이는 문제를 시작으로 조선이 藩籬로 인식하고 있던 會寧 거주 吾都里의 救援 문제, 그리고 世祖代 明官職을 가진 建州三衛의 여진인들의 내조 문제 등 조선과 여진과의 관계에서 발생한 특수한 사례에서 보이고 있다.

또한 조선에서는 대마도 왜인 및 여진 세력과의 이러한 현안문제들을 해결하고, 그들의 요구를 적절히 수용하는 방편으로, 바로 '자소', 즉 '작은 것을 사랑한다'는 것에서 문제 해결의 大義名分과 當爲性을 찾고 있음을 볼 수 있었다.

그런데 대마도 왜인 및 여진 세력에 대해 '以大字小(기사 D)' 및 '事大之禮, 字小之恩(기사 E)', '以小事大之義, 字小之仁(기사 F)', '以大字小之心(기사 J)', '事大之禮, 字小之義(기사 L)' 등은 '事大와 字小(기사 H)'가 함께 서로 짝을 이루며 나타나는 경우들을 주목할 필요가 있다. 이것은 조선에서 대마도왜인 및 여진과의 관계에 대해 '이들은 소국(또는 작은세력)으로서 조선에 사대하고 있고, 조선은 대국으로서 이들을 자소하고 있다'고 인식하고 있었음을 보여준다. 또한 이것은 『春秋』에 나타난 '小事大大字小', 즉 '작은 나라가 큰 나라를 섬기고, 큰 나라가 작은 나라를 사랑해주는 것'이라는 개념과 같다. 따라서 조선에서 인식한 대마도 왜인 및 여진과의 관계는 '事大字小關係'였음을 유추할 수 있다.

그리고 세종대 왜인에 대해 '交隣字小之義(기사 C)'라는 표현이 보이기도 하는데, 이것을 또한 『孟子』에 나타난 交隣의 개념, 즉 '仁者는 大國으로 小國을 섬길 수 있고, 智者는 小國으로서 大國을 섬길 수 있다'라고 한 것에서 보면 조선과 왜·야인의 관계는 '事大字小를 기본으로 한 交隣關係'로 유추해 볼 수 있다.

조선을 건국한 新進士大夫들, 즉 性理學者들은 三代 특히 周나라 시기에 가장 이상적인 정치가 행하여졌다고 인식하고 있었고, 이에 따라 德과 禮·仁義·三綱五倫 등의 人倫道德, 王道政治, 大一統이나 大義名分 등이 크게 강조되었으며, 나아가 中國과의 事大關係 등 대외관계도 儒敎의 禮規範 차원에서 인식하고 있었다고 보여 진다.[211] 특히 조선의 交隣思想의 理想이 列國 사이의 交聘이 존재했던 春秋時代에 있고, 이에 따라 조선이 대마도 왜인 및 여진과의 관계를 大國과 小國(작은 세력)과의 관계로 설정하고 있었다고 본다면[212] 이러한 해석은 일면 타당한 면이 있다고 생각되어진다.

그리고 이러한 '자소'인식을 바탕으로 조선은 조선을 중심으로 한 대외관계를 만들어가려 했던 것으로 보인다. 당시 동아시아 정세를 바탕으로 한 조선의 이러한 인식 속에서 여진인들과 왜인들을 상대하고 있었던 것이다.

그러나 조선시대 교린의 양상이 다원적·계층적으로 나타난 것처럼 그 의미를 파악하는 것도 여러 가지가 있을 수 있다. 이 연구 역시 다양한 의미를 파악하려는 것에 대한 시론적 성격을 가지고

---

211) 권선홍, 「조선시대 사대관계와 책봉체제」, 『왜구·위사문제와 한일관계』, 경인문화사, 2005, 38~39쪽.

212) 민덕기, 앞의 책, 2007, 38~43쪽.

있다. 조선시대 '자소'에 대해서는 아직 검토하지 못한 개인 문집류와 중국에 대한 자소의 용례, 그리고 '撫恤'·'懷柔' 등의 유의어나 동의어를 검토할 필요성 등이 있음을 밝히면서 이들 부분은 향후의 연구과제로 삼고자 한다.

제4장 북방민족의 성장과 명·조선의 대응

1. 변경지대의 변화와 여진의 성장

2. 몽고의 성장과 만리장성의 위기

3. 두만강유역 女眞 藩胡의 형성과 조선

4. 정묘·병자호란과 조선의 대응

1. 변경지대의 변화와 여진의 성장

들어가며

본 절에서는 明의 女眞 지역으로의 진출시도와 建州女眞의 성장 과정을 통해 15세기 遼東 情勢를 간략히 분석해 보고자 하였다. 15세기는 明代 對外政策史에서 대외 진출과 활동이 가장 왕성하게 진행된 시기인 동시에 견고한 長城 및 邊墻 중심의 소극적인 방어 정책으로 전환되는 시기이기도 하다. 15세기의 시작을 알린 明 成祖는 대외정책을 가장 왕성하게 전개한 인물로 알려져 있다. 그의 재위시기동안 몽골 親征, 安南 진출, 鄭和의 항해 등 明代 대외활동에서 중요한 위치를 차지하는 사건들이 시도되었는데, 遼東都司를 중심으로 明의 관할범위를 넓히기 위해 女眞 지역으로 진출하면서 黑龍江 하류에 奴兒干都司를 설치하고 다수의 위소를 설치한 것 역시 대외활동에서 매우 주목을 받는 부분이라고 할 수 있다. 15세기 明의 역사는 활발한 대외활동과 더불어 시작하였던 것이다.

明의 女眞 지역으로의 진출시도가 가능했던 것은 우선 女眞이 강력한 세력을 형성하지 못하고 넓은 만주지역에 부족 단위로 흩어져 살고 있었기 때문이다. 또한 전략적으로 明은 女眞 지역을 자국의 관할지역으로 만들고자 하였는데, 당시 女眞 지역은 몽골의 잦은 침입과 朝鮮의 女眞招撫를 받고 있었기 때문에 明은 북방의 몽골 방어 이외에 女眞 지역으로 진출하고자 하였다. 더구나 永樂年間(1403

~1424) 몽골에 대한 5차 정벌이 시도되고 있었기 때문에 배후의 안정과 지원 세력을 확보하는 문제를 해결하기 위해서도 女眞 지역으로의 진출은 필요하였던 것이다. 이 때문에 몽골친정과 비슷한 시기에 맞추어 黑龍江 하류 유역에 奴兒干都司를 설치하고 永樂年間 女眞 각 지역에 184개의 衛所가 설치되었으며, 또한 朝鮮과 女眞을 견제하기 위해 鴨綠江과 豆滿江 유역의 女眞을 吸收하려는 시도가 지속적으로 진행되었던 것이다.

成祖는 燕王 시절부터 북변을 방어하며 이민족으로 구성된 강력한 기마부대를 가지고 있었으므로 몽골과 女眞地域의 정세를 누구보다 잘 파악하고 있었다. 따라서 그는 재위기간 동안 5차 몽골 親征을 계획하면서 豆滿江, 鴨綠江, 吉林, 그리고 黑龍江 등의 女眞을 배후의 지원세력으로 만들고 그들을 明의 영향력 아래에 두려는 목적을 가지고 있었다. 女眞 지역으로의 진출시도는 당시 女眞이 元末·明初의 전쟁으로 많은 경제적 곤경에 처해 있었고 이를 극복하기 위해 明과의 교역을 통해 생활필수품 등을 확보하려는 여진의 경제적 요구와 衛所 등의 설치를 통해 생활필수품을 제공하며 女眞을 통제하려는 明의 정치적 입장이 서로 조응하면서 진행되었다. 黑龍江 하류의 奴兒干都司와 다수의 衛所는 이러한 배경 하에서 신속하게 설치될 수 있었던 것이다.

그러나 영락연간에 활발하게 진행되던 대외활동은 그의 사후 새롭게 변화하기 시작하였다. 15세기 초 鄭和의 대항해 등 永樂年間 적극적이던 대외진출은 더 이상 진전되지 못하고 遼東 등 변방은 築城과 邊墻築造 등을 통해 소극적 방어위주의 정책으로 전환되어 적극적인 군사활동은 감소하였으며, 永樂年間 추진되었던 대외활동들은 宣德年間이 되면서 모두 정지되었다. 이처럼 15세기는 대외활동이 가장 왕성했던 시기인 동시에 소극적으로 전환하는 두 가지 성격을 모두 가진 시기였다.

중요한 것은 15세기에 왕성했던 대외진출과 소극적인 방어정책으로의 전환은 대립되는 구도가 아니라 상호 관련성을 가지고 있다는 것이다. 곧 15세기 왕성한 대외활동이 시도되었지만 그 속에는 한계적 성격이 내재되어 있었으며 永樂年間 이후 소극적인 방어 전략으로 전환될 수밖에 없는 요인들이 숨어 있었던 것이다. 본 연구에서 다루려고 하는 명의 몽골과 女眞 지역으로의 진출시도 연구는 永樂年間 親征과 奴兒干都司의 설치, 위소의 확대 등 대외활동이 왕성하게 진행되면서 시도되었지만 실질적으로 그 영향력을 미치는데 한계를 가지고 있었으며, 이러한 한계로 인하여 이후 몽골과 女眞 지역에 대해 수동적인 방어 전략으로 전환해야 하는 15세기의 또 다른 상황을 분석해 보고자 하는데 초점을 두고 있다.

우리가 永樂年間을 이해할 때 단순히 대외활동이 왕성했던 시기로 이해하고 있지만 그 이면을 보면 분명한 한계를 가지고 있었기 때문에 15세기 중엽의 소극적인 방어체계로 전환할 수밖에 없었던 것이다. 특히 본 논문에서 다루려고 하는 주제 중의 하나인 奴兒干都司에 관하여 중국의 연구 성과들은 遼東都司와 같이 黑龍江 유역을 비롯한 女眞 지역에 상당한 영향력을 행사한 것처럼 서술하고 있으나 실상 奴兒干都司는 단순한 임시군사기구였으며, 宣德年間에는 그 기능을 완전히 상실하여 黑龍江 유역으로 진출하려던 明의 시도에 한계가 있음을 분명히 보여주고 있다. 또한 建州女眞 역시 永樂年間 建州衛 등 明의 衛所體制에 편입되어 建州 3衛가 되지만 결국 생존에 적절한 지역을 찾아 이동을 거듭하며 군사력을 키우고 성장하여 요동을 위협하는 상황에 이르게 되는데, 이러한 建州衛의 모습 역시 永樂年間 明의 女眞地域으로의 진출과 영향력에 문제점이 있음을 보여주는 것이라고 볼 수 있다.

15세기 대외활동이 축소되는 배경에는 대외원정으로 인한 경제적 손실의 방지, 부역 감소와 內治를 통한 안정 이외에 衛所制의 폐단, 지주들의 토지 겸병과 침탈, 流民의 증가, 농민반란, 환관의 폐해 등 내부적으로 해결해야할 많은 문제들도 크게 작용하였다. 그리고 土木堡의 變과 같은 몽골의 대대적인 변경 침입 등으로 北京, 遼東 등 장성지대가 위협받고 동부에서는 建州女眞이 세력을 형성해 가는 상황이 전개되면서 明은 새로운 邊墻 중심의 방어전략 구도를 만들어 갔던 것이다.

따라서 여기서는 永樂年間을 대외활동의 전성기로 규정하는 동시에 그 속에 숨어있는 문제점을 파악하고 이러한 문제점이 결국 宣德·正統年間 明이 수세적인 방어체제로 전환하는 기본적인 요인이 되었다는 상호 연결된 시각에서 15세기 明의 女眞進出과 建州女眞의 成長過程을 간략히 살펴보고자 하였다. 15세기에 형성된 소극적인 방어로의 전략적 전환이 후기까지 지속되어 결국 明의 멸망을 재촉하고 後金을 건국하는 建州女眞의 성장과정을 발생시켰다는 측면에서 15세기 滿洲地域의 상황은 중요한 주제이다.

본 연구의 전반부에서는 明의 女眞地域 進出試圖와 奴兒干都司를 통해 明의 女眞 지역으로의 진출과정과 성격을 밝혀보고자 하였다. 중반부에서는 女眞의 移動과 成長이라는 주제 하에 明이 女眞지역으로 진출하려는 시도가 진행되고 女眞이 위소체제에 편입되는 과정 속에서도 여러 차례의 이동을 통해 그들의 적절한 거주지를 찾아 세력을 형성해 나가는 建州女眞의 형성 과정을 추적해 보고자 하였다. 그리고 후반부에서는 建州 3衛가 여러 차례 朝鮮

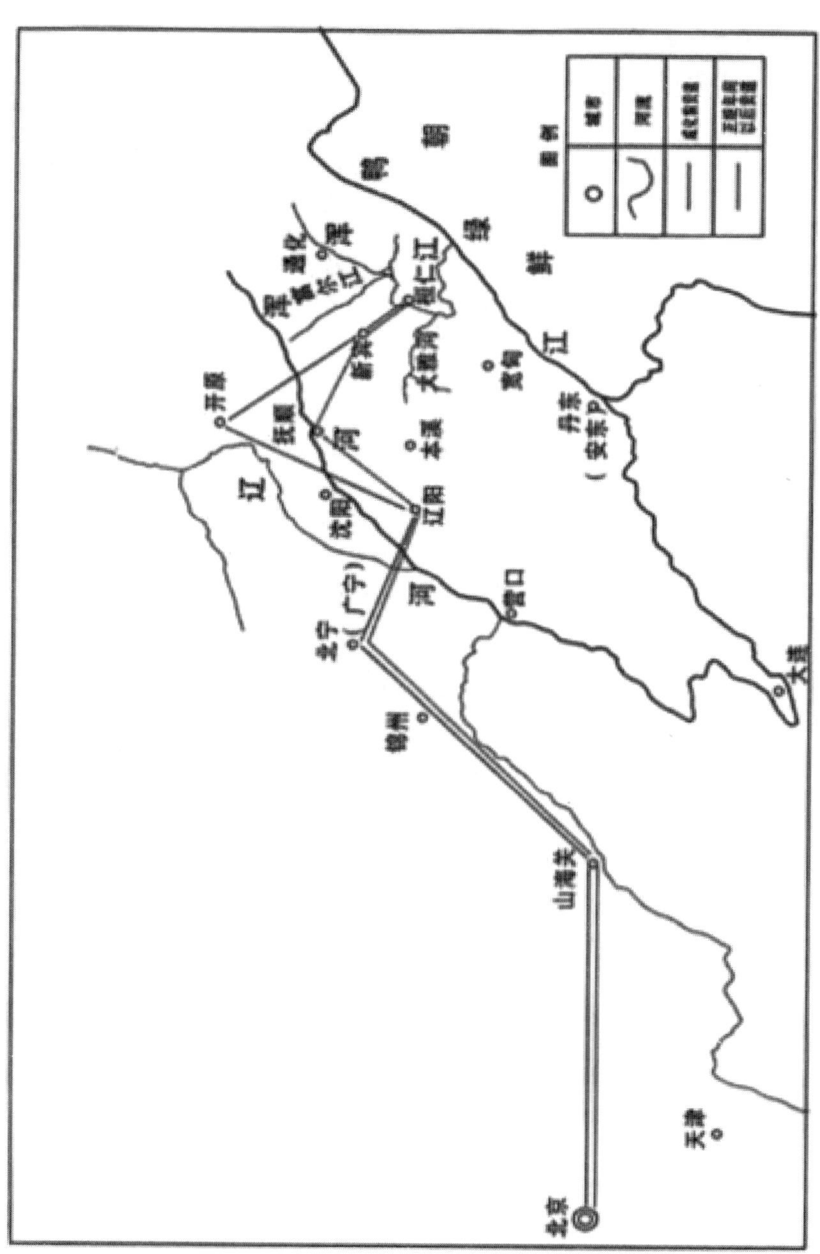

건주여진 조공로

과 明을 상대로 실리외교를 펼치며 마침내 豆滿江과 鴨綠江 유역에 세력을 형성하고, 특히 鴨綠江과 明의 遼東都司에서 가까운 渾江(婆猪江) 등에 진출한 建州女眞이 遼東과 朝鮮의 위협적인 세력으로 성장해가는 과정을 살펴보고자 하였다.

15세기의 建州女眞과 관련된 상황을 연구한 대표적인 논문으로는 박원호의 「永樂年間 明과 朝鮮間의 女眞問題」(『亞細亞硏究』 85號, 1991), 「宣德年間 明과 朝鮮間의 建州女眞」(『亞細亞硏究』 88號, 1992)과 저서로, 『明初朝鮮關係史硏究』,(일조각, 2002) 등이 있다. 이 논문들과 저서에서 15세기 建州女眞의 문제를 이미 상세히 다루고 있기 때문에, 본 논문은 이 두 논문을 많이 참조하였다. 이외에도 建州女眞을 연구한 연구성과로는 張士尊, 「明朝與朝鮮交通路線變化考」(『鞍山師範學院學報』, 2000年 12月) 등을 들 수 있다.[213]

中華人民共和國(이하 '中國'으로 간칭함)은 '多民族統一國家論'에 기초하여 고대부터 현재까지 변경지역의 안정화 정책을 모색하며 自國의 미래전략을 만들어 나가고 있다. 그 속에는 민족, 강역, 국경, 그리고 정치적 안정 등 해결해 나가야 할 중요한 주제들이 있으며, 이를 위해 전통시대부터 그 역사적인 근거를 찾으며 나름대로의 이론을 정립해 나가고 있다. 明代 역시 이러한 문제들을 해결하기 위해 연구해야할 중요한 시대로 포함되어 있다.

明代는 明, 朝鮮, 몽골, 女眞 등이 滿洲를 둘러싸고 치열한 각축을 벌였으며, 明이 女眞 지역을 직접적인 관할지역으로 편입시키고

---

213) 建州女眞을 연구한 최근의 논문으로는 刁書仁, 「論明前期斡朶里與眞與明·朝鮮之關係」(『中國邊疆史地硏究』 2002年 3月 第12卷 第1期), 李婷, 「明前期朝鮮族移居遼東的原因, 途徑及開發貢獻」(『鄂州大學學報』 第9卷 第3期, 2002.7), 王臻, 「朝鮮太宗與明朝爭奪建州女眞所有權述論」(『延邊大學學報』(社會科學版) 2003年 9月), 于曉光, 「明朝與朝鮮圍繞女眞問題交涉論析」(『歷史硏究』, 2003年 第1期 第19卷), 劉秉虎, 「建州女眞與朝鮮交涉之硏究」(『大連大學學報』, 2003年 6月, 第24卷 第3期) 등이 있다.

자 다양한 시도를 하였으나 결국 관할지역으로 만들 수 없었던 시기였다. 이 때문에 이러한 시대적 한계와 모순을 多民族統一國家論으로 포장하기 위해 明代 滿洲 지역을 둘러싼 민족, 강역, 국경 등의 문제는 중국의 중요한 연구주제로 설정될 수밖에 없다. 이 때문에 永樂年間 왕성한 대외활동을 통해 黑龍江 하류에 설치한 奴兒干都司는[214] 吉林, 黑龍江, 鴨綠江, 豆滿江 지역을 明代의 강역으로 해석해 내고 漢族의 우수성을 강조하는 동시에 明의 주변국 곧 朝鮮 등과 발생하였던 邊界 곧 國境紛爭, 민족적 갈등, 강역, 女眞管轄權 등의 문제를 해결할 수 있다는 인식하에 중국 학자들의 중요한 연구주제가 되었다.

이러한 女眞 지역에 대한 연구는 전반적인 만주연구 이외에 女眞에 대한 明의 지배력에 대한 한계를 밝힐 수 있는 동시에, 朝鮮과 관련하여 豆滿江과 鴨綠江이 실질적인 朝鮮과 明의 國境線이 될 수 없다는 기초적인 단서를 제공할 수 있을 것이다.

明 나라와 여진의 충돌

14세 후반 明은 '靖難의 役'이라는 내전에 휩싸여 있었다. 그리

214) 楊暘 外, 『明代奴兒干都司及其衛所研究』(中州書畵社, 1982); 楊暘, 『明代遼東都司』(中州古籍出版社, 1988); 『中國的東北社會 十四～一七世紀』(遼寧人民出版社, 1991); 『明代東北史綱』(學生書局, 1993), 叢佩遠, 『中國東北史』 第3卷(吉林文史出版社, 1998), 河內良弘, 『明代女眞史の研究』(東朋舍, 1992), 江嶋壽雄, 『明代淸初の女眞史研究』(中國書店, 1999) 등을 들 수 있다.
奴兒干都司에 관련한 연구 성과 중 단행본으로는 1982년에 출판된 楊暘 등의 『明代奴兒干都司及其衛所研究』가 유일하다. 이 성과물은 多民族統一國家論의 논리를 가장 잘 대변하고 있는 자료로 '征服王朝論'을 부정하고 遼, 金, 元의 영토를 모두 중국의 영토로 인식하고 있다. 따라서 明이 元의 정통성을 계승한 정통왕조라는 시각에서 奴兒干都司는 元의 영토를 관할하기 위한 정당한 진출이었으며, 奴兒干都司와 吉林 黑龍江 지역의 女眞衛所는 크게 보면 明의 영토이며 작게는 奴兒干都司의 관할이었다는 주장을 전개하고 있다.

고 마침내 1402년 내전을 통해 조카 惠帝가 제거되고 삼촌 燕王은 永樂帝(成祖)로서 황제위에 올랐다. 그의 즉위는 15세기 새로운 시대를 알리는 상징이자 明의 정책이 활발한 대외활동으로 전환된다는 것을 의미하였다. 그의 시기 明을 위협하는 가장 강력한 세력은 몽골이었다.

洪武時期는 대규모 군사력을 동원하여 치열한 전투를 통해 몽골세력을 축출하는 한편 都司와 衛所體制를 통해 遼東 등 長城 地帶에 9邊을 형성하고, 兀良哈 3衛, 關西 7衛 등 몽골 제 세력을 衛所體制에 편입하여 북방의 방어역량을 강화해 나가려던 시기였다. 都司·衛所體制는 각 지역에 따라 그 규모와 성격이 조금씩 달랐으나 기본적으로 몽골과 女眞 등 변방을 방어하는 가장 중요한 방어조직으로 遼東, 宣府, 大同 등 장성일대를 수비하는 군사조직의 중심이었다. 洪武 8년(1375) 遼東都司가 설치된 이후 25衛 體制를 정비·확대해 나가면서 所, 35개의 驛站網, 물자를 수송하는 遞運所, 공문을 전달하는 急遞鋪, 遼河를 중심으로 하는 河運, 물자 공급을 위한 山東과의 海運 연결 등을 갖추며 遼東都司의 방어력과 체제를 강화시켜 나갔다.

永樂年間에는 洪武年間에 구축한 군사체제를 기반으로 대외적으로 팽창해 나가는 동시에 더 이상 전략적으로 유지하기 힘든 지역은 과감히 포기하고 방어선을 축소하였는데, 黃河의 오르도스(河套) 지역, 大寧, 東勝 등의 지역이 그 대상이 되었다. 그리고 몽골 세력 중 遼東 北部에 자리 잡은 兀良哈 3衛는 장기적으로 明의 울타리가 될 수도 있고 유사시 위협이 될 수도 있었기 때문에 明은 그들 3衛의 대표를 각각 王으로 봉하는 등 높은 대우를 해 주었으며, 이를 통해 그들을 明의 변방을 보호하는 울타리로 삼고자 하였다. 그리고 몽골정책의 일환 속에서 成祖의 5차 몽골친정이 구상되었다.

요동의 중심강인 요하의 모습. 요동과 요서를 가르는 기준이 되며 발해만으로 흘러들어간다.

明이 5차의 몽골친정을 진행하는 과정에 遼東의 역할은 중요하였다. 遼東都司의 동부에 해당하는 지역은 女眞이 거주하고 있었지만 그 세력이 강하지 못하고 거주지역이 넓어서 몽골의 침입으로 그들에게 흡수되거나 그들과 연합하여 새로운 위협세력이 될 수 있었기 때문에 명은 몽골지역 이외에 이 지역에 새로운 거점을 만들 필요성을 잘 알고 있었다. 松花江과 黑龍江 지역은 몽골과 쉽게 연결될 수 있었기 때문에 이 지역의 방치는 요동에 새로운 위기를 가져올 수 있었다. 그리고 豆滿江과 鴨綠江 유역의 女眞은 朝鮮과 接境하고 있었고 이 지역의 女眞人들이 이미 상당 수 회유 정책에 의해 朝鮮의 부역에 종사하거나 호적에 편입되어 있어서 이 지역에 대한 방치는 장차 明이 영향력을 행사하기 힘든 지역으로 변할 수도 있었다. 이처럼 女眞 지역은 몽골의 방어, 몽골친정에 필요한 배후 지원세력의 확보, 朝鮮과 女眞의 단절, 戰馬의 확보 등 전략적인 측면에서 매우 중요하였다.

이러한 이유로 明나라는 이미 洪武年間부터 여진지역으로 진출을 시도하고 있었다. 그러나 松花江 유역 등 女眞 지역은 遼陽에 자리 잡고 있던 遼東都司와 거리가 멀고 식량 보급이 어려워 洪武 21년(1388)에 이들 지역에 설치하려 했던 鐵嶺衛, 三萬衛 등을 모두 포기하고 遼東都司 지역(대체로 현재의 遼寧省 지역에 해당)으로 방어선을 축소함으로써 女眞 지역으로의 진출시도는 모두 좌절되었다. 女眞 지역에 설치하려던 三萬衛는 遼東都司 북부 開原(현재 遼寧省 開原市)으로,[215] 東寧衛[216] 역시 洪武 13년(1380)에 東寧·南京·海洋·草河·女眞 등 5개의 千戶所로서 女眞지역에 설립되었으나[217] 洪武 19년(1386)에 遼東都司 지역으로 옮겨 東寧을 衛로 승격시키고 5개 所를 설치함으로써[218] 南京·海洋·草河·女眞 등은 女眞지역이 되었다.[219] 그리고 洪武 23년(1390)에는 遼南의 遼海衛를 開原 북쪽으로 옮기고 인구를 이주시킴으로써 遼東北部의 몽골에 대한 방어선을 강화하였다.[220] 이러한 洪武年間의 상황

215) 三萬衛가 설치된 開原에는 南關(廣順關)·北關(鎭北關)·西關(淸河關) 등의 三關三市를 설치하여 海西·建州·毛憐 등의 女眞部와 몽골을 대상으로 互市를 열었다. 이곳은 교류의 중심지이자 遼東의 북부 관문에 해당하는 중요한 軍事와 經濟의 중심이었다. 永樂 7년(1409)에는 衛所政策에 따라 開原 성내에 安樂州·自在州(自在州는 正統 8년에 遼陽으로 옮김)를 설치하여 몽골과 女眞 등의 귀부자들을 적극적으로 이주시킴으로서 변경의 인구를 증가시키고 북부의 다양한 임무를 수행하도록 하였다.

216) 기존의 연구성과 河內良弘, 「明代遼陽の東寧衛について」(『東洋史硏究』 44-4, 1966)와 徐仁範, 「明代의 遼東都司와 東寧衛」(『明淸史硏究』 第23輯, 2005) 등은 東寧衛가 외교사절과 통사의 배출, 사신의 수행, 조선사행의 연회, 여진과의 관계 등에 중요한 역할을 수행하였음을 밝혔는데, 이로써 보면 東寧衛가 매우 중요한 역할을 하였음을 알 수 있다.

217) 『遼東志』 卷1, 地理.

218) 『遼東志』 卷2, 建置.

219) 『明實錄』 洪武 19年 7月 戊午. 東寧衛는 상당수 高麗(朝鮮)人으로 구성되어 있었으며 對朝鮮 外交政策의 통로로 이용되었다. 明은 東寧衛의 朝鮮人을 百戶·千戶 등으로 임명하여 明의 사절단에 참여시키고 통사 등의 역할을 하게 함으로써 양국 사이의 외교적 현안을 풀어가는 중요한 역할을 하도록 하였다.

들은 모두 여진지역으로의 진출을 뒤로하고 遼東都司와 25衛 체제를 기본적으로 완성하려는 공통점을 가지고 있다.[221] 이처럼 洪武年間 明은 女眞 지역으로 진출하고자 하였으나 모두 좌절되었다. 당시 동부의 女眞에 비해 宣府, 大同, 遼東 등의 북부는 몽골세력들이 변경을 공격하고 있었기 때문에 東部 女眞地域으로 진출하는데 모든 역량을 집중할 수 없었던 것도 중요한 이유이다. 이처럼 명초 女眞지역은 明의 영향력이 미칠 수 없었으며, 明 보다 오히려 몽골의 공격과 약탈을 두려워하고 있었다.

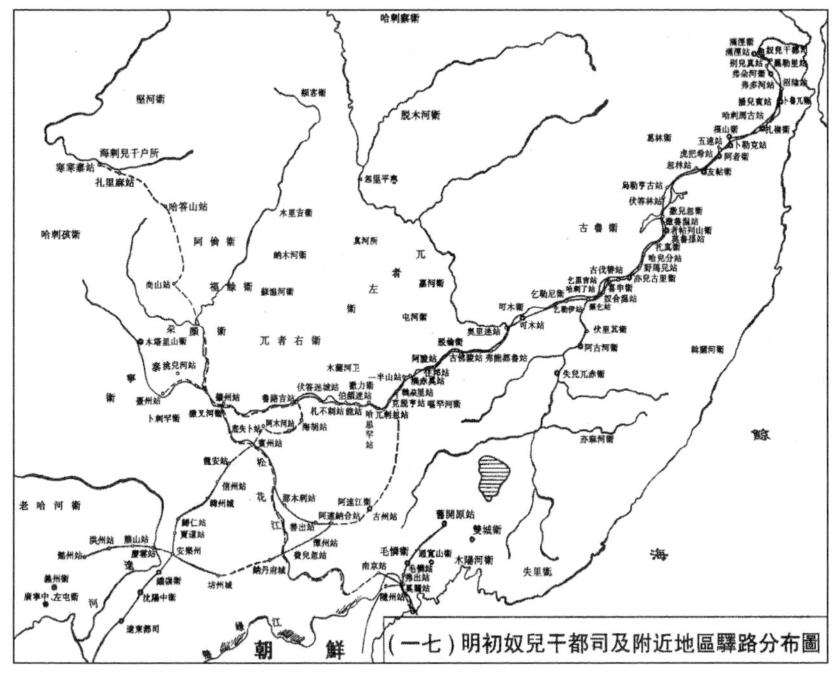

노아간도사로 가는 역로도(노아간도사는 지도 우측 위쪽 끝에 있다)

220)『明實錄』洪武 21年 3月 辛丑.

221) 張士尊, 2002, 「明代遼東都司軍政管理體制及其變遷」, 『東北師大學報』(哲學社會科學版), 70쪽.

이처럼 洪武年間이 遼東都司를 통해 북변의 방어체계를 강화시킨 시기였다면 永樂年間(1403~1424)은 奴兒干都司와 다수의 衛所를 吉林·黑龍江 등 다른 지역으로 설치하면서 관할권을 확대시키려는 시기였다고 할 수 있다. 우선 永樂年間 明의 女眞進出 試圖의 성격을 밝혀보기 위해 주목해야 할 것은 奴兒干都司의 설치이다. 서론에서 밝힌 바와 같이 奴兒干都司는 永樂年間 黑龍江 하류에 설치되었다. 奴兒干은 都司로 개설되기 이전 永樂 2年(1404)에 女眞의 추장 把剌答哈이 내조하여 奴兒干衛를 설치한 것에서 시작하였는데, 永樂 7년(1409)에 奴兒干都司의 설치가 결정되었고,[222] 永樂 9년(1411)에 奴兒干都司가 되었다.[223] 奴兒干都司의 기능과 성격을 파악하기 위해 살펴보아야 할 중요한 자료는 『明實錄』 이외에 『敕修奴兒干永寧寺碑記』와 『重建永寧寺碑記』라고 할 수 있다. 이 비문은 奴兒干都司가 설치된 후 永寧寺를 건립하였는데 모두 이 사원과 관련된 석비이며, 현재 두 개의 碑가 모두 남아 있다. 碑記에는 奴兒干都司와 관련된 기록들이 상당수 남아있는데, 비문을 통해서 분석해 보면 奴兒干都司 개설 이전에 이미 3차례의 군사적 활동이 이루어 졌고 奴兒干都司를 개설하면서 대규모의 군사적 활동이 진행되었음을 알 수 있다.[224] 奴兒干都司 설치 이후 진행된 군사적인 활동시기는 1차와 2차는 각각 1409년, 1412년, 3차와 4차는 永樂 13년(1415)~永樂18년(1420) 사이 그리고 마지막 5차는 永樂 後期로 추측된다.[225] 宣德年間에 진행된 군사활동을

222) 『明實錄』 永樂 7年 6月 己未,"置奴兒干都指揮使司,經歷司經歷一員"

223) 『敕修奴兒干永寧寺碑記』 "是以皇帝勅使三至其國…永樂九年春, 特遣內官亦失哈, 率官軍一千餘人, 巨船二十五艘, 復至其國, 開設奴兒干都司.

224) 『敕修奴兒干永寧寺碑』.

225) 楊暘, 1991, 『中國的東北社會 十四~一七世紀』(遼寧人民出版社), 132쪽.

포함하면 모두 모두 9~10차례에 이른다. 그리고 亦失哈 등의 지휘 하에 군사를 이끌고 5차례 奴兒干에 간 목적은 군사적 활동, 奴兒干都司의 설치, 女眞과의 접촉과 회유, 女眞人의 歸化, 해동청 등 지방 토산물의 확보 등으로 파악되고 있다.[226)]

칙수 노아간 영녕사비

중건 영녕사비

『明實錄』과 두 碑文의 기록을 분석해 보면 파견된 군사들을 이끌고 있는 대표 관직이 ①欽差, ②奴兒干指揮同知, ③都指揮僉事, ④指揮, ⑤千戶, ⑥百戶 등 대부분 무관직으로 구성되어 있으며,[227)] 간단한 문서의 작성이나 이첩 정도를 관장하는 經歷과 吏 등으로, 매우 소략하게 지휘체계가 구성되어 있음을 알 수 있다. 곧 『明實錄』 등의 기록과 碑文의 어디에도 奴兒干都司가 遼東都司와 같은 斷事司, 司獄司 등을 설치하여 행정과 사법권을 행사했다

226) 「重建永寧寺碑記」, 『滿洲金石志』, 1976.
227) 「敕修奴兒干永寧寺碑記」, 「重建永寧寺碑記」 1976, 앞의 책.

는 기록이 없다. 또한 10여 차례 1천여 명 또는 그 이상의 군사들이 대대적으로 奴兒干 지역에 진출하였지만 官吏가 장기간 상주한 흔적이 전혀 보이지 않는다. 이것은 亦失哈, 康旺 등 지휘관을 奴兒干에 보내 일정기간 군사적 활동을 전개하였으나 奴兒干都司가 奴兒干 지역에 정식으로 설치된 상설기구가 아니라 필요에 따라 10차례 군사적 활동을 전개한 임시군사기구임을 의미하는 것이라 할 수 있다. 따라서 奴兒干都司 지역의 지리적인 조건이 매우 열악하였고, 군사가 파견되지 않았을 때는 아무런 활동도 진행되지 않았다. 때문에 奴兒干都司가 黑龍江 지역 이외에 松花江, 豆滿江, 鴨綠江 나아가 요동북부의 몽골 兀良哈 3衛 등 女眞 지역과 인근의 모든 衛所를 관할하였고 이를 근거로 明이 黑龍江 유역의 女眞을 관할했다는 중국의 주장은 再考해 볼 필요가 있다.

遼東都司와 奴兒干都司와의 관계를 통해서도 奴兒干都司가 女眞衛所들에 대해 관할권과 영향력이 없었다는 것을 추론할 수 있는데, 우선 奴兒干都司의 주요관리들은 遼東都司로부터 파견되었다. 예를 들면 康旺, 王肇舟는 遼東都司 東寧衛, 佟答剌哈은 三萬衛의 관리들 이었는데, 그들은 누차 奴兒干都司에 사신으로 파견되어 임무를 끝낸 후 다시 遼東都司로 복귀하여 遼東都司 소속 각 衛의 일을 처리하였다. 기타 군량과 기타 생활필수품 역시 대부분 遼東都司의 계획 하에 지원되었는데,[228] 遼東都司로부터 군사와 군량을 수송할 선단을 구성하기 위해 松花江 유역에서 대대적으로 배가 건조되었다. 그러나 明은 宣德 4년(1429) 12월 선박건조의 어려움, 교통의 불편, 소비의 과다, 실익의 부족, 여진과의 충돌 등 여러 가지 이유를 들어 亦失哈 등 奴兒干都司에 파견 나가있던 군사를

228) 『朝鮮王朝實錄』 文宗 零年 12月 甲戌.

다시 요동으로 불러들이고자 하였고[229] 다음 해 松花江 유역의 선박제조창을 폐쇄하기로 최종 결정함으로써 黑龍江으로 진출하여 관할범위를 확대하려던 계획은 실현될 수 없었다.[230]

그리고 成祖가 女眞 지역으로의 진출을 시도하기 위해 설치한 것이 建州衛이다. 永樂 元年(1403) 永樂帝는 朝鮮과 가까운 豆滿江 유역의 女眞 지역으로도 진출을 시도하고자 하였다. 이 시기 建州女眞 胡里改部[231]의 우두머리 阿哈出(于虛出)은 이미 朝鮮의 통제를 받고 있었는데, 그는 朝鮮의 관직을 수여받고 호적에도 편입되었다.[232] 그러나 永樂年間 明이 女眞 지역으로 진출을 시도함으로써 朝鮮과 胡里改部와의 관계에 변화의 조짐이 나타나기 시작하였다.[233] 永樂 元年(1403) 11월 成祖는 칙유를 내리고, 胡里改部가

---

229) 『明實錄』 宣德 4年 12월 壬辰.

230) 『明實錄』 宣德 10年 正月 甲戌. 宣宗은 遼東總兵官 都督僉事 巫凱, 遼東都司 都督僉事 王眞, 鎭守太監 王彦과 院堯民 등에게 칙서를 보내 ① 采捕, 造船 ,運糧 등의 일은 모두 정지시키고, ② 가지고 갔던 것들은 모두 遼東의 창고로 옮기며, ③ 파견되었던 내외관원들은 모두 回京시키고, ④ 관군 등은 각각 해당 衛所로 보내 役에 종사할 것을 명함으로써 실제 奴兒干都司의 기능을 정지시켰다.

231) 胡里改部는 훗날 建州女眞을 형성하는 중요한 부분이 된다. 胡里改는 또한 火兒阿 또는 兀良哈이라고 칭하였는데, 元代 5萬戶(후에 3萬戶만 존재하였다) 중의 하나였다. 胡里改人은 처음 松花江 하류의 黑龍江城 依蘭(三姓)에 거주하고 있었는데, 元末期에는 南遷하여 장기적으로 牧丹江 중하류에 거주하였다. 이 때문에 당시 牧丹江은 胡里改江이라고도 칭하였다.

232) 『조선왕조실록』 태조 4년 12월 계묘. 임금이 즉위한 뒤에 적당히 萬戶와 千戶의 벼슬을 주고, 李豆蘭을 시켜서 女眞을 招安하여 被髮하는 풍속을 모두 冠帶를 띠게 하고, 禽獸와 같은 행동을 고쳐 예의의 교화를 익히게 하여 우리나라 사람과 서로 혼인을 하도록 하고, 服役과 納賦를 編戶와 다름이 없게 하였다.

233) 『조선왕조실록』 태종 4년 12월 경오. 元末·明初 永樂帝가 燕王이었던 시절 于虛出[阿哈出]의 딸을 妃로 삼았으며, 그녀가 훗날 永樂帝의 3째 황후가 되었기 때문에 永樂帝는 阿哈出과 혈연적으로 친속관계가 되었다. 이는 明이 阿哈出을 회유하는 좋은 이유가 되었다. 이외에도 자연조건의 영향, 다른 女眞 부족의 습격으로 胡里改部와 斡朶里部는 계속 남천하였다. 洪武 5年(1372) 전후 胡里改部는 牧丹江에서 남쪽의 綏芬河 이남, 豆滿江 이북 訓春(琿春) 河口로 옮겨오고, 斡朶里部 역시 訓春河口에서 豆滿江 이남의 慶源과 鏡城으로 옮겨왔다.

거주하는 땅에 建州衛軍民指揮使司를 설치하고 阿哈出을 建州衛指揮使로 임명하면서 그에게 衛印을 지급하였다.[234] 1404년(永樂 2) 3월에는 忽的河, 法胡河, 卓兒河, 滿利河 등 많은 女眞人들이 建州衛로 내조하기 시작하였는데,[235] 建州女眞이 분포하고 있던 豆滿江 會寧[阿木河] 지역은 토지가 비옥하고 농경에 적합하였으며, 朝鮮과 왕래가 편리하여 耕牛와 생산기술 등을 손쉽게 수입할 수 있는 조건을 갖추고 있었기 때문에 자연스럽게 女眞人들의 거주지가 될 수 있었다.

明朝는 阿哈出에게 李誠善(혹은 李思誠)을 賜姓하였으며, 永樂 3년(1405) 9월 阿哈出의 장자 金時家奴(釋加奴)에게 역시 建州衛 指揮使를 수직함으로써 그들을 明의 영향력 하에 두고자 하였다.[236] 永樂年間 女眞 지역으로 점차 진출함에 따라 明과 阿哈出의 관계 역시 점차 밀접해지고 있었던 것이다. 永樂 20년(1422)이 되자 建州衛와 毛憐衛의 일부는 遼東都司와 鴨綠江에서 가까운 渾江지역[237]으로 南遷하였다. 建州衛가 南遷한 渾江 지역은 당시 李顯忠의 아들 李滿住에 의해 관할되기 시작하였는데,[238] 宣德 6년(1426) 李滿住는 建州衛指揮使에서 都督僉事로 승직되었다.[239] 渾江으로

234) 『明太宗實錄』 永樂 元年 11月 辛丑.

235) 『明太宗實錄』 永樂 6年 3月 辛酉.

236) 『조선왕조실록』 태종 6년 3월 병신.

237) 渾江(婆猪江)의 위치는 吉林省 동남의 通化와 遼寧省 동부의 桓仁·寬甸에 해당하는데, 이 지역은 鴨綠江과 朝鮮의 군사 중진 閭延·江界와도 아주 근접한 지역이다. 곧 朝鮮의 서남로 요충지에 해당하는 지역이다. 渾江은 婆猪江으로도 불리는데, 鴨綠江으로 흘러드는 지류이다. 朝鮮의 국경과 접하고 있으므로 이 지역으로 들어 온 女眞이 성장한다면 朝鮮과 명 遼東都司와의 충돌이 불가피하다.

238) 『明宣宗實錄』 宣德 6年 正月 辛巳. 李顯忠은 이 당시 이미 죽었다고 보여진다. 그 이유는 이미 그의 이름 앞에 '故'자를 쓰고 있으며 이후 『明實錄』에 나타나지 않기 때문이다.

239) 『明宣宗實錄』 宣德 元年 3月 辛丑. "承建州衛指揮僉使李滿住爲都督僉事 襲父職".

南遷한 이후 建州衛의 李滿住는 朝鮮의 江界와 閭延을 왕래하며 식량 등의 생활필수품을 요청하면서 朝鮮의 지방관을 만나려는 외교적 노력을 다하였다.[240] 建州衛는 형식적으로 明의 衛所에 편입되어 있었으나 鴨綠江 서쪽으로 그 거주 지역을 옮기며 조금씩 세력을 성장시키고 있었다.[241]

建州여진의 성장과 변경 정세

永樂年間 明이 女眞 지역에 설치하기 시작한 衛所는 明의 관할범위를 넓히고 몽골을 견제하려는 시도에서 시작되기도 하였지만 鴨綠江과 豆滿江을 접하고 있는 朝鮮을 견제하려는 목적도 가지고 있었기 때문에 明과 朝鮮은 여진관할권을 놓고 마찰을 일으킬 수밖에 없었다. 朝鮮과의 직접적인 마찰을 가져왔던 洪武年間의 鐵嶺衛, 三萬衛 설치 시도 역시 서로 여진지역에 대한 진출과 관할권의 확보라는 배경을 가지고 있었으며, 永樂年間 10處 女眞人 문제도 같은 맥락에서 이해할 수 있다.

10處 女眞의 문제가 朝鮮에 유리하게 종결된 이후에도 明이 女眞 지역을 관할하려는 움직임은 계속되었다. 明初 대표적인 예가 斡朶里部의 猛哥帖木兒를 明으로 흡수하려는 노력이었다. 猛哥帖木兒는 '孟特木' 또는 '孟特穆'으로 기록되기도 하며 後金을 건립하는 누르하치의 6代祖이다.[242] 초기부터 豆滿江 유역으로 이동과정을

---

240) 『조선왕조실록』 세종 7년 3월 정해.

241) 『조선왕조실록』 세종 15년 2월 기해. "吏曹左參判金益精曰, …… 獨念西自婆猪, 東至于海, 野人之居, 多則百餘聚, 小則數十戶, 厥類非一, 同惡相濟".

242) 『조선왕조실록』 태조 4년 12월 계묘. 원 시기 猛哥帖木兒의 부친은 斡朶憐部(알타리 혹은 오도리)의 豆漫(萬戶) 직을 받았으며 소속 女眞과 북변을 방어하였다. 元末

누르하치 조상들의 묘 영릉. 흥경에 있으며 여진족이 성장하는 중심지였다.

거친 斡朶里部는 朝鮮과 많은 접촉을 하면서[243] 그 의존도도 깊어졌다. 특히 10處 女眞과 마찬가지로 朝鮮은 豆滿江 유역의 女眞問題를 중요한 현안으로 삼고 지속적으로 추진한 결과 斡朶里部를 이끌고 가던 猛哥帖木兒를 초기부터 朝鮮의 영향력 하에 둘 수 있었는데, 이제 明이 그들을 衛所體制에 편입시키고 그들의 우두머리인 猛哥帖木兒를 영향력 하에 두고자 하고 있는 것이다.

당시 明이 豆滿江 유역을 비롯하여 松花江, 黑龍江 유역으로 진

期 猛哥帖木兒는 그 아버지의 직을 세습하여 元末에 남아있던 3개 萬戶府 중 하나의 萬戶가 되었는데, 元末·明初 斡朶里 萬戶府의 萬戶가 되었다. 猛哥帖木兒는 明初期부터 다른 부족인 兀狄哈과 잦은 싸움과 몽골족의 침입으로 洪武 5년(1372) 斡朶里部를 거느리고 고향을 떠나 목단강을 거슬러 이동하여 우선 豆滿江 하류의 訓春河 입구 곧 元代 奚關總管部 奚關城으로 옮겼다. 그러나 奚關城 역시 몽골세력으로부터 안전할 수 없었으며, 여전히 兀狄哈의 빈번한 습격을 받음으로써 洪武 20년(1387)을 전후하여 猛哥帖木兒를 수령으로 하여 재차 豆滿江 유역의 慶源, 鏡城 일대로, 1388년에 다시 豆滿江 상류에 해당하는 지금의 朝鮮 동북경내인 阿木河 일대로 이동하여 高麗人들과 함께 혼거하였다.

243) 『北路紀略』 州郡沿革.

출하고 있었던 것은 앞서 언급한 바와 같이 女眞 지역을 몽골과 차단시키고 女眞을 明의 영향력 아래에 두려는 목적이 있었다. 특히 永樂年間은 수 십만의 대군을 동원한 成祖의 5차 몽골 정벌이 계속 진행되고 있었기 때문에 이를 배후에서 지원하기 위한 목적의 일환으로 黑龍江 유역에 奴兒干都司를 세우고 女眞衛所를 설치하였는데, 이를 고려해 보면 豆滿江 유역의 女眞이 朝鮮으로 편입되거나 독자적인 세력으로 형성되는 것은 明의 女眞政策 및 遼東의 지역사령부에 해당하는 遼東都司에게 유리할 것이 없었기 때문에 女眞 지역으로의 진출은 전략상 중요한 사안이었다. 그리고 豆滿江을 확보할 경우 遼東都司에서 가까운 鴨綠江과 연결시켜 변경 방어선으로 설정하게 되면 朝鮮과 女眞을 분리시키고 나아가 鴨綠江과 豆滿江 유역의 女眞을 쉽게 통제할 수 있는 전략적 이점이 있었다. 따라서 장기적으로 遼東都司의 안전을 확보하고 몽골 親征의 배후세력을 확보하는 등 많은 군사적 이득을 얻을 수 있었기 때문에 豆滿江 유역으로 이동해 온 猛哥帖木兒에 대한 明의 관심은 각별하였다. 특히 明은 이미 太祖年間에 鐵嶺衛와 三萬衛를 각각 鴨綠江과 豆滿江 유역에 설치하려다가 좌절된 경험이 있었기 때문에 그들의 회유는 이전과는 달리 매우 강도 높게 진행되었다.

1403년 明은 朝鮮에 칙유를 내려 猛哥帖木兒의 斡朶里, 兀良哈 등에 대한 관할권을 포기하도록 하였다.[244] 朝鮮은 明의 입장을 미리 파악하고 있었지만 豆滿江 유역은 朝鮮의 중요한 변경이었기 때문에 10처 女眞의 문제와 마찬가지로 猛哥帖木兒를 포기할 수는 없었다. 朝鮮은 다양한 물품 공세와 함께 猛哥帖木兒에게 上將軍의 관직을 내리고 동시에 기타 女眞人들에게도 護軍, 司直, 副司直

244) 『조선왕조실록』 태종 3년 6월 신미.

등으로 임명함으로써 그들을 朝鮮으로부터 이탈되지 않도록 최대한의 조치를 취하였다.[245] 이러한 노력의 결과 猛哥帖木兒는 명나라 사신 千戶 高時羅 등에게 자신들을 吾都里衛라고만 하고 萬戶의 이름을 기록하지 아니하였다는 이유를 들어 明으로 귀부하라는 황제의 칙서와 명령을 거절하고 明과의 단절을 통보하였다.[246]

猛哥帖木兒의 거절에도 永樂 3년(1405) 정월과 3월에 成祖는 다시 千戶 高時羅와 王敎化的을 보내 猛哥帖木兒와 지속적으로 여진과 접촉하는 한편, 朝鮮에게도 칙서를 보내 협조를 요구하는 이중외교술을 전개하였다.[247] 明의 입장에 대해 朝鮮은 이미 猛哥帖木兒 등은 朝鮮의 호적에 편입되어 있으며, 더구나 그들은 이전에 明 成祖가 차지하려다가 朝鮮의 영토로 인정하고 포기한 10處 女眞 지역에 포함되어 있다는 합리적인 이유를 설명하여 明에게 이 지역의 女眞을 양보할 수 없음을 분명히 하였다.[248]

그리고 실질적으로 朝鮮이 明에게 猛哥帖木兒를 양보할 수 없는 전략적인 이유도 있었다. 곧 猛哥帖木兒는 당시 朝鮮의 邊境을 보호하는 울타리 역할을 하였는데,[249] 이들 울타리가 무너지면 조선 역시 기타 兀狄哈 같은 朝鮮에 적대적인 女眞이나 몽골의 약탈대상지가 되기 쉬웠기 때문에 이들을 회유하려는 조선의 노력 역시 지속될 수밖에 없었다.[250]

永樂年間 明의 女眞에 대한 지속적인 接觸과 威脅은 朝鮮과 猛哥帖木兒의 관계에도 영향을 미쳤다. 明의 사신 王敎化的의 끊임

245) 『조선왕조실록』 태종 4년 3월 갑인, 기미; 태종 5년 2월 기축.
246) 『조선왕조실록』 태종 5년 춘정월 경자.
247) 『조선왕조실록』 태종 5년 3월 병오.
248) 『조선왕조실록』 태종 5년 5월 경술.
249) 『조선왕조실록』 태종 5년 3월 기유.
250) 『조선왕조실록』 태종 5년 4월 을유.

없는 접촉과 회유로, 永樂 3년(1405) 5월 猛哥帖木兒는 마침내 기존의 明에 대한 강경한 태도를 버리고 회유되어 明의 京師에 갈 계획을 세웠다. 그리고 明은 한걸음 나아가 朝鮮을 강하게 질책하며 朝鮮과 猛哥帖木兒의 관계를 단절시키고자 하였다.[251] 永樂 3년(1405) 9월 마침내 猛哥帖木兒는 明의 京師에 도착하였다.

猛哥帖木兒는 明에 귀부하여 建州衛 指揮使의 관직을 받고, 관직을 받은 후 여전히 豆滿江의 阿木河(會寧)에 거주하였다.[252] 猛哥帖木兒가 明 조정으로부터 관직을 받았지만, 지리적인 그리고 경제적인 이유로 朝鮮과의 관계를 단절할 수는 없었으며, 朝鮮과의 관계를 유지하기 위해 비정기적으로 공물을 헌상하는 등 明과 朝鮮 사이에서 양면 외교술을 발휘하였다.[253] 그러나 이러한 女眞의 태도는 결국 훗날 猛哥帖木兒 등의 建州女眞이 朝鮮을 등질 수도 있고, 또한 요동정세가 불안정하게 되면 朝鮮과 明의 邊境에서 상호 충돌하는 사태로도 변화될 수 있었음을 의미하는 것이었다.

朝鮮과 猛哥帖木兒의 충돌은 예상대로 永樂 8년(1410) 3월 吉州道察理使 趙涓이 毛憐衛의 指揮 把兒遜을 죽이면서 시작되었다.[254] 毛憐衛는 建州衛가 남천할 때 일부는 會寧지역에, 또 다른 일부는 婆猪江 유역의 李滿住와 함께 거주하고 있었기 때문에 毛憐衛는 建州衛를 구성하는 중요한 부분이었다. 그런데 朝鮮이 毛

---

251) 『조선왕조실록』 태종 5년 9월 기유. 질책의 내용은 지난날에 동북면 10處의 人民 2천여 명을 이미 모두 請한 대로 조선에 양보하였는데 皇后의 親族인 猛哥帖木兒를 조선이 양보해야한다는 것이었다. 곧 朕이 土地를 빼앗는 것이 아니라 皇親 猛哥帖木兒를 회유할 뿐이라는 명분을 朝鮮에 전달하였던 것이다. 그러나 실상 猛哥帖木兒가 明에 회유된다는 것은 그 일대의 女眞 部族이 모두 明의 衛所體制에 편입될 수 있다는 것이므로, 朝鮮의 邊境에 불안정을 가져올 수 있는 중요한 요인이 되었다.

252) 『조선왕조실록』 태종 7년 4月 계묘.

253) 『조선왕조실록』 태종 10년 2月 기미.

254) 把兒遜은 八乙速, 劉八乙禾, 波乙所, 劉波乙所, 把乙遜 등 다양하게 나타나고 있다.

憐衛를 공격하는 과정에서 猛哥帖木兒 휘하의 指揮 阿亂의 손자 哈兒非, 加時仇 2명이 함께 피살당하였던 것이다.

명조가 毛憐衛를 세우기 이전 把兒遜은[255] 毛憐의 중심인물이었는데, 그는 朝鮮과 우호적인 관계를 유지하며[256] 빈번한 교류를 유지하고 있었다.[257] 그리고 吾音會에 이르러서는 猛哥帖木兒와 함께 본래의 뜻을 변치 말고 朝鮮을 섬기되, 두 마음을 갖지 말자고 맹세까지 하였던 것이다.[258]

이로써 보면 당시 朝鮮의 공격을 받기 전 毛憐衛의 把兒遜은 여전히 猛哥帖木兒와 같이 朝鮮의 영향력 하에 있었던 것이다.[259] 그러나 明은 永樂 3년(1405) 12월 毛憐衛를 세우고 把兒遜을 指揮使로 阿古車 등을 천호로 세우는 등 회유책을 시도하였다.[260] 女眞의 관할권을 명에게 빼앗기고 있다는 위기감이 감도는 가운데, 朝鮮은 변방의 방어를 강화하면서 豆滿江 유역의 女眞人에 대해 군사적 영향력을 강화시키고자 하였다. 이러한 조선의 변방 방어력 강화로 마침내 毛憐衛는 嫌眞兀狄哈과 연합하여 朝鮮 경내를 약탈하였던 것이다.

永樂 8년(1410) 3월 朝鮮 太宗은 吉州 道察理使 趙涓을 파견하여 毛憐衛 指揮 把兒遜·阿古車·着和·千戶 下乙主 등 네 사람을 유인하여 죽이고, 部族 수백 인을 섬멸하였다.[261] 이로써 毛憐衛는

---

255) 1405년 永樂帝가 王教化的을 파견하여 猛哥帖木兒를 明으로 끌어들일 때에도 여전히 把兒遜은 明을 등지고 朝鮮쪽으로 기울어져 있었다. 이 때문에 把兒遜·着和·阿蘭 등 3명의 萬戶는 길에서 明使 王教化的의 사람을 만났지만 朝鮮을 섬기고 있으며, 明使들을 상대하지 않겠다고 말하는 등 반명적인 입장을 보이기도 하였다.

256) 『조선왕조실록』 태종 4년 4월 계유.

257) 『조선왕조실록』 太祖 6년 정월 정축, 정종 원년 정월 경인.

258) 『조선왕조실록』 태종 5년 4월 을유.

259) 『조선왕조실록』 태종 5년 9월 갑인.

260) 『明太宗實錄』 永樂 3年 12月 甲戌.

朝鮮의 공격으로 심각한 타격을 입었으며, 朝鮮의 공격을 받은 女眞은 보복을 위해 다시 朝鮮에 대해 공격을 시도하였다. 東北面敬差官 尹夏·朴楣를 통해 4월, 5월에 兀良哈 등이 慶源과 阿吾知를 침노하여 군사 89명이 죽고 말 120필을 빼앗기는 등 상당한 피해를 입었다는 소식이 전해졌다.[262] 그리고 이 사건을 계기로 女眞의 朝鮮 변경침입이 계속 발생하였다. 永樂 8년(1410) 4월 慶源鎭撫 王庭의 狀呈에 의거하면, ① 4월 초4일에 蘇州 賊人 所訖剌가 친아우 加乙土 등 50여 명이 남녀 5명과 農牛 2隻을 쏘아 죽이고, 말 3필을 빼앗아 갔으며, ② 4월 초5일, 吾都里 猛哥帖木兒의 친아우 於虛里가 1백 50여 명 등을 포로로 잡아 갔고 ③ 4월 초10일 賊軍 20여 명이 길가에 잠복하였다가 동행하던 鎭撫 權乙生 등 15명을 활로 죽였고, ④ 4월 13일 吾都里 仇老·甫也 등이 군사 1천명과 공격을 시도하여 兵馬使 郭承祐이 부상당하고 73명이 피살되는 등 잦은 공격으로 피해가 속출하였다.[263]

대외활동의 전성기이던 永樂年間 5차의 몽골친정을 시도하고 있었고 여진지역에 대대적으로 위소를 설치하였지만 그 결과는 만족스럽지 못하였던 것이다. 永樂 20년(1422) 장성지대 이외에 遼東 역시 여전히 몽골의 침입에 시달리고 있었고, 명의 몽골정벌에 建州左衛 指揮使 猛哥帖木兒 등이 지원부대로 참여하였으나 몽골 세력을 약화시키는데 많은 어려움이 있었다. 그리고 猛哥帖木兒는 永樂 21년(1423) 4월 몽골군의 보복을 피하기 위해 군사 1천여 명 등 모두 6,250명을 거느리고 阿木河 일대로 들어와[264] 다시 조선

261) 『조선왕조실록』 태종 10년 3월 을해.
262) 『조선왕조실록』 태종 10년 5월 을미.
263) 『조선왕조실록』 태종 10년 4월 갑자.
264) 『조선왕조실록』 세종 5년 4월 을해.

북경의 자금성. 영락제는 황제위를 찬탈한 후 1421년 북경천도를 단행하여 북변정벌의 기지로 삼았다.

과의 교류를 희망하기에 이르렀다.[265] 猛哥帖木兒가 阿木河로 이동할 때 女眞人 楊木答兀도 따라 왔는데, 그는 원래 開原 三萬衛의 千戶였으나, 遼東都司와의 갈등으로 永樂 20년(1422) 반란을 일으키고 開元을 약탈한 후 猛哥帖木兒를 따라 豆滿江 일대로 도망친 인물이다. 1423년 당시 猛哥帖木兒가 豆滿江 유역으로 올 때 그 역시 관하에 500여 戶를 거느리고 있었다.[266] 朝鮮은 이러한

265) 『조선왕조실록』 세종 5년 4월 을해. 『조선왕조실록』 세종 13년 춘정월 임진. 猛哥帖木兒는 朝鮮지역으로 이주한 후 明과도 여전히 관계를 유지하였는데, 猛哥帖木兒 동생 凡察 역시 늘 明에 입조하여 관계를 유지하였다. 그리고 凡察의 부재 시에는 猛哥帖木兒의 동생 權頭가 朝鮮과 왕래하며 다양한 遼東정보를 제공하여 朝鮮과의 교류를 진행하였다. 기록을 살펴보면 權頭는 猛哥帖木兒의 命으로 朝鮮에 入貢하여 海東青을 바치고 朝鮮 역시 그를 맞이하여 안장 갖춘 말과, 옷·갓·신, 染紬 7필, 染綿布 3필, 綿布 50필과 染細紬綿布 각 10필 등 다양한 하사품을 지급받고 있었다.

266) 『조선왕조실록』 세종 5년 8월 신해. 『조선왕조실록』 세종 5년 8월 경술. 吏曹判書

사실을 明에 다음과 같이 보고하였다.

> 楊木答兀이 천도를 거스르고 은덕을 배반하며 순종하기를 즐겨하지 아니하니, 장수를 보내 사로잡아서 北京에 보내는 것이 합당하나, 이 도둑이 깊고 인가도 없는 험한 곳에 숨어 있고, 또 길이 斡朶里·兀良哈 등의 야인 지방을 지나게 되어 있기 때문에 군사를 보내 잡기가 어려우므로 이러한 사정을 삼가 고합니다.[267]

楊木答兀이 많은 遼東 사람들을 잡아갔으므로 明은 우선 猛哥帖木兒로 하여금 잡혀간 遼東人들을 쇄환할 것을 요구하였다.[268] 이러한 明의 지속적인 요구로 宣德 7년(1432) 猛哥帖木兒는 楊木答兀에 의해 잡혀 온 82명을,[269] 1433년에 130명을 쇄환시켰다.[270] 그러나 楊木答兀은 嫌眞兀狄哈의 두목 阿答兀, 弗答哈 등 3백여 명을 거느리고 명의 사신 裴俊의 주둔지를 급습하는가 하면,[271] 2개월 후에는 野人 800여 명을 규합하여 阿木河를 다시 습격하기도 하였다. 이러한 그의 대대적인 공격으로 결국 朝鮮과 明이 서로 필요로 하였던 猛哥帖木兒와 그 장자 權頭가 피습당하여 죽고 차자 董山과 凡察은 겨우 도주할 수 있었다.[272]

許調는 遼東변경을 약탈하고 돌아온 楊木塔兀은 성격이 사납고 용맹스러워 변방을 소란스럽게 할 소지가 있다고 판단하고 있었으며, 明은 그를 잡아들이고자 하였으나 楊木塔兀은 보복이 두려워 숨어 다니며 明의 사신을 만나려하지 않았다.

267) 『조선왕조실록』 세종 6년 4월 기유.

268) 『조선왕조실록』 세종 12년 4월 신유, 13년 9월 무신.

269) 『明憲宗實錄』 宣德 7年 2月 丁酉.

270) 『조선왕조실록』 세종 15년 윤8월 임신.

271) 『조선왕조실록』 세종 15년 윤8월 임신.

272) 『조선왕조실록』 세종 15년 10월 무인.

토목보의 변으로 몽골에 포로로 끌려간 명나라 정통제 영종

楊木答兀의 약탈, 그리고 여진의 약탈을 막기 위한 朝鮮의 군사력 강화 등으로 建州左衛의 凡察과 董山 등은 마침내 宣德 10년(1435) 婆猪江 유역으로 이동하여 李滿住와 회합하고자 하였다.[273] 당시 李滿住의 建州衛는 婆猪江에서 興京으로 이주한 상태였으므로 猛哥帖木兒의 부락인 建州左衛의 婆猪江 이주는 결과적으로 興京에서 婆猪江에 이르는 넓은 지역에 毛憐衛를 포함한 建州세력이 분포하며 성장의 발판을 마련한 것으로 이해할 수 있다.[274] 그리고 明은 童倉 등의 건의에[275] 의해 會寧의 建州左衛를 婆猪江 쪽으로 이동할 것을 허락하였으며, 마침내 正統 5년(1449) 6월 300여 호를 거느리고 渾河 상류의 蘇子河 유역으로 이동하여 建州衛의 李滿住와 회합하였던 것이다.[276]

273) 『조선왕조실록』 세종 17년 2월 병인. 이러한 女眞의 입장에 대해 明은 建州衛都指揮 李滿住에게 建州左衛 도독 凡察 등이 대·소관과 인민 등, 그리고 百戶 棗火 등 50가구를 영솔하고 婆猪江 유역으로 와서 毛憐衛 都指揮 不兒罕 등과 같이 함께 거주할 것과 建州左衛 都督僉事 凡察 등에게는 百戶 棗火 등 50가구가 현재 李滿住에게로 가서 한 곳에서 거주하기를 요청해 왔으니, 편리한 대로 하라는 내용의 칙서를 보냈다.

274) 『조선왕조실록』 세종 17년 4월 신해.

275) 『明英宗實錄』 正統 2年 2月 辛酉, 11月 戊戌.

276) 『조선왕조실록』 세조 6년 8월 병진. 明朝는 遼東 總兵官 曹義를 통해 그들을 三土河 및 婆猪江 이서의 冬古河 사이에 거주하면서 李滿住와 회합하도록 하였다. 다시 天順年間(1457~1464) 建州左衛가 婆猪江 유역의 建州部로 떠나기 시작하였으며

建州部가 渾河 유역으로 옮겨 온 시기는 正統年間인데, 正統年間은 土木堡의 變이 발생하는 등 몽골로 인하여 北邊의 정세가 매우 위급한 시기였다.[277] 이 때문에 明은 군사력의 상당부분을 長城地帶 및 遼東 北部에 배치하고 있었고 渾河 유역에 자리잡은 女眞은 遼東 東部의 방어력이 약한 곳을 약탈하기 시작하였다. 景泰 元年(1450) 5월 建州와 海西女眞 1만 5천여 명이 遼東을 침입하였다가 패하여 도망하는 등[278] 女眞의 약탈과 침입이 지속적으로 발생하였다.[279] 成化 元年(1465) 稱波右가 전한 기록[280]과 申叔舟가 수집한 기록을 종합해 보면 婆猪江 유역을 중심으로 전체 建州 3衛의 규모는 33,200의 인구 중 대략 13,000여 명이 군역에 종사한다는 것으로 추론할 수 있다. 이것은 朝鮮과 明에 대해 커다란 압력으로 다가올 수밖에 없었으며 위에서 남하하고 있는 海西女眞 등을 고려하면 많은 수의 군사력이 산출될 수 있다고 유추할 수 있다.

建州部의 빈번한 약탈에 대해 明은 都指揮 武忠 등을 毛憐衛 등에 보내 약탈행위를 중지하도록 요청하는 한편 무력을 이용하여 建州를 토벌하고자 하였다. 明의 군사적 공격으로 女眞의 지도자 董山이 처형되고 女眞人 56명이 참수되었으며 2백여 명을 포로로

1460년(天順 4) 斡朶里部 역시 建州部로 이동하는 것이 朝鮮에 보고되었다.

277) 土木堡의 變으로 明은 변경 방어체계의 심각한 문제점을 알게 되었으며 변방의 군사적 방비를 서둘렀다. 明은 더 이상 몽골지역에 사신을 파견하지 않았으며 몽골이 일방적으로 사신을 파견하는 형세로 明·몽골관계가 변화되고 있었다.

278) 『明英宗實錄』 景泰 元年 五月 癸丑.

279) 『明英宗實錄』 景泰 元年 6月 癸未; 『조선왕조실록』 문종 1년 8월 갑술. 『조선왕조실록』의 기사를 통해 당시 建州 3衛의 인구를 추산해 볼 수 있는데, 建州衛는 약 1,700여 호, 建州左·右衛는 600호, 建州衛에 혼재되어 있는 海西女眞은 1,000여 명 정도로 추산된다. 이를 모두 인구로 추산하여 합치면 대략 2~3만여 명에 이르게 되며 이 정도의 규모는 이미 明의 遼東都司와 朝鮮의 변경에 대해 무시할 수 없는 세력으로 성장한 것으로 볼 수 있다.

280) 『조선왕조실록』 세조 11년 5월 정미.

잡는 등 여진은 큰 피해를 입었다. 明과 朝鮮의 군사적 협공으로 建州部는 위기에 직면하였다. 그리고 建州部를 이끌던 李滿住, 童倉, 古納哈 등 지도자의 죽음은 지도자의 부재라는 현상을 낳음으로써 그들을 더욱 어려운 상황으로 만들었다. 明이 女眞 지역에 대해 대대적으로 군사적인 공격을 시도할 수 있었던 것은 永樂年間부터 대대적으로 여진위소를 설치하여 정보를 입수할 수 있었기 때문이었다. 朝鮮 역시 明과 보조를 맞추어 女眞에 대한 招撫를 진행하였는데, 朝鮮은 李滿住의 본거지를 공략하여 李滿住 및 그 아들 古納哈 등 273명을 죽이면서 여진에 충격을 주었다. 이처럼 朝鮮의 女眞政策은 때로는 明과 같이 군사적 공격을 시도하였고 이는 여진에게 상당히 많은 피해를 주었다.

그러나 중요한 것은 이러한 군사적 공격이 女眞을 근본적으로 약화시키는데 실패하고 있다는 것이다.[281] 成化 13年(1477) 海西各衛의 수령들은 建州 3衛를 규합해서 遼東都司 동부의 중요 거점인 靉陽堡를 공격하였다.[282] 成化 15年(1479) 9월 明朝는 太監 汪直을 都督軍務로, 撫寧侯 朱永을 征虜將軍으로 임명하는 등 군사적인 조직을 재편하여 建州토벌을 계획하여 659명을 참수하고 486인을 포로로 잡는 등 큰 전승을 거두기도 하였다.[283] 이러한 몇 차례의 대대적인 토벌만으로는 建州女眞의 약탈을 근본적으로 저지할 수는 없었으며 이들의 점진적인 성장은 遼東에 새로운 위협이 되고 있었다.

---

281) 『明憲宗實錄』 成化 4年 3月 戊寅.

282) 당시 여진은 교역금지 품목을 몰래 구입하여 변경 밖으로 나가곤 하였다. 明에서는 그들이 구입한 물건의 내용을 점검하겠다고 하였으며, 女眞은 이에 대해 강하게 반발하면서 鴨綠江에서 가까운 靉陽堡를 공격하였다.

283) 『明憲宗實錄』 成化 16年 2月 壬申. "引兵渡江, 進搗巢穴, 斬首十六級, 生擒南婦十五人, 幷獲遼東被掠婦女七人, 及驅其牛馬 毁其廬舍".

나오며

明은 洪武年間 遼東都司를 중심으로 防禦體系를 형성하는 동시에 이를 기반으로 여진지역으로의 진출을 시도하였다. 그러나 洪武年間은 遼東都司 體制의 整備와 몽골 防禦에 전념하느라 여진지역으로 군사력을 집중할 수 없었다. 결국 女眞 및 朝鮮의 견제를 위해 鴨綠江과 豆滿江에 세우려했던 鐵嶺衛와 三萬衛의 設置는 遼東都司로 이전되었다.

명은 永樂年間에 이르러 체제를 정비하여 黑龍江 등 여진지역으로의 진출을 다시 시도하고자 하였다. 우선 奴兒干都司를 설치하여 黑龍江 유역을 明의 管轄範圍에 포함시키는 동시에, 다수의 女眞衛所를 설치하여 豆滿江, 松花江, 豆滿江 유역에 이르는 넓은 지역에 明의 影響力을 행사하고자 하였다. 기본적으로 奴兒干都司와 다수의 女眞衛所가 설치되었지만 실제 女眞 지역은 지속적으로 明의 관할이 될 수 없었다. 우선 奴兒干都司는 설치 이후 常設機構化되거나 안정된 都司體制로 발전하지 못하였으며, 필요에 따라 10여 차례 군사적 활동을 하는 임시군사기구로 유지되었다. 더구나 宣德年間에는 완전히 그 기능을 상실함으로써 黑龍江 유역을 明의 관할로 삼으려던 계획을 좌절시켰다.

明은 女眞 지역에 다수의 衛所를 설치하면서 豆滿江 유역으로도 진출하고자 하였다. 이 과정에서 建州部의 猛哥帖木兒는 明이 회유해야할 우선 대상이 되었다. 그러나 이미 猛哥帖木兒는 朝鮮의 영향을 받고 있었기 때문에 朝鮮과 明은 猛哥帖木兒를 둘러싸고 갈등을 야기하였다. 明의 여진지역으로의 진출은 몽고정벌을 위한 군사력의 증강, 배후세력의 확보, 朝鮮과 女眞을 분리시켜 朝鮮의

遼東進出 抑制 등 다양한 목적을 가지고 있었기 때문에 여진 관할권 확보에 대하여 강한 의지를 가지고 있었다. 결국 猛哥帖木兒는 明의 衛所體制에 편입되면서 朝鮮으로부터 점차 멀어져 갔다. 女眞이 朝鮮으로부터 離脫되는 상황은 일시적으로 보면 明의 衛所體制에 편입되는 것으로도 볼 수 있지만, 그들의 전체적인 변화과정은 여진세력의 성장을 의미하였다. 女眞은 明과 朝鮮의 官職을 받고 양국에 복종하는 태도를 취하기도 하였지만 다른 한편 몽골이 遼東을 위태롭게 하는 시기를 틈타 遼東都司 東部와 朝鮮의 邊境을 대대적으로 약탈하면서 세력을 키워 나가는 모습들은 부분적으로 明과 朝鮮의 공격으로 약화되는 모습으로 보이기도 하지만 그 속에는 점진적인 여진의 성장이라는 흐름이 자리잡고 있다.

15세기 朝鮮과 明이 협공을 통해 진행한 女眞征伐과 朝鮮의 邊境 防禦力 强化 역시 女眞勢力의 成長과 그에 따른 遼東의 위기의식을 반증해 주는 것이다. 明의 邊墻 築造는 遼東都司 방어력을 의미하기도 하지만 소극적 정책으로의 전환이자 대외 세력의 성장을 의미하는 것이기도 하다. 이러한 의미에서 15세기는 明에서 진행된 대외 진출과 활동이 가장 왕성하게 진행된 동시에 長城 중심의 소극적인 방어정책으로 전환되는 시기이기도 하다. 따라서 우리가 永樂年間을 이해할 때 단순히 대외활동이 왕성했던 시기로 이해하고 있지만 그 효과면에서는 분명한 한계력을 가지고 있었으며 이러한 한계력이 이후 명의 변방정책을 소극적으로 전환시키는 중요한 원인 중의 하나가 되었다고 평가해야 할 것이다.

2. 몽고의 성장과 만리장성의 위기

들어가며 : 明나라, 변경 위기의 시대로

영락제 사후 단명한 洪熙帝를 거쳐 황위는 宣德帝(1426~1435)에게로 넘어갔다. 선덕시기의 북변방어는 방어선의 강화에 힘이 집중되었다. 開平을 방어하기 위하여 선덕 원년(1426)에 그 북방의 獨石에 주위 6km에 이르는 堡가, 그리고 4년 후에는 張家口에 주위 2km의 보를 설치하는 등 견고한 방어시설을 지속적으로 수축해 나갔다. 또한 돈대 등을 북경 북방으로부터 渤海灣에 이르기까지 설치하였으며 대동을 중심으로 산서 일대에도 지속적으로 구축하였다. 이러한 경향은 正統年間(1436~1449) 초기에 이르기까지 계속되었고 그 범위는 陜西·甘肅 지방으로 확대되었다. 영락제의 5차 친정 시도 이후 명나라는 내향적으로 전환하면서 성보와 돈대를 연결하며 방어력을 강화시키고 있었던 것이다. 변경에 설치된 돈대는 돌과 황토 등 주위에서 구하기 쉬운 재료를 최대한 이용하였다. 그러나 선덕 원년 獨石 지역에 만들어진 돈대에 대해 약 10년 후에 다음과 같이 보고되었다.

> 獨石… 등의 돈대는 눈이 쌓였다가 봄이 되면 눈이 녹아내리면서 쓸려 내려가 쉽게 파괴되었다.…돈대를 증설하여야 한다.

영락 연간 이후 변방의 방어력을 강화하기위해 다양한 시설물들이 수축되었지만 혹독한 자연환경 속에서 흙으로 된 돈대는 10년이 지나자 붕괴하기 시작하였던 것이다. 황토를 층층이 다지는 版築공법으로 만들어진 성보도 마찬가지였다. 그들에 대한 보수는 지속적으로 진행되지 않으면 안되었고, 또한 부족한 곳에는 돈대를 계속 만들어 나가야 했던 것이다. 동쪽에 위치한 요동에서도 정통 7년(1442) 이후 중국 본토와 연락로를 확보하기 위하여 산해관으로부터 반도의 기저부를 향해 壕가 파여지고 石壘가 축조되었다. 이것은 성화 연간 정비되어 遼東邊墻이라고 불리게 되었는데 오늘날 중국은 이것을 만리장성 속에 포함시켜 만리장성의 동쪽 시작점이 山海關이 아니라 압록강 부근이라고 주장하는 근거가 되고 있다.

선덕 10년(1435) 선덕제는 38세의 젊은 나이로 세상을 떠났다. 태자 또한 9세의 어린 아이였다. 9세의 새로운 황제에게 내각을 맡겼기 때문에 그 틈을 메우려고 환관 王振이 전권을 휘두르기 시작하였다. 그러나 왕진이 전권을 휘두르는데 방해가 되었던 인물이 楊榮·楊士奇·楊溥였다. 그들은 황제와의 상담에 응하기 위해 궁중 내의 文淵閣 등에 상주하곤 하였기 때문에 內閣大學士로 칭해졌다. 그러나 正統帝 즉위시기에 양사기는 71세, 양영은 65세, 양부는 64세로 이미 물러날 나이였다.

王振과 土木堡의 변

정통제가 즉위한 이후 왕진이 환관 중에서도 최고 권력 자리인 司禮鑑의 太監에 임명된 것은 정통제가 확실히 그를 신임하고 있었다는 증거이다. 이렇게 해서 궁내에서 확고한 위치를 차지하게 된 왕진을 동료 환관들은 존경하여 '翁父'로, 정통제도 '先生'이라고 부르며 그의 이름을 직접 부르지 않았다.

환관 왕진의 모습

홍무제가 前代의 실패를 귀감으로 삼기위해 눈 여겨 보았던 환관의 존재를 인식했다는 것, 그들이 정치에 개입하는 것을 막기 위하여 관료와의 교류를 허락하지 않고 문자를 배우는 것을 금지시켰다는 사실 등은 잘 알려진 일이다. 그러나 영락제는 정난의 변에 있어서 건문제 측의 환관과 내통하였고, 그 덕분에 쉽게 궁에 침입할 수 있었던 것 때문에 환관의 이용가치를 다시 보았고 적극적으로 활용하는 방향으로 전환하였다. 이러한 방침을 선덕제도 답습하였고, 그는 환관들의 교육을 위해서 궁중에 內書堂을 설치하였다. 그러나 영락·선덕 두 황제가 함부로 환관을 방치했던 것은 아니다. 황제의 명령을 어기는 행위에 대해서는 엄벌로 다스렸다. 당연히 황제가 중심이었기 때문에 환관은 어디까지나 황제의 그림자에 불과하다는 것이 기본적인 생각이었고 또한 환관이라는 존재에 대한 경계감을 줄곧 견지함으로써 그들은 엄한 통제 하에 두고 있었다. 그러던 것이 정통제와 왕진의 관계가 시작되면서 크게 무너졌다. 황제를 움직이는 환관이 출현했던 것이다.

환관의 출신과 이력은 명확하지 않은 경우가 많은데, 왕진에 대해서는 특이한 것이 보인다. 산서의 蔚州(현재 하북성 [蔚縣])에서 태어난 왕진은 어려서부터 문자 학습과 독서에 익숙하여 지방의 학교(縣學, 府學)에서 교사가 되었다. 명대에 학문에 들어간 자의 최종목표는 과거 시험에 합격하여 진사가 되는 것이었는데, 중앙에서 실시한 會試 시험에 합격하는 것은 지극히 어려운 일이었고, 그 전단계인 鄕試라고 부르는 지방시험에 합격하는 일도 큰 사건이었으므로 향시에 합격한 사람들을 擧人이라고 부르며, 사회적인 위치가 부여될 정도였다. 문자 해독률이 낮고 학문을 접하는 일이 극히 적었던 당시 사회에 있어서 비록 거인은 되지 못했다고 하더라도 문자를 읽을 수 있는 학문적인 소양이 있다는 것은 그것만으로도 대단한 것이며, 이들 계층의 상당수는 지방의 교사가 되는 길을 취하였다. 왕진도 그러한 사람 중의 하나였다고 생각되는데, 말하자면 지식인의 말단에 위치하고 있었던 것이다. 여기까지는 잘 알려진 이야기이며, 그러던 것이 어떠한 사유로 죄인이 되어 변경에 종사하게 되면서 사태가 일변했다.

영락시기 말기에 '아이들을 거세하여 궁중으로 들어오는 것을 허락한다'라고 하는 황제의 恩赦가 있었고, 이미 결혼해서 아이들이 있었던 왕진은 이에 스스로 거세[自宮]하고 궁으로 들어왔던 것이다. 환관을 유용하게 활용하려는 선덕시기는 내서당을 설치할 정도로 환관의 지식능력을 평가하던 시대로, 학문적인 소양이 있던 왕진은 환관이 될 수 있었다. 이렇게 되자 왕진은 내서당에서 학습을 시작하지 않고 가르치는 입장에 있게 되었고 자연스럽게 출세도 빠르고 환관 사이에서도 존경을 받았다.

왕진은 일개 환관으로 만족하지 않았다. 황태자에게 적극적으로 접근하여 다음 세대를 엿보고 있었다고 것은 훗날 왕진의 여러 가지 적극적 행위에서 유추할 수 있다. 장씨의 한마디로 황태자의 즉위가 결정될 때에도 왕진은 여기에 참여하여 환관의 입장을 하나로 모으는 역할을 담당하였다. 그렇게 하지 않으면 황후와 황태후 그리고 비빈을 비롯한 궁녀, 환관의 생각이 뒤섞이는 와중에 이러한 결말을 맞이하리라고는 생각지도 않았기 때문이다. 그는 사례태감으로써 누구의 방해도 없이 황제를 장악했다.

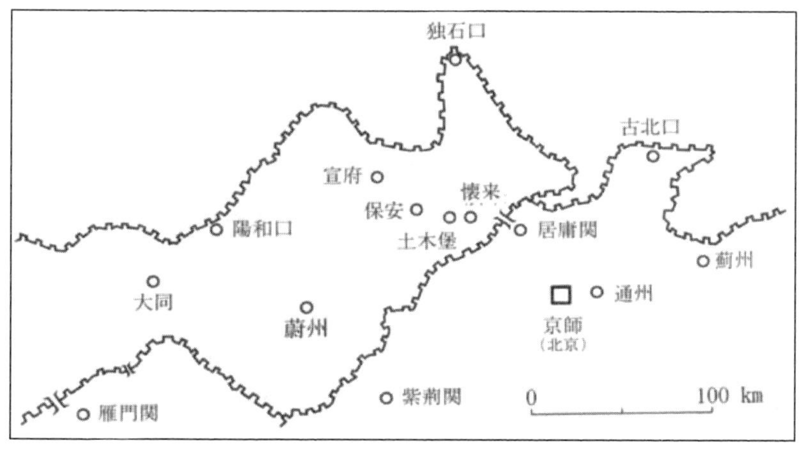

토목의 변이 발생한 지역 토목보

왕진이 조금씩 조정 내에서 입장을 굳혀가고 있을 때 북방에서는 오이라트부 토곤의 아들 也先[에센]이 주변부족을 규합하고 전성기를 맞이하고 있었다. 에센은 규정된 사절의 수를 대폭 증원시키고 朝貢의 약점을 교묘하게 이용하였는데, 명은 무리한 요구로 여겨 거절하였다.

에센은 정통 14년(1449) 2월 다시 조공을 위해 3,500명 규모의 사절을 보내왔다. 명은 이러한 에센의 사절파견과 무리한 하사품 요구에 대해 일보의 양보도 하지 않았으며 대립의 구도로 갈 수밖에 없었다. 이 일련의 움직임은 에센의 명나라에 대한 탐색전이었을 가능성이 높고 싸움의 구실을 찾기 위한 것이었다. 그 해 가을 음력 7월 중순에 행동을 개시하였다. 대군을 4개의 부대로 나누어 일제히 남하하자 명군의 수비대는 응전했지만 다수의 부대가 궤멸하면서 大同이 함락되었다. 이것은 곧 변경의 위기이기도 하였으며 수도 북경이 위험에 처할 수 있다는 의미이기도 했다.

당시 전권을 휘두르던 왕진은 친정을 부추겼다. 왕진과 정통제는 '친정의 조서'를 선포하고 50만 대군을 거느리고 북경을 출발하였다. 관료의 반대를 무릅 쓰고 무리하게 진행된 친정이었다. 친정군은 북경-居庸關-懷來-保安-宣府에 도착하였다. 북경~선부의 거리는 약 200km였다. 그러나 에센은 명군이 도착하기 전에 대동으로부터 퇴각하였다. 그런데 명군이 이동을 시작하자 에센은 남하를 시작했다. 친정군이 회래의 뒤쪽에 위치한 土木堡에 도착한 것은 大同을 출발한 후 11일째였다. 에센군이 근처에 있었지만 정통제의 피로가 심하여 토목보에 일단 머물러야 했다. 그러나 전략적으로 보면 토목보는 원래 거용관의 전선에 설치된 소규모 보에 불과하였으며 많은 병사와 전마들이 水源이 없었고 황제를 포함한 대군을 보호할만한 시설이 부족하였다. 에센은 이 지역의 상황을 잘 알고 있었기 때문에 포위하였던 것이다. 다음날 에센이 공격을 시작하자 곧 친정군은 궤멸되었고 정통제는 친위병에 둘러싸여 포위망을 돌파하였으나 실패하고 포로가 되었다. 왕진은 토목보에서 자신의 목숨을 끊었다. 포로가 된 정통제는 에센에 의해 몽골지역으로 연행되었다.

명과 몽고의 외교단절

정통제가 포로로 잡힌 이후 景泰帝(1450~1456)가 새 황제로 즉위하였고 이후 병부상서 于謙이 주도권을 장악하며 정권의 안정화 사업에 힘을 다하였다. 전국에 減稅 조치를 시행하고 황하를 준설하여 河岸을 보호하는 공사를 시행하였으며 운하 廣濟渠의 공사에 착수하는 등 민중생활과 직결되는 사업과 정책을 전개하였다. 그리고 당시의 상황을 고려하여 京營이라는 중앙군을 재편성하여 수도방위체제를 재점검하는 동시에 순시태세를 충실히 하여 북변방어체계를 재구축하고 있었다. 그러한 변화 속에서 장성수축도 적극적으로 시행되었다. 우선 정통제가 포로가 된 직후 대동의 남쪽 雁門關에 돌담과 참호를 포함하는 塞를 설치하여 침입에 대비하였고, 또한 거용관 서쪽 산간 요지에도 요새를 축조하였다. 그리고 거용관, 산해관, 자형관 등 수도방위의 중요거점을 강화하는 동시에 경태 원년(1450)에는 자형관의 남쪽에 50개의 보를 증설하고 동시에 각각의 장소에 따라 墻이라는 토벽을 만들고 참호를 팠으며, 산과 언덕을 깎아 내려 방어벽으로 삼았다.

명나아 장수의 모습(북폴리오, 『명나라시대 중국인의 일상』 참조)

자형관과 안문관 그리고 그 주변을 내실 있게 하고자 하는 계획이 진행되었는데, 이것은 성화초기에 산서 서북부의 황하연안에 가까운 偏頭關으로 연결되었다. 이에 산해관에서 서쪽 북경의 북쪽에 이르고 거기에서 한번에 북상하여 獨石堡를 포함하였다. 그 후에는 북쪽의 선부·대동에서 편두관에 이르는 장성선에 더해서 북경 북방으로부터 분기하여 남하해서 거용관으로부터 자형관·안문관을 경유한 다음, 이번에는 북상하여 마지막으로 편두관으로 연결되는 또 하나의 장성선이 만들어지게 되었던 것이다. 곧 산서에는 2중의 장성선이 생긴 것인데, 이로써 북방에 위치하는 것을 외장성, 남쪽의 것을 내장성이라고 하였다.

그러나 이 시대는 토목의 변과 그 전후의 상황에서 보이는 바와 같이 힘 관계에서는 분명히 오이라트(서몽골)가 우세하였다. 당시 선부 북방의 전선에서 방어에 종사하고 있던 관료는 다음과 같은 말을 남겼다.

> 변경에 설치한 변장과 돈대는 虜(북방민족)를 방어하기 위한 것인데, 요즈음 오이라트는 사신을 파견하여 조공할 때 정해진 관소를 통하지 않고 담을 헐고 들어오고 있는 형편입니다. 수비하는 자가 이것에 대처하기에는 부족합니다. 이것으로는 방어가 될 수 없습니다. 野狐嶺關과 新開口 사이에 關所를 설치하고 사신은 이곳으로 출입시켜야 합니다. 그 양옆에는 高臺(높은 망루)를 만들어 군대가 수비하는 것을 보조하고 주위의 담장은 가능한 높고 두텁게 유지하고 견고히 하여 쉽게 타고 넘을 수 없도록 해야 합니다. 이것은 북방민의 침공을 저지하는 데에도 통할 수 있는 것입니다.

여기에서 정식으로 결정된 루트를 사용하지 않고 명이 설치한 성벽(토벽)을 쉽게 무너뜨리고 넘어오는 몽골군과 그것을 저지하려고 수단을 강구해 보려는 명나라 수비대의 모습을 볼 수 있다. 보와 돈대를 병행하여 그 사이에 필요한 곳에 벽을 수축하는 명측의 방어선 구축 경영은 충실하고도 중요했다. 특히 보와 돈대와의 비교에서 병사가 상주하지 않는 담이 파괴의 대상이 되어 간단히 붕괴되는 상황이 벌어지고 있었기 때문이다. 그에 대한 대책으로 담을 높이고 두께를 두껍게 유지해야 한다는 것을 알고 있었던 것이다. 그러나 장성의 수축보다 더 큰 문제가 앞에 놓여 있었다.

토목보의 변에서 뜻밖에 명의 황제를 수중에 확보한 몽골의 에센은 이 기회를 이용하여 원제국의 부활을 구상하고, 또한 정통제를 괴뢰로 하여 중화세계의 패권을 확립하려는 일을 구상하였다. 즉, 황제를 포로로 잡힌 명나라가 자신들의 요구를 들어줄 것이라고 생각했다. 그러나 에센의 생각은 틀렸다. 보고를 받은 명의 조정에서는 정통제의 배다른 동생인 郕王을 景泰帝로 즉위시켰다. 이에 정통제는 태상황제로써 남게 되었는데, 그 이면에서는 황제를 포로로 잡히게 만든 책임자 환관 왕진과 이에 연루된 자들에 대한 처벌이 진행되었다. 그 일족과 무리들은 곧 사형에 처해졌고, 그 중에는 '臠'이라고 하는 살을 도려내는 형벌을 받은 자도 있었다. 더욱이 '籍沒'이라는 재산몰수도 행해졌다. 경태제의 즉위를 계기로 확실히 왕진의 시대는 청산되었다.

몇 차례 정통제를 보호하며 침공을 반복하고 때로는 북경의 서쪽 근교에 군사를 내어 보냈지만 명은 정통제의 귀환을 강력하게 요구하지 않았던 것이다. 그것은 경태제가 이미 황제로 즉위하였기 때문에 정통제가 다시 귀환한다면 두 명의 황제가 생겨 곤란한 일이 발생할 수 있었다. 다만 경태제로서는 형을 그리고 선대 황제를 동정하는 자세를 보여주기 위해 형식적으로 정통제의 일에

장성지대에 설치된 봉수대. 명나라는 몽골과 교류를 단절하고 수세적인 방어로 전환하면서 수많은 군사시설을 장성시대에 수축하였다.

대한 사신을 파견할 수밖에 없었다. 이러한 상황에서 에센은 정통제에 대해 더 이상의 이용가치를 느끼지 못했고 70인의 수행원과 함께 북경으로 송환시켰다. 그가 돌아왔을 때 경태제는 정통제의 손을 잡고 환영하였지만 예의적인 것이었을 뿐이었다.

이제 명나라에는 두명의 황제가 존재하였다. 그러나 주도권은 현재의 황제인 경태제가 쥐고 있었기 때문에 정통제는 북경의 황궁 내에 건설된 南宮에 유폐되었다. 정통제는 남궁에서 무료한 생활을 하며 왕진에 대한 사모의 생각을 끊지 못했다. 또한 그 한편에서는 경태 정권에 불만을 가지고 정통제에 기대하는 사람들도 나타나기 시작했다. 경태제로의 정권 교체과정에서 우겸과 같이 출세하여 정권의 중추를 장악한 자와는 달리 희생당한 인물들은 정통제의 제기를 기대했을 것이다.

그러한 가운데 경태 8년(1457) 경태제가 중병으로 눕게 되었고 후계자 문제가 다시 중대 관심사가 되었다. 경태제는 자신의 장자인 見濟를 태자로 세웠지만 그 황태자는 다음 해 사망하였고 후계자 문제는 방치되고 있었다. 황제가 병상에 누운 상태에서 태상황제(정통제)의 황위로의 復辟 구상도 소리없이 떠올랐다. 경태제의 병이 발병한지 6개월 후 태상황제는 새벽녘 어둠을 타고 남궁으로부터 황제의 옥좌가 있는 봉천전으로 이동하여 이미 궁중에서 대기하고 있던 관료들에게 만세의 소리를 들으며 환영받았다. 이 궁중의 무혈 쿠데타가 '奪門의 變'이다.

황제로 복위한 정통제는 즉시 경태의 연호를 폐지하고 연호를 天順으로 開元하였으며 경태제를 다시 郕王으로 강등하였다. 경태제는 수일 후 사망하였고 황제가 아닌 親王의 의례로써 장사를 지냈다. 명나라에 있어서 황제가 죽더라도 연내에는 그의 연호를 계속 사용하고 해가 바뀔 때 적절히 개원하는 것이 일반적인 예였지만 이번에는 복벽하자마자 개원을 단행해 버렸던 것이다. 그리고 그의 사후 황제로써 취급하지 않고 강등하여 왕으로써 장례를 지냈다고 하는 것은 경태제를 황제로써 인정하고 싶지 않은 정통제의 태도를 그대로 보여준 것이라 할 수 있다. 그러므로 이 당시 사후에 황제에게 반드시 내려지는 시호도, 묘호도 없었으며 그에게 시호가 부여된 것은 성화 11년(1475)이었다. 그러나 그때에도 시호는 '恭仁康定景皇帝'로 이례적으로 짧았고 묘호도 '代宗'으로 대리자로서의 대우를 부여하였다. 복위한 정통제는 이후 새로운 연호에 기인하여 天順帝라고 칭하였으며 천순 8년 사망할 때에는 시호로써 '法天立道仁明誠敬昭文憲武至德光效睿皇帝'라는 긴 문장이 부여되었고, 묘호를 英宗으로 하였다. 어쨌든 이러한 사건은 명대 몽골 세력이 강성하여 명의 황제를 포로로 잡은 것에서 기인했다는 것은 의심할 수 없는 사실로 명대 몽골 세력의 강성함을 느낄 수 있는 사건이라 할 수 있을 것이다.

나오며

우리는 명나라 시대의 몽골을 매우 단순하게 이해하였다. 원명교체라는 이름으로 명이 원을 교체함으로써 원이 역사상에서 사라진 것으로 이해하는 등 중국중심적 관점을 벗어나지 못한 경향이 있었다. 그러나 그 당시의 몽골인들은 몽골 초원에 널리 분포하고 있었으며, 이 때문에 북경 등 중원을 포기한 것은 몽골의 소멸이 아니라 제국의 일부를 빼앗긴 것으로 이해해야 한다. 몽골어로 된 연대기들도 1368년 명 건국 이후 칸들의 명맥이 끊어진 것으로 이해하거나 기록하지 않았다.

오히려 대외 팽창을 가장 화려하게 시도한 명나라 3대 황제 영락제는 1410년부터 1424년까지 5차례의 몽골지역을 친히 정벌할 정도로 몽골족은 강성해 있었다. 1449년에는 중국의 황제 영종을 몽골 칸 에센(Esen)이 포로로 잡아 명나라의 역사를 바꾸어 놓은 일이 발생하기도 하였다. 1488년 바투 뭉케라는 인물이 재위 37년 동안 고비사막의 남북의 부족을 6개의 '萬戶'로 재편하고 그 스스로를 '다얀 칸(Dayan Khan)'이라고 불렀는데 '다얀'은 바로 '大元'이라는 발음을 옮긴 것이다. 1542년에는 알탄 칸(Altan Khan)이 명나라 北邊 의 38개 州縣을 공격해 20여만 명을 살육했을 정도였다고 한다. 1550년에는 몽골군이 명나라의 수도 북경을 포위하는 '庚戌之變'이 발생하기도 하였다. 오늘날 관광객들이 흔히 보는 북경 외곽의 거용관, 팔달령과 같은 험준한 만리장성은 북방민족에 시달리던 명나라의 유산이었던 것이다.

3. 두만강유역 女眞 藩胡의 형성과 조선

들어가며

藩籬란 일반적으로 '국가의 울타리'인데, 內治的 개념에서 외적으로 확대되어 여진관계에서는 두만강유역의 여진인들을 번리라 인식한 것으로 보인다. 4郡 6鎭을 설치한 후에는 방어상의 이유 때문에 번리인식을 더욱 확대하고 구체화시켜 나간 측면이 있다. '女眞 藩籬'를 구축하고 공고히 하기 위해서 조선은 몇 가지 정책을 구사하였는데, 明을 통한 외교적 방법을 통해 여진인들의 이동을 억제하기도 하고, 두만강유역의 여진인들에게 수직정책을 확대 적용시키기도 하는 등 회유책을 구사하기도 하였다. 또한 무력을 동반하여 도망간 여진인들을 잡아오거나 示威하는 强硬策으로 이들의 이탈을 방지하려 하였다. 이렇게 형성된 여진 번리는 深處 여진인들의 공격을 막으면서 새로 설치한 6진을 조선의 영토로 완전하게 편입시키는데 있어 도움을 주었을 것이다.

조선 중기가 되면 여진이 농경사회로 발전하는 것과 궤를 같이 하면서 두만강 유역의 여진 번리가 '藩胡 部落'으로 지칭되기 시작하였다. 번리는 이러한 '번호 부락'으로 구체화되면서 급속한 발전을 이루었는데, 이들 '번호 부락'은 5진을 중심으로 두만강 내외, 즉 남쪽과 북쪽에 두루 분포하면서 두만강을 에워싸는 형태였다.

번호 부락의 발전에 있어서도 조선의 수직정책을 위시한 통교정책이 일정부분 영향을 끼쳤을 것이다. 여진인은 각종 생필품을 얻기 위해서 5진 주변에 모여들었는데, 그들의 경제적 욕구를 충족시키려면 이러한 조선의 통교정책에 순응해야했기 때문이다.

여기에서는 조선전기 여진에 대한 번리 인식과 5진이 설치되는 배경을 살펴보고, 5진 설치 후 여진 번리에 대한 정책이 어떻게 전개되었는지, 그리고 번리와 번호로 지칭되기 시작하면서 어떤 규모로 형성되었는지 살펴볼 것이다.[284]

'女眞 藩籬' 인식과 5鎭의 설치

여말선초 동북면 및 두만강유역의 여진인들은 조선과 밀접한 관련을 맺고 있었고, 조선에서는 건국 후에 이들을 대우하면서 동북면을 조선의 행정구역으로 재편하려 하였다.[285] 따라서 동북면 내륙 깊숙이 거주하던 여진인들은 점차 조선에 동화되어 편호가 되어 갔으며, 두만강유역에 거주하던 여진인들은 조선에 내조하면서 조선과의 관계를 이어 갔다.

그런데 이들 두만강유역에 거주하던 여진인들에 대해 조선에서

---

284) 이 글은 한성주, 『조선전기 수직여진인 연구』(경인문화사, 2010)에 실렸던 글로, 본서의 구성과 체제에 맞추어 수정을 하여 재수록한 것임을 밝혀 둔다.

285) 고려말 동북면이 여진인과 고려유민이 혼재되어 있던 상황이었던 점, 이성계의 사병이 이들을 기반으로 한 점, 1393년(태조 2)에 이지란을 동북면 도안무사로 삼아 갑주와 공주에 성을 쌓고, 1397년(태조 6)에는 정도전을 동북면 도선무안찰사로, 이지란을 도병마사로 삼아 성보를 수축하여, 단천에서 공주의 경계가 모두 찰리사의 통치 안에 예속되도록 한 점, 1398년(태조 7)에는 주·부·군·현의 명칭을 나누어 정하고, 안변 이북 청주 이남을 영흥도로, 단천 이북은 공주, 이남은 함길도라 칭하여 동북면 도순문찰리사로 하여금 통치하게 하고, 홍원과 청주, 단천, 길주, 금성, 경원 등에 속한 각 참의 명칭을 새로이 하였으며, 경원부에 성을 쌓았던 것 등을 들 수 있다.

는 藩籬라고 부른 점을 주목할 필요가 있다.[286] 번리란 일반적으로 '국가의 울타리'로 볼 수 있는데, 藩國, 藩邦, 藩屛, 藩蔽, 藩翰, 藩服, 藩臣, 藩鎭, 外藩 등의 용어로 쓰이면서, 중국에서는 제후국이나 절도사 등 지방군사조직에 쓰이기도 한 용어이다. 『조선왕조실록』을 검토해 보면 함경도·평안도·경상도·전라도 등 주로 변경방어와 관련된 지역 전체 또는 城邑, 鎭·堡 등의 일부를 일컫기도 하고, 군사조직인 船軍을 지칭하기도 한다. 이러한 것이 대외관계에서도 확대되어 일본과의 관계에서는 주로 對馬島, 여진과의 관계에서는 두만강유역 내외의 여진인들을 번리라 인식하였던 것으로 보인다.[287]

조선의 여진 번리인식이 극명하게 나타나는 시기는 바로 4군 6진을 설치하기 시작한 세종 때이며, 4군 6진의 설치 후에는 방어상의 이유 때문에 여진 번리인식이 더욱 확대되고 구체화되어 갔을 것이다.[288] 즉 6진의 방어를 위해서는 두만강 內外에 있는 여

---

286) 조선의 번리 인식에 주목한 것으로는 조선의 對馬島 敬差官 파견과 관련하여 대마도를 조선이 藩屛으로서 인식하였다는 연구(한문종, 「朝鮮前期의 對馬島 敬差官」, 『전북사학』 15, 1992), 야인·대마도에 대한 번리·번병인식의 형성과 경차관 파견의 상관관계를 밝힌 연구(정다함, 「朝鮮初期 野人과 對馬島에 대한 藩籬·藩屛認識의 형성과 敬差官의 파견」, 『동방학지』 141, 2008)가 있다.

287) 중국의 조공책봉체제가 대외적으로 확대되고 그 내적 개념 또한 외적으로 확대되면서 '藩'의 개념도 함께 확대되었다고 생각된다. 예를 들면 唐代 '藩鎭'은 절도사를 일컫는 명칭이었지만, 이러한 '藩'의 개념이 조공책봉을 전제로 한 중화적 세계 인식으로 확대되면서 책봉을 받은 국가를 '藩籬', '藩臣', '藩國' 등으로 지칭하기 시작한 것이다. 그러나 한편으로 '藩'이라는 의미는 내적 개념으로도 지속적으로 함께 쓰이고 있기 때문에 내적 개념과 외적 개념을 구별할 필요는 있을 것이다.

288) 두만강 유역의 6진 개척 및 국토 확장 등에 대한 대표적인 연구는 다음과 같다. 송병기, 「동북, 서북계의 수복」, 『한국사』 9(조선)-양반관료국가의 성립, 국사편찬위원회, 1973; 방동인, 「조선초기의 북방 영토개척-압록강 방면을 중심으로」, 『관동사학』 5·6, 1994; 방동인, 「4군 6진의 개척」, 『한국사』 22(조선 왕조의 성립과 대외관계), 국사편찬위원회, 1995; 방동인, 『韓國의 國境劃定研究』, 일조각, 1997; 김구진, 「尹

진인들을 藩籬化시켜 조선의 울타리가 되게 함으로써 변경의 안정화를 꾀할 필요가 있었다. 그리고 조선 중·후기가 되면 여진 번리의 구체화로서 '藩胡 部落'이란 명칭이 나타나기 시작하는데, 이 번호 부락은 두만강유역에 설치된 5진 城底를 비롯한 두만강유역 내외에 분포하여 1차적으로 邊境에서의 정보를 조선에 보고하고 다른 여진족의 침입을 직·간접적으로 막아주는 역할을 하였던 것으로 보여 진다.

조선이 건국하는데 있어 여진 세력이 이성계의 사병에 종군하여 참여한 것은 사실이지만,[289] 건국 후 여진과의 관계는 복잡다단했던 측면이 있다. 왜냐하면 여진 세력이 통일된 세력을 형성하지 못하고 적게는 수십 명에서 많게는 수백 명까지 종족별·부족별로 수렵 및 농경 생활을 영위하였기 때문이었다.

한편 조선과 같은 신흥국이었던 명에서 보면 몽고세력을 축출하는 것뿐만 아니라 요동 및 만주지역의 여진족을 안정화시켜 몽고세력 및 조선과 연합하는 것을 미연에 방지할 필요가 있었기 때문에 여진 초무를 지속적으로 시행하려 한 점에 있어서도 조선·명·여진관계가 양면적인 관계가 아닌 다면적이고 복합적인 측면을 초래하였다고 할 수 있다.

瓘 9城의 範圍와 朝鮮 6鎭의 開拓 -女眞 勢力 關係를 中心으로-」, 『사총』 21·22, 1977; 이경식, 「朝鮮初期의 北方開拓과 農業開發」, 『역사교육』 52, 1992; 김병록, 「조선초기 金宗瑞의 六鎭開拓에 關한 考察」, 성균관대학교 석사학위논문, 1996; 國防軍史研究所, 『國土開拓史』, 정문사, 1999; 강성문, 「朝鮮初期 六鎭開拓의 國防史的 意義」, 『군사』 42, 2001; 오종록, 「세종시대 북방영토개척」, 『세종문화사대계』 3, 세종기념사업회, 2001.

289) 최재진은 『태조실록』과 『고려사』를 근거로 이성계일가가 咸州 地方의 土着勢力으로 활약하였으며, 女眞과 깊은 관계를 가져왔다고 하고 있다. 또한 5대를 거치면서 밀접한 관계를 맺어온 여진족 중심의 토착 세력이 이성계의 군사력 배경이 되고 있다고 밝히고 있다(최재진, 「高麗末 東北面의 統治와 李成桂 勢力 成長-雙城摠管府 收復以後를 中心으로-」, 『사학지』 26, 1993, 180쪽; 193쪽).

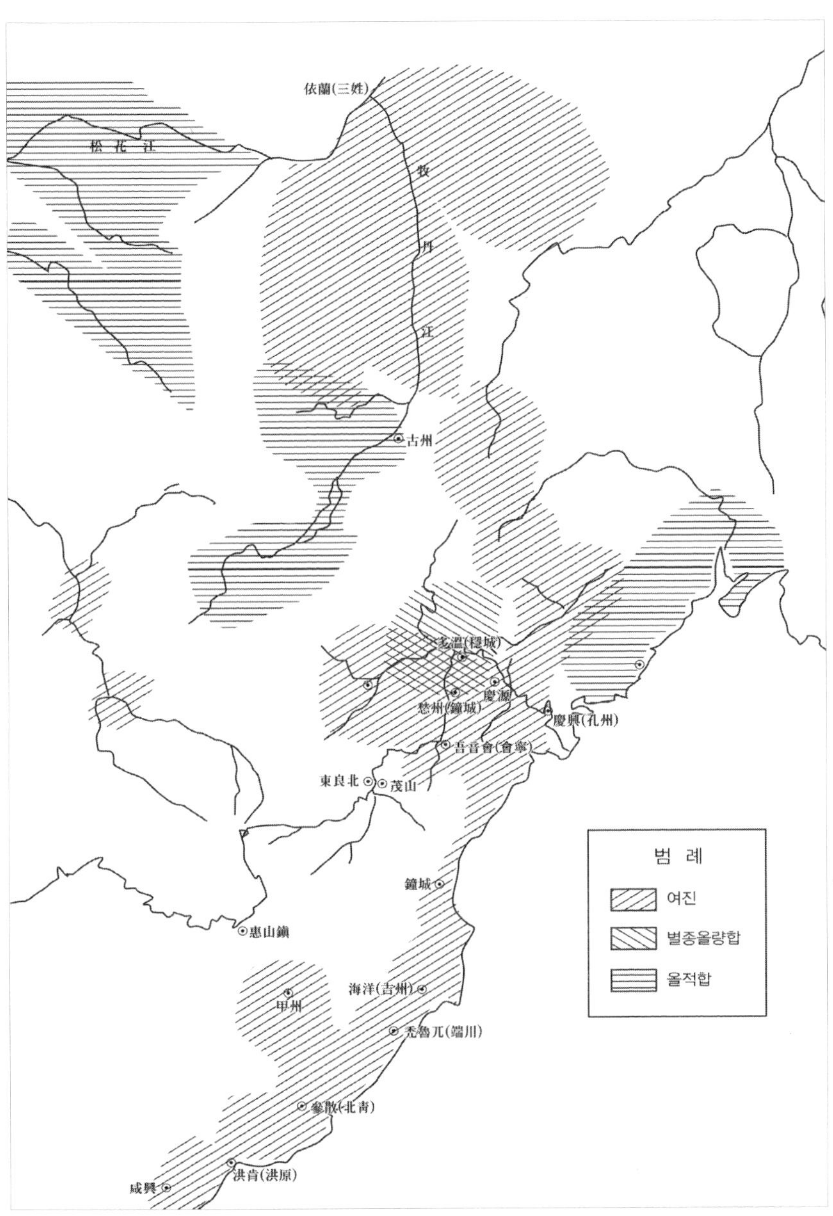

여말선초 여진 분포
(김구진, 「麗末鮮初 豆滿江 流域의 女眞 分布」, 『백산학보』 15, 1973)

명은 成祖 때부터 요동에 거주하는 여진을 본격적으로 초무하기 시작하였는데, 명 성조의 여진 초무는 두 가지 방향에서 전개되었다.[290] 하나는 흑룡강 부근의 여진을 초무하여 몽골 세력을 견제하는 것과 다른 하나는 두만강 부근의 여진을 초무하여 조선을 견제하는 것이었다. 두 가지 모두 여진이 거주하는 지역에 위소를 설치하는 것으로 나타났는데, 전자는 흑룡강 하류의 옛 원대 동정원수부 자리에 노아간도사를 설치하여 여진諸部를 통할하도록 함으로써, 후자는 건주위·올자위 등의 여진위소를 설치함으로써 일단락되었다.

이 과정에서 성조는 조선의 동북면 10처 지면에 거주하는 여진인들을 초무하려 하였고, 조선에서는 치열한 외교전을 펼쳐 이들의 종속을 인정받았다.[291] 그러나 명은 두만강유역에 거주하는 알타리의 首長 童猛哥帖木兒 및 올량합 등을 초무하려는 의도를 굽히지 않았다. 조선에서는 외교적 노력이 실패하자, 동맹가첩목아를 회유하여 명의 의도를 저지하고자 하였다. 즉 대호군 李愉를 동맹가첩목아에게 보내어 宣諭하게 하고 물품을 하사하였으며,[292] 의정부의 知印 金尙琦를 보내어 동맹가첩목아에게 慶源等處管軍萬戶의 印信을 내려주고, 올량합 만호 甫里·波乙所 및 관하인 1백여 명에게 물품을 나누어 주기도 하였다.[293] 그리고 다시 상호군 申商, 대호군 李愉를 연달아 보내어 명의 초무를 막으

290) 박원호,「永樂年間 明과 朝鮮間의 女眞問題」,『아세아연구』 85, 1991, 238쪽;「15세기 동아시아 정세」,『한국사 22-조선왕조의 성립과 대외관계』, 국사편찬위원회, 1995, 262쪽.

291) 박원호,「永樂年間 明과 朝鮮間의 女眞問題」,『아세아연구』 85, 1991, 참고.

292)『태종실록』 권9, 태종 5년 1월 갑진.

293)『태종실록』 권9, 태종 5년 2월 기축.

려 노력하였다.[294)]

태종이 동맹가첩목아의 명 입조를 막으려 한 이유는 바로 동맹가첩목아를 동북면의 '藩籬'라고 생각한 것에 있었다. 태종은 동맹가첩목아가 거주하던 "斡木河는 우리나라의 藩籬"[295)]라고 하였고, "명 사신이 오는 것은 오로지 동맹가첩목아를 초안하려는 것이고, 이 사람은 조선의 번리이기 때문에 이것을 도모하라"[296)]고 하고 있다. 또 "이 사람은 우리 영토 안에 살고 있어 우리의 번리가 되었으니 마땅히 후하게 대우해야 한다"[297)]고 하는 등 동맹가첩목아에게 조선의 관직과 물품을 지급함으로써 명의 초무를 막아보려 하였던 것이다. 그러나 태종은 이들 번리에 대해 "그 무리들은 어루만져 편하게 하지 않을 수 없고, 대비해 방비하지 않을 수 없다"[298)]고 말함으로써 경계를 늦추지는 않았던 것 같다.

한편 북방 여진을 변방의 울타리인 번리로 서술한 것은 먼저『고려사』나『고려사절요』에서 찾아볼 수 있다.『고려사』및『고려사절요』를 보면 고려의 북방에 거주하면서 고려에 내조하던 여진인들에 대해 번리라 표현했던 것을 많이 찾을 수 있다. 이들 記事들을 살펴보면 고려 및 조선 초기의 여진 번리 인식은 변방 부근에 거주하는 여진인들 중에서 고려나 조선에 내조하여 관직을 받고, 경제적으로 복속하거나 영향을 받으면서 밀착된 관계를 맺고 있던 대상을 지칭하는 경우가 많다.

따라서 당시 여진 번리는 광의의 의미로서 중국에서 말하여지는

294)『태종실록』권9, 태종 5년 3월 기유; 권10, 5년 7월 병진.
295)『세종실록』권62, 세종 15년 10월 무인.
296)『태종실록』권9, 태종 5년 3월 기유.
297)『세종실록』권45, 세종 11년 9월 정묘.
298)『세종실록』권84, 세종 21년 1월 병오.

藩國, 藩邦, 藩屛, 藩蔽, 藩翰, 藩服, 藩臣, 藩鎭, 外藩의 의미가 변경의 이민족에게까지 확대된 것으로 변경의 안정과 밀접한 관련이 있고, 무마하고 후대하는 한편 관계가 악화되었을 때는 침입을 방비해야 하는 대상이라고 할 수 있다.

동맹가첩목아 및 두만강 일대의 여진인들을 번리로 인식하였던 것은 세종대에도 이어져서 올적합의 침입으로 동맹가첩목아가 패망하게 되자 6진을 설치하는 계기가 되었다고 할 수 있다.

> 斡木河는 본래 우리 나라의 영토 안에 있던 땅이다. 혹시 凡察(동맹가첩목아의 이복동생) 등이 딴 곳으로 옮겨 가고, 또 强敵이 있어서 알목하에 와서 살게 되면, 다만 우리나라의 邊境을 잃어버릴 뿐 아니라, 또 하나의 강적이 생기게 된다. 그러므로, 나는 그곳의 허술한 기회를 타서 寧北鎭을 알목하에 옮기고, 慶源府를 蘇多老에 옮겨서 옛 영토를 회복하여서 祖宗의 뜻을 잇고자 하는데 어떤가. … 내가 옮겨서 배치하려고 하는 것은 큰 일을 좋아하거나 공을 세우기를 즐겨 하기 때문은 아니다. 만약 조종이 藩籬를 설치하였다면 자손 된 자가 좇아서 이것을 보충하여야 한다는 것뿐이다.[299]

즉 '동맹가첩목아가 거주하던 알목하는 조종이 번리를 설치한 것이고, 다른 강적이 알목하에 들어오면 변경을 잃어버리는 것이므로, 조종의 뜻을 좇아 이것을 보충하고자 한다'고 말하고 있는 것이다. 따라서 세종이 6진을 설치한 것은 '이 지역이 원래 우리나라의 영토인데, 동맹가첩목아가 와서 살게 되면서 조선의 번리가 된 것이고, 이 번리가 패망하여 없어졌기 때문에 다른 强敵이 살게

---

299) 『세종실록』 권62, 세종 15년 11월 무술.

되는 것이 우려되므로 鎭을 설치한 것'이다.

그리고 6진을 설치하는 논의 과정을 보면 세종의 번리 인식은 보다 더 구체화되는 측면이 있다.[300] 세종은 동맹가첩목아가 회령에 거주한 것에 대해서 "太祖 때에 순종하여 와서 우리나라의 번리가 되기를 청한 것이고, 태조가 사방에 있는 오랑캐를 지키려는 것에서 우선 허락한 것"[301]이라고 하고 있다. 또 "童倉(동맹가첩목아의 아들)의 部落은 대대로 본국 境內에 살아서 우리의 번리가 되었다"[302]라고 표현하고 있으며, 오도리의 馬佐化·馬仇音波·童也吾他·哥哥時波와 오랑개의 仇赤 등이 내조하였을 때는 "너희 무리는 여러 代에 걸쳐 北門에 거주하였고, 우리의 藩屛이 되었다"[303]고 하여 두만강 유역의 여진 번리가 그 연원이 오래되었음을 강조하고 있다.

그리고 이 지역은 원래 조선의 영역인데, 태조 때부터 여진인들이 청하고 순종하여 거주하게 되었고, 그에 따라 여진인들이 조선의 번리가 되었음을 누차 강조하였다. 따라서 조선에서 원래 조종의 땅에 진을 설치하는 것은 여진의 땅을 뺏거나 잘못된 것이 아니라 조종의 옛 땅에 설치하는 것이므로 당연한 것임을 천명하고 있는 것이다.

---

300) 이와 관련하여 정다함은 조선이 野人 및 對馬島에 敬差官을 지속적으로 파견하던 연원은 이들에 대한 고려와 조선이 거둔 군사적 승리와 그 주역으로서의 太祖 李成桂라는 물리적이고 구체적인 역사적 경험에 기반하였고, 이러한 역사적 경험을 조선이 스스로를 중심으로 하는 유교적 명분질서로 분식시킴으로써 야인과 대마도를 조선의 신하로 설정하여 번리나 번병으로 파악하는 인식을 보편화시킨 것에서 기원한 것이라고 지적하고 있다.(정다함, 「朝鮮初期 野人과 對馬島에 대한 藩籬·藩屛認識의 형성과 敬差官의 파견」, 『동방학지』 141, 2008, 참고).

301) 『세종실록』 권62, 세종 15년 11월 경자.

302) 『세종실록』 권84, 세종 21년 1월 병오.

303) 『세종실록』 권90, 세종 22년 7월 신유.

한편 번리는 조선에 귀순하여 순종하여 온 사람들(效順, 歸附) 또는 대대로 본국 경내에 살아온 자들로서, '먼 지역 또는 深處에 거주하는 올적합의 소식을 전하거나 사변을 탐지하여 연속적으로 보고'[304]하기도 하고, '보고 들은 것과 聲息을 달려와서 고하며'[305], '深處의 올적합이 감히 접근하지 못하게 하면서, 賊變이 있으면 같은 마음으로 막아 온'[306] 역할을 하였다고 보았다.

이에 세종은 "너희들은 우리 조종이 생긴 이래로 우리와 가까운 지경에 살면서 성심으로 힘을 바쳐 왔고, 우리나라에서도 역시 너희들을 무휼하여 서로가 '입술과 이(脣齒)'처럼 여겨 온지 여러 해"[307]가 되었다고 하였다. 그리고 여진인들에 대해서도 "두 가지 의심을 가지지 않고 생업을 즐기며 편히 살아 영원히 번리가 되면 彼我가 어찌 큰 이익이 아니겠는가"[308]라고 하여 여진인들이 조선의 번리가 되는 것은 서로에게 유익한 것이라고 강조하였다.

그러나 한편으로는 의정부 찬성 申槪가 상언한 것처럼 서북면의 建州衛 李滿住가 귀부하고 忽剌溫 兀狄哈의 聲息과 事變을 보고한다고 해서 번리가 되었다고 하여도 "邊境에 쳐들어와서 함부로 사람을 죽이고 노략하는 것이 여러 번에 이르러 그치지 않으면 번리라 이를 수 없고"[309] 마침내는 군사력을 동원하여 정벌하는 대상이 되었던 것이다.

---

304) 『세종실록』 권64, 세종 16년 5월 을사; 권84, 세종 21년 3월 임술.
305) 『세종실록』 권86, 세종 21년 9월 기유; 권95, 세종 24년 1월 무자.
306) 『세종실록』 권74, 세종 18년 9월 임술; 권95, 세종 24년 1월 무자.
307) 『세종실록』 권95, 세종 24년 1월 무자.
308) 위와 같음.
309) 『세종실록』 권74, 세종 18년 9월 임술.

5진 설치 후 '여진 번리'에 대한 정책

동북면에 설치한 6鎭은 1434년(세종 16) 寧北鎭(뒤에 鍾城鎭으로 이동), 會寧을 시작으로 순차적으로 慶源, 慶興, 穩城, 富寧鎭(1449년, 세종 31)을 설치하면서 완료되었다. 6진 중 두만강유역에 있는 것이 바로 종성, 회령, 경원, 경흥, 온성이며, 이들 5진에 새로 성을 쌓았는데 이것은 바로 巨鎭이라 할 수 있다. 5진 사이의 모든 요해처에는 작은 진과 보를 두어 두만강을 둘러쌓았는데, 이것이 선으로 연결되어 있진 않았지만 이를 두고 長城 또는 行城이라 불렀다.[310)]

세종은 영북진과 회령진을 설치하고, 알타리를 중심으로 한 여진인들을 그 주변에 그대로 머물게 하여 藩籬化시키려 하였다. 그러나 동맹가첩목아의 遺種인 凡察(동맹가첩목아의 이복 동생)과 童倉(동맹가첩목아의 아들)은 건주위 이만주가 거주하는 婆猪江 유역으로 이동하려 하였고, 조선에서는 이들을 그대로 붙잡아 두려한 것을 볼 수 있는데, 조선에서 이들에 대해서 취한 정책들은 다음과 같다.

첫째, 외교적으로 이들의 이동을 막으려고 明에 奏聞하여 실질적인 성과를 이끌어냈다. 즉 1438년(세종 20)과 1439년(세종 21), 두 차례에 걸쳐 "동창과 범찰은 옮길 필요가 없고 그대로 그곳에 거주하라"는 勅諭를 이끌어 내었다.[311)] 사실 이와 관련해서는 파저강 유역의 이만주에 대한 조선의 정벌로 인해 명을 중심으로 조선과 여진 간에 치열한 외교전이 펼쳐졌다고도 할 수 있다.

---

310) 송병기, 「世宗朝 兩界行城 築造에 對하여」, 『사학연구』 18, 1964, 189쪽; 유재춘, 「朝鮮前期 行城築造에 관하여」, 『강원사학』 13, 1998, 153쪽.

311) 『세종실록』 권81, 세종 20년 5월 병신; 권85, 세종 21년 5월 경신.

동창과 범찰은 이만주가 거주하는 파저강 유역으로 이동하길 원하여 명에 이주를 허가해줄 것을 요청하였고, 두 번이나 허락을 받았으나, 조선의 반대로 번번히 좌절되었다. 1438년과 1439년의 칙유는 여진인들의 이주 요청과 명의 승인, 그리고 이에 대한 조선의 반대와 명의 조선 요청 승인이라는 치열한 외교전이 숨어 있었다. 조선에서 이들의 이주를 반대한 이유는 조선의 파저강 정벌로 인해 이만주와의 원한이 풀리지 않은 상황에서 이들이 모여 살게 되면 조선의 변방이 혼란해질 것이고, 동창·범찰이 사는 지역은 太宗皇帝(明 成祖) 때 조선의 소유로 승인한 동북면 11처 지역에 속한다는 것이었다.[312)]

童倉과 凡察로서는 동맹가첩목아가 明의 建州左衛를 개설받았으므로, 명의 허락을 받으면 이주가 쉬울 것으로 생각했을 수 있지만 여진을 둘러싼 조선과 명의 관계는 그렇게 간단한 문제만은 아니었다고 보여 진다. 왜냐하면 당시 명은 북방 몽고세력의 팽창이라는 현실 때문에 더 이상 遼東지역, 특히 두만강유역의 여진에 대한 영향력을 발휘할 수 없는 상황이었다. 黑龍江유역에 설치된 奴兒干都司가 유명무실해지고, 여진 세력의 명 침입이 대규모로 자주 이루어지고 있음이 이를 잘 대변해주고 있다.[313)]

따라서 명으로서는 조선과 여진의 분쟁이 확대되지 않고 안정적으로 유지되어 더 이상 혼란한 상황이 벌어지지 않는 것을 바라고 있었다고 보여지며, 동창과 범찰의 이주를 둘러싼 조선과 여진의 외교전은 이러한 당시 동북아시아 정세가 투영되어 있다고 할 수

---

312) 『세종실록』 권80, 세종 20년 1월 병오.
313) 남의현, 2007, 「明 前期 奴兒干都司의 設置와 衰退」 『동북아역사논총』 16, 2007, 참고.

있다.

둘째, 이들 여진인에 대한 懷柔策이다. 세종은 "우리나라에서 범찰 등이 청구하는 것이 있으면 모두 들어주었고, 조회하러 오는 자가 있으면 舍館을 제공하고 양식을 주어 우대하였다"고 하고 있으며,[314] 또한 "혹 차례를 뛰어넘어 관직을 제수하고 여러 물품을 하사하였으며, 심지어 농사짓는 것, 사냥하는 것, 짐승 기르는 것까지도 그들의 편리한 대로 허가하여 여러 모로 撫恤하였음"[315]을 말하고 있다.

따라서 세종은 범찰 등의 물품 청구에 있어 그 경제적 욕구를 들어주고, 來朝를 허가하였으며, 조선의 官職을 제수하는 등의 회유책을 구사하였음을 알 수 있다. 특히 동창에 대한 관직 수여는 조선에서도 많은 논란이 있었는데, 동창이 이미 指揮라는 명의 관직을 가지고 있었기 때문이었다.[316] 결국 동창에 대해 관직을 수여함으로써 조선의 수직정책은 보다 적극적으로 전개되어 두만강·압록강 유역 등 먼 지방에 거주하는 여진인 뿐만 아니라 명의 관직을 가진 여진인에게까지 확대되는 계기가 되었으며, 명 관직을 가진 여진인에 대한 조선의 관직 수여는 명과 또 다른 갈등을 초래하기도 하였다.[317]

314) 『세종실록』 권90, 세종 22년 7월 신유.

315) 위와 같음

316) 한성주, 「朝鮮初期 朝·明 二重受職女眞人의 兩屬問題」, 『조선시대사학보』 40, 2007, 참고.

317) 童倉에 대한 授職으로 시작된 明 관직자에 대한 조선의 관직 수여는 世宗代에는 크게 문제가 되진 않았지만, 建州衛로 도망했던 동창 등이 世祖代 來朝하여 다시 조선의 관직을 제수받자 명은 勅使를 조선에 파견하여 이를 詰責함으로써 외교적 갈등이 초래되기도 하였다. 이 역시 동북아시아의 정세, 즉 명의 요동지역에서의 영향력 상실이라는 측면에서 파악해야 하고, 또 그에 따른 압록강유역의 여진 세력을 두만강유역과는 다르게 명이 더 민감하게 반응하고 있었음을 알 수 있다.

셋째, 무력을 동반한 强硬策이다. 조선에서는 회유와 함께 무력을 동원하기도 하였는데, 兵馬를 동원하여 도망간 여진인들을 잡아오기도 하고,[318] 군대의 위엄을 보이고 정벌하려는 듯한 聲息을 냄으로써 이탈하는 것을 방지하려 하였다.[319] 그렇지만 이런 노력에도 범찰과 동창 등이 管下 3백여 호를 거느리고 조선을 배반하고 파저강유역으로 도망하게 되었다.[320]

그러나 범찰과 동창 등을 따라가지 않고 남아 있는 무리는 약 1백여 호 정도였다.[321] 조선에서는 이들 중 옛 質子의 예로서 우두머리로서 세력이 있는 사람들의 子弟를 서울로 오게 하여 관직을 제수하고 侍衛를 시키면서 아내를 얻게 하여 머물러 두게 하였으며, 이러한 명령에 따르지 않으면 강제로라도 올려 보내도록 하여 이를 관철시키려 하였다.[322] 이에 따라 오도리 유종 중 童於虛里의 아들 所老加茂, 吾沙介의 아들과 加時波의 아들 1인, 亡乃의 아들 伊童時可, 也吾他의 長子 阿何里와 아들 毛多吾赤, 李貴也의 아들 也吾乃, 愁音佛伊의 아들, 高早化의 아들 吾同古, 童於虛取의 아들 松古老風, 崔寶老의 누이동생이 낳은 아들 沙乙下 등을 연속하여 上京하도록 하였다.[323]

결국 조선에서는 김종서가 "저 알타리들을 어떻게 하든지 북문에 그대로 머물러 있게 하여 우리나라의 번리로 삼아야 한다"[324]

---

318) 『세종실록』 권89, 세종 22년 4월 병신; 6월 경인.

319) 『세종실록』 권74, 세종 18년 9월 임술; 권80, 세종 20년 1월 갑진; 3월 기축; 권88권, 세종 22년 2월 계미; 권90권, 세종 22년 7월 기유; 권91, 세종 22년 10월 정축; 권99, 세종 25년 1월 병자; 권102, 세종 25년 10월 정해.

320) 『세종실록』 권89, 세종 22년 6월 병신.

321) 『세종실록』 권90, 세종 22년 7월 기유.

322) 『세종실록』 권92, 세종 23년 1월 병진; 권95, 세종 24년 2월 정사.

323) 『세종실록』 권92, 세종 23년 1월 병진.

324) 「세종실록』 권95, 세종 24년 2월 정사.

고 말한 바와 같이 명을 통한 외교적 방법, 여진에 대한 회유책, 그리고 무력을 동반한 강경책 등으로 두만강 유역의 여진인들을 번리화시키려 했음을 알 수 있다.

한편 회령 부근에 거주하던 범찰과 동창은 조선을 배반하고 파저강으로 이주(1440년, 세종 22)하였지만 두만강 유역 5진 부근에는 많은 여진인들이 남아 있었다. 다음 표는 1455년(단종 3) 5진 부근의 여진인의 종족, 부락수, 가구수, 장정수를 기록한 것인데, 비슷한 시기 5진 부근의 여진세력을 살펴볼 수 있다.

5진 부근의 여진 종족·부락·가구 및 장정수 (단위 : 개, 명)

5진 / 구분	회령	종성	온성	경원	경흥	합계
종족	알타리 올량합	올량합	올량합 여진	올량합 여진	골간올적합 여진	
부락	21	9	5	10	8	53
가구	389(10)	95	42	214	60	800(10)
장정	829	489	78	445	141	1982

* ( )안의 수는 楊里人의 가구수와 장정수 임.

이 표를 보면 회령에는 21부락 389가구, 종성에는 9부락 95가구, 온성에는 5부락 42가구, 경원에는 10부락 214가구, 경흥에는 8부락 60가구가 있었고, 5진 주변에는 총 53부락 8백가구가 산재해 있었음을 알 수 있다. 이들 부락들은 5진을 중심으로 두만강 내외에 산재한 것으로 나타나는데, 역시 알타리(오도리) 동맹가첩목아의 유종들이 남아있던 회령이 가장 중심이었고, 올량합은 회령, 종성, 온성, 경원 등에 고루 분포하고 있음을 알 수 있다. 그리고 골간올적합은 경흥 지역에 주로 살고 있었음을 볼 수 있다. 5진 전체로 보면, 통상 1가구당 5명씩의 세대구성원이었다고 가정할 때

총 8백가구이므로 4천명 이상의 여진인이 5진 주변에 있었다고 추측할 수 있고, 그 중 壯丁으로 파악된 숫자는 1,982명이다.

이들의 거주 지역은 5진 城底 및 두만강 내외로 이들 모두를 조선의 번리로 볼 수 있을지는 의문이지만 최소한 이들 중 일부 또는 전부를 조선에서는 번리로 인식하였을 것이다. 특히 5진 성저에 거주하던 여진인들은 점차 5진의 '城底野人'으로 통칭되어 갔고, '성저야인'들의 조선에 대한 정치·경제적 의존성 내지는 예속성이 더 높아졌을 것이라 추측해 보면, 이들에 대해 번리라 생각하는 조선의 인식은 고착화되고 보편화되어 갔을 것이라 생각해 볼 수 있다.

더구나 세종대 이후에 알타리뿐만 아니라 올량합, 올적합 등에 대해 5진을 둘러싼 번리라 인식하고 이들을 안정화시키기 위해 지속적으로 노력한 흔적들을 찾아볼 수 있다. 즉 문종은 "올량합은 그 수가 많아서 東良北에서 夜春에 이르기까지 5진을 둘러싸고 있으면서 오래도록 藩籬가 되어 안심하고 생활하여 왔는데, 만약 들떠서 움직이고 인심이 조용하지 못하면 往來하는 邊患은 이루 말할 수 없을 것이니, 모름지기 온갖 계책으로써 曉諭하여 동요하지 말도록 하는 것이 上策"[325]이라 하였고, 세조는 "野人과 倭人들은 모두 우리의 藩籬이고 모두 우리의 臣民이니, 王된 자는 똑같이 대우하고 차별을 없이 하여 혹은 武力을 사용하기도 하고, 혹은 聲息을 사용하기도 하는데, 작은 폐단 때문에 그들의 來附하는 마음을 거절하여 물리칠 수 없다"[326]고까지 하였다.

325) 『문종실록』 권4, 문종 즉위년 11월 무오.
326) 『세조실록』 권8, 세조 3년 7월 경인.

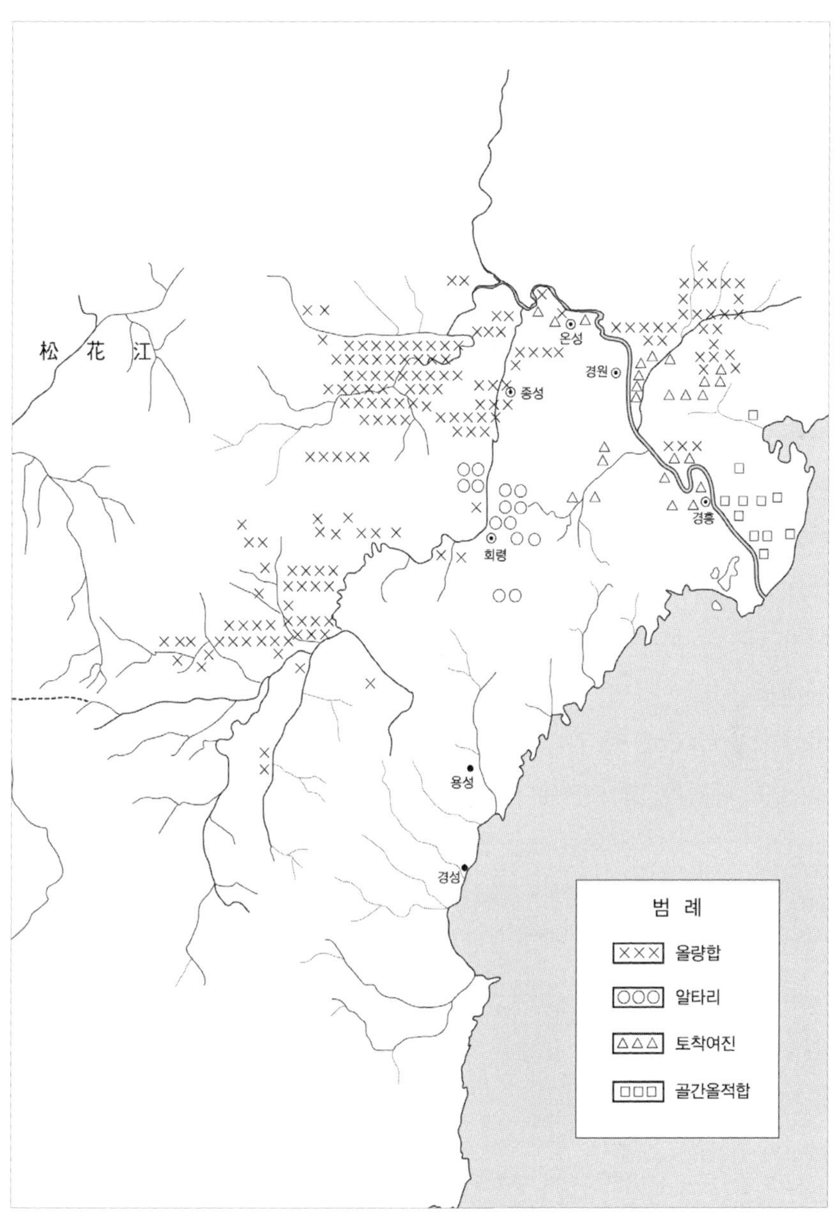

5진 설치 후의 여진 분포
(김구진, 「麗末鮮初 豆滿江 流域의 女眞 分布」, 『백산학보』 15, 1973)

그리고 당시 5진 지역의 상황을 본 明使 馬鑑은 "야인 가운데 城底에 사는 자들은 곧 貴國의 藩籬이므로 존휼하고 무육해서 도망하여 옮기지 말도록 하는 것이 좋으니, 宣慰使에게 말하여 전하께 계달하라"[327]고 말하기도 하였으며, 조선에 入朝한 여진인들도 "城底에 살면서 나라의 干城이 된 지 오래되었으며 무릇 賊變이 있으면 마음을 다하여 와서 報告하였다"[328]고 자칭하게 되었다.[329] 이러한 상황과 인식은 조선으로 하여금 "城底野人들은 대대로 우리 땅에 살고 우리의 藩籬가 되었으므로 국가에서 항상 불러서 무마하고, 굶주리면 먹을 것을 주고 朝廷에 오면 이들을 입히고 먹였으며, 또 爵秩을 주고 祿俸 또한 넉넉히 주기에 이르렀다"[330]는 인식을 형성하는 바탕이 되었다.

또한 조선에서 이들 여진번리를 안정적으로 유지하고 확보하기 위한, 즉 번리를 공고히 하려 노력하였음을 볼 수 있다. 구체적인 사례들을 열거하면, 심처야인의 침입에 대비해서 장성 밖 여진 번리가 사는 곳에 城子와 木柵을 嚴設해 주기도 하고, 土城을 쌓아 주기도 하였다.[331] 또한 深處의 兀狄哈이 여진 번리들을 침탈하거

327) 『세조실록』 권21, 세조 6년 8월 병진.

328) 『성종실록』 권36, 성종 4년 11월 갑진.

329) 위의 두 사례에 대해 정다함은 야인들이 조선측과 접촉하는 과정에서 스스로 조선의 藩籬 혹은 藩屛으로 자칭하는 양상으로, 마감의 경우는 明도 조선의 城底에 거주하는 야인들에 대해 조선의 번리임을 인정하는 사례로 파악하고 있다. 그리고 명도 조선이 전통적으로 영향력을 행사해왔던 야인 부족들을 번리·번병으로 거느리는 것을 인정하고 있음을 보여준다고 하면서, 이러한 점에서 15세기 조선은 제국지향적 움직임을 보여준다고 하고 있다. 또한 이에 대해서 조선을 중심으로 그 주변부에 야인과 대마도가 위치하는 작은 명분질서의 동심원은, 명이 중심에 위치하는 보다 큰 동아시아질서의 동심원과도, 또한 일본 막부가 중심이 되는 또 다른 작은 명분질서의 동심원과도 함께 공유하는 중층적 성격의 것이라고 규정하고 있다(정다함, 「朝鮮初期 野人과 對馬島에 대한 藩籬·藩屛認識의 형성과 敬差官의 파견」, 『동방학지』 141, 2008, 255~256쪽).

330) 『연산군일기』 권46, 연산군 8년 10월 정사.

나 싸울 때 조선에서는 올적합의 원한을 사지 않는 범위 내에서 鎭將은 城위에다 군사를 배치하고 示威하여 威武를 보임으로써 번리들을 聲援하고 救援하였고,[332] 침략당하여 長城(行城)이나 城을 넘어오는 자가 있으면 몰아내지 않고 城內에 전부 모아 보전·방호하여 주기도 하였다.[333]

그리고 한편으로는 以蠻夷攻蠻夷(以夷制夷)의 방편으로 겉으로는 올량합을 옹호하는 형상을 보이고, 안으로는 올적합이 와서 치는 것을 금하지 말아서 올량합 등이 형세상 반드시 우리에게 단단히 의지하게 하도록 하여 번리를 더욱 공고히 하려 하기도 하였다.[334] 경우에 따라서는 군사를 출동시켜 심처야인을 요격하기도 하여 다 방면으로 구원해서 침략을 당하지 않고 편안히 생업에 종사하여 번리를 공고히 하려 하였다.[335]

따라서 번리가 禍를 당하는 것을 모르는 척 보아 넘길 수도 없고 聲援할 형편이 되면 信義를 잃어서는 안 된다고 여겼다.[336] 또 번리를 구원하지 않는 것은 조선의 국위가 손상되는 것으로, 번리들이 조선에 信服하지 않을 것으로, 번리에 대한 도리가 아니라고 인식하였다.[337] 그럼에도 불구하고 약탈당하여 재산을 잃은 자들은 변장이 存撫·賑恤·慰撫를 더하여 굶주리거나 얼어죽지 않도록

---

331) 『성종실록』 권48, 성종 5년 10월 경인; 임인; 권211, 성종 19년 1월 갑진.

332) 『세조실록』 권15, 세조 5년 1월 갑오; 『중종실록』 권34, 중종 13년 7월 기해; 8월 경오; 『명종실록』 권9, 명종 4년 10월 계축.

333) 『중종실록』 권34, 중종 13년 7월 기해.

334) 『세조실록』 권19, 세조 6년 2월 신미.

335) 『명종실록』 권16, 명종 9년 1월 기사; 『선조실록』 권127, 선조 33년 7월 기사; 권169, 선조 36년 12월 계묘.

336) 『세조실록』 권15, 세조 5년 1월 갑오; 『중종실록』 권34, 중종 13년 8월 경오; 『선조실록』 권127, 선조 33년 7월 기사.

337) 위와 같음.

魚鹽과 糧布를 헤아려서 주고, 곡진히 구휼하여 생업에 종사하게 함으로써 流移하지 않게 함으로써 번리를 공고히 하려 노력하였다.[338]

또 5진의 성 아래에 사는 야인이 失農하여 흉년을 만나면 編氓처럼 여기고 구제하기도 하였는데,[339] "관청 곡식을 빌어서 생활을 하는 것이 유래가 오래되었고, 납부하기를 독촉하지 않더라도 먼저 갚는 것이 例였다"[340]는 것을 보면 5진의 여진 번리들에게도 일종의 還穀을 시행했던 것은 아닌가 추측된다. 그 결과 번리인 城底野人들은 오히려 조선이 심처야인들로부터 보호해준다고 인식하였고, 그 은혜에 감동하여 생업을 즐기며 편안히 살면서 심처야인들과는 원수처럼 지내게 되었다.[341]

그러나 두만강유역 주변의 여진 번리들은 그들의 경제적 욕구가 충족되지 않으면 조선을 배반하여 도망하거나 침입하기도 하였다. 이에 조선에서는 번리라고 해도 조선의 변경을 침입하는 등의 나쁜 짓이 극에 달하면 반드시 죽인다는 뜻을 알게 하고, 반란을 일으킨 자들이나 피납된 조선인들을 잡아오거나 인도하여 오는 경우는 크게 포상하고 권장하도록 하였다.[342] 즉, 상으로 주는 관직을 뛰어 제수하고, 이례적으로 서울에 올라오게 하여 물건을 하사하여 주는 것을 遠近의 여진인들에게 알리게 해서 그들로 하여금 功을 세우게 한 것이다.[343] 이런 방법으로도 번리의 침입이 그치지 않

---

338) 『성종실록』 권36, 성종 4년 11월 병신; 권48, 성종 5년 10월 임인.
339) 『연산군일기』 권46, 연산군 8년 10월 무오; 『중종실록』 권91, 중종 34년 7월 을해.
340) 『연산군일기』 권46, 연산군 8년 10월 무오.
341) 『명종실록』 권9, 명종 4년 10월 계축.
342) 『연산군일기』 권46, 연산군 8년 10월 정사.
343) 위와 같음.

으면 대규모의 병력을 동원하여 배반한 번리를 철저히 응징하고 다른 번리들의 이탈을 방지하였다.

대표적인 사례로는 1459년(세조 5) 올량합 추장 浪孛兒罕을 비롯한 그 일족 17인을 조선에서 참수한 것을 들 수 있는데, 세조가 낭발아한 일족을 처벌함으로써 "國家의 威嚴을 近境 여진인들에게 明示하여서 그들을 조선의 명령에 服從시키려는 의도"였고,[344] 이로 인해 여진의 보복 침입이 격화되자, 다음해인 1460년(세조 6년) 毛憐衛에 대한 정벌을 단행하기도 하였다.

조선에서는 이렇게 번리를 공고히 하였고, 마침내 이들 여진 번리에 대해 "입술이 없으면 이가 시린[脣亡齒寒]"[345]관계라 일컫기도 하고, "編氓과 다름없다"[346]는 인식까지 생기게 되었다. 게다가 "함경도에는 彼人(야인, 여진인)들이 와서 살아서 번리가 되고 있는데, 만일 四面에 일이 있으면 저들이 護衛하기 때문에 節度使가 쉽게 變에 대응할 수가 있으나, 평안도에는 야인들의 호위하는 번리가 없기 때문에 혹 변이 있게 되면 절도사가 직접 달려가서 방어하는 조처를 취해야 한다"[347]고 하는 평가까지 생기게 되었던 것이다.

조선의 5진 지역의 번리 구축과 공고화 과정은 결국 조선의 대여진정책과 그 궤를 같이한다고 볼 수 있다. 특히 여진에 대한 회유와 강경책은 바로 북방 방어를 위한 것이었으며, 그 방어의 1차

---

344) 이인영, 「申叔舟의 北征」, 『韓國滿洲關係史의 硏究』, 을유문화사, 1954, 97쪽

345) 『성종실록』 권148, 성종 13년 11월 을사; 권182, 성종 16년 8월 계사; 권211, 성종 19년 1월 갑진; 『연산군일기』 권46, 연산군 8년 10월 무오; 『선조실록』 권127, 선조 33년 7월 기사; 권169, 선조 36년 12月 신해.

346) 『연산군일기』 권46, 연산군 8년 10월 정사; 무오; 『명종실록』 권9, 명종 4년 10월 계축; 권16, 명종 9년 1월 기사.

347) 『중종실록』 권79, 중종 30년 6월 계축.

목표는 바로 두만강유역에 설치된 5진의 울타리, 즉 번리 구축이었던 것이다.

5진에서의 '女眞 藩胡'의 발전과 '中心 部落'의 형성

조선의 두만강유역 여진의 번리화 정책은 여진 사회의 農耕化와 맞아떨어지면서 그나마 기름진 두만강 하구 지역에 "여진인들이 모여들어 번리가 되기를 자처하기도 하였고, 5진에 아주 가까이 살면서 內地에 거주하고자 하는 자가 서로 잇닿게"[348]되었다. 한편 조선 초기에 두만강 연안의 여진인들 중에는 이미 初期農耕段階에 들어가 있으면서 半農半牧의 생활을 영위하는 자들이 출현했던 것으로 보인다.

여진족들은 명의 遼東 거주민 및 조선의 두만강과 압록강유역에 거주하던 변방민을 약탈하였는데, 이들 被擄人은 奴隷로서 사역당하면서 농경에 종사한 것으로 보여진다.[349] 노예로서 사역당하던 피로인들은 고역을 견디지 못해 도망쳐 오기도 하였는데, 조선이 여진으로부터 도망 온 중국인들을 明에 송환한 숫자가 태조대부터 성종대까지 268회에 걸쳐 37,908인에 이르는 것으로 파악되고 있다.[350] 한편 성종대 이후로는 이들 도망노비가 없어졌는데, 그 이유를 여진사회가 16세기에 들어가면서 여진사회 자체내에서 계급분화가 일어나 여진족 노비가 생성된 점과 여진인들도 농경기술을

348) 『성종실록』 권65, 성종 7년 3월 경오.

349) 김구진, 「여진과의 관계」, 『한국사 22-조선왕조의 성립과 대외관계』, 국사편찬위원회, 1995, 366~367쪽.

350) 위와 같음.

터득하여 더 이상 외래 농경노예가 필요 없게 된 것에서 찾기도 한다.[351)]

조선 중기가 되면 여진 사회에서도 농경이 발달하면서 定着 마을이 광범위하게 늘어나고, '中心 部落'도 생겨나기 시작했는데, 두만강 북쪽의 평야 지대에 널리 퍼져 살면서 농경생활을 하던 여진족의 부락을 '藩胡'라고 한다.[352)] 한편 '번호'는 조선에 복속하여 내지의 사나운 올적합의 침입을 막아주는 울타리 역할을 하던 近境 오랑캐를 뜻하는데,[353)] 이것은 藩籬의 뜻과 대체로 같다.

두만강유역에서 이러한 '중심 부락'을 형성한 것은 역시 5진 부근이었고, 『조선왕조실록』을 검토해 보면, 이 '중심 부락'들은 5진을 중심으로 대·중·소부락들이 두만강 내외, 즉 北岸과 南岸의 평야지대에 널리 퍼져 있던 것으로 나타나고 있다. '藩胡 部落'이 회령진에서 종성진까지의 두만강 중류 일대, 즉 지금의 海蘭河 평야 일대에 집중되어 있었고, 16세기 말기 이 지역 여진의 농경 수준은 '原始 농경' 단계에서 '集約 농경' 단계로 이행하고 있었다고 보기도 한다.[354)]

여진의 입장에서 보면 조선의 5진에 의지하여 비옥한 두만강유역 일대에 거주하면서 농경 생활을 영위하는 것 이외에도 생필품을 무역하거나 공급받는 이점이 있었을 것이다. 농경생활을 영위하면서 정착하게 된 여진인들은 深處 여진인 및 다른 여진인들의 情勢를 보고하면서 조선의 官職을 받고, 이를 통해 농경에서 얻지 못하는

351) 위와 같음.

352) 김구진·이현숙, 「『제승방략(制勝方略)』의 북방(北方) 방어(防禦) 체제」, 『국역 제승방략』, 세종대왕기념사업회, 1999, 48쪽.

353) 위와 같음.

354) 위와 같음.

소금이나 면포, 종이 등의 생필품을 받을 수 있다는 이점이 있으므로 조선에 의지하는 것이 보다 안정적이었음에 틀림없다.

그러므로 조선에서는 "저들이 스스로 우리나라를 의지하여 삶을 누린다고 생각하기 때문에 우리나라의 울타리가 되는 것이다"[355] 라고 생각하게 되었다. 그리고 한편으로는 심처의 여진인들이 자신들을 침탈하여 올 경우 조선이 구원해주기도 하는 등의 일정부분 조선의 도움을 받을 수 있었으므로 이러한 사회·경제적 요인들로 번리화된 여진 부락은 확대·증가해 나갔을 것으로 보여 진다.

번리들은 점차 부락을 형성하게 되고, 조선 명종대부터는 '藩胡'라는 명칭이 나타나기 시작하는데, 이것은 앞에서 말한 여진 번리가 '중심 부락'을 형성하였던 것을 가리키고 있다.[356] 따라서 두만강 유역 5진 주변에 거주하는 번리는 점차 '번호' 또는 '번호 부락'으로 표현되었다. 물론 '번리'라는 명칭도 함께 쓰였다. 『制勝方略』에도 경흥·경원·온성·종성·회령의 5진 및 그에 속한 진·보에 붙어 있는 여진인들을 '번호'라고 표현하고 있고, 이들의 부락을 '번호 부락'이라 하고 있음을 볼 수 있다.[357]

결국 번리라 지칭되던 5진 주변의 여진인들이 '중심 부락'을 형성하게 되고, 이것이 '번호 부락'으로 발전한 것은 조선의 여진 정책과 관련이 있다 할 수 있다. 조선의 여진 정책이 여진인들로 하여금 두만강유역에 모여들게 함으로써 여진사회를 보다 발전시킨 것이다. 따라서 이 과정의 연원은 앞서 말한 두만강유역에 대한 조선의 번리 인식과 6진의 설치, 그리고 6진 방어를 위해 번리를

---

355) 『중종실록』 권81, 중종 31년 4월 임인.

356) 『조선왕조실록』에서 '藩胡'란 명칭이 처음으로 나타나는 기사는 『명종실록』 권25, 명종 14년 9월 갑오이다.

357) 세종대왕기념사업회, 『국역 제승방략』, 1999, 참고.

공고히 하는 과정 속에서 나타난 조선의 여진정책에서 찾을 수 있을 것이다.

『제승방략』은 세종이 6진을 개척하고, 金宗瑞에게 6진을 방어할 방략을 세우도록 지시한 것에서 만들어지 시작하여, 李鎰이 1588년(선조 21)에 증보하고 개수하여 편찬한 것이다. 이일은 임진왜란 때 상주전투의 패배로 더 잘 알려진 인물이지만, 원래는 회령부사였던 1583년(선조 16) 번호 尼湯介의 오도리족이 침략하자 온성부사 申砬과 함께 高嶺鎭에서 이들을 격파하여 藩胡의 반란을 진압하였고, 1587년(선조 20) 골간올적합의 침입이 있자 北兵使로서 時錢部落을 정벌한 당대의 명장이었다.[358]

『제승방략』을 보면 5진을 중심으로 두만강의 북안과 남안에 있는 '번호 부락'은 총 289개이고, 이들은 두만강을 둘러싸고 있었다.[359] 다음 표는 『제승방략』에 나타난 '번호 부락'의 수와 호수를 나타낸 것이다.

이를 보면 경흥진 4개 鎭堡 부근에 20개 부락 238호, 경원진 5개 진보 부근에 50개 부락 1,393호, 온성진 5개 진보 부근에 37개 부락 1,614호, 종성진 4개 진보 부근에 99개 부락 3,342호, 회령진 3개 진보 부근 83부락 1,936호가 있었음을 볼 수 있다. 총 21개 진보 289개 부락에 8,523호의 '번호 부락'이 있었고, 이를 한 호당 5명씩의 가족 구성원이 있었다고 가정하면, 당시 5진을 중심으로 두만강 일대에는 42,000명 이상의 여진인이 거주하고 있었다고 할 수 있다.[360]

---

358) 김구진·이현숙, 앞의 책, 1999, 101쪽.

359) 김구진·이현숙은 번호부락의 수를 286개로 파악(김구진·이현숙, 앞의 책, 1999, 44쪽; 49쪽)하고 있지만, 원문을 면밀히 대조한 결과 289개이다.

360) 1599년(선조 32)에 咸鏡監司 尹承勳이 北兵使 吳應台를 대동하고 六鎭에 도착하여

『제승방략』에 나타난 '藩胡 部落' 수와 '호(戶)' 수 (단위 : 개)

5 진	진/보	번호부락 수	호(戶) 수	계(부락)
慶興鎭	造山堡	5	27	238 (20)
	慶興鎭	5	58	
	撫夷堡	7	131	
	阿吾地堡	3	22	
慶源鎭	阿山堡	4	50	1393 (50)
	乾元堡	2	19	
	安原堡	3	63	
	慶源鎭	38	1131	
	訓戎鎭	3	130	
穩城鎭	黃柘坡堡	1	11	1614 (37)
	美錢鎭	4	160	
	穩城鎭	19	1150	
	柔遠鎭	9	189	
	永建堡	4	104	
鐘城鎭	潼關鎭	11	359	3342 (99)
	鐘城鎭	77	2893	
	防垣堡	8	90	
	細川堡	3	?	
會寧鎭	高嶺鎭	14	238	1936 (83)
	會寧鎭	43	1086	
	雲頭城	26	612	
계	21	289	8,523	

* 5진의 소속 진보는 총 29개소인데, 이 중 번호부락이 있었던 진보는 21개소임.
『국역 제승방략』(세종대왕기념사업회, 1999)의 뒷면에 실린 原文을 대조하여 작성함.

한편 巨鎭인 慶興鎭보다는 오히려 경흥진에 속한 撫夷堡 부근에 100호 이상이 거주하고 있는 점이 특이한데, 아마도 여진의 時錢部落 발달과 관련이 있는 듯 하며, 경원진에 1,131호, 온성진에

연회를 베풀어 주었는데, 연회에 참석한 藩胡의 수가 무려 7천여 명이나 되었다는 기록이 있다(『선조실록』 권114, 선조 32년 6월 병오). 이러한 연회에 참석하는 자들은 여진인들 중 酋長 또는 有力者들이라고 보는 것이 보통이므로, 당시 번호의 규모를 짐작할 수 있다.

1,150호, 종성진에 2,893호, 회령진에 1,086호가 집중되어 있어 역시 번호부락이 5진을 중심으로 발전하고 있었음을 알 수 있다. 부락별로 보면 50~100호의 비교적 큰 규모의 부락이 57곳, 100여 호가 넘는 대형부락이 5곳이며, 가장 큰 부락은 종성진의 번호 安取羅耳 부락으로 170호, 그 다음이 종성진 尙家麻坡 부락이 157호, 온성진의 舊加訖羅 부락이 150호였다.

그리고 '번호 부락'들은 두만강 안쪽에만 있었던 것은 아니고 두만강에 있는 섬들과 강 밖에도 있었던 것을 알 수 있다. 경원진에 속한 造山堡의 不京島 부락·海中 厚羅島 부락, 安遠堡의 中島 부락, 경원진의 老耳島 부락, 경원진에 속한 訓戎鎭의 麻田島 부락·中島 부락·下島 부락 등이 섬에 있던 부락이고, 경원진 訓春江 此邊 所乙下 상단·중단·하단 부락, 온성진 深處 新 加訖羅 上端·下端 부락, 회령진 소속 高嶺鎭 深處 門巖 北邊 遮可洞 부락 등은 두만강 건너편에 있던 부락들이다. 각 부락마다 거리가 쓰여 있기 때문에 부락의 대략적인 위치를 파악해 보면 이러한 부락들은 더 늘어날 것으로 보인다.

다음 그림들은 1455년(단종 3)에 조사된 여진 부락 및 가구수와 『제승방략』에 나타난 번호부락 및 호수를 비교한 것이다.

이를 보면 1455년에는 오도리족을 중심으로 한 회령진이 가장 번성하였고, 그 다음이 경원진, 종성진, 경흥진, 온성진이었음 알 수 있다. 그런데 『제승방략』을 보면 종성진, 회령진, 온성진, 경원진, 경흥진 순으로 바뀌었음을 알 수 있다.

1455년(단종 3)의 조사에서 보면, 종성진 일대의 주된 종족은 올량합이었음을 알 수 있는데, 경흥을 제외한 전 지역에 두루 있었음을 알 수 있다. 올량합은 두만강유역에서의 여진 최대 종족이었으며, 조선과의 관계도 밀접한 편이었다. 경흥진은 골간올적합이 중심이었는데, 아래의 그림을 보면 다른 진에 비해 그 성장 속도가 조금 미약한 편임을 알 수 있다. 따라서 두만강 일대에서는 점차 올량합을 중심으로 한 '번호 부락'들이 집중화되고 성장하여 왔음을 알 수 있다.

여진 부락(1455년)과 번호 부락(1588년) 비교[361] (단위 : 개)

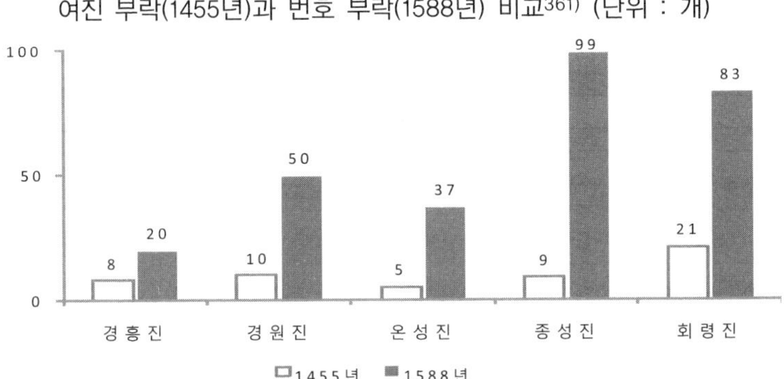

여진 가구수(1455년)와 번호 부락의 호수(1588년) 비교 (단위 : 개)

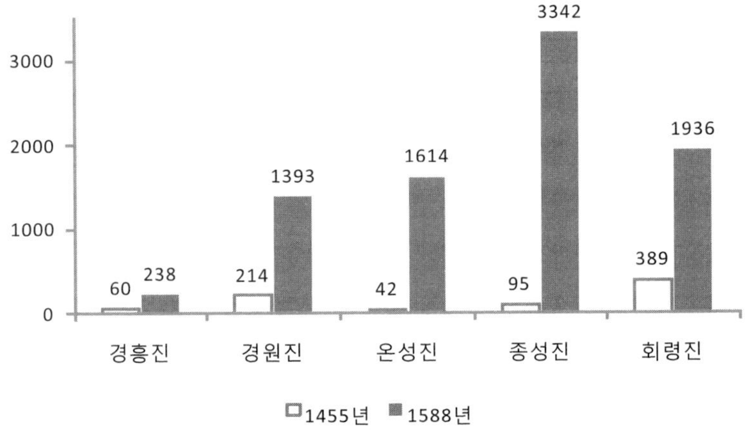

361) 여기서 인용한 『제승방략』이 증보·개수되어 편찬된 해가 1588년(선조 21)이므로 해당 연도를 표기하였으며, 다음 그림도 이와 같다.

'번호 부락'들의 집중화와 발전 속도는 놀라울만한데, 『제승방략』이 1588년(선조 21)에 증보된 것을 감안하더라도 130여 년 만에 5진 부근의 총 부락 수는 53개에서 289개로 5배 이상 증가하였고, 총 가구수 또는 호수 또한 800개에서 8,523개로 10배 이상의 비약적 발전을 하였다. 특히 종성진과 온성진의 발전은 다른 지역을 압도하는데, 종성진의 경우 부락수는 10배 이상, 가구수(호구수)는 35배 이상 늘어났고, 온성진의 경우 부락수는 7배 이상, 가구수(호구수)는 38배 이상 늘어났다.

그런데 여진세력은 두만강 일대의 '번호 부락'만이 집중화되고 발전한 것만은 아니었다. 농경이 보편화되기 시작하면서 요동 일대의 여진 세력들도 역시 발전해 갔다. 이른바 kol(골; 골짜기)에서 golo(고로; 고을)로, 그리고 gurun(구룬; 나라, 國)으로 발전하기 시작하는데, 두만강 일대의 '번호 부락'들도 바로 golo(고로; 고을)라 볼 수 있고, gurun(구룬; 나라, 國)으로 발전할 수 있었을 만큼 성장하였다고 할 수 있다.[362] 그리고 이 과정에서 선조대가 되면 藩胡들의 반란이 자주 일어나게 되는데, 번호 니탕개의 반란 등이 대표적이라 할 수 있다. 조선은 이들 '번호 부락'의 반란에 대해 이들을 征討하는 것으로 대응하면서 '번호 부락'의 이탈과 성장을 막는데 주력하기 시작하였다.

그리고 두만강유역의 '번호 부락'들을 포함한 여진 세력, 즉 golo(고로; 고을)들을 흡수 통일해 나간 것이 바로 건주위의 누르하치[奴兒哈赤]였다. '번호 부락'의 규모로 볼 때 누루하치에게 있어 '번호 부락'의 흡수는 gurun(구룬; 나라, 國), 즉 後金을 수립하는

362) 김구진, 『13C~17C 女眞社會의 硏究』, 고려대학교박사학위논문, 1988, 229~330쪽; 김구진·이현숙, 앞의 책, 1999, 48~49쪽.

데 있어 필수불가결한 요소가 되었을지도 모른다. 따라서 조선으로서는 누르하치의 두만강 유역 번호 침탈이 계속해서 문제가 되었던 것이다.363)

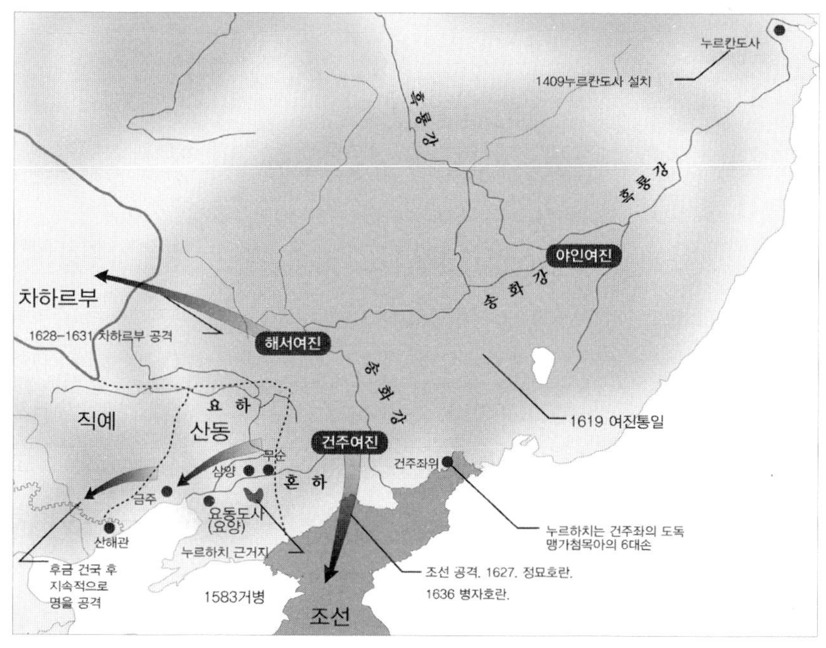

16~17세기 여진의 성장

한편 '번호 부락'의 발전에도 불구하고 조선의 변장과 수령들이 번호들을 잘 撫御하지 못하는 상황이 자주 발생하였다. 여진 번호들이 집중되고 발전되는 상황에서 그들을 編氓·編戶와 같이 여기는 것까지는 좋았지만 가혹한 형벌을 준다던지, 번호를 마구 침학·탐학하여 오래전부터 인심을 잃어왔다던지, 심처야인이 침탈할 때

363) 藩胡의 반란과 그에 대한 조선의 征討, 누르하치[奴兒哈赤]의 번호 침탈 등의 문제에 대해서는 서병국, 『宣祖時代 女眞交涉史研究』, 교문사, 1970, 참고.

구원하지 않는다던지, 번호에 대한 대우가 전과 달리 나빠졌다는 등의 사례[364]들이 빈번하게 생기면서 급기야 1583년(선조 16) 회령 지방에서 니탕개가 반란을 일으키게 되었던 것이다. 당시 조선에서는 번호의 반란이 일어난 이유를 대부분 위와 같은 사례에서 찾고 있었다.

한편 『선조수정실록』에는 번호와 관련되어 다음과 같이 기록되어 있는데, 번호의 개념과 역할에 대해 말해주고 있어 주목할 만하다.

> 북도의 오랑캐로서 江外 邊堡 가까이 살며 무역을 하고 納貢하는(공물을 바치는) 자들을 '藩胡'라고 하고, 백두산 북쪽에 사는 여러 오랑캐로서 아직 親附하지 않은 자들을 '深處胡'라고 하는데, 그들 또한 때때로 변방에 찾아와 정성을 바치기도 하였다. 그러나 심처호가 변방에 들어오려고 할 때면 번호가 즉시 보고하고 이들을 막거나 구원을 하는 역할을 하였다. 따라서 조종조 때부터 번호를 후하게 대해준 것은 이 때문이었다. 그런데 변방의 방어가 차츰 소홀해져 번호가 차츰 강성해지는데도 이들을 제대로 무마하지 못하게 되자 도리어 반란의 계제가 되었다. 그리하여 이때에 와서 번호가 앞장서서 난을 일으켰는데, 이로부터 혹은 심처호를 이끌고 와서 침범하기도 하며 반복해서 자신들의 이익만을 추구하였으므로 북쪽 변방이 불안해지기 시작하였다.[365]

이것을 보면 '번호'란 邊堡 가까이 살며 무역하고 공물을 바치는 자들이며, '심처호'가 변방에 들어오려고 하면 '번호'가 즉시 보고하

364) 『선조실록』 권17, 선조 16년 2월 정유; 권55, 선조 27년 9월 기축; 신묘.
365) 『선조수정실록』 권17권, 선조 16년 2월 갑신.

고 이들을 막거나 구원하는 역할을 한 것으로 되어 있다. 따라서 '번리'와 같은 개념이라 할 수 있다. 조선에서 말하는 '심처호'란 번호들보다 더 북쪽 내륙, 즉 『조선왕조실록』에서는 '內地' 또는 '深處'에 거주하는 것으로 표현되는 사나운 올적합을 말한다. 사실 조선초기부터 올적합과 오도리·올량합은 서로 반목하여 사이가 좋지 않았고, 서로를 침탈하기도 하였다. 또한 심처호들은 오도리·올량합보다 조선이나 명과의 접촉이 많을 수는 없었기 때문에 농경기술의 발전 속도가 느릴 수밖에는 없었을 것이다.

그리고 조선에서는 이들을 후대하였으나, 점차 '번호'가 강성해지면서 반란을 일으키게 되었던 것이다. 바로 니탕개의 반란은 경원진에 사는 여진인들이 鎭將을 비난하는 소문을 퍼뜨리면서 민심을 선동한 것이었는데 여기에 니탕개가 합세하면서 경원진을 점령하고, 경원부 내의 모든 진보를 점령한 당대의 일대 사건이었다. 니탕개의 반란 이후 종성·회령·온성의 일부 번호까지 도발하기 시작하였고, 1587년(선조 20)에는 녹둔도가 번호의 침략을 받아 큰 피해를 입었다. 이러한 번호들의 반란은 조선의 북쪽 방어를 담당하는 일종의 1차 방어축이 도리어 조선을 위협하는 것과 같았다. 따라서 조선에서는 반란한 여진 '번호 부락'들을 征討하면서 다른 번호의 이탈을 막는데 주력하게 되었던 것이다.

조선에서는 5진 지역의 방어를 위해 여진인들을 안정화시키고 이들을 조선의 울타리인 번리로 고착화시켜 갔고, 여진인들은 농경과 생필품을 얻기 위해 5진 주변에 모여들었다. 번리는 점차 '번호 부락'으로 구체화되면서 급속한 발전을 이루었는데, 이들 '번호 부락'은 5진을 중심으로 두만강 내외, 즉 남쪽과 북쪽에 두루 분포하면서 두만강을 에워싸는 형태였다. 이렇게 보면 조선의 '여진 번리화 정책'은 일정 정도 성공한 셈이다. 조선은 여진 번리를 구축함으로써 심처야인들의 공격을 막으면서 새로 설치한 6진을 조선의 영토로 완전하게 편입시킬 수 있었다.

그러나 임진왜란의 발발은 조선에 있어서는 여진 번호들의 이탈을 가속화시켰고, 누루하치의 성장은 두만강유역 번호의 向背에 있어 더욱 중요한 요소로 등장하게 되었다. 누루하치의 성장은 여진의 통일과 편입을 전제로 한 것이기 때문에 번호를 둘러싼 조선과 누루하치 간에 여러 문제를 야기할 수밖에는 없는 것이었다. 즉 당시 두만강유역에 있던 번호부락의 규모상 조선에서는 번호의 이탈을 방지하는 것이 북방 문제의 현안이었고, 누루하치에게 있어서도 번호를 편입시키는 것이 소위 '國家'로 성장하기 위해서 필수불가결한 사항이 되어 갔던 것이다.

나오며

이상에서 조선에서는 초기부터 두만강유역에 있던 여진인들을 藩籬로 인식하였고, 그것이 6진의 설치와 밀접한 관련이 있었음을 알 수 있었다. 또 6진 설치 이후에도 이 지역의 방어를 위해 여진 번리를 구축하려한 모습들을 살펴보았다. 그리고 그것이 조선 중기가 되면 여진이 농경사회로 발전하는 것과 궤를 같이 하면서 두만강유역의 여진 번리가 '藩胡 部落'으로 지칭되기 시작한 것을 살펴보았다. 또 '번호 부락'이 얼마나 집중화되고 발전되었는지도 규모를 파악해 보았다. 이를 통해 약 130여 년 동안 두만강유역 여진의 부락 수는 53개에서 289개로 5배 이상, 총 가구수는 800개에서 8,523개로 10배 이상의 비약적 발전을 한 것을 알 수 있었다.

이것은 조선에서 5진 지역의 방어를 위해 여진인들을 안정화시키고 이들을 조선의 울타리인 번리로 고착화시켜 갔고, 여진인들은 농경과 생필품을 얻기 위해 5진 주변에 모여들었기 때문이었다. 번리는 점차 '번호 부락'으로 구체화되면서 급속한 발전을 이루었는데, 이들 '번호 부락'은 5진을 중심으로 두만강 내외, 즉 남쪽과 북쪽에 두루 분포하면서 두만강을 에워싸는 형태였다. 이렇게 보면 조선의 여진 번리화 정책은 일정 정도 성공한 셈이다. 즉 여진 번리를 구축함으로써 심처야인들의 공격을 막으면서 새로 설치한 6진을 조선의 영토로 완전하게 편입시킬 수 있었다.

그런데 이렇게 발전한 '번호 부락'들에 비해 점차 변장과 수령들이 이들에 대한 撫御를 제대로 하지 못하는 등의 상황이 발생하면서 번호의 배반이 일어나기 시작하였다. 특히 임진왜란의 발발은 조선에 있어서는 여진 번호들의 이탈을 가속화시켰고, 누루하치의 성장은 두만강유역 번호의 向背에 있어 더욱 중요한 요소로 등장하게 되었다. 누루하치의 성장은 여진의 통일과 편입을 전제로 한 것이기 때문에, 번호를 둘러싼 조선과 누루하치 간에 여러 문제를 야기할 수 밖에는 없는 것이었다. 당시 두만강유역에 있던 번호부락의 규모상 조선에서는 번호의 이탈을 방지하는 것이 북방 문제의 현안이었고, 누루하치에게 있어서도 번호를 편입시키는 것이 소위 '國家'로 성장하기 위해서 필수불가결한 사항이었을 것이다.

두만강유역은 조선의 입장에서 보면 邊境이었고, 조선을 1차적으로 지켜주는 藩籬가 있는 지역이었다. 그러나 한편으로는 朝鮮人과 女眞人이 정치·사회·경제·문화적으로 상호 영향을 주며 접촉하던 空間이었다. 14~17세기 이 지역은 엄격한 의미에서의 영토적인, 관할적인, 영역적인 구분과 경계가 線적인 개념, 즉 두만강을 경계로 한다기보다는 '두만강유역 일대'라는 공간적인 개념에 더 가까웠던 것은 아니었을까? 그리고 이러한 공간적 개념이 유지될 수 있었던 것은 바로 변경이라는 특수한 공간과 이 지역을 조선이 번리로 인식하고 있었던 것에 기인하는 것은 아닐까? 그러나 이러한 문제를 해결하기 위해서는 중국(명)과 조선과의 관계, 조선과 여진과의 관계를 중첩적으로 검토할 필요가 있을 것이다.

앞으로 15~17세기 두만강 유역에서 조선이 구축한 여진 번리·번호에 대한 지속적 관심과 연구는 국가와 국가, 민족과 민족과의 관계라는 통일적·단선론적 시각에서 벗어나 변경이라는 지역적 공간에서의 영역 문제, 그리고 정치·사회·경제·문화적 관계를 밝히는데 일조할 수 있을 것이라 생각된다.

4. 정묘·병자호란과 조선의 대응

여진의 성장과 深河戰役

女眞은 조선의 북방, 지금의 만주 및 요동에 거주하던 족속이었는데, 金이 멸망한 이후 많게는 수백에서 적게는 수십 명의 부족으로 생활을 영위하고 있었다. 조선은 이들을 종족별로 구분하여 兀良哈·斡朶里·兀狄哈·土着女眞으로 부르고 있었고, 중국 明나라에서는 거주 지역에 따라 建州女眞·海西女眞·野人女眞으로 부르고 있었다.366)

14세기 중국에서 명나라는 元나라를 쫓아내고, 점차 요동지역의 여진까지 그 세력을 확대하려 하였다. 그것은 요동지역의 안정뿐만 아니라 여진을 명나라에 복속시켜 蒙古와의 연합을 막고, 朝鮮을 견제하려는 목적을 가지고 있었다고 할 수 있다. 명나라의 여진지역으로의 세력 확대는 두 가지 방향에서 전개되었다. 하나는 압록강·두만강 유역에 建州衛·毛憐衛 등의 여진 衛所을 설치하여 遼東都司가 통제하도록, 다른 하나는 역시 흑룡강 유역에 여진 위소들을 설치하여 奴兒干都司가 통할하도록 한 것이었다.

그러나 명이 설치한 여진 위소는 명의 관리들이 파견된 것이 아니라 그 지역의 여진 추장들에 대해 명의 관직을 수여하는 형식이

---

366) 본 절은 그동안의 선행연구 성과를 바탕으로 여진의 성장과 누르하치의 통일, 그리고 정묘·병자호란시기 조선의 대응과 좌절이라는 측면을 개설적인 수준으로 구성하여 보았다.

었고 그 직위가 세습되었으며, 여진인들은 자신들이 수여받은 관직을 근거로 명에 朝貢을 바치는 형태였다. 그러나 '토목보의 변[土木堡之變, 1449]' 이후 명의 대외정책은 수세적·방어적으로 바뀌게 되었다. '토목보의 변'이란 몽고의 오이라트가 다시 강성해지자, 명의 英宗(正統帝)이 親征에 나섰다가 포로로 잡힌 사건을 말한다. 따라서 요동에 대한 명의 영향력은 점차 감소할 수밖에 없었고 이후 노아간도사는 곧 폐지되었으며, 명에 대한 여진의 침입도 격화되기 시작하였다.

결국 명은 萬里長城을 다시 수축하여 현재와 같은 '一線의 장벽'으로 몽고를 방어하게 되었고, 요동에는 '遼東邊墻'을 만들어 여진을 방어하게 되었다. 그럼에도 불구하고 요동지역의 여진 위소는 그대로 유지되었다. 그것은 여진의 입장에서 명의 위소 관직을 받게 되면 조공, 즉 무역을 할 수 있는 권한이 생기는 것과 같았기 때문이었다. 따라서 여진인들은 위소 관직을 매개로 명나라와 무역을 하고, 무역을 통한 경제적 욕구가 충족되지 않을 경우에는 명을 침입하여 약탈하는 이중적 모습을 보이고 있었다.

한편 14세기에는 한반도에서도 왕조 교체가 일어났는데, 조선이 고려를 대신하게 되었다. 조선을 건국한 李成桂는 고려의 東北面 출신이었는데, 고려말 동북면은 고려인과 여진인이 혼재하고 있던 상황이었다. 이성계의 私兵 또한 이들을 기반으로 하였으며, 이후 이 지역은 조선왕조에 있어서는 '祖宗舊地', 즉 '조상의 옛 땅'이라고 인식되었다. 조선은 이 지역, 특히 동북면에 거주하는 여진인들을 조선에 동화시키고 행정구역으로 편입해 갔다. 또한 두만강유역 내외에 거주하는 여진인들은 조선의 '藩籬'라고 인식하였는데, '번리'란 '울타리'를 의미한다. 여진을 통일하여 後金을 세운 누루하

청 태조 누르하치

치[努爾哈赤, Nurhaci]의 6대조였던 童猛哥帖木兒는 두만강유역에 거주하는 알타리족의 대추장이었다. 고려말에는 이성계를 따라 從軍하기도 하였으며, 조선의 관직인 '上萬戶', '鏡城等處萬戶', '上護軍', '慶源等處上萬戶'을 받은 조선의 '번리'였다. 그러나 명의 여진 세력 확대로 인해 建州左衛를 개설받아 建州衛都指揮使의 관직을 받았던 인물이기도 하였다.

조선은 여진에 대해 强穩兩面의 정책을 실시하였는데, 그것은 북방의 안정을 위하여 여진을 복속시키는 것과 다름이 없었다. 여진인들이 교섭을 원할 경우 조선에 來朝하게 하여 왕을 謁見肅拜하게 하고 조공을 바치게 하였으며, 조공 후에는 그에 상응하는 물품을 하사하였다. 그리고 조선의 관직을 수여하는 이른바 '授職政策'을 실시하여 여진인들을 정치적으로 예속시키기도 하였다. 또한 조선에 歸化[向化]를 원할 경우에는 받아들여서 侍衛하게 하거나 토지와 가옥을 주고 혼인을 시켜주기도 하였다. 그러나 여진인들이 그들의 경제적 욕구를 충족시키지 못하고, 변경을 침입할 경우에는 정벌을 단행하여 조선의 국위를 과시하였는데, 조선전기 여진에 대한 정벌은 15차례나 되었다. 이러한 조선의 여진정책은 두만강·압록강유역에 거주하는 여진인들에게 모두 실시되었으며, 명의 위소를 받았던 여진인들에게도 마찬가지였다.

조선 세종대의 四郡 六鎭 개척은 앞서 말한 '祖宗舊地'의 회복이었지만, 흩어져 있던 건주위와 건주좌위가 압록강유역으로 모이게 되는 결과를 초래하기도 하였다. 즉 압록강유역으로 이동한 동맹가첩목아의 이복동생인 凡察과 아들인 童倉 사이에 건주좌위의 추장 문제를 둘러싸고 다툼이 일어나 결국 건주좌위와 建州右衛로 분화되었고, 기존의 건주위와 더불어 建州三衛시대가 열리게 되었던 것이다.

두만강유역의 여진인들을 '번리'라 인식하였던 조선은 6진 개척 후 이들 번리를 공고히 하기 위해 노력하였고, 그 결과 조선 중기부터 '蕃胡 部落'이 생겨나기 시작하였다. 이들 '번호 부락'들은 조선에 정치·경제적으로 의존하는 동시에 여진 사회의 농경화와 더불어 급속한 발전을 이루게 되었다. 특히 15세기 중엽 이후 점차 冶鐵 기술을 습득하게 되면서부터는 농업생산량이 증대하였고 전투력에서도 상당한 발전을 이루게 되었다. 그 중에서 세력을 키운 '번호'는 조선을 배반하기도 하였는데, 대표적인 것이 尼湯介의 반란이었다. 니탕개는 선조대인 16세기가 되면 여진인 2만여 명을 동원하여 두만강 유역의 5진을 공격하는 등 조선 변경에 큰 문제가 되기도 하였다.

압록강유역의 건주위 또한 농업생산력의 증대로 인하여 사회·경제적으로 많은 발전을 하였지만 조선과 명을 차례로 침입하여 조선 세종대 및 세조·성종대에 연이어 조선의 정벌을 당하기도 하였고, 심지어 조선과 명의 협공을 받기도 하였다. 특히 조선에서 건주위의 李滿住를 죽이고, 명나라에서 건주좌위 동창 및 건주우위의 王台를 죽이면서 그 세력이 약화되기도 하였다. 이에 조선 중기가 되면 松花江

중·상류 및 開原 동북에 거주하는 해서여진의 '후룬 4부[扈倫 四部]', 울라[烏拉]·하다[哈達·여허[葉赫]·호이파[輝發](조선에서는 해서여진을 홀라온[忽剌溫]이라고 칭함)가 형성되어 큰 세력을 떨치게 되었다.

그렇지만 明末이 되면 명과의 무역 이권을 둘러싸고 여진사회의 분쟁은 심화되어 갔다. 여진 사회의 농경화가 발달되었어도 명과의 무역을 통한 경제적 이득은 엄청난 것이었기 때문이었다. 특히 명에서는 위소 관직을 받은 여진인들에게 무역을 허락하는 勅書를 수여하였는데, 이 칙서의 소유를 둘러싼 쟁탈전이 벌어지게 되었고, 칙서를 대량으로 겸병하는 세력자가 등장하였던 것이다. 명의

누르하치능침-복릉

만력연간(1573~1619)에 이러한 칙서를 가장 많이 소유한 것은 해서여진의 하다부였지만, 하다부는 여허 등의 침입으로 분열되기 시작하였고, 건주여진 또한 여러 부로 분열되어서 정치적 통일을 이루지 못하고 있었다.

사실 여진사회의 이러한 분열은 명의 적극적 개입에 기인하였다고 볼 수 있다. 명에서는 여진 세력 중 어느 한 세력에게 권력과 힘이 집중되는 것을 바라지 않았다. 여진 세력 중 어느 한 세력이 강성해지면 다른 세력을 지원하거나 분열을 획책하여 여진 세력의 통일을 방해하여 왔던 것이다. 그러나 명말이 되어서는 명의 이러한 개입은 오히려 혼란과 분쟁을 가중시키게 되었고 누르하치가 등장하여 정치적 통일을 이루면서 종식하게 되었던 것이다. 그리고 누루하치의 여진 통일은 명·조선과의 갈등을 초래할 수박에 없는 것이었고 조선과는 정묘·병자호란으로 그 갈등이 표출되었다.

16세기 중엽부터 17세기 초 사이 건주여진 중 세력이 강성한 것은 건주우위였고, 누루하치가 속한 건주좌위는 세력이 쇠퇴해 있었다. 건주우위는 자주 명의 변경을 침범하여 지방관을 살해하는 등 문제가 되고 있었기 때문에 명의 거듭된 정벌을 받게 되었다. 이 과정에서 누루하치가 속한 건주좌위가 명과의 관계를 발전시키면서 점차 성장하게 되었다.

즉 누루하치의 조부 기오창가[覺昌安]는 建州左衛 都指揮였는데, 1574년(만력 2)에 명의 總兵官 李成粱이 건주우위 추장 王杲를 정벌하여 제거하는데 참여하기도 하였다. 한편 왕고의 아들 阿台 역시 명의 변경을 침입하여 명에 대한 저항을 계속하고 있었기 때문에 1583년(만력 11)에 명의 토벌을 받았다. 이때 누루하치의 조부 기오창가와 부친 탁시[塔克世]가 명의 건주우위 토벌에 종군하였다

누르하치의 갑옷

가 명의 오인 사살로 죽음을 당하게 되었던 것이다. 명은 누루하치에게 칙서 30道, 말 30필, 도독都督 칙서를 주고 指揮使에 임명하여 조부와 부친의 죽음을 보상하려 하였다. 누루하치는 명의 보상책을 받아들이긴 했지만, 명에 대해 거병할 때 조부와 부친의 죽음을 '七大恨'에 포함시킨 것을 보면 명에 대한 원한을 가지고 있었음을 알 수 있다.

누루하치는 조부와 부친의 사후 起兵(1583년, 만력 11)하여 건주여진을 통일해 나가기 시작하였다. 처음 누루하치가 군사를 일으킬 때는 甲 30副와 수십 명의 卒 밖에는 없을 정도로 미약하였지만, 4년 뒤(1587, 만력 15)에는 興京老城을 쌓고 체제를 정비하여 국가의 형태를 갖추기 시작하였으며, 5년 만에 건주여진의 대부분을 통일하였다. 2년 뒤인 1589년(만력 17)에는 스스로 王을 칭할 정도가 되었다. 임진왜란이 발발한 1592년(만력 20, 조선 선조 25)에는 '馬兵 3~4만과 步兵 4~5만을 거느리고 있는데 이중 精兵을 뽑아 파견하여 조선과 명을 돕겠다'라고 할 정도로 큰 세력으로 성장하였다.

한편 임진왜란은 누루하치에게는 세력 확대의 기회가 되었다. 명과 조선이 요동지역의 여진 문제에 신경 쓸 여력이 없었기 때문이었다. 즉 1593년(만력 21)에는 長白山의 3부를 건주여진에 귀속시켰으며, 해서여진의 하다·올라·호이파를 비롯한 東海女眞과 몽고의 9부 연합군의 공격에서 승리를 거둔 다음, 1594년(만력 22)에는 건주여진을 완전히 통일하였던 것이다. 1598년(만력 26)에는 송화강유역의 동해여진에 대한 공격을 시작하였고, 아울러 조선과 밀접한 관계가 있던 瓦爾客部(조선에서는 올량합이라고 함)와 조선의 藩胡 및 6진의 城底野人·向化女眞人의 子孫까지 건주여진에 통합시켰다(1607년, 만력 35, 조선 선조 40).

또한 누루하치는 해서여진의 여허와 하다부의 패권쟁탈에 참여하여 1601년에는 하다부를, 1607년에는 호이파를, 1613년에는 울

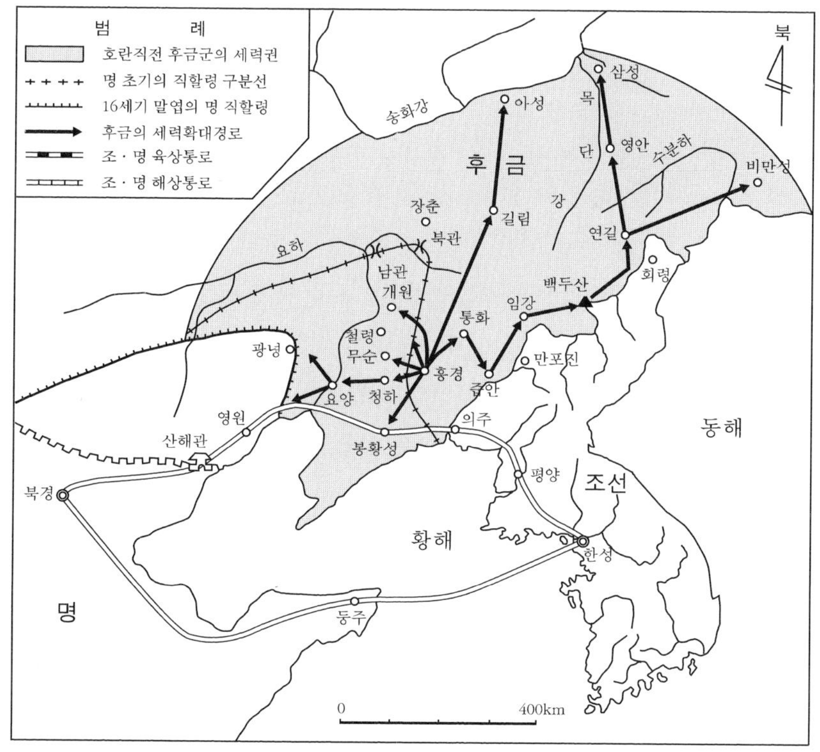

호란 직전의 동아시아 형세
(국방부전사편찬위원회, 『丙子胡亂史』, 1986)

라를 병합하였다. 해서여진 중 여허는 명에 의지하여 누르하치에 대항하다가 1619년 누루하치가 요동에 진출한 뒤에 병합되었다. 마침내 누루하치는 여진을 통일하여 1615년 八旗제도를 확립하였고, 여진글자인 滿文을 창제하여 통합을 시도하였으며, 1616년에는 天命이라 建元하고 국호를 大金(後金)이라 하였다. 그리고 1618년에는 '7대한'을 내세우며 명에 정식으로 開戰을 선포하였다.

칠대한을 적은 필사본

조선은 임진왜란 때 누루하치의 援兵 파견 제의를 거절하였지만, 누루하치는 전쟁을 피해 요동으로 들어간 조선인들을 송환하기도 하였다. 그러나 1595년(조선 선조 28) 건주여진인들이 조선 경내인 渭原지방에 들어와 採蔘하다가 살해된 소위 '渭原 事件'은 조선을 긴장시켰다. 누루하치가 이 사건을 외교 문제로 비화하자, 조선은 일본과 전쟁 중인 상황에서 북방의 안정이 필요하였기 때문에 滿浦鎭의 鄕通事 河世國을 건주여진에 파견하여 누루하치를 달래고 건주여진의 세력 및 국정을 탐지하게 하였다. 하세국은 그해 11월 직접 탐문한 정보를 보고하였는데, 조선은 보다 정확한 정보를 입수할 목적으로 동년 12월 무인출신인 南部主簿 申忠一을 하세국과 함께 누르하치에게 다시 파견하기도 하였다.

1601년(조선 선조 34)에 누루하치는 만포진에 副將 忙剌哈을 보내어 조선의 북방 번호처럼 서울에 가서 職帖 받기를 청하였으나, 조선에서는 누루하치가 이미 명나라의 龍虎將軍이라는 직첩을 받은 것을 이유로 거절하였다. 1605년(조선 선조 38)에는 누르하치로부터 처음으로 '國書'가 전달되었는데, '建州等處地方國王佟'이라고 표현하여 공식문서에 국왕을 자처하면서 조선과의 우호관계 수립을 희망하였다. 그리고 누루하치의 해서여진 공략이 한참이던 1607년(조선 선조 40) 홀라온(해서여진)을 조선의 경내인 鍾城鎭 烏碣巖(門巖)에서 대패시켰는데, 그 세력이 크게 성하여 여러 部落 중에 으뜸이 되었기 때문에 遠近의 부락들이 모두 복속하게 되었다.

누루하치는 오갈암에서의 승리 이후 1609년(조선 광해군 1)에 사람을 보내어, 종래 조선에서 홀라온에게 주던 면포를 자신에게 주기를 청하였고, 1616년(조선 광해군 8)에는 변경에서 開市하여 무역할 것을 원하였지만, 조선에서는 모두 들어주지 않았다. 다만 조선에서는 누루하치가 貂皮를 바치면 면포로 값을 쳐서 돌려주었고, 祿俸 받기를 간청하면 부득이 일시적으로 허락하기도 하였다.

누루하치는 조선과 우호적인 관계를 맺기를 희망하여 요동에 도망하거나 붙잡혀 온 조선 백성을 송환하고, 4군에 살고 있던 여진

누루하치가 명과의 전투에서 큰피해와 부상을 입었던 영원성의 남문

인들을 모두 철거시키기도 하였다. 광해군 또한 임진왜란 후 황폐해진 국가 재건 문제에 직면해 있었고 국내외의 정세를 잘 파악하고 있었기 때문에 누루하치를 자극하지 않으려고 노력하였다. 그러나 1610년(조선 광해군 2) 조선과 명이 협력하여 누루하치를 공격한다는 소문은 그들을 자극하기도 하였는데, 급기야 1614년(조선 광해군 6)부터는 명의 援兵 파병 요청이 시작되었다.

1616년(조선 광해군 8) 후금을 세운 누루하치는 1618(조선 광해군 10)년 명에 개전을 선포하여 요동의 撫順과 淸河를 차례로 함락시켰고, 이에 명나라는 누루하치를 정벌하기로 결정하였으며, 조선에도 火器手와 軍·馬를 동원할 것을 독촉하였다. 한편 누르하치는 이미 1617년(조선 광해군 9)에 조선에 서신을 보내어 조선과 후금 양국이 和好를 맺을 것과 명의 이간책 및 출병 요청을 비난하였다. 또한 1618년 무순과 청하를 공격하기 전에는 조선에 사전

통보를 하는 등 조선과 우호적인 관계를 희망하였다. 그러나 무순·청하 함락 이후 명의 조선에 대한 원병 파병 요청이 강경해지자, 요동에 조선이 원병을 보내면 조선의 會寧·三水·滿浦를 공격할 것이라고 위협하였다.

그 즈음 조선은 임진왜란 후의 전후 복구 문제뿐만 아니라 서북 지방에 질병이 퍼져서 사망자가 1만여 명에 달해 국경 방비 또한 심각한 위험에 직면해 있었다. 더구나 새롭게 성장하고 있던 후금의 군세는 수십 년간 수많은 실전 경험을 가지고 있었던 것에 반해 조선의 군세는 비교가 될 수 없었다. 광해군은 이러한 국내외의 정세를 잘 알고 있었기 때문에 명의 원병 파병 요청에 신중할 수밖에 없었으며, 명의 출병 요구에 대해 회피할 수 있는 가능한 방법을 강구하도록 하였다. 그러나 조선 조정의 대신들 대부분은 조선과 명나라는 아버지와 아들과 같은 관계라는 '父子之義'와 임진왜란 때 명나라의 파병으로 조선이 다시 재건되었다는 '再造之恩'을 강조하면서 명의 파병 요청을 따를 것을 주장하였다.

명의 파병 요청에 대해 광해군은 원병을 파견할 수 없는 조선의 실정을 알리려고 거듭 사신을 파견하였으나 이마저 조정 대신들의 반대로 시일이 지체되었고, 연이은 조선의 사신 파견은 명과의 외교문제로 비화되기도 하였다. 또한 계속된 후금의 명 침략으로 인한 요동 정세의 급박함은 조선에 대한 명나라의 파병 강압을 초래하였다. 결국 명의 강압과 조정 대신들의 반대로 광해군의 파병 불가 방침은 좌절될 수밖에 없었으며, 조선은 출정군을 파견하게 되었다.

1619년(조선 광해군 11) 누루하치에 대한 명나라의 본격적인 정벌이 시작되었다. 명나라는 遼東經略 楊鎬를 중심으로 10만 여명의 군사를 동원하였고, 군대를 4부대로 나누어 후금의 근거지인 赫圖阿拉(허투아라[Hetuala], 홍경[興京])을 포위·공격하려 하였다. 西路軍은 山海關 總兵官 杜松의 인솔하에 2만여 명이 瀋陽에서 撫順을 거쳐 홍경으로[撫順路], 南路軍은 요동 총병관 李如柏의 인솔하에 2만여 명이 遼陽에서 淸河를 거쳐 홍경으로[淸河路], 北路軍은 馬林의 인솔하에 2만여 명이 鐵嶺에서 홍경으로[開原路], 東路軍은 劉綎의 인솔하에 명군 9천여 명과 조선군 1만여 명이 寬奠에서 桓仁을 거쳐 홍경으로[寬奠路] 진격한다는 계획이었다. 또 누루하치에 아직 복속되지 않은 해서여진의 여허부 2만명을 포함시켰는데, 총 10만여 명에 달하는 정벌군이었다.

조선은 명나라의 파병 요청에 대해 1618년(조선 광해군 10)에 이미 都元帥 姜弘立, 中軍官 李繼先, 副元帥 金景瑞, 中軍官 安汝訥, 分領編裨 文希聖, 左助防將 金應河, 右助防將 李一元을 임명하고, 砲手 3천 5백 명, 射手 3천 5백 명, 殺手 3천 명, 총 1만 명의 원정군을 준비하고 있었다.

1619년 1월부터 2월까지 昌城에서 압록강을 건넌 조선의 군세는 3천여 명이 더 늘어난 1만 3천여 명이었고, 임진왜란 때 조선에 귀순한 降倭 1백여 명도 포함되어 있었다. 도원수 강홍립이 인솔한 대부분의 조선 군사들은 압록강 건너편인 大瓦洞에서 명군과 회합하였고, 遊擊 喬一琦의 감독을 받아 유정 휘하의 동로군에 속하게 되었다. 한편 조선군의 포수 일부는 두송에게 파견되어 명의 서로군을 지원한 것으로 되어 있다.

조선군의 행군은 험난했는데, 상대적으로 뒤쳐져 있던 동로군의 유정이 행군을 심하게 독촉하였고, 가지고 간 양식도 10일치 밖에는 없었기 때문이었다. 게다가 만주지역은 아직 嚴冬이었기 때문에 凍死者가 발생하기도 하였다. 또 환인을 지나 牛毛嶺(牛毛寨)를 넘을 때는 樹木이 앞을 가려 지척을 분간할 수 없었고, 후금군이 나무를 베어 길을 막는 바람에 人馬가 통행할 수 없는 길이 세 곳이나 되었다.

조선과 명의 연합군인 동로군이 환인과 홍경 사이의 深河에 도착한 것은 3월 2일이었는데, 심하에서 조선군은 처음으로 후금군과 접전을 벌였다. 후금의 騎兵 6백여 명과 교전하여 적군을 사살한 것이 많았으나 조선 군사의 부상자도 발생하였다. 그리고 하루를 더 머물면서 군사를 시켜 부근 마을에서 곡식을 빼앗아 죽을 끓여 허기를 면하게 하였다.

그러나 조선군이 첫 승리를 거두었던 것에 반해 명나라의 서로군·북로군은 이미 궤멸을 당한 상태였다. 두송의 서로군은 공을 세우기 위해 성급하게 후금의 진중에 깊숙이 들어갔다가 3월 1일 사르후[薩爾滸]에서 전군이 궤멸 당하였고, 두송마저 참살 당한 상황이었다. 마림의 북로군 또한 3월 2일 尙間崖에서 후금군에 대패하여 마림은 겨우 기병 5~6명만을 데리고 명나라의 개원으로 도망하였다.

이러한 소식을 듣지 못한 동로군도 3월 4일 富車지방으로 진격하였다가 후금군의 습격을 받았다. 군사적인 열세에 있던 후금군은 먼저 서로군·북로군을 섬멸한 뒤 밤새 말을 달려 동로군을 공격한 것이었다. 한편 조선군의 좌조방장 김응하의 神道碑를 보면, 동로군의 군사가 출행할 때 劉都督(유정)과 喬遊擊(교유기)이 前茅가 되었다는 것으로 보아 명나라 군대가 앞장서고 있었음을 알 수 있다. 그리고 김응하가 지휘하는 조선의 左營軍이 앞장 선 명군의 왼쪽 날개가 되었고, 이일원이 지휘하는 右營軍은 좌영군을 도왔으며, 도원수 강홍립과 부원수 김경서의 中軍이 그 뒤를 따랐다고 되어 있다.

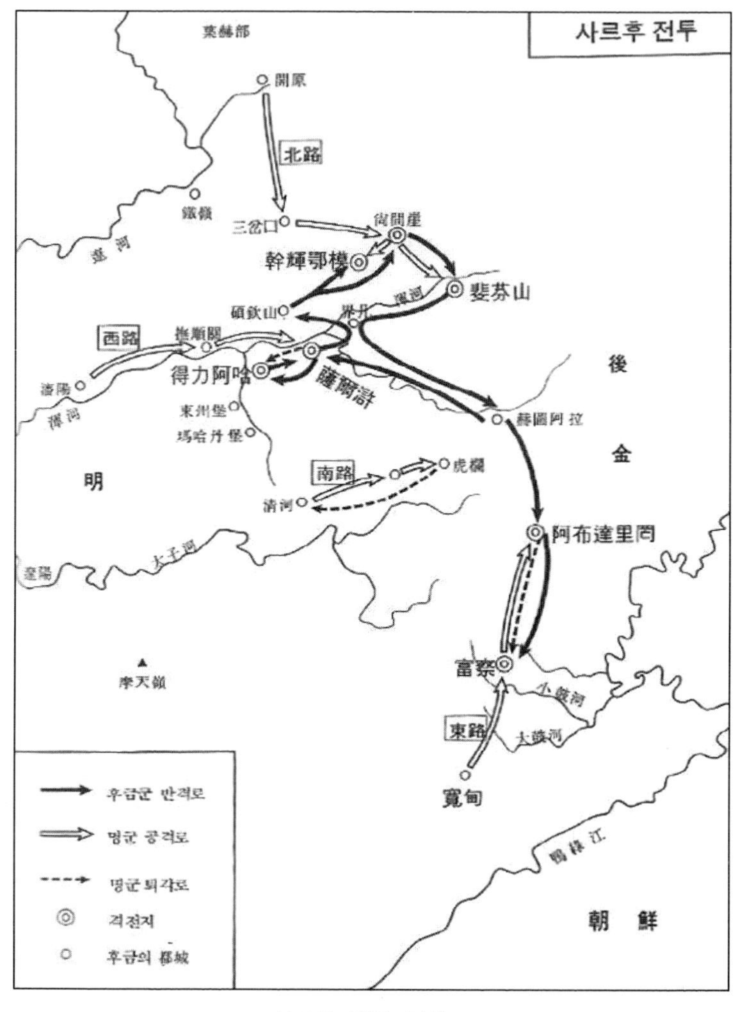

사르후 전투 형세도

후금군이 동로군을 공격할 당시에도 명군과 조선군 좌영군이 부차 지방 인근의 벌판에 포진하고 있었고, 강홍립의 중군은 높은 언덕에 자리 잡고 있었다. 주변의 여진 부락을 약탈하느라 대오를 정돈하지 못했던 명군은 후금군 기병의 기동력과 전술 앞에 순식간에 섬멸되었고, 主將 유정도 죽임을 당했다. 이어서 조선의 좌·우영군도 후금군의 공격을 받게 되었다. 이일원이 이끄는 우영군은 순식간에 패몰되었으나, 김응하가 이끄는 좌영군은 3~4차례에 걸친 후금 기병의 돌격을 총포와 활로 막아내었다. 그런데 갑자기 큰바람이 몰려와서 모래와 자갈을 날려 사람의 얼굴을 때리고 햇빛이 어두어지면서 총포와 활을 쏠 수 없게 되었다고 한다. 후금군은 이 기회를 타서 조선군을 공격하였고, 조선군의 좌영군 또한 패하게 되었다. 그러나 다른 일설에는 조선군이 총포를 발사한 후 다시 장전할 시간도 없이 후금의 기병이 빠르게 조선군을 공격한 것으로 되어 있다.

파병 조선군 궤멸지점

김응하는 좌영군이 패전하자 홀로 버드나무에 기대어 활을 당겨 후금군을 쏘았는데, 김응하의 활에 죽은 후금군이 매우 많았다고 전해진다. 또 화살이 떨어지자 長劍을 들고 분투하였으며, 장검이

부러지자 맨 주먹으로 奮戰하다가 적병의 창에 맞아 죽은 것으로 되어 있다. 후금군은 적장이지만 김응하의 용전을 존경하였고, 버드나무 아래에서 싸운 장수라고 하여 '柳下將軍'이라 부르며 정성껏 장사지내 주었다. 또 '버드나무 아래의 장수가 힘써 싸운 것이 두렵다'라고 할 정도로 칭송하기도 하였다.

조선의 총사령관인 도원수 강홍립은 후금의 공격 앞에 좌·우영이 순식간에 무너지자 구원할 수 없었고, 결국 조선군의 中軍은 3만여 명에 이르는 후금군에 의해 겹겹이 포위당하게 되었다. 이때 마침 후금군에서 조선에 使者를 보내어 항복을 권유했는데, 이에 강홍립은 부원수 김경서를 보내어 "우리나라는 너희 나라와 아무런 원한이 없는데 이번의 출병은 부득이한 일이었다"라고 말하게

김응하가 버드나무 아래에서 분전하는 모습

하였다. 후금군을 지휘하던 누루하치의 둘째 아들인 다이산[代善, 貴盈哥]이 "군사를 물리고 하늘에 맹세하자"고 함으로써 후금군과 조선군의 和議가 맺어지게 되었다. 결국 강홍립은 다음날인 3월 5일 후금군에 항복하였으며 조선군은 후금의 도성 하투아라로 압송되었다. 조선군이 후금에 항복한 것을 본 명나라의 조선군 감독관 교일기는 목숨을 부지할 수 없을 것이라고 생각하고 절벽에서 떨어져 스스로 목숨을 끊었다.

명의 요동경략 양호는 서로군과 북로군이 패전한 상황에서 동로군마저 패배하자 급히 격문을 보내 이여백의 남로군을 회군하게 하였다. 이로써 명의 후금 공격은 실패하였는데, 이 전쟁이 사르후[薩爾滸]를 중심으로 벌어졌다고 하여서 흔히 '사르후전투'라고 부른다. 그리고 조선군과 후금군이 서로 싸운 지역이 深河지방이었기 때문에 이 싸움을 '深河戰役'이라고 부르게 되었다. '사르후전투' 이후 명나라가 더 이상 후금을 공격하지 못하고 수세적인 입장에 처하게 되면서, 향후 明·淸交替의 분수령이 된 사건으로 평가받게 되었다.

한편 광해군은 조선군의 파병을 막아보려 하였었고, 실전 경험이 풍부한 후금의 땅으로 명과 조선군을 보내면 궤멸할 것을 예견하고 있었다. 파병이 현실화되자 강홍립에게 명의 장수를 따르지 말고 패하지 않을 방법을 강구하도록 하였는데, 강홍립은 후금군에 포위되자 당시의 상황을 고려한 끝에 부득이 화친과 항복을 결단하였고, 그것은 당시 조선의 왕이던 광해군의 뜻과 어느 정도 부합하는 것이었다고 보여 진다.

그리고 『大清太祖高皇帝實錄』에는 강홍립의 항복 후 조선의 입장을 이해한 누루하치가 조선군을 석방하여 돌려보내려 하였으나

청태종의 능침-소릉

누루하치의 제8자인 홍타이지[皇太極, 뒤에 청 太宗]가 반대한 것으로 되어 있다. 그리고 조선에 보낸 누루하치의 親書에는 조선의 참전은 임진왜란 때 명군이 참전하여 도와준 것을 報恩하기 위해서임을 알고 있고, 항복한 조선군을 잘 보호하고 있으며, 후금과 조선은 서로 원한이 없으니 서로 결속할 것을 주장하였다.

이렇게 보면 강홍립의 항복은 전황이 불리해진 것에 의한 어쩔 수 없는 선택이었지만, 새롭게 성장하는 후금과 마찰을 일으키고 싶지 않았던 광해군의 뜻과도 맞아떨어진 것이라고 할 수 있다. 그렇지만 이것은 반대로 광해군에 대한 명나라와 조선 대신들의 의심을 불러일으키게 되었다고 할 수 있다. 특히 심하전역 이후 광해군은 명나라의 거듭된 파병 요구를 거부하고 있었기 때문에 명을 저버리고 후금과 연합하려고 한다는 의심은 더 커질 수밖에 없었고, 광해군은 정치적으로 점점 고립되어 갔다고 할 수 있다.

이러한 광해군의 고립된 상황을 타개해 준 것이 바로 심하전역에서 용감히 싸우다 전사한 김응하에 대한 獻彰 사업이었다. 조선은 김응하에게 병조판서를 추증하였고, 압록강가에 旌忠祠라는 사당을 짓고 충혼비를 세워 忠義의 혼을 위로하도록 하였는데, 이것은 광해군의 지시에 따른 조치였다. 즉 광해군은 급히 중국 장수가 지나는 곳에 김응하의 사당을 세워 忠魂을 표창하도록 하였고, 사당을 세울 때 비석을 세워 그의 공적을 기록하도록 하였으며, 사당이 세워지자 忠烈이라는 편액을 하사하였다. 압록강가에 있던 김응하의 사당과 비석은 정묘호란이 일어난 1627(인조 5)년 철거되었는데, 이후 김응하는 鐵原의 褒忠祠, 鐘城의 忠烈祠·行營祠, 慶源의 忠烈祠, 宣川의 義烈祠에 제향되면서 忠義의 상징으로 여겨졌다.

청 태종 황태극(홍타이지)

광해군은 또한 김응하의 충성스럽고 용맹하였던 일을 하나하나 사실대로 명백히 기록하여 명나라 예부에 자문을 보내도록 하였으며, 이에 명나라에서는 神宗 황제의 조서를 보내 김응하에게 遼東伯을 추봉하고 처자에게 銀을 하사하였다. 조선 또한 忠武公의 시호를 내렸고, 다시 영의정을 추증하였다.

요동백 김응하장군 묘비

그리고 광해군은 훈련도감으로 하여금 김응하의 사적과 전공을 찬양하는 동시에 요동백으로 추봉된 사실까지 기록한 『忠烈錄』을 간행하도록 하였고, 이것을 다시 대량으로 출판하여 요동지역까지 유포시켰다. 심하전역에서 강홍립의 항복을 희석시키고, 조선군 전체가 김응하처럼 용맹하게 싸웠다는 사실을 명나라에 널리 알리려는 것이었다. 이는 광해군에 대한 명의 의심을 종식시킴과 동시에 조선과 광해군은 명의 뜻에 잘 부응해서 누루하치를 용감히 공격했으나 역부족이었다는 인식을 심어주려는 것이었다. 광해군의 이러한 노력은 새롭게 성장하는 후금과 더이상의 충돌을 막으려는 것이었고, '심하전역' 이후에는 명과 후금 사이에서 중립외교를 했다고 평가받기도 한다.

후금의 누루하치는 억류중이던 조선의 장병을 두 번에 걸쳐 송환시키고, 여러 차례 통사와 국서를 보내 조선과의 화의를 촉구하였다. 이에 대해 광해군은 후금을 위무하는 유화정책을 실시하면서 후금을 자극하지 않으려 노력하였다. 즉 滿浦鎭 등의 변경에서 후금에게 무명·모시·종이·소금 등의 물자를 주었고, 1621년(광해군 13)에는 滿浦僉使 鄭忠信을 시켜 많은 예물을 가지고 후금의 도성에 가게 하기도 하였다. 이즈음 후금의 성장은 계속되어 1619년 6월과 7월에는 명의 開原과 鐵嶺이 함락되었고, 8월에는 여진족 중에서는 유일하게 명에 복속되어 '사르후 전투'에 참여한 여허[葉赫] 또한 멸망시켰다. 1621년 3월에는 마침내 瀋陽과 遼陽을 함락시켜 대부분의 요동지역을 차지하게 되었다. 그러나 명의 毛文龍이 남은 무리를 이끌고 평안도 鐵山 앞의 椵島에 東江鎭을 설치함으로써 조선과의 관계가 다시 악화되기 시작하였다. 모문룡은 조선으로부터 식량·병기·병졸을 요청하여 공급받고 후금의 후방지역을 습격하는 등 후금의 遼西 진출에 큰 방해물이 되었던 것이다.

한편 조선에서는 명에 대한 배은망덕과 후금과의 통교 등의 이유로 仁祖反正(1623년)이 일어나 광해군이 폐위되고 인조가 즉위하게 되었다. 이후 崇明事大와 斥和論이 대두되면서 정묘·병자호란이 일어나게 되었다.

정묘·병자호란과 조선의 좌절

후금의 누루하치는 1625년 수도를 심양으로 옮기고 요서지방의 공략을 계속하다가 寧遠城에서 중상을 입고 다음해인 1626년 죽었다. 그 뒤를 이은 것은 누루하치의 제8자인 홍타이지[皇太極]였는데, 바로 청 太宗이다. 누루하치의 죽음과 강경론자였던 홍타이지의 즉위, 모문룡의 조선 주둔, 그리고 인조반정으로 인한 척화론의 대두는 정묘호란의 배경이 되었다.

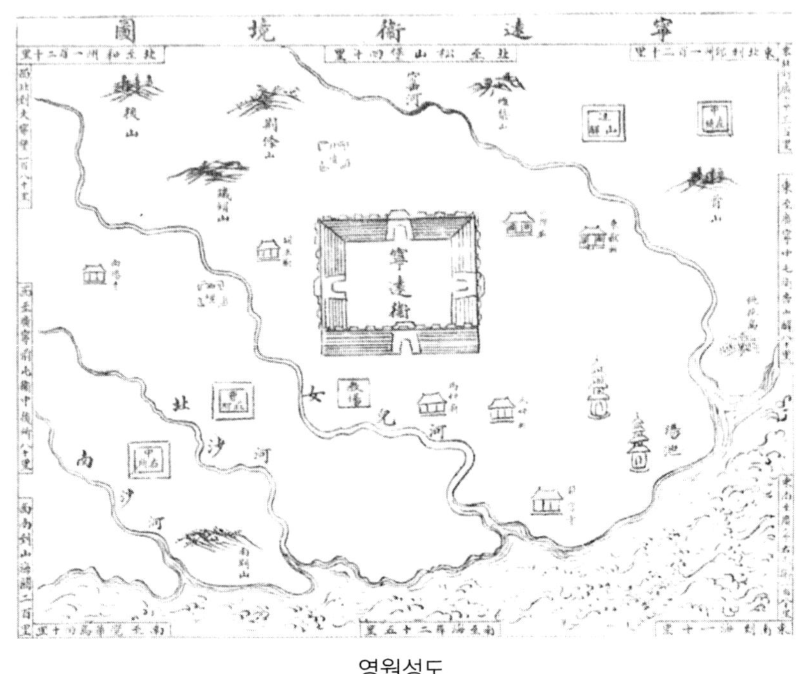

영원성도

요서진출을 우선시했던 누루하치는 배후의 위협세력인 조선에 대해서는 지속적으로 평화관계를 유지할 것을 요구하였고, 광해군도 이에 따르려 노력하였다. 반대로 홍타이지는 먼저 江東을 공격하여 화근을 없애고 산해관과 영원성을 공격하겠다고 하였는데, 강동은 바로 조선과 모문룡을 말한다. 이런 상황에서 조선에서는 인조반정의 논공행상에 불만을 품은 李适이 亂을 일으켰다가 실패하였다(1624년). 그러나 1625년 1월 이괄의 부하였던 韓明璉의 아들 韓潤이 후금에 와서 모문룡과 조선을 정벌할 것을 주장하고 조선의 정보를 제공하였다.

마침내 1627년(인조 5) 1월 홍타이지는 阿敏을 총대장으로 삼아 기병 3만 6천명을 동원하여 조선을 정벌하도록 하였다. '심하 전

성경(심양)고궁 대정전과 십왕정. 청나라는 명의 방어선을 무너뜨리고 심양을 입관전 임시수도로 삼았다.

역'에서 항복한 강홍립과 후금으로 도망온 한윤 등을 향도로 삼아 압록강을 건넜으며, 13일에는 義州를 공격하였다. 의주를 함락시킨 후금군은 일부 병력으로 철산의 모문룡을 공격하였으나 모문룡은 雲從島로 도망하여 잡지 못하였다. 그리고 나머지 병력은 龍川, 宣川을 거쳐 郭山에 이르렀고, 15일에는 곽산의 凌漢山城을 공격한 다음, 20일에는 安州城을 공격하였다.

이 과정에서 의주에서는 부윤 李莞이, 용골산성에서는 용천부사 李希建이, 능한산성에서는 선천부사 奇協이 용맹히 싸웠으나 전사하였고, 창성진에서는 부사 金時若이 포로가 되었다. 한편 용골산성에서는 이희건의 전사 후 鄭鳳壽를 중심으로 의병이 궐기하여 정묘호란이 발발한 이후 6개월 동안 후금군에 대항하였다. 또한 선천·용천·정주 등 서북지방에서는 의병들이 일어나 지리적 이점을 최대한 활용한 유격전을 통해 곳곳에서 후금군에 타격을 가하기도 하였다.

조선 조정은 안주를 중심으로 한 청천강 이남 지역을 제1방어선으로 하고, 황주 일대에 제2방어선, 평산 일대에 제3방어선을 설정하여 지연전을 전개함으로써 전열을 가다듬을 수 있는 시간을 획득한 다음, 하삼도(충청·전라·경상도) 군사를 증강시킨 후, 결정적인 시기에 일제히 반격을 가하여 후금군을 격퇴시키려 하였다. 이를 위해 四道都體察使兼都元帥로 張晩을 임명하였다.

당시 안주성에는 평안병사 南以興, 안주목사 金浚 등이 결사항전하였으나, 수적 열세를 이기지 못하였고, 스스로 화약을 터트려서 장렬하게 순국하였다. 이로써 조선의 제1방어선인 안주성이 함락되었으며, 후금군은 평양성을 향해 진군하였다. 안주성이 함락되자, 평양성의 민심이 동요되고 군의 사기 또한 크게 저하되었으며, 성내의 군민들 중에서는 성을 버리고 도주하는 사람이 속출하였다. 23일 후금군이 평양에 도착하자 평양감사 尹暄은 평양성에서의 무모한 죽음을 피하고 후금군의 예봉을 피한 다음, 함경도 병력과 합세하여 후금군의 배후를 기습하는 유격전을 펼치기 위해 평양성에서 성천으로 이동하였다. 윤훤이 떠난 평양성은 의병이 봉기하였으나 후금군은 평양성을 그대로 두고 남하하였고, 대동강을 도하하여 황주로 향하였다. 황주를 중심으로 하는 조선의 제2방어선은 황해병사 丁好恕가 지키고 있었으나 윤훤이 평양성을 포기하였다는 소식을 듣고는 자신도 봉산으로 후퇴하였고, 이로써 조선의 제2방어선은 싸워 보기도 전에 무너졌다.

인조는 후금군이 안주에 도착한다는 보고가 있자 중신들을 모아 하삼도에서의 징병과 황주의 제2방어선에 대한 대책을 논의하였지만, 평양과 황주가 무너진 후에는 방어 전략을 수정하여 수도방어를 위한 임진강 및 남한산성, 강화도 방어선에 대한 논의를 하였다. 그리고 24일에는 分朝를 단행, 세자로 하여금 全州로 이동하여 삼남지방에서 병력과 군량을 확보한 후, 후금군에 반격을 가하도록 하고, 자신은 26일 도성을 떠나 29일에 강을 건너 강화도로 피난하였다. 인조는 강화도로 피신하면서 후금군의 남하를 지연시킬 목적으로 晉昌君 姜絪을 후금군에 파견하여 和議를 모색하게 하였는데, 사실 화의 제기는 개전 초기 후금군이 의주를 함락하면서부터 먼저 제기하였던 것이었다.

의주를 함락시킨 후금군은 평안감사 윤훤에게 아민의 명의로 된 국서를 보내어 화의를 제기하였는데, 이것이 조정에 전달된 것은 18일이었고 조정에서는 일방적인 후금의 침입에 대해 분개하면서 회답을 거부하였다. 후금군은 용천·철산·곽산·선천·정주 등을 함락시킨 후 다시 국서를 보내 화의를 강요하였고, 서북면을 지키기 어렵다고 판단한 인조와 조정 대신들은 화친을 기본 방침으로 정한 후, 화친에 앞서 후금군의 철병을 요구하는 답서를 보내게 되었다. 이에 대해 후금의 아민은 다시 답서를 보내면서 '화의를 원하면 속히 사신을 보내도록' 하였고, 다시 얼마 안 되어 화의를 종용하는 서신을 보내었다.

정묘호란 때 침입한 후금군은 총 3만 6천명에 불과하였기 때문에 의주부터 평산에 이르는 넓은 지역을 분산해서 방어하면서 남하한다는 것은 사실 무리였다. 또한 서북면 각지에서 일어난 의병이 배후를 위협할지도 모르는 상황이었다. 더구나 하삼도에서 병력이 진군할 경우 역시 고려해야 할 부분이었으며, 남도 의병의 궐기 소식 또한 가능한 유리한 조건에서 조선과 화의를 맺고 철수해야할 필요성이 있었다. 그렇기 때문에 조선에 화의를 계속 요구하고 강요하였던 것이다.

청 태종의 능침 곧 소릉. 북릉이라고도 한다.

마침내 조선에서는 후금의 사신을 맞이하기로 결정하였고, 1월 29일 국서를 지침한 사신이 강화도에 도착하면서 본격적인 화의 논의가 시작되었다. 이후 2월 5일 진창군 강인이 회답사로서 후금 진영에 파견되었으며, 회답서에 '天啓'라는 명나라의 연호가 쓰여 있는 문제로 인해 화의가 지연되었다.

후금군은 회답사 강인이 도착한 다음 副將 劉海와 조선의 降將 강홍립·박난영을 다시 강화도로 파견하였는데, 후금은 '조선이 명나라와의 관계를 끊고 후금과 형제지국의 맹약을 맺을 것'을 요구하였다. 이에 대해 조선의 대신들은 끝까지 후금과 싸울 것을 주장하는 강경론과 화의를 진행하여 일단 후금군을 저지하는 것이 옳다는 온건론이 극심히 대립하기도 하였다.

그러나 조선의 완강한 태도에 후금측에서도 일부 양보하여 "명나라와의 관계를 단절하지는 않되, 명나라의 연호는 사용하지 않을 것이며, 조선과 후금은 형제지국의 맹약을 맺는다"는 선에서 타결을 봄으로써 화의는 급속도로 진행되었다. 결국 조선과 후금은 형제의 맹약을 맺고 화약이 성립되면 후금은 즉시 군사를 철수하며, 양국은 서로 영토를 지켜 압록강을 넘지 않을 것을 합의하게 되었다. 또한 후금과 강화하여도 조선은 명과 단교하지 않으며, 양국은 매년 春秋 2차례에 걸쳐서 사절을 교환하고, 조선 영내의 회령성 및 의주와 구련성 사이 압록강 가운데의 蘭子島에서 開市하여 무역할 것을 약속하였다.

그러나 3월 3일 화맹의식이 이루어져 정묘호란이 공식적으로 종결되었음에도 불구하고 후금의 철병은 지연되었다. 후금군은 '모문룡을 잡은 연후에 돌아간다'는 것을 구실로 의주와 진강에 약 4천여 명의 군대를 잔류시켰으며, 조선과 후금 사이에 철병에 관한 국서가 수 차례 왕래한 다음인 9월 초순경에야 후금군의 완전한 철병이 이루어졌다. 그러나 후금군의 철병이 이루어졌지만 모문룡에 대한 문제, 漢人·女眞人 및 조선인 도망포로의 쇄환 문제 등은 계속 조선과 후금과의 갈등을 초래하였고 양국의 관계를 약화시키는 요인이 되었다.

정묘호란은 조선과 후금이 형제관계를 맺음으로써 끝이 났지만 후금과 조선과의 관계는 악화되어 가고 있었다. 명나라 장수 모문룡은 여전히 동강진에 주둔하여 후금의 배후를 위협하고 있었고, 조선 역시 모문룡을 비호하고 있었다. 三色人문제, 즉 요동으로부터 조선으로 도망한 漢人, 여진 귀화인, 포로되었다가 도망온 조선인에 대한 문제도 후금과의 관계를 악화시켰다. 후금의 이들 삼색인에 대한 쇄환 요구를 강력하게 주장하였지만, 조선은 후금의 요구를 잘 듣지 않았다. 조선과 후금의 무역을 위한 開市 또한 후금의 요구로 시작되었지만 별 효과가 없었고, 후금은 이에 대한 책임을 조선에 전가시키고 있었다.

그리고 무엇보다 조선에서는 후금에 대한 排金의식이 더욱 높아지고 있었다. 조선은 후금과 형제관계의 맹약을 맺었지만, 이것은 후금의 강요에 의한 형식적인 것에 지나지 않았으며 여전히 국제정세보다는 명에 대한 崇明사상과 '再造之恩'을 강조하고 있었다. 더구나 후금군이 약조를 어겨 양식을 무리하게 요구하고 명나라를 정벌할 兵船까지 강요하자, 오히려 배금의식은 더욱 높아져 후금에 대한 적대적 자세를 보이게 되었다.

그러던 중 후금은 1628년(인조 6) 내몽고에 진출하였고, 1632년(인조 10) 징기스칸의 직계인 챠하르부를 공격하였으며, 내몽고의 여러 부를 복속시킴으로써 만주의 거의 대부분을 차지하였다. 따라서 명나라의 북경을 공략할 우회로를 확보하였고, 이러한 정세 변화는 후금의 조선에 대한 강압적인 태도의 배경이 되었다. 결국 후금은 '후금 사신에 대한 접대 의례를 명의 사신 접대 의례와 같이 할 것, 兄弟之盟을 君臣之義로 개정할 것, 歲幣를 증액할 것'을 조선에 요구하였다.

더구나 후금의 태종은 앞서 말한 삼색인 쇄환 문제, 모문룡 문제, 개시 문제 등에서 조선이 맹약을 어겼다고 하면서 책임을 조선에 전가시키고, 조선의 사신을 접견하지 않았다. 이에 대해 조선에서는 후금의 무례한 태도에 격분하면서 화의를 끊고 전쟁을 준비하고 있었다.

마침내 후금은 1635년(인조 13) 챠하르지방을 완전히 평정하고 元朝 傳國의 玉璽을 얻었고, 만주·몽고의 貝勒들은 태종에게 尊號를 올리려고 하였다. 이때 후금의 사신 등이 조선에 와서 조선도

신하가 되어 후금을 섬기라고 강요하였는데, 조선 조정의 격분이 절정에 달한 것을 감지한 후금 사신들은 민가의 말을 빼앗아 도망하는 사건이 일어났다. 도망가던 후금의 사신들은 평안감사에게 내려진 '絶和防備의 諭書'를 빼앗아갔다. '절화방비의 유서'는 선조가 8도에 유서를 내려 후금과의 화친을 끊고 전쟁에 대비하도록 한 것이었다.

1636년(인조 14) 4월 후금의 태종은 국호를 淸으로 고치고 연호를 崇德이라 開元하였으며, '寬溫仁聖皇帝'의 존호를 받았다. 그리고 다시 조선에 대해 세폐의 증액과 군신관계의 수립을 강요하였지만 완강한 거절에 부딪치자 그해 12월 조선 침입을 단행하였는데, 바로 '丙子胡亂'이다.

청 태종은 淸兵 7만 8천 명, 漢兵 2만 명, 蒙古兵 3만 명, 도합 12만 8천 명의 조선 원정군을 12월 1일 심양에 집결하게 하였고, 親征에 나섰다. 9일 압록강을 건넌 禮親王 다탁[多鐸]은 前鋒將 마푸다[馬夫太, 馬夫大]에 명해 바로 서울로 진격하도록 했다. 마푸다는 의주부윤 林慶業

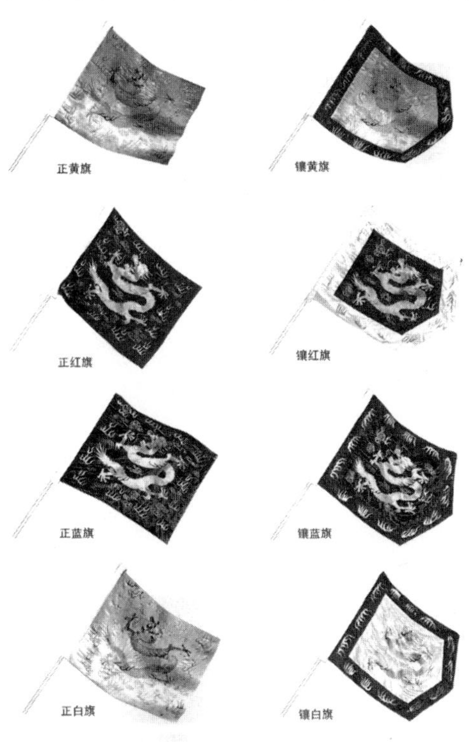

청나라 만주 팔기병의 깃발. 깃발의 색에 따라 군제편성이 되었다.

이 白馬山城을 굳게 수비하고 있음을 알고, 이를 피해 밤낮을 달려 심양을 떠난 지 10여일 만에 서울에 육박했다.

清軍이 압록강을 건너 조선을 침입했다는 급보가 중앙에 전달된 것은 12일로서 의주부윤 임경업의 장계를 통해서였다. 또 13일에는 都元帥 金自點의 장계에 의해 청군이 이미 안주와 평양에 이른 것을 알게 되었다. 14일에는 開城留守의 馳啓로 청군이 개성을 통과하였음을 알게 되자, 급히 강화도를 수비하도록 하는 한편, 세자빈과 元孫, 鳳林大君, 麟坪大君을 강화도로 피신시켰다. 그날 밤 인조도 남대문을 나와 강화도로 향했으나 청군이 벌써 迎曙驛(지금의 서울 은평구 대조동과 불광동 사이)을 통과했고, 마푸다가 강화도로 가는 길을 끊었다는 보고가 들어왔다. 인조는 이에 다시 서울로 들어왔다가, 이조판서 崔鳴吉이 홍제원 청군 진영에 나가 술과 고기를 먹이며 출병의 이유를 물으면서 시간을 지연시키는 사이 세자와 백관을 대동하고 南漢山城으로 들어갔다. 15일 새벽 인조는 재차 강화도로 가려했으나 실패하고 남한산성을 사수하기로 하면서 1637년(인조 15) 1월 30일까지 45일간의 농성이 시작되었다.

예친왕 다탁(다르곤)

원래 남한산성의 방비는 廣州鎭營에 소속된 여주·이천·양근·지평·파주 5개 읍의 군사와 강원도 원주, 경상도 안동·대구 등지의 군사를 소속시켜 주변의 여러 진을 지휘하도록 되어 있어 병력 규모는 12,700명에 달했다. 이때 영남의 分防兵은 아직 도착하지 않은 채 여주목사, 이천부사, 양근군수, 지평현감 등이 약간의 군사를 이끌고 입성했고, 파주목사가 수백의 군사를 거느리고 들어와 구원했다. 이들은 京軍인 어영청·총융청·훈련도감군을 합하여 13,800명이었고, 원수·부원수와 각 도의 관찰사와 병사에게는 勤王兵을 모으도록 하는 한편, 명나라에 위급함을 알려 원병을 청했다.

청군의 선봉 부대는 12월 16일에 이미 남한산성에 이르고 潭泰의 군사도 서울에 입성해 한강을 건너 남한산성을 포위했다. 청태종은 다음해인 1637년(인조 15) 1월 1일에 남한산성 밑 炭川에서 20만의 군사를 포진하였다. 청군은 몇 차례 남한산성에 대한 공격을 단행했지만 별 소득이 없었고, 포위를 당한 조선군 또한 몇 차례 성을 빠져나고 청군을 죽이기도 하였지만 조선군과 청군간의 이렇다 할 큰 싸움은 일어나지 않았다. 오히려 시간이 지날수록 남한산성 안은 혹한과 굶주림 속에 참상은 말이 아니었다. 인조는 각 도의 감사와 병사에게 병사를 모아 올라와서 왕의 위급함을 구하도록 勤王 명령을 내렸지만, 이들 勤王兵들은 남한산성에 이르기 전에 후금군에 대부분 참패를 당했다.

특히 강원감사 趙廷虎는 가장 먼저 근왕병을 소집하여 수도권으로 들어왔는데, 그는 12월 15일 경 청군이 침입했다는 소식을 듣자 근왕 명령이 내리기도 전에 도내 각 읍의 수령에게 동원태세를 명령하였다. 17일 인조로부터 정식으로 근왕 명령이 하달되자 原州牧使 李重吉, 原州營將 權井吉과 함께 도내 병력 7천 명을 이끌고 24일에는 陽根(현재의 양평)으로 진군하였다. 조정호는 양근 일대에서 후속 부대의 합류를 기다리면서, 원주영장 권정길을 선봉장으로 삼아 남한산성 가까이 있는 黔丹山으로 진출하여 진영을 설치하였고, 사람을 보내어 강원도 근왕병의 출동 상황을 알리려 하였다. 그러나 이미 남한산성이 청군에게 완전히 포위되었기 때문에 사자를 통한 산성과의 연락이 불가능하였고, 대신 밤중에 포성과 횃불로써 근왕병의 도착을 성내에 알렸다.

27일, 이를 알게 된 청군은 남한산성 주위인 丹垈里와 佛堂里에 배치되어 있던 병력 가운데 2천여 명을 뽑아 검단으로 이동시켜 좌·우에서 권정길의 선봉대를 포위 공격하였다. 강원도 근왕병은 화포를 앞세우고 청군에 맞서 銃砲와 矢石으로 대항하여 청군의 첫 공격을 격퇴하였다. 퇴각한 청군은 대오를 정비하고 鶴岩里와 倉谷里에 배치되어 있던 부대에서 1천여 명의 병력을 충원 받은 다음 검단산에 대한 공격을 재개하였고, 강원도 근왕병은 사력을 다해 분투하여 여러 차례 싸워 이겼으나, 병력과 화력의 열세를 이기지 못하였다. 마침내 청군이 배후를 습격하여 진영의 동북쪽을 돌파하고 진영에 돌입함으로써 9백여 명의 강원도 근왕병이 전사하는 타격을 입고, 권정길을 비롯한 수십 명만이 겨우 본대가 있는 양근으로 퇴각하였다.

『연려실기술』에는 "원주영장 권정길이 맨 먼저 적은 군사를 거느리고 검단에 들어가 웅거하여 城中에서 후원을 갈망하는 날에 성원을 보내었다. 비록 적은 군사로 많은 적을 당할 수 없어 마침내 패퇴하기는 하였으나 많은 군사를 가지고 앉아서 보기만 하고 進兵하지 아니한 자에게 비하면 훨씬 훌륭하였다"고 적고 있어 강원도 근왕병의 첫 남한산성 진출 시도를 높게 평가하였다. 또한 원주목사 이정길이 남한산성에 들어가려다가 적에게 패배하여 전

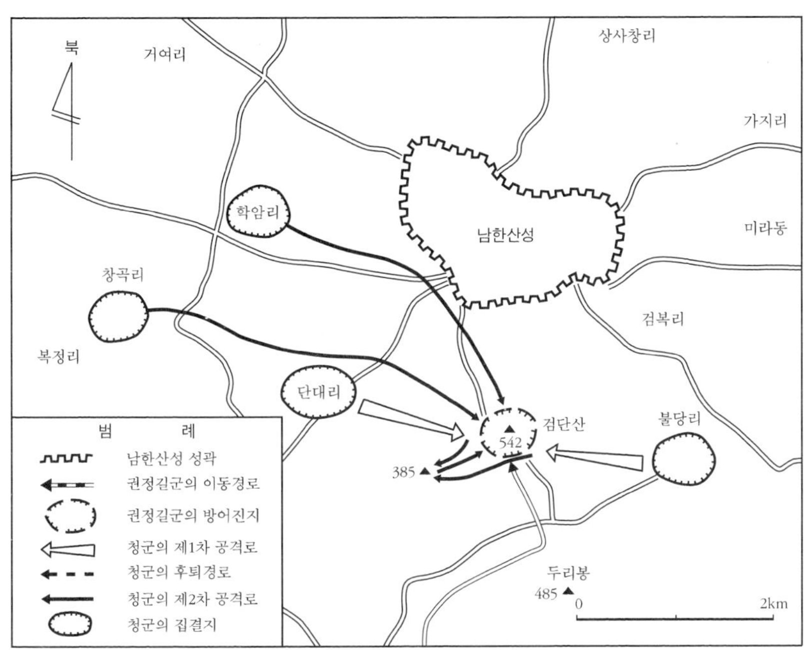

강원도 근왕병의 검단산 전투 상황
(국방부전사편찬위원회, 『丙子胡亂史』, 1986)

군이 무너져 흩어졌다는 기록이 있는 것으로 보아 강원도 근왕병의 남한산성 진출 시도는 최소한 2차례 이상이었다고 할 수 있다. 그렇지만 원주영장 권정길의 선봉대 및 원주목사 이정길의 패전은 강원도 근왕병이 단독으로 남한산성으로 진군하는 것은 불가능한 것이라는 인식을 심어 주었다. 이에 강원감사 조정호는 약화된 전투력을 보강하는 한편, 29일 양근을 출발하여 가평에 집결중에 있는 함경감사 閔聖徽의 근왕병과 합류하기 위하여 청평을 경유, 가평으로 이동하였다. 그러나 이때 이미 함경도 근왕병은 迷原(양근 북방 40리)으로 이동한 뒤여서 조정호는 다시 강원도 근왕병을 익끌고 미원으로 이동, 함경도 근왕병과 합류하였다. 미원에는 도성을 지키던 留都大將 沈器遠, 都元帥 金自點의 잔류병들이 도착하여 도합 1만 7천명의 군사를 확보하였고, 강원감사 조정호도 미원에서 부대를 정돈하고 군사를 추가로 모집하는 등 재차 남한산성으로 진군하기 위해 준비하였다.

이러한 소식을 들은 인조는 심기원을 강원·충청·전라·경상도 등 四道 都元帥로 삼기까지 하였지만, 이미 청군이 利川·驪州 등지에 주둔하여 남한산성으로 통하는 길을 차단하고 있었기 때문에 근왕병들의 진출은 어려운 상황이었다. 더구나 조선측 부대들은 전투태세가 제대로 갖추어 있지 않았기 때문에 청군의 동태를 살피다가, 인조의 남한산성 出城으로 그 뜻을 이루지 못하였다.

이보다 앞서 김응하의 아우였던 金應海는, 도원수 김자점의 추천으로 別將이 되었고 正方山城을 지키다가, 청군이 남하하자 3백명의 날랜 군사를 거느리고 길목을 끊고 적을 막아 싸운 것으로 되어 있다. 청군과 여러 차례 접전하였으나 결국 포위당하였고, 화살 아홉 개를 맞고도 구사일생으로 살아나 '충절이 형에 못지 않는다'는 평가를 받기도 하였다.

충청도 관찰사 鄭世規의 군사는 險川에서 패했고, 경상좌병사 許完과 경상우병사 閔泳의 군사도 廣州 雙領에서 괴멸해 두 병사가 모두 전사했으며, 전라병사 金俊龍은 경기 용인 光敎山에서 敵將 額駙揚古利를 죽이고 승첩을 거두었으나 뒤에 역습을 당해 수원으로 퇴각한 뒤 전군이 무너졌다.

평안감사 洪命耉는 2천여 명의 병력으로 慈母山城을 방어하다가 청군이 평양성을 통과하여 남진하자, 청군의 배후를 교란시킬 목적으로 부원수 申景瑗과 평안병사 柳琳에게 군사를 이끌고 평양으로 집결하도록 하였다. 그러나 신경진은 鐵甕山城에서 싸우다 청군에 포로가 되어 합류하지 못하였고, 유림은 안주성을 지키다가 청군이 안주성 공격을 포기하고 남쪽으로 이동하자 홍명구에게 합류하였다. 홍명구와 유림의 군사는 18일에 평양을 출발, 삼등-수안-이천-평강을 거쳐 김화에 도착하였는데 이때가 1637년 1월 26일이었다. 김화에 도착한 홍명구와 유림은 노략질하는 청군을 물리치고 잡혀가던 사람을 풀어주는 등 산발적인 전투를 하였다. 이때 청군의 만주·몽고팔기병 6천여 명은 철원·연천·포천 일대에 진출하여 강원도 방면과 수도권과의 통로를 차단하고 있었는데, 평안도 근왕병은 이들을 격파하고 수도권으로 진입하고자 하였다.

그런데 평안감사 홍명구와 평안병사 유림은 군대 배치를 놓고 이견을 보여, 평지와 고지에 군사를 나누어 진을 설치하고 서로 협력하여 싸우기로 하였다. 즉 홍명구는 평지에 진을 구축한 뒤에 총포병을 제1선에, 궁병을 제2선에, 창검병을 제3선에 배치할 것을 주장한데 반해, 유림은 기병 위주의 청군에 대항하기 위해서는 고지에 진을 치기를 주장한 것이었다. 결국 홍명구는 김화 북방 20리의 城齋山 밑의 塔洞 일대의 평야에 진을 구축하고 유림은 홍명구 진영 오른쪽 栢洞의 북방 언덕에 진을 배치하였다. 백동은 栢樹峯, 즉 栢田으로, 前江陵府使 張思俊이 나무 심기를 즐겨하여 여기에 잣나무 수천 그루를 심었는데, 그것이 숲이 무성해져 잣나무 숲을 이루었기 때문에 붙여진 이름이었다. 宋時烈은 『宋子大全』에 “그 언덕은 삼면이 깍아지른 듯이 경사가 급하고 한 면만 산에 연결되어 있으나 그것 역시 중간이 마치 벌의 허리처럼 갈라져 있는데 임목을 이용하여 군사를 배치하고 목책을 굳게 설치하였다”라고 기술하고 있다.

겸재 정선(鄭敾)의 「화강백전(花江栢田)」

'화강'은 김화의 다른 이름이며, '백전'은 유림이 승첩을 거두었던 곳이다. 왼쪽 하단의 충렬사와 백전 잣나무숲의 대담한 묵법을 통해 충의의 혼백이 떠도는 김화 백전에 대한 감개어린 경의를 표하고 있다(『해악전신첩(海嶽傳神帖)』, 간송미술관 소장, 철원문화원, 『철원의 성곽과 봉수』, 2006, 참고)

28일 청군 6천여 명이 김화로 진출하여 조선군 진영을 공격해 오자, 유림은 홍명구에게 진을 합할 것을 건의하였으나, 홍명구는 이를 거절하였다. 朴泰輔의 『定齋集』에는 홍명구가 평안도관찰사가 되어 능히 적을 막지 못함으로써 남한산성이 포위하게 되니 필사의 계책을 도모하였다는 평가가 있어, 홍명구는 적극적인 전투를 전개하여 청군의 군세를 분산시키려 한 것이 아니었나 평가되고 있다. 청군은 평지에 있던 홍명구 진영을 포위하고, 鐵騎兵으로 유림군의 지원을 차단한 다음, 먼저 홍명구 진영에 대해 3~4차례에 걸쳐 맹공을 펴 부었었으나, 목책을 엄폐물로 삼고 총포 사격을 가하는 조선군을 이길 수 없었다. 청군은 火攻으로 목책에 불을 붙여 제거하는 한편 鐵騎로 험한 산비탈을 달려 내려와 조선군 진영에 돌입하여 수적 우위를 바탕으로 조선군을 유린하였으며, 이때 홍명구를 비롯한 조선군 전원이 장렬한 최후를 마치게 되었다. 홍명구 진영에 대한 지원이 차단된 유림은 홍명구 진영이 패퇴하자 유리한 지형지물을 이용하는 한편, 창검병을 제1선에, 궁병을 제2선에, 총포병을 제3선에 배치하였고, 적이 침입하자 미리 쌓아 두었던 바위를 굴려 청군을 혼란하게 하였으며, 이 틈을 이용 창검병이 청군의 배후를 공격하게 하여 청군을 패퇴시켰다. 청군의 2차·3차 공격시에는 제2선의 궁시병과 제3선의 총포병이 교대로 사격하여 역시 청군을 패퇴시켰고, 4차 공격시에는 진영 전방에 은밀히 복병을 배치시켜 놓아 기습 사격을 가하게 함으로써 청군을 크게 물리쳤고, 청군의 梟將으로 이름난 耶彬大를 죽이는 전과를 올렸다. 청군은 4차에 걸친 공격에서 병력의 태반을 잃고 백동서남방 20리인 亭淵里로 철수하였다.

유림은 진중에 화살과 탄약이 떨어져 싸울 형편이 안 되었기 때문에, 파손된 총포를 수습하여 火繩의 길이를 혹은 길게, 혹은 짧게 연결하여 고정시켜 불길을 당겨 놓은 다음, 낭천(화천)-춘천-청평-양근의 경로로 이동하였다. 밤새 총성이 울렸으므로 청군은 조

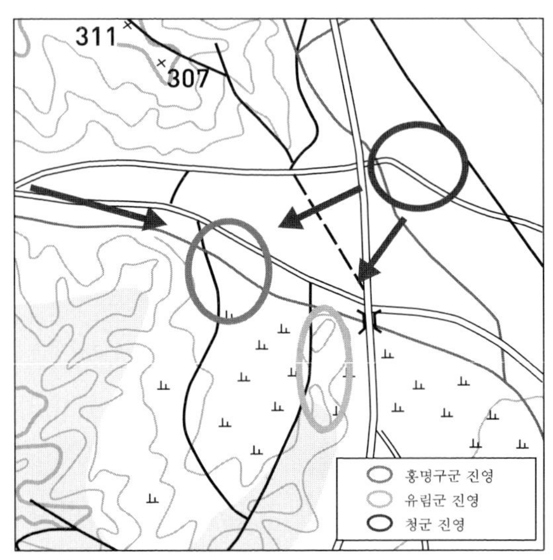

평안도 근왕병의 김화 전투 세부 요도
(철원문화원, 『철원의 성곽과 봉수』, 2006)

선군이 철수하였다는 것을 알지 못하였고, 다음날인 29일 조선군 진영을 공격한 다음에야 속은 것을 깨달았다. 청군의 추격을 따돌린 유림의 부대는 낭천에서 군대를 정비한 다음 30일 남한산성으로 진군을 개시하여 2월 3일 가평에 도착하였으나, 이때는 인조가 남한산성에서 출성한 다음이어서 안주로 귀환하였다.

함경감사 민성휘는 12월 22일 근왕 명령을 받고 도내 각 고을의 군사를 집결시켰고 27일 北兵使 徐佑申과 함께 7천여 명의 근왕병을 이끌고 양근 방면으로 진군하였다. 민성휘는 함흥-원산-평강-춘천-양근의 경로를 따라 남한산성으로 진출하는 것을 주장하였고 1637년 1월 5일 양근에 도착하여 심기원 및 김자점의 군과 합류하였다. 함경도 근왕병은 병자호란이 끝난 후 함경도로 돌아가던 북병사 서우신이 2월 15일 鐵嶺에 군사를 매복시켜 몽고군을 기습하

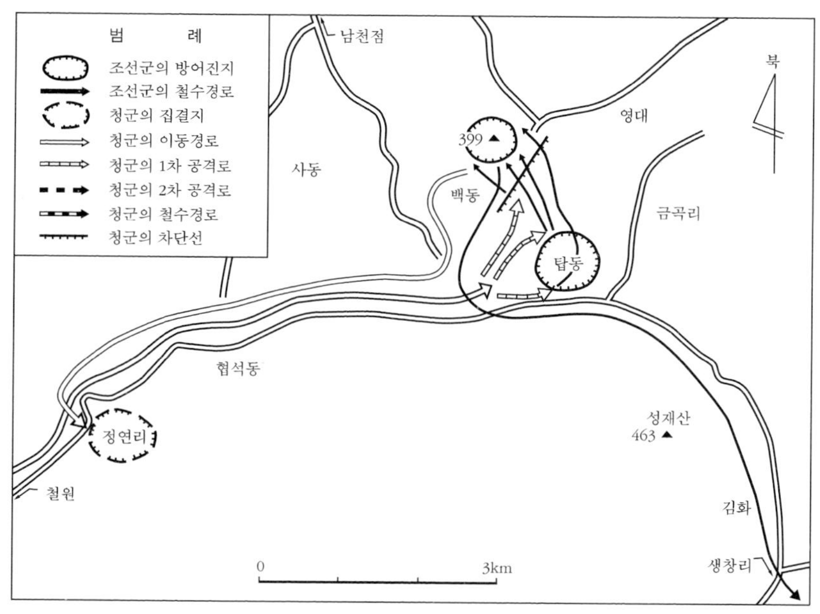

평안도 근왕병의 김화 전투 상황
(국방부전사편찬위원회, 『丙子胡亂史』, 1986)

여 그들을 안변 방면으로 패주시켰다. 이들은 김화에서 홍명구 및 유림과 격전을 벌였던 부대로, 몽고군은 수도 한성 부근에 주둔하다가 강원도 영서지방을 거쳐 함경도를 진출하여 귀화한 여진인을 토벌하는 임무를 띠고 있었다. 그런데 철군하면서 통과하는 지역마다 인명을 살상하고 많은 재물을 약탈하고 있었다. 서우신 군과 몽고군이 같은 방향으로 이동하여 전투를 하면서 몽고군은 신속히 국경지대로 이동하였고, 더 이상의 인명이나 재산상의 피해를 입지 않게 되었고, 함경도의 여진인 귀화인 토벌도 포기할 수밖에 없었다.

결국 남한산성으로 구원 오는 군사가 모두 붕괴되고 성중은 안과 밖이 끊어져서 의지할 곳이 없게 되자 차차 강화론이 일어나기 시작했다. 主和派와 主戰派의 논쟁이 여러 차례 거듭됐지만, 대세는 점차 강화를 지지하는 쪽으로 기울게 되었다. 마침내 1637년 1월 3일 청군 진영에 和好를 청하게 되었고, 이에 대한 청태종의 답서는 조선 국왕이 친히 성안에서 나와 자기 軍門에 항복하고 척화주모자 2~3인을 결박지어 보내라는 내용이었다. 그리고 그 즈음 강화도가 함락되었다는 정황이 성안에 보고되면서, 인조는 드디어 출성을 결정하였다.

청은 조선이 청에 대해 臣下의 禮를 행할 것, 명에서 받은 誥命冊印을 바치고 명과의 관계를 끊고 명의 연호를 버릴 것, 조선왕의 장자와 차자 그리고 대신의 아들을 볼모로 보낼 것, 청이 명을 정벌할 때 원군을 파견할 것, 가도를 공격할 때 배를 보낼 것, 해마다 명의 사신을 보내던 것을 청에 보낼 것, 청에 끌려갔다 조선으로 도망한 사람들을 쇄환할 것, 새로 城을 쌓거나 보수하지 말 것, 여진인들을 쇄환할 것, 해마다 세폐를 보낼 것 등을 요구하였고, 조선은 청의 요구를 받아들일 수밖에 없었다.

마침내 1월 30일 인조는 세자와 함께 출성하여 한강 동편 三田渡에서 '城下之盟'의 예를 행한 뒤 한강을 건너 서울로 돌아왔고, 이로써 조선은 명과의 관계를 완전히 끊고 청나라에 복속하게 되었다.

제5장 결 론

- 한국사와 북방사의 연결점, 요동 -

본 연구는 근세에 초점을 두고 각각의 주제를 설정하여 중국 중심적 역사서술의 문제점을 지적하는 동시에 보다 객관적 시각에서 사실에 접근해보고자 하였다. 요동사와 관련한 기존의 중국연구가 대부분 북방민족 고유의 특수한 내용들에까지 '중국화'로 뭉뚱그려 단선적으로 이해하는 경향이 있음을 지적하고 북방의 왕조를 '漢化'된 정복왕조로 이해하는 역사 서술상의 문제 또한 비판적으로 극복하고자 하였다. 이러한 관점을 통해 요동의 중요성을 부각시키는 동시에 한중관계에서 근세 요동이 차지하는 위치를 평가해 보고자 하였다.

근세 시기 요동은 고려와 조선, 명, 여진, 몽골이 각각 세력을 확대시키며 팽창을 시도하던 각축장이었다. 고구려와 발해를 계승한 고려와 조선에게는 회복해야할 고토였으며, 여진에게는 자신들의 발상지로 여기는 지역이었다. 또한 명나라에게는 중원을 보호하기 위해 반드시 선점해야하는 변경이었다. 몽골에게는 제국을 회복하기 위해 진출해야만 하는 고토이자 견고한 만리장성을 피해 산해관으로 들어가기 위한 또 다른 통로였다. 이처럼 근세 요동은 동아시아 각 민족과 국가에게 나름대로 이유를 가지고 회복해야하거나 지켜야 할 강역이었다.

명나라는 건국 初부터 山東에서 지원된 人的, 物的 공급을 통해 성공적으로 요동에 진출할 수 있었다. 명나라는 계획대로 위소를 하나하나 설치해 가면서 遼東都司와 25위 방어체계를 만들어 갔다. 요동도사는 나름대로 조직체계를 만들어 갔으나, 몽골지역과 여진지역에 영향력을 미치려는 시도는 큰 효과를 거둘 수 없었다. 요동은 군사적인 위소체제에 기초하고 있었으나 변경에 위치한 특수지역이라 많은 인구를 확보할 수 없었고, 늘 山東에 정치, 경제,

군사 등을 의존해야하는 변수가 작용하였다. 제도사적으로 遼東都司가 25衛 체제를 갖추고 軍政合一의 기관으로 출발하였지만, 내지와 같이 綜合的이고 有機的인 行省體制를 마련하지 못함으로써 근접한 山東으로부터 많은 행정적·사법적 지원을 받아야만 했다.

빈번하게 반복되는 海禁 등의 원인으로 山東과 遼東의 관계가 단절될 경우 遼東은 큰 타격을 받아야 하는 위험성이 있었다. 이러한 지리적인 고립성과 의존성은 명으로 하여금 요동진출과 확장정책을 더 이상 확대시키지 못하게 하였으며 변방 방어력에도 영향을 미쳤다. 이외에도 요동도사의 내부적인 원인들, 곧 둔전생산량과 인구의 감소, 마정 경영의 실패, 반란, 군인의 도망 등 다양한 요인들이 요동도사의 확대를 가로막고 있었다.

요동도사를 고립되게 만든 또 다른 대외적 원인은 몽골과 女眞 등 북방세력의 성장이라고 할 수 있다. 明은 洪武年間 여진 지역으로 진출하려는 시도를 하였으나, 이러한 시도는 대부분 좌절되거나 부분적으로 실현되었다. 鴨綠江과 豆滿江에 세우려했던 鐵嶺衛와 三萬衛 등은 遼東都司로 흡수되었고, 豆滿江 유역의 11處 女眞人을 둘러싸고 벌어진 朝鮮과 明의 갈등 역시 11處 女眞人이 朝鮮에 편입되는 등 朝鮮의 관할이 될 수밖에 없었다. 豆滿江 유역을 비롯한 여진지역을 자국의 판도로 귀속시키려는 明의 계획은 완전하게 실패로 돌아갈 수 밖에 없었다. 明初부터 女眞 지역에 영향력을 전개하려고 설치가 시도된 東寧衛, 自在州, 安樂州 등도 모두 遼東都司로 흡수되었다.

永樂年間 시도된 5차의 몽골 親征은 일시적으로 대원정군이 몽골초원으로 출정했기 때문에 장성지대와 요동에 대한 몽골의 압력을 감소시키는 효과가 있었으나, 그 효과란 미미한 수준이었다. 특

히 흑룡강 등의 여진지역에 奴兒干都司와 180여 개의 형식적 女眞衛所를 설치함으로써 遼東都司의 영향력을 吉林과 黑龍江 지역으로 일시 확대시켰다고 중국의 연구성과들은 주장하고 있지만, 여진의 변경 위협과 그 성장과정으로 보면 여진지역의 위소는 명이 임시로 이름을 붙인 허명의 것이 많았고 명에 종속된 위소는 거의 없었다고 할 정도였다. 노아간도사 역시 黑龍江 유역으로의 진출을 도모하고 女眞 지역에 다수의 衛所를 설치하여 豆滿江, 松花江 유역에 이르는 넓은 지역으로도 진출하고자 하였으나, 역시 지속적으로 시도되지 못하고 그 한계에 직면하였으며 결국 요동도사에 흡수되고 말았다. 明은 이후에도 몽골정벌을 위한 군사력의 증강, 배후세력의 확보, 朝鮮과 女眞의 분리, 朝鮮의 遼東進出 抑制 등 다양한 목적을 위해 여진을 회유하는 노력을 지속적으로 추진하였다. 간혹 조선과 명의 대대적인 공격을 받기도 하였지만 여진사회의 전체적인 변화과정으로 보면 여진세력의 성장이 지속된 것으로 평가할 수 있다.

明이 세운 女眞衛所들은 기본적으로 여진 부락을 기초로 설치된 것이었기 때문에 내지의 衛所와 같이 군사적으로 편제된 것이 아니었고 명에 복속될 수도 없었다. 여진에 대한 명대의 기록 역시 모두 그들을 관할 밖의 '外夷'로 기록하고 있는 것은 그러한 이유에서다.

遼東都司의 약화, 몽골과 女眞의 성장은 朝鮮과 明의 관계에 영향을 미칠 수밖에 없었다. 明은 이러한 변방의 위기에 직면하여 明 初期에 형성된 遼東都司 방어선을 邊墻體制로 전환하여 遼東邊墻을 수축할 수밖에 없었다. 요동변장을 형성하는 과정에서 명나라는 압록강 방면으로 군사기지를 겸하는 역참을 옮겨 올 수밖에 없었다. 요양 근처의 험준한 고개인 연산관에서 압록강으로부터 120리 떨어진 봉황성으로 책문이 옮겨온 것은 이러한 명 요동도사 지배력의 한계라는 시대적 배경이 있었다. 그러나 여전히 압록강 유역은 명나라의 관할이 될 수 없었으며, 압록강~봉황성 지역은 요동팔참으로 불리며 양국의 중립지대가 되었다.

봉황성은 조선으로 통하는 遼東邊墻의 중요 關門이자 국경 邊門이었다. 이는 중국이 주장하고 있는 바, 明과 朝鮮 사이에 鴨綠江과 豆滿江이 국경선이라는 것과 明代 여진지역이 明의 版圖였다는 주장이 재고되어야함을 분명히 보여주고 있다. 변장 밖의 요동팔참 지역이 국경 중립 지대이기 때문에 明·淸代의 사료들은 朝鮮과의 경계를 표시할 때 靉陽堡, 鳳凰城堡, 遼東邊墻 등 遼東邊墻의 柵門들을 의미하는 경우가 많으며, 女眞 또는 朝鮮과의 邊界, 곧 국경으로 기록한 경우가 허다하다. 이외에도 사료들은 변장 밖의 女眞衛所들을 '外夷'로, 遼東邊墻을 '臨境', '通賊道路', '邊界', '邊門', 곧 國境과 접한 것으로 기록하여 女眞과 몽골을 賊으로, 邊門을 국경출입문으로 서술하고 있으며, 女眞을 明에 종속되지 않은 세력으로, 여진 지역을 판도 외의 지역으로 인식하고 있었음을 알 수 있다.

명나라의 邊墻 築造는 적극적 공세에서 소극적 방어로의 전환을 의미하는 것이었다. 遼東邊墻은 대체로 세 지역, 곧 遼西邊墻, 遼河套邊墻, 遼東邊墻으로 구분되었고, 邊墻의 修築은 오랜 시간 동안 진행되었다. 그러나 明의 마지막 선택이었던 邊墻은 遼東을 방어하는 견고한 방어선의 역할을 수행할 수 없었다. 우선 邊墻의 대부분은 자연의 험준한 지형을 따라 형성되었고, 萬里長城과 같이 견고한 벽돌을 이용한 것이 아니라 흙과 나무, 목책 등으로 허술하게 연결된 방어선이었다. 그리고 결정적으로 衛所制가 붕괴해 나가는 등 내부적인 모순이 격화되면서 중·후기 많은 인력을 긴 邊墻 방어선의 유지에 투여할 수가 없었기 때문에 邊墻으로서의 기능을 충분히 발휘할 수 없었다. 수축된 遼東邊墻은 遼東都司의 방어선인 동시에 국경선이 되었다. 곧 변장 밖 女眞 지역은 明이 영향력을 행사할 수 없는 판도 밖의 지역이었다. 明의 遼東邊墻은 遼東都司의 시각에서 보자면 遼東都司의 방어 울타리지만, 몽골, 女眞, 그리고 朝鮮에서 보자면 바로 국경선이었다.

현재 중국은 이러한 명대 요동변장을 만리장성이라고 주장하고 있다. 즉 요동변장은 만리장성이며 그 동쪽 시작점은 압록강이라고 주장하고 있는 것이다. 그러나 살펴 본 바와 같이 요동변장은 벽돌로 수축된 것이 아니기 때문에 일선으로 연결된 것이 아니며 압록강으로 연결되지도 않았다. 압록강에는 고구려 석성 터인 호산산성에 조그만 전초기지, 곧 강연대보를 세워 일시적으로 압록강에 출몰하는 여진을 방어했을 뿐이다.

清代 康熙年間에 만들어진 『柳邊紀略』에 나타나는 바와 같이 柳條邊은 明代 遼東邊墻을 계승하여 형성된 것으로 압록강과는 무관하다. 만약 압록강에 만리장성이 설치되었다면 청대 유조변이 압록강으로 연결되었을 것이다. 또한 그것이 만리장성이라면 굳이 버드나무를 심어 새롭게 경계선을 만들 필요가 없었을 것이다.

柳條邊은 內地에 해당하는 明代 遼東都司 지역을 '入版圖'지역으로, 柳條邊 바깥지역을 '無版圖'로 인식하여 郡縣과 같이 행정단위에 편입되지 않은 清代 封禁地帶로 清의 영향력이 미치지 않는 지역으로 인식하고 있다.

지금까지 요동사 분야에 대한 선행연구들이 많이 있지만 여전히 해결해야할 많은 문제점들이 있다. 가장 큰 문제는 식민지시대, 분단시대를 지나면서 연구의 대상에서 제외되었거나, 단선적이고 부분적으로 연구했다는 점이다. 한중관계사에 관한 기존의 연구들도 요동을 배제하고 대부분 '전통적인 중국의 관점'이라는 틀 안에서 이루어져 왔다. 이러한 경향은 대륙의 모든 왕조를 '중국'이라는 동일한 개념으로 인식하거나 근세의 만주를 명청의 강역이라는 고정된 시각을 낳을 수밖에 없었다. 예를 들어 중원에서 흥기한 宋과 같은 왕조를 동아시아를 대표하는 '중심문화권'으로 설정하는 것은 대표적인 오류이다. 이 때문에 중원 이외의 왕조는 주변으로 처리함으로써 북방의 유목왕조나 정복왕조는 모두 야만문명 곧 '오랑캐'로 인식하거나 기껏해야 '중국화[漢化]'된 왕조로 간주할 수밖에 없었다.

근세의 요동은 21세기에도 각축장이 되고 있다. 중국은 근세의 요동, 현재의 만주를 완벽하게 자국의 영토로, 자국의 역사로 재편하는 작업을 진행 중이다. 근세시기 각축을 벌이며 제국을 건설한 여진은 청조의 멸망과 함께 중화제국의 소수민족으로 남으면서 강·옹·건 시대의 화려함을 되찾기는 불가능한 상황이다.

명대 가장 위협이 되었던 몽골족은 몽골인민공화국과 내몽고자치구로 분리되어 분단의 아픔을 겪고 있다. 몽골인민공화국은 중국에 대항할 만큼 강하지 못하며, 내몽고자치구의 몽골인들은 여전히 중국의 소수민족으로 편입되어 있어서 만주에 설치한 요양행성 시절의 몽골제국의 명성을 회복하기는 어려울 것이다. 북한 역시 중국과 얽혀있는 복잡한 관계와 경제적 의존도로 말미암아 고조선, 고구려, 발해 등 만주역사를 중국사로 편입하고 있는 상황에서도 중국에 대해 큰 목소리를 못 내고 있는 실정이다.

이제 남은 것은 우리다. 우리 역사에서 요동은 변강이 아니라 한때 역사의 중심이었다. 선사시대, 고조선, 고구려, 백제, 신라, 발해, 고려, 조선 등 어느 왕조 하나 요동과 분리하여 생각할 수 있는 왕조는 없다. 그럼에도 불구하고 한국사, 한중관계사 등을 서술하는데 있어 그동안 만주와의 관계를 너무 소홀히 한 감이 있다. 최근 만주의 역사와 문화가 그 중요성을 더해가고 있는 추세를 보면 앞으로 더욱 중요성을 더해가는 지역사의 중심 그리고 한·중관계사의 중심이 될 것이다. 한국사에서 보자면, 강역, 문화, 정치, 경제, 전쟁, 군사 등 어느 하나 만주의 역사와 분리할 수 있는 것이 없다.

본 연구에서는 이상과 같은 근세의 각 주제별 문제의식에 기초하여 일원화된 중국사적 시각, 자국사적 입장, 지방사적 입장을 극복하고, 다원적이고 국제적인 입장에서 북방민족사 혹은 동아시아사를 다루어 봄으로써 기존의 선행연구들과 뚜렷한 차별성을 보여주고자 하였으나 여전히 초보적인 연구에 불과하다. 또한 기존의 발표 논문을 수정 보완한 것으로 문맥이 매끄럽지 못하고 일관된 통찰력도 부족하다. 독자들의 비판과 많은 지적을 받아야 할 것이다. 차후 다양한 연구과정을 통해 동아시아사의 중요한 연결고리로서 한국사와 요동, 동아시아사와 요동을 연결하고, 거시적으로는 북방지역사와 북방민족의 위상을 정립하는 다양한 시도가 진행되었을 때 중국 중심적인 왜곡된 시각에서 벗어나는 동아시아의 역사상이 새롭게 탄생할 수 있을 것이다.

참고문헌

〈사 료〉

『朝鮮王朝實錄』
『高麗史』
『明實錄』
『遼史』
『金史』
『元史』
『明史』
『明會典』
『龍飛御天歌』
『東國輿地勝覽』
『滿洲金石志』
『孟子』
『明經世文編』
『明代遼東檔案彙編』
『名山藏』
『明元淸系通紀』
『牧隱集 慈悲嶺羅漢堂記』
『北路紀略』
『北巡私記』
『盛京典制備考』
『殊域周咨錄』
『寧遠州志』
『遼東志』
『遼海叢書』
『潛確類書』
『全遼志』
『左傳』

『天下郡國利病書』
『清實錄』
『敕修奴兒干永寧寺碑記』
『通文館志』
『退溪先生文集』
『荷谷集』
「撫安東夷記』
「重建永寧寺碑記」
「敕修奴兒干永寧寺碑記」
『桓仁縣志』

〈한국참고문헌〉

강석화, 「白頭山 定界碑와 間島」『한국사연구』 96, 1996.
강석화, 「朝鮮後期 咸鏡道의 地域發展과 北方領土意識」, 서울대학교 박사학위논문, 1996.
강성문, 「朝鮮初期 六鎭開拓의 國防史的 意義」, 『군사』 42, 2001.
고구려연구회 편, 『동북공정과 한국학계의 대응논리』, 여유당, 2008.
고구려연구회, 『韓國學界의 東北工程 對應論理』, 學硏文化社, 2007.
高錫元, 「麗末鮮初의 對明外交」, 『白山學報』 23, 1977.
國防軍史硏究所, 『國土開拓史』, 정문사, 1999.
국방부전사편찬위원회, 『丙子胡亂史』, 1986.
國史編纂委員會, 『국역 中國正史 朝鮮傳』, 1986.
국사편찬위원회, 『譯註 中國正史朝鮮傳』, 1986.
국사편찬위원회, 『한국사 22-朝鮮왕조의 성립과 대외관계』, 1995.
국사편찬위원회, 『한국사의 전개과정과 영토』, 2002.
권선홍, 「조선시대 사대관계와 책봉체제」, 『왜구·위사문제와 한일관계』, 경인문화사, 2005.
권선홍, 『전통시대 동아시아 국제관계』, 부산외국어대학교출판부, 2004.
김경춘, 「豆滿江下流의 KOREA IRREDENTA에 對한 一考」, 『백산학보』 30·31, 1985.

김경춘, 「鴨綠·豆滿江 國境問題에 關한 硏究」, 국민대 대학원 국사학과 박사학위논문, 1997.

김경춘, 「鴨綠江下流 朝·淸國境線形成問題考」, 『邊太燮博士 華甲紀念 史學論叢』, 삼영사, 1985.

김경춘, 「朝·淸國境問題의 一視點; 犯越을 中心으로」, 『慶州史學』 6, 1987.

김경춘, 「朝鮮朝 後期의 國境線에 대한 一考-無人地帶를 중심으로-」, 『백산학보』 29, 1984.

김구진, 「公嶮鎭과 先春嶺碑」, 『백산학보』 21, 1976.

김구진, 「麗末鮮初 豆滿江 流域의 女眞 分布, 『백산학보』 15, 1973.

김구진, 「여진과의 관계」, 『한국사 22-조선왕조의 성립과 대외관계』, 국사편찬위원회, 1995.

김구진, 「尹瓘 9城의 範圍와 朝鮮 6鎭의 開拓 -女眞 勢力 關係를 中心으로-」, 『사총』 21·22, 1977.

김구진, 「朝鮮 前期 韓·中關係史의 試論—朝鮮과 明의 使行과 그 性格에 대하여—」, 『弘益史學』 4, 1990.

김구진, 『13C～17C 女眞社會의 硏究』, 고려대학교 박사학위논문, 1988.

김구진·이현숙, 「『제승방략(制勝方略)』의 북방(北方) 방어(防禦) 체제」, 『국역 제승방략』, 세종대왕기념사업회, 1999.

김득황, 「조선의 北方疆界에 관하여」, 『백산학보』 41, 1993.

김병록, 「조선초기 金宗瑞의 六鎭開拓에 關한 考察」, 성균관대학교 석사학위논문, 1996.

김성균, 「朝鮮朝 北境關防定礎 略考」, 『백산학보』 15, 1973.

김송희, 「조선초기 對明外交에 대한 一硏究 -對明使臣과 明使臣 迎接官의 성격을 중심으로-」, 『史學硏究』 55·56, 1998.

김순자, 「10~11세기 高麗와 遼의 영토 정책 - 압록강선 확보 문제 중심으로 -」, 『北方史論叢』 11, 2006.

김순자, 『麗末鮮初 對元·對明關係 硏究』, 연세대 박사학위론문, 1999.

김순자, 『韓國中世 韓中關係史』, 혜안, 2007.

김용국 외, 『間島 領有權問題 論攷』, 백산자료원, 2000.

김용국, 「白頭山考」, 『白山學報』 8, 1970.

김종원, 「정묘호란」, 『한국사』 29, 국사편찬위원회, 1995.

김종원, 「호란전의 정세」, 『한국사』 29, 국사편찬위원회, 1995

김춘선, 「鴨綠·豆滿江 국경문제에 관한 한·중 양국의 연구동향」, 『韓國史學報』 12, 2002.
김태준, 「중국 내 연행노정고」, 『동양학』 35, 2004.
김한규, 『사조선록 연구』, 서강대학출판부, 2011.
김한규, 『遼東史』, 문학과 지성사, 2004.
김한규, 『天下國家—전통 시대 동아시아 세계 질서』, 소나무, 2005.
김한규, 『한중관계사 1·2』, 아르케, 1999.
남의현, 「明 前期 遼東都司와 遼東八站 占據」, 『明清史研究』 21, 2004.
남의현, 「明代 遼東政策과 對外關係」, 『江原史學』 15·16, 2000.
남의현, 「明 前期 奴兒干都司의 設置와 衰退」 『동북아역사논총』 16, 2007.
남의현, 『明代遼東支配政策研究』, 강원대출판부, 2008.
남주성 역주, 『흠정 만주원류고』, 글모아, 2010.
노계현, 「高麗의 압록강 방면 영토변천 1269; 1388」, 『논문집』 18, 한국방송통신대학교, 1994.
노계현, 『고려영토사』, 갑인출판사, 1993.
노계현, 『고려외교사』, 갑인출판사, 1994.
노계현, 『朝鮮의 영토』, 한국방송대학출판부, 1997.
都賢喆, 「高麗末期 士大夫의 對外觀 -華夷論을 중심으로-」, 『震檀學報』 86, 1998.
조세현 역, 『중국의 국경 영토 의식』, 동북아역사재단, 2007.
동북아역사재단, 『김육불의 동북통사』, 2007.
동북아역사재단, 『동북아관계사의 성격』, 2009.
동북아역사재단, 『한중일 학계의 한중관계사 연구와 쟁점』, 2009.
李鉉淙, 「對明貿易」, 『韓國史論』 11-朝鮮前期의 商工業-』, 1982.
민덕기, 『前近代 동아시아 세계의 韓·日관계』, 경인문화사, 2007.
朴南勳, 「朝鮮初期의 對明貿易의 實際」, 『關東史學』 1, 1982.
박용옥, 「白頭山 定界碑建立의 再檢討와 間島領有權」, 『백산학보』 30·31, 1985.
박원호 외, 『15-19세기 중국인의 조선인식』, 고구려연구재단, 2005.
박원호, 「15세기 동아시아 정세」, 『한국사 22-조선왕조의 성립과 대외관계』, 국사편찬위원회, 1995.
박원호, 「근대 이전 한중관계사에 대한 시각과 논점—동아시아 국제질서의 이론을 덧붙여」, 『한국사시민강좌』 40, 2007.
박원호, 「永樂年間 明과 朝鮮間의 女眞問題」, 『아세아연구』 85, 1990.
박원호, 「鐵嶺衛의 位置에 대한 再考」, 『東北亞歷史論叢』 13, 2006.
박원호, 『明初朝鮮關係史硏究』, 일조각, 2002.
박원호 譯, 『주원장전』, 지식산업사, 2003.
박원호 譯, 『표해록』, 고려대, 2006.
방동인, 「4군 6진의 개척」, 『한국사 22-조선 왕조의 성립과 대외관계』, 국사편찬위원회, 1995.
방동인, 「尹瓘九城再考」, 『백산학보』 21, 1976.
방동인, 「조선초기의 북방 영토개척-압록강 방면을 중심으로」, 『관동사학』 5·6, 1994.
방동인, 『韓國의 國境劃定硏究』, 일조각, 1997.
배동수, 「조선 세종의 북방정책」, 『韓國北方學會論集』 8, 2001.
배성준, 「중국의 '간도문제' 연구 동향」, 『중국의 민족·변강문제 연구동향』, 고구려연구재단, 2005.
배성준, 「중국의 조·청국경문제 연구 동향」, 『중국의 東北邊疆연구-동향분석-』, 고구려연구재단, 2004.
백산학회 편, 『韓民族의 大陸關係史』, 백산학회, 1996.
백산학회 편, 『鮮卑 蒙古 契丹 女眞關係史 論考』, 백산자료원, 1999.
백산학회 편, 『間島 領有權問題 論攷』, 2000.
백산학회 편, 『大陸 關係史 論考』, 백산자료원, 2000.
백산학회, 『간도영토에 관한 연구』, 백산자료원, 2006.
서강대학교 동양사연구실편, 『한중관계 2000년』, 소나무, 2008.
서길수, 『백두산국경연구』, 여유당, 2009.
서병국, 「범찰의 건주우위연구」, 『백산학보』 13, 1972.
서병국, 「朝鮮前期 對女眞關係史」, 『國史館論叢』 14, 1990.
서병국, 『宣祖時代 女眞交涉史硏究』, 교문사, 1970.
서인범, 「明代의 遼東都司와 東寧衛」, 『明淸史硏究』 23, 2005.
서인범·주성지 옮김, 『표해록』, 한길사, 2004.
서정철·김인환, 『지도위의 전쟁』, 동아일보사, 2010.
세종대왕기념사업회, 『국역 제승방략』, 1999.
손승철, 「朝鮮朝 事大交隣政策의 成立과 그 性格; 朝鮮朝 對外政策史 硏究

試論」, 『溪村閔丙河敎授停年紀念 史學論叢』, 계촌민병하교수정년기념사학논총간행위원회, 1988.
손승철, 『朝鮮時代 韓日關係史硏究』, 지성의샘, 1994.
손승철, 『조선시대 한일관계사 연구-교린관계의 허와 실』, 경인문화사, 2006.
송병기, 「동북, 서북계의 수복」, 『한국사』 9(조선)-양반관료국가의 성립, 국사편찬위원회, 1973.
송병기, 「世宗朝 兩界行城 築造에 對하여」, 『사학연구』 18, 1964.
시노다 지사쿠 저, 신영길 역, 『간도는 조선땅이다 -백두산정계비와 국경-』 지선당, 2005.
安貞姬, 「朝鮮初期의 事大論」, 『歷史敎育』 64, 1997.
안주섭 외, 『우리땅의 역사』, 소나무, 2007.
양태진, 「豆滿江 國境河川論攷」, 『軍史』 6, 1993.
양태진, 「民族地緣으로 본 白頭山領域 考察」, 『백산학보』 28, 1984.
양태진, 「白頭山 天池를 圍繞한 韓·中國境線」, 『한국학보』 22, 일지사, 1981.
양태진, 「鴨綠江 國境河川에 관한 考察」, 『軍史』 8, 1984.
양태진, 「韓國 領土問題의 現狀과 對策」, 『한민족공영체』 2, 해외한민족연구소, 1994.
양태진, 『近世韓國境域論考』, 경인문화사, 1999.
양태진, 『우리나라 領土 이야기』, 대륙연구소, 1994.
양태진, 『우리의 영토와 지명』, 이회문화사, 2008.
양태진, 『韓國國境史硏究』, 법경출판사, 1992.
양태진, 『한국의 국경의식』, 韓國史選書 同和出版公社, 1981.
엄성용 외, 『소통과 교류의 땅 신의주』, 혜안, 2007.
오종록, 「세종시대 북방영토개척」, 『세종문화사대계』 3, 세종기념사업회, 2001.
오종록, 「朝鮮初期의 國防論」, 『진단학보』 86, 1998.
유봉영, 「白頭山定界碑와 間島問題」, 『백산학보』 13, 1972.
유승주, 「丙子胡亂의 戰況과 金化戰鬪 一考」, 『사총』 55, 2002.
유재춘, 「15세기 明의 東八站 地域 占據와 朝鮮의 對應」, 『조선시대사학보』 18, 2001.
유재춘, 「15세기 前後 朝鮮의 北邊 兩江地帶 인식과 영토 문제」, 『조선시대사학보』 39, 2006.

유재춘, 「麗末鮮初 東界地域의 變化와 治所城의 移轉·改築에 대하여」, 『조선시대사학보』 15, 2000.
유재춘, 「丙子胡亂時 金化戰鬪와 戰骨塚考」, 『사학연구』 63, 2001.
유재춘, 「朝鮮前期 行城築造에 관하여」, 『강원사학』 13·14, 1998.
유정갑, 『북방영토론』, 볍경출판사, 1991.
육군사관학교·철원군, 『鐵原 城山城 地表調査 報告書』, 2000.
윤재윤 외, 『한중관계사상의 교통로와 거점』, 동북아역사재단, 2011.
윤훈표, 「朝鮮前期 北方開拓과 領土意識」, 『한국사연구』 129, 2005.
윤휘탁 외, 『중국의 東北邊疆 연구 3 -동향분석-』, 고구려연구재단, 2004.
이강원, 「조선 초 기록중 '豆滿' 및 '土門'의 개념과 국경인식」, 『문화역사지리』 19-2, 2007.
이강원, 「조선후기 국경인식에 있어서 豆滿江·土門江·分界江 개념과 그에 대한 검토」, 『정신문화연구』 108, 2007.
이경룡 외, 『역대중국의 판도형성과 변강』, 한신대학교출판부, 2008.
이경식, 「朝鮮初期의 北方開拓과 農業開發」, 『역사교육』 52, 1992.
이동진 외, 『중국동북연구』, 동북아역사재단, 2010.
이미지, 「고려 성종대 地界劃定의 성립과 그 외교적 의미」, 『한국중세사연구』 24, 2008.
이상태, 「北方 國境의 歷史的 考察; 白頭山 定界碑 설치를 중심으로」, 『한민족공영체』 2, 해외한민족연구소, 1994.
이상협, 『朝鮮前期 北方徙民 硏究』, 경인문화사, 2001.
이승수, 「조선후기 燕行 체험과 故土 인식 -東八站을 중심으로-」, 『동방학지』 127, 2004.
이영옥 외, 『한중외교관계와 조공책봉』, 고구려연구재단, 2005.
이원명, 「백두산정계비와 접반사 朴權에 관한 일고찰」, 『백산학보』 80, 2008.
이익주 외, 『동아시아 국제질서 속의 한중관계사』, 동북아역사재단, 2010.
이인영, 「申叔舟의 北征」, 『韓國滿洲關係史의 硏究』, 을유문화사, 1954.
이창희, 「병자호란」, 『한국사』 29, 국사편찬위원회, 1995.
이한기, 『한국의 영토』, 서울대출판부, 1969.
이화자, 『조청국경문제연구』, 집문당, 2008.
이화자, 『한중국경사연구』, 혜안, 2011.
임지현, 『근대의 국경, 역사의 변경』, 휴머니스트, 2005.

장재성, 「高麗 雙城摠管府에 관한 硏究」, 전북대학교 석사학위논문, 1985.

張學根, 「鮮初 對明關係와 主權意識-對外戰爭을 中心으로-」, 『學術論叢』 8, 1984.

전해종, 『韓中關係史硏究』, 일조각, 1970.

정다함, 「朝鮮初期 野人과 對馬島에 대한 藩籬·藩屛認識의 형성과 敬差官의 파견」, 『동방학지』 141, 2008.

정홍준, 「청의 침입과 명청관계의 변화」, 『한국사』 8, 한길사, 1994.

조광, 「朝鮮後期의 邊境意識」, 『백산학보』 16, 1974.

조법종 외, 2003, 『한중관계사 연구의 성과와 과제』, 국사편찬위원회, 2003.

조세현 역, 『중국의 국경 영토인식』, 동북아역사재단, 2005.

曺永祿, 「鮮初의 朝鮮出身 明使考; 成宗朝의 對明交涉과 明使 鄭同」, 『국사관논총』 14, 1990.

차문섭, 「세종대의 국방과 외교」, 『세종학연구』 12·13, 1998.

車勇杰, 「高麗末 倭寇對策으로서의 鎭戍와 築城」, 『史學硏究』 38, 1984.

車勇杰, 『高麗末·朝鮮前期 對倭 關防史 硏究』, 충남대학교 박사학위논문, 1988.

車勇杰, 「世宗朝 下三道 沿海邑城築造에 대하여」, 『史學硏究』 27, 1977.

車勇杰, 「朝鮮 成宗代 海防築造論議와 그 樣相」, 『白山學報』 23, 1977.

車勇杰, 「朝鮮後期 關防施設의 變化過程」, 『韓國史論』 9, 國史編纂委員會, 1981.

최규성, 「先春嶺과 公嶮鎭碑에 대한 新考察」, 『한국사론』 34-한국사의 전개과정과 영토, 국사편찬위원회, 2002.

崔韶子, 「胡亂과 朝鮮의 對明·淸關係의 變質-事大·交隣의 問題를 中心으로-」, 『梨大史苑』 12, 1975.

최소자, 『명청시대 한중관계사연구』, 이화여자대학교, 1997.

최소자, 『淸과 朝鮮』, 혜안, 2005.

최재진, 「高麗末 東北面의 統治와 李成桂 勢力 成長-雙城摠管府 收復以後를 中心으로-」, 『사학지』 26, 1993.

하우봉, 「일본과의 관계」, 『한국사22-조선왕조의 성립과 대외관계』, 국사편찬위원회, 1995.

한명기, 『임진왜란과 한중관계』, 역사비평사, 1999.

한명기, 『정묘·병자호란과 동아시아』, 푸른역사, 2009.

한문종, 「朝鮮前期의 對馬島 敬差官」, 『전북사학』 15, 1992.
한문종, 『조선전기 대일 외교정책 연구-대마도와의 관계를 중심으로-』, 전북대학교 박사학위논문, 1996.
한성주, 「두만강지역 여진인 동향 보고서의 분석 - 『端宗實錄』기사를 중심으로」, 『사학연구』 86, 2007.
한성주, 「朝鮮初期 朝·明 二重受職女眞人의 兩屬問題」, 『조선시대사학보』 40, 2007.
한성주, 『조선전기 수직여진인 연구』, 경인문화사, 2011.
한성주, 『조선전기 女眞에 대한 授職政策 연구』, 강원대학교 박사학위논문, 2011.
한일관계사학회, 『동아시아 領土와 民族問題』, 경인문화사, 2008.

〈중국·일본 참고문헌〉

「北巡私記」, 『明代蒙古漢籍史料彙編』 第1輯, 內蒙古大學出版社, 1993.
葛劍雄, 『中國移民史』 第5卷, 福建人民出版社, 1997.
江嶋壽雄, 「亦失哈の奴兒干招撫について」, 『西日本史學』 13.
江嶋壽雄, 『明代淸初の女眞史研究』, 中國書店, 1999.
姜龍範·劉子敏, 『明代中朝關係史』, 黑龍江朝鮮民族出版社, 1999.
高橋公明, 「室町幕府の外交姿勢」, 『歷史學研究』 546, 1985.
高橋公明, 「外交儀禮よりみた室町時代の日朝關係」, 『史學雜誌』 91-8, 1982.
高橋公明, 「朝鮮遣使ブームと世祖の王權」, 『日本前近代の國家と對外關係』, 吉川弘文館, 1987.
高橋公明, 「朝鮮外交秩序と東アジア海域の交流」, 『歷史學研究』 573, 1987.
高橋公明, 「村井報告批判」, 『歷史學研究』 510, 1982.
高丙中 譯, 『滿族的社會組織』, 商務印書館, 1997.
顧頡剛·史念海, 『中國疆域沿革史』, 商務印書館, 1999.
曲曉范, 『近代東北城市的歷史變遷』, 東北師範大學出版社, 2001.
靳 潤, 『明朝總督巡撫轄區研究』, 天津古籍出版社, 1996.
奇文瑛, 「論明代開原的地位和作用」, 『滿族研究』 2002年 第3期.
吉林省 社會科學院 歷史研究所 編, 『明實錄東北史資料輯』 二, 遼沈書社, 1990.
內藤虎次郞, 「奴兒干永寧寺記補考」, 『內藤湖南全集』, 1970.

盧明輝,『北方民族史研究』 三, 中州古籍出版社, 1994.
達力扎布,『明代漠南蒙古歷史研究』, 內蒙古文化出版社, 1998.
達力扎布,『明清蒙古史論考』, 民族出版社, 2003.
譚其驤 主編,『中國歷史地圖集釋文彙編』 東北卷, 中央民族大學出版社, 1988.
董万崙,「明代三万衛初設地研究」, 北方文物, 1994年 第3期.
董曜會,『瓦合集-長城研究文論-』, 科學出版社, 2004.
童超 主編,『中國軍事制度史-后勤制度』, 大象出版社, 1997.
杜家驥,『清朝滿蒙婚姻研究』, 人民出版社, 2003.
杜榮坤·白翠琴,『西蒙古史研究』, 新彊人民出版社, 1986.
鄧士龍 輯,『國朝典故』 上·中·下, 北京大學出版社, 1993.
羅福頤 校錄,『滿洲金石志』, 禮文印書館, 1976.
欒凡,『一種文化邊緣地帶的特有經濟類型剖析, 東北師範大學出版社, 1999.
曆聲·李國强 主編, 『中國邊疆史地研究綜述-1989～1998-』, 黑龍江教育出版社, 2002.
馬大正主編,『中國東北邊疆研究』, 中國社會科學出版社, 2003.
馬大正·劉逖,『二十世紀的中國邊疆研究』, 黑龍江教育出版社, 1998.
馬長泉,『清代卡倫制度研究』, 哈爾濱出版社, 2005.
孟廣耀,『北方民族史研究』 二, 中州古籍出版社, 1994.
孟森,『明代邊防』, 學生書局, 1968.
蒙古族簡史編寫組,『蒙古族簡史』, 內蒙古人民出版社, 1985.
武家昌·王德柱,「試探明代萬里長城東部起點」,『北方文物』, 1990年 第1期.
潘世憲 譯,『明代蒙古史論集』 上·下, 商務印書館, 1984.
方衍,『黑龍江方志考稿』, 黑龍江人民出版社, 1993.
白翠琴,『瓦剌史』, 吉林教育出版社, 1991.
傅波,『清前史論叢』, 遼寧人民出版社, 1994.
薄音湖·王雄,『明代蒙古漢籍史料彙編』, 1·2, 內蒙古大學出版社, 2000.
傅波 外 主編,『滿族經濟與文化』, 遼寧民族出版社, 2002.
北京社會科學院,『滿學研究』 1, 吉林文史出版社, 1992.
商傳,『永樂皇帝』, 北京出版社, 1989.
西嶋定生,「東アジア世界と册封體制—六～八世紀の東アジア」,『岩波講座 日本歷史』 2, 岩波書店, 1962.
薛景平,「明遼東鎭長城東西兩端的實地考察」,『北方文物』, 1996年 第3期.

篠田治策,『白頭山定界碑』, 樂浪書院, 1938.
孫進己 外 主編,『東北歷史地理』 1·2, 黑龍江人民出版社, 1989.
孫進己 外,『女眞史』, 吉林文史出版社, 1987.
孫進己,『東北各民族文化交流史』, 春鳳文藝出版社, 1992.
孫進己,『東北亞民族史論研究』, 中州古籍出版社, 1994.
安介生 外,『邊界, 邊地與邊民』, 齊魯書社, 2009.
楊暘,『明代東北史綱』 學生書局, 1993.
楊暘,『明代遼東都司』, 中州古籍出版社, 1988.
楊暘,『中國的東北社會 十四～十七世紀』, 遼寧人民出版社, 1991.
楊昭全 外,『中朝邊界史』, 吉林文史出版社, 1993.
楊昭全·孫玉梅 著,『中·朝邊界史』, 吉林文史出版社, 1993.
楊樹藩,『明代中央政治制度』, 臺灣商務印書館股扮有限公司, 1978.
楊暘 外,『明代奴兒干都司及其衛所研究』, 中州書畵社, 1982.
楊暘,「明代奴兒干永寧寺碑研究的諸問題論辨」,『東北史地』, 2005.
楊暘,「永寧寺碑文銘刻的奴兒干都司與黑龍江下流, 庫頁島的先居民族關系」,『東北史地』, 2006.
楊暘,『明代遼東都司』, 中州古籍出版社, 1988.
楊暘,『中國的東北社會 十四～一七世紀』, 遼寧人民出版社, 1991.
楊余練 外 編著,『清代東北史』, 遼寧教育出版社, 1991.
楊艷秋,「論明代洪熙宣德年間的蒙古政策」,『中州學刊』, 1997年 第2期.
閻崇年,『明亡興淸六十年』, 中華書局, 2008.
葉泉宏,『明代前期中韓國交之研究-1368～1488-』, 臺灣商務印書館, 1991.
吳艷紅,『明代充軍研究』, 社會科學文獻出版社, 2003.
王柯,『民族與國家, 中國多民族統一國家思想的系譜』, 中國社會科學出版社, 2001.4
王綿厚 外,「明代管理奴兒干的歷史新證」,『文物』, 1978.
王綿厚 外,『東北古代交通』, 瀋陽出版社, 1990.
王培華,『元明北京遷都與糧食供應』, 文津出版社, 2005.
王毓銓,『明代的軍屯』, 中華書局, 2009.
王晶辰 主編,『遼寧碑誌』, 遼寧人民出版社, 2002.
王鍾翰 外,『中國歷史地圖集釋文彙編』 東北卷, 中央民族大學出版社, 1988.
王鍾翰,「明代女眞人的分布」,『清史新考』, 遼寧大學出版社, 1997.

王鍾翰,『淸史新考』, 遼寧大學出版社, 1997.
王臻,「朝鮮太宗與明朝爭奪建州女眞所有權述論」,『延邊大學學報』, 社會科學版, 2003.
王臻,『朝鮮前期與明建州女眞關係研究』, 中國文史出版社, 2005.
王興亞,『明代行政管理制度』, 中州古籍出版社, 1999.
遼寧省 長城學會,『遼寧長城』, 2000.
遼寧人民出版社,『中國的東北社會 十四～一七世紀』, 1991.
牛建强,『明代中後期社會變遷研究』, 文津出版社, 1997.
于曉光,「明朝與朝鮮圍繞女眞問題交涉論析」,『歷史研究』, 2003年 第1期 第19卷.
袁祖亮 主編,『中國古代邊疆民族人口研究』, 中州古籍出版社, 1999.
魏國忠,『東北民族史研究』 二, 中州古籍出版社, 1994.
劉謙,『明遼東鎭長城及 防禦考』, 文物出版社, 1989.
劉秉虎,「建州女眞與朝鮮交涉之研究」,『大連大學學報』, 2003年 6月 第24卷 第3期.
劉永智,『中朝關系史研究』, 中州古籍出版社, 1994
李建才,『明代東北』, 遼寧人民出版社, 1986.
李三謀,「明代遼東都司衛所的農耕活動」, 中國邊疆史地研究, 1996年 第1期.
李婷,「明前期朝鮮族移居遼東的原因, 途徑及開發貢獻」,『鄂州大學學報』 第9卷, 2002年 第3期.
李治亭 主編,『東北通史』, 中州古籍出版社, 2003.
李治亭,『愛新覺羅家族全書』 1-10, 吉林人民出版社, 1997.
李鴻彬,『淸朝開國史略』, 齊魯書社, 1997.
李花子,『明淸時期中朝邊界史研究』, 知識産權出版社, 2011.
李花子,『淸朝與朝鮮關系史研究』, 延邊大學出版社, 2006.
李興盛,『東北流人史』, 黑龍江人民出版社, 1990.
林榮貴 主編,『中國古代疆域史』, 黑龍江教育出版社, 2007.
張傑 外,「明初朱元璋經營鐵嶺以北元朝舊疆始末」,『中國東北邊疆研究』, 中國社會科學出版社, 2003.
張金奎,『明代衛所軍戶研究』, 線裝書局, 2007.
張德玉,『滿族發源地歷史研究』, 遼寧民族出版社, 2001.
張博泉 外,『東北歷代疆域史』, 吉林人民出版社. 1981.

蔣非非 外,『中韓關系史』, 社會科學文獻出版社, 1998.
張士尊, 「高麗與北元關系對明與高麗關系的影響」, 『綏化師專學報』, 1997年 第1期.
張士尊, 「明代遼東都司軍政管理體制及其變遷」, 『東北師大學報』, 哲學社會科學版, 2002年 第5期.
張士尊, 「元末紅巾軍遼東活動考」, 『松遼學刊』, 1996年 第2期.
張士尊, 『明代遼東邊疆研究』, 吉林人民出版社, 2002.
蔣秀松, 「關于奴兒干都司的問題」, 『民族研究』, 1990.
蔣秀松·王兆蘭, 「從永寧寺碑看明代東北各族的關系」, 『歷史教學』, 1982.
張顯清, 林金樹 外, 『明代政治史』 上·下, 廣西師範大學出版社, 2003.
鄭克晟, 『明代政爭探源』, 天津古籍出版社, 1988.
趙廣慶·曹德全, 『撫順通史』, 遼寧民族出版社, 1995.
趙東升, 『扈倫四部研究』, 吉林文史出版社, 2005.
刁書仁 主編, 『中朝關係史研究論文集』, 吉林文史出版社, 1995.
刁書仁, 「論明前期斡朶里與眞與明·朝鮮之關係」, 『中國邊疆史地研究』 2002年 3月 第12卷 第1期.
刁書仁, 「明朝前中期東段邊界的變化」, 『史學集刊』, 2000年 第2期.
刁書仁, 「中國相隣地區朝鮮地理志資料選編」, 吉林文史出版社, 1996.
刁書仁, 「中朝邊界沿革史研究」, 『中國邊疆史地研究』, 2001年 第4期.
刁書仁·卜照晶, 「論元末明初中國與高麗,朝鮮的邊界之爭」, 『北華大學學報』, 2001年 第2卷 第 1期.
曹樹基, 『中國人口史』(第四卷, 明時期), 復旦大學出版社, 2000.
趙云田 主編, 『北疆通史』, 中州古籍出版社, 2003.
趙云田, 『中國治邊機構史』, 中國藏學出版社, 2002.
晁中辰, 『明成祖傳』, 人民出版社, 1993.
鍾民岩, 「歷史見證-明代奴兒干永寧寺碑文考釋」, 『歷史研究』, 1974年 第1期.
朱誠如, 「明遼東都司二十五衛建置考辨」, 管窺集, 紫禁城出版社, 2001.
朱誠如, 『管窺集』, 紫禁城出版社, 2002.
肖立軍, 『明代中後期九邊兵制研究』, 吉林人民出版社, 2001.
村井章介, 「朝鮮に大藏經を求請した僞使について」, 『日本前近代の國家と對外關係』, 吉川弘文館, 1987.
村井章介, 「中世における東アジア諸地域の交通」, 『日本の社會史』 1, 岩波書店, 1987.
村井章介,「中世人の朝鮮観をめぐる論爭」,『歷史學硏究』 576, 1988.
村井章介,「中世日本の國際意識について」,『民衆の生活文化と變革主體』, 青木書店, 1982.
叢佩遠,「明代遼東邊墻」,『東北地方史硏究』, 遼寧省社會科學院 歷史硏究所, 1985年 第1期.
叢佩遠,『中國東北史』 第3卷, 吉林文史出版社, 1998.
崔傅著, 葛振家 主編,『漂海錄』, 社會科學文獻出版社, 1995.
鄒寶庫 輯注,『遼陽金石錄』,「明故鎭國將軍遼東副總兵韓公墓誌名」, 遼陽市檔案館, 遼陽博物館 編印, 1994.
巴特, 洪堅毅,『蒙古族古代戰例史』, 金城出版社, 2002.
彭勇,『明代北邊防御體制硏究』, 中央民族大學出版社, 2009.
鮑彦邦,『明代漕運硏究』, 暨南大學出版社, 1995.
馮永謙,『北方史地硏究』, 中州古籍出版社, 1994.
河內良弘,「朝鮮世祖の字小主義とその挫折」,『明代女眞史の硏究』, 同朋舍, 1992.
河內良弘,「明代遼陽の東寧衛について」,『東洋史硏究』 44-4, 1986.
河內良弘,『明代女眞史の硏究』, 同朋舍, 1992.
學生書局,『明代東北史綱』, 1993.
胡凡·王建中 主編,『黑水文明硏究』 1, 黑龍江人民出版社, 2007.
華夏子,『明長城考實』, 檔案出版社, 1988.
黃鳳岐 外 主編,『東北亞文化硏究』, 中州古籍出版社, 1994.

찾 아 보 기

ㄷ

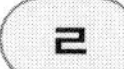

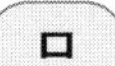

ㅂ

집필자 약력

○ **유재춘(柳在春)**
강원대학교 인문대학 사학과 교수
강원대학교 중앙박물관장

『韓國 中世築城史 硏究』(저서), 『동아시아의 영토와 민족문제』(공저), 『유럽중심사관에 도전한다』(공역), 「朝鮮前期 行城築造에 관하여」, 「麗末鮮初 東界地域의 변화와 治所城의 移轉 改築에 대하여」, 「丙子胡亂時 金化戰鬪와 戰骨塚考」, 「15세기 明의 東八站 地域 점거와 조선의 대응」, 「조선전기 僞使 발생 요인에 대하여」, 「15세기 前後 조선의 北邊 兩江地帶 인식과 영토문제」, 「고려시대 蒙古侵略과 嶺東地域民의 避亂立保에 대하여」, 「중·근세 韓·中間 국경완충지대의 형성과 경계인식」(이상 논문) 外

○ **남의현(南義鉉)**
강원대학교 인문대학 사학과 교수

『明代 遼東支配政策硏究』(저서), 『21세기 읽는 중국사』(공저), 『長城의 中國史』(공역), 「明前期 遼東都司와 遼東八站 점거」, 「明代 遼東邊牆의 형성과 성격」, 「明代 遼東 防禦戰略의 변화와 防禦力의 쇠퇴」, 「遼東都司 對外膨脹의 한계에 대한 고찰」, 「明代 奴兒干都司의 설치와 쇠퇴」, 「明代 遼東防禦線의 형성배경에 대하여」, 「明代 토목의 변과 북변방어 전략의 변화」, 「元·明交替期 한반도 북바경계인식의 변화와 성격」(이상 논문) 外

○ **한성주(韓成周)**
강원대학교 인문과학연구소 전임연구원
강원대학교 사학과 강사

『조선전기 수직여진인 연구』(저서), 『동아시아의 영토와 민족문제』, 『한국의 역사와 문화』(이상 공저), 「조선초기 受職女眞人 연구」, 「조선시대 受職女眞人에 대한 座次規正」, 「조선초기 朝·明二重受職女眞人의 兩屬問題」, 「조선 세조대 毛憐衛 征伐과 여진인의 從軍에 대하여」, 「두만강지역 여진인 동향보고서의 분석」, 「조선전기 女眞 僞使의 발생과 處理問題에 대한 고찰」, 「조선전기 授職政策의 연원과 변화」(이상 논문) 外

근세 동아시아와 요동

저 자 : 유재춘(柳在春), 남의현(南義鉉),
한성주(韓成周)
펴낸이 : 권영중 (權英重)
펴낸곳 : 강원대학교 출판부
200-701 춘천시 강원대학길1(효자2동 192-1)
☎ (033) 250-7171 / FAX 254-9504
등 록 : 춘천시 제28호
발행일 : 2011년 12월 26일 초판

ISBN 978-89-7157-313-6 정가 25,000원

※ 이 도서는 강원대학교 출판부 학술지원보조금으로 출판함.